JN296152

階層化する労働と生活

本間照光・白井邦彦・松尾孝一
加藤光一・石畑良太郎

青山学院大学総合研究所叢書

日本経済評論社

はしがき

　国際化の進行のもとで，企業の発展が労働者の雇用の安定と昇進，生活の向上をもたらすと信じられてきた"日本的"というべき企業社会と社会が大きく変容している．これまで，日本においては，労働と生活の制度も政策も連携を欠いてきた．労働研究と生活研究もまたそれぞれ別個の系統で進められ，総体としての労働＝生活が意識的に考察されることは少なかった．さらに，技術，教育，家族，社会的排除の各分野の膨大な研究にもかかわらず，相互の関連性と規定性が問題にされることはほとんどなかった．そのことが，経済不況による労働と生活の困難をいっそう増幅させ，経済不況そのものを深刻にし回復を遅らせてきたといえよう．

　本書の特質は，第1に，これまで空白となってきた労働と生活をつなぐ視点に立つことで，労働と生活の構造と問題の連鎖を明らかにしようとすることにある．具体的には，労働と生活の総合性と相互規定性を，日本企業の技術・競争力強化と人材育成，技能形成と職業訓練教育，社会的排除とホームレス問題の側面から，日本，中国，イギリスなどヨーロッパの国際比較を踏まえて検証する．

　本書の特質は，第2に，具体的な調査にもとづいて，その構造と問題の連鎖を明らかにしようとしたことにある．(1)企業の競争力，とりわけ生産現場における生産システムとそれを支える人材の確保・育成・活用の実態についての調査．(2)生産現場の人材の基礎技能養成に大きな役割を果たしてきた工業高校教育の実態調査．(3)職業高校やいわゆる進路多様高校における進路指導についての担当指導教員へのヒアリング．また，進学校における進路指導と職業キャリア意識形成をテーマとしたアンケート調査．(4)ヤングハローワーク，ヤングジョブスポットなど，若年者向け職業紹介・就職支援

施設に対する聞き取り調査，(5)福岡，横浜，札幌の各市における社会的排除とホームレス問題についての行政的対応に関するヒアリング，(6)ブレア労働党政権下のイギリスにおける職業訓練教育，特に労働組合が主導し公教育とも連動させながら展開されている生涯学習教育についての実態調査，(7)中国・華南の構造変化と出稼ぎ労働者の労働と生活の調査，などである．

　21世紀に入り，経済社会関係のいっそうの国際化は，労働と生活の各方面に激変をもたらしている．雇用形態や生産・労働過程の変化は，これまでの企業の採用・企業内教育・熟練などに変化を与え，処遇や福利厚生全般をも大きく変えつつある．さらに，この企業内労働市場の変化は，労働市場全般，公教育，人材育成，企業内外の職業技術教育，地域社会と生活をも変貌させつつある．これまでの日本的労働＝生活のシステムは著しく崩れ，新しいシステムの展開は不透明である．

　ちなみに，経済活動の国際化により，一方で，市場競争の障害となる社会政策（労働・生活）的負担を軽減させようとして，労働条件と生活条件の引き下げへの圧力が強まり，貧富の格差の拡大と社会的脱落が生まれる．他方で，競争を下支えしその前提となる労働と生活（社会保障）に関する国際基準の確立の必要も増している．これについて，ILO（国際労働機関）は，「多国籍企業および社会政策に関する原則の三者宣言」(1977年採択，2000年改訂）を出し，多国籍企業活動のプラスの効果とともに経済力の濫用を指摘している．

　そして，国際競争力強化の圧力は，企業の海外進出，人員削減と低コスト追求，雇用と企業内労働市場の縮小，雇用不安などをもたらす．労働と生活のミニマムが欠如している状態のもとで，格差拡大政策が進められるならば，社会的に脱落させられる人びとが容易に生み出される．そして，生活と居住に関する最低保障を欠く時，失業はホームレスに直結する．国際競争力強化が同時にまた，多様な顧客ニーズに対応した変種変量生産，そのための技能形成と技能転換，企業外部の人材の活用と内部化，適切なレベルの国民教育

と公的職業訓練教育・再教育，労働・社会保険や社会保障など，労働と生活におけるセーフティーネットの確立をも求めている．そこには，時代と国境を超えた普遍性がある．

　本書では，労働と生活を結ぶという問題意識を共有しつつ，各執筆者の専門を生かした研究分担によって，課題を具体的・総合的に明らかにしようとした．

　まず，企業の競争力と技術・人材教育の側面からは，(1)効率的生産システムの展開とそれを支える人材育成・活用のあり方，(2)生産現場における人材の基礎的技能養成の場である工業高校教育，(3)効率的生産システムと人間らしい労働と生活，豊かな国民生活とを両立させようとしているスウェーデンモデルを考察した．また，「産業・企業競争力強化のための効率的な生産システムの実現→それによる雇用の確保，豊かな国民生活の基礎づくり」というベクトルのもとで，日本における「人間らしい労働生活の質」を媒介させることの可能性について検討した．結果として，個別企業の論理に立つベクトルの限界と，技能形成をこれまで同様に内部労働市場に依存することの困難が明らかになった．

　この限界に対し，職業訓練教育の側面からも，企業内の職業訓練と公教育を中心とした企業外の職業教育との分業構造の中で生じつつある両者のミスマッチ，両者それぞれの空洞化の状況を検討した．その結果，公教育における職業教育の根本的見直しが，それぞれの学校階層レベルの中で必要であるという視点を得ることができた．日本の公教育は，これまで，一般教育・進学教育に一方的に傾斜することによって，広い意味での職業教育を等閑視し，それを企業内の内部労働市場に委譲してきたのである．

　日本における企業内外の職業教育への調査とあわせ，中国における日系企業を対象として，中国の労働者の「労働と生活」の調査と労働者へのヒアリングを行った．周知のように，中国に関する従来の研究はマクロ分析が主で，具体的な労働者レベルまで視野に入れた分析はほとんどなかった．あっても，労働者の意識と行動まで分析する「参与型調査」は皆無だった．その点で，

この調査研究は，空白部分をはじめて埋めるもので，労働と生活の国際比較と法則性を把握するうえで，独自の意義をもつと考えられる．

以上のように，企業内外の技能形成と教育の再構築は大きな課題ではあるが，今日，日本では，高学歴者・正社員でさえもが一挙にホームレスなどの社会的排除状況に陥る傾向が広がっている．そのメカニズムの解明と対策について，イギリスと日本について検討した．

イギリスでの調査によって，社会的セーフティネットとしての職業教育の意義や，企業・公教育・公的機関以外の主体（たとえば労働組合）がそれを担い得ることの可能性についても示唆を得ることができた．また，「住所不定」，「住所不安定」の人びとへの対応を「福祉国家」の1つの例としてのイギリスに求め，日本での対応を対比させて考察した．社会政策的構想のないままに住宅政策を展開してきた日本では，「住所不定」などへの対応はほとんどなされてこなかった．日本においても，労働対策と生活対策の連携，独自の対策の必要が浮き彫りになった．

今日，この国においては，労働の困難が生活の困難に直結し，容易に社会から排除され，人びとのあいだの階層格差が拡大・固定化する傾向が強まっている．労働と生活の不安定が，経済不況を深刻にする．労働と生活の連携，安定が，多少のことではぐらつかない安定した社会と経済をもつくる．

労働と生活という視点が人びとの間で共有され，政策と研究の上でも定着し，生かされていくことを期待したい．

本　間　照　光

目　次

はしがき

第1章　労働と生活という視点……………………………… 本間照光　1

　1.　グローバル化と「労働＝生活」関係の変容　　　　　　　　　1
　2.　先行研究──「労働」と「生活」の分離　　　　　　　　　　3
　3.　「労働」と「生活」の統合としての「人間発達（人間開発）」　8
　4.　ILO・国連・社会教書への合流　　　　　　　　　　　　　　18
　5.　もうひとつの労働，生活へ向けて　　　　　　　　　　　　　23

第2章　ミニマムの欠如と労働＝生活問題 ………………… 本間照光　43

　1.　労働と生活をつなぐ　　　　　　　　　　　　　　　　　　　43
　2.　裂け目・不安定・企業社会の強まり　　　　　　　　　　　　46
　3.　「構造改革」による問題の「構造化」　　　　　　　　　　　57
　4.　問題の近さ，問題意識の遠さ　　　　　　　　　　　　　　　77
　5.　いま，再びの改革　　　　　　　　　　　　　　　　　　　　84

補論　　団体生命保険の国際的受容と変容 ………………… 本間照光　88
　　　－保険に映った労働と生活－

　1.　「遺族のため」が「会社のため」に転化　　　　　　　　　　88
　2.　遺族保障としての米・欧・戦前日本　　　　　　　　　　　　89
　3.　現代日本の特異現象と韓国・中国　　　　　　　　　　　　　90
　4.　最高裁判決，100年前の警告　　　　　　　　　　　　　　　 93
　5.　可能性としての生命の尊厳　　　　　　　　　　　　　　　　95

第3章　競争戦略と雇用・生活保障システム ……………… 白井邦彦　97
　　　　　－企業競争力の視点から－

　　1．迫られる雇用・生活保障システムの再構築　　　　　　　97
　　2．従来型の「企業競争力依存型雇用生活保障システム」と
　　　　その機能不全　　　　　　　　　　　　　　　　　　　100
　　3．新たな競争戦略とそれに対応する効率的生産システム　　119
　　4．セル生産方式と人材育成・活用　　　　　　　　　　　　132
　　5．「新段階の企業競争力依存型雇用生活保障システム」
　　　　なるものの可能性と限界　　　　　　　　　　　　　　150
　　6．雇用生活保障システムの転換の必要性　　　　　　　　　161

第4章　職業教育の現状・課題・国際比較 ………………… 松尾孝一　169
　　　　　－内部労働市場型から生活連携型へ－

　　1．はじめに　　　　　　　　　　　　　　　　　　　　　　169
　　2．グローバリゼーション下における内部労働市場型職業
　　　　能力形成システムの変質と本章の課題　　　　　　　　171
　　3．内部労働市場型職業能力形成システムの展開・帰結と
　　　　その再編　　　　　　　　　　　　　　　　　　　　　176
　　4．近年の若年層の労働・生活問題と若年層向け雇用政策　　188
　　5．ノンエリート層への職業教育の現状と課題　　　　　　　200
　　6．エリート予備軍への職業教育の現状と課題　　　　　　　220
　　7．イギリス労働組合による職業教育からの示唆　　　　　　232
　　8．まとめ：内部労働市場型から生活連携型へ　　　　　　　239
　　付録　進学校アンケート質問票と単純集計表　　　　　　　246

目　次

第5章　中国における出稼ぎ労働者の「労働世界」……… 加藤光一　267
　　　　－「珠江デルタ」の日系・香港系企業の比較－

　　1.　はじめに　267
　　2.　「珠江デルタ」の構造変動　269
　　3.　日系中小企業の労務管理の「動揺」と「変容」　281
　　4.　出稼ぎ労働者の「労働世界」　295
　　5.　おわりに　314

第6章　社会的排除とホームレス問題の研究動向 …… 石畑良太郎　323
　　　　－イギリスおよび日本－

　　1.　課題の限定　323
　　2.　イギリスにおけるホームレス事情の概観　324
　　3.　イギリスの「ホームレス問題」研究の動向　326
　　4.　日本におけるホームレス事情の概観　341
　　5.　日本の「ホームレス問題」研究の動向　343
　　6.　「ホームレス問題」研究動向の集約と所見　350

あとがき　363

第1章
労働と生活という視点

本　間　照　光

1. グローバル化と「労働＝生活」関係の変容

　あることがらがそのものとして自覚され，問題となるのは不調のときである．人は健康なときには，健康を自覚することがない．自然と「人間の自然（human nature，人間的自然，人間性）」が損なわれて，かけがえのない環境に気づかされる．労働の機会が失われたり，労働力の無制限な搾り取りによって人びとの生命力の根源が侵されるとき，「労働」が問題となる．生活が成り立たなかったり，そのゆがみが極度になった危機の時代に，「生活」が問われる．幽鬼となってなお奪われた外套を取り返そうとする生活の世界（ゴーゴリ『外套』）が，浮かび上がる．衣についていえることは食・住にも，医・職についてもいえる．そして，多くのばあい問題は重なってあらわれる．

　それまでは「労働」の背後で不問にされてきた「生活」が，あらためて問われるのである．したがって，そこにおいては，生活だけが問題となっているのではなく，問われているのは「労働と生活」の相互関連性，広く生活の全体性にほかならない（「労働＝生活」の視点）．

　今日，わたしたちが「労働＝生活」を自覚せざるをえなくなっているのは，労働と生活の困難，その相互のゆがんだ連鎖が著しくなっているからである．年金など世代間対立とみえていたことがらが，実は世代内の問題であったり，

世代をつないだ家族関係の社会的再生産の問題であることが明らかとなってきた．

　今日，この国における階級ないし階層の格差問題，格差拡大と格差の固定化・再生産は広く社会的関心を呼び，多くの出版物が刊行されている．また，国連やILO（国際労働機関）においても，人間開発（human development，人間発達）そして，ディーセント・ワーク（decent work，人間らしいまともな労働）が課題となっている．人間らしいまともさを求められているのは，労働とともに生活であり，現代世界が課題とするディーセント・ワークとは，まともな「労働＝生活」にほかならない．途上国ばかりか先進国，そして，この日本においても，労働も生活もまともさからほど遠く，人びとと一人ひとりに潜在する能力を引き出し，新たな社会関係を形成することができていないということである．

　世界市場において企業と金融機関が多国籍化し，その要請によって，市場のいっそうのグローバル化と自由化が推進される．それに対応する国内ルールの変更，「労働＝生活」の保障のあり方を変え撤廃していく圧力が強まる．もともと「労働＝生活」における保障とそのための規制が脆弱であった日本においては，グローバル化とりわけアメリカの財界と政府の意向をうけた「構造改革」「規制緩和」によって，労働と生活の矛盾が噴出することになった．

　矛盾の噴出は，「労働＝生活」という視点をわたくしたちに要請している．その視点を欠くならば，格差問題として問われていることがらを打開していくことはできないだろうし，打開するためのミニマムを積極的に構築することにもならない．仮に，現下の著しい困難が通り過ぎたとしても，労働と生活のミニマムの防壁が築かれていない結果，深刻な問題状況がくりかえし起こり，しかも，国民的経験としても研究上の関心としても蓄積され発展させられることがないだろう．思えば，「労働＝生活」視点こそ，経済学をはじめ社会諸科学の重要課題であった．重要課題として自覚されてこなかったことを含めて，この視点のもつ意味は大きい．

そのばあい,「労働」と「生活」が無媒介的に並列されたり,労働の問題を抜きにして生活の問題があることを意味しない.生きるためのたたかいとしての労働なしには,人間の生活は成り立たない.人びとの状態,階級ないし階層の現実存在(Existenz)が,生産の特定の歴史的発展諸段階によって規定されていることは否めない.生産の潜勢力(科学＝技術など普遍的生産力,人間の潜在能力の発達水準),生産諸力,生産様式など,生産の特定の歴史的発展のレベルのもとで労働が展開され,その労働によって生活が規定され,一定の生活様式によって労働様式もまた再規定されるのであって,相互関係と広く労働を含めた生活として労働＝生活を把握するということである.

2. 先行研究――「労働」と「生活」の分離

(1) 経済学

労働と生活は相互に規定しあい,広く生活を成り立たせている.「人間の社会的性質は,人間(ペルソナ)の進歩と社会の発展とが相互に依存」しあっている関係性にある.「労働を通して人間を豊かにする」条件とともに,「自分〔人間〕の尊厳」を「可能にしてくれる生活条件が存在」することによってこそ,社会の発展が約束される.「自然と人間と社会とに関する学問の大きな進歩,技術の発達,人間交流の手段の進歩と組織化がこれらの新しい道〔新しい生活様式,現代人の生活条件,人類史の新時代〕を準備した」[1].しかし,その学問の大きな進歩にもかかわらず,経済学においては,「労働＝生活」としての統一した関心と研究がされてこなかった.

従来,経済学では,労働(生産)と生活(そのばあい,主として消費),労働の視点と生活の視点は切り離され,生活と生活の視点は欠落したり,労働と労働の視点の後景に位置してきた.また,時にとりあげられるにしても,そのばあいの生活は狭く消費生活としてであった[2].

経済学から「生活」論が欠落し,したがってまた,「労働＝生活」論(生

活の総体，労働と生活という視点）も欠落してきた．それがもたらす問題性は，今日なお，貧困，社会的排除・ホームレス問題への関心と研究が特殊研究にとどまり，広く経済研究者の問題意識として共有されていない日本の状況に象徴される．同時に，社会的には，現実に促迫されて階級，階層の再生産・拡大として労働と生活に広く関心が集まっているのも確かである．

省みれば，経済学においては，労働と生活の総体を捉えようとする視座があった．たしかに，一方の「資本の経済（学）」（所有の経済）は，「経済人」（ホモ・エコノミクス）の仮説のもと，労働と生活の具体を消去して成立している．そのばあい，古典派経済学においては，資本（資本家）・土地（地主）・労働（労働者）として，「経済人」はなお社会階級を反映して属人的に設定されていた．これが，新古典派では，マネーを仲立ちにした商品，サービス，資本，労働，さらにはマネーそのものの「合理的」で全能の取引機能として抽象的に純化され，属人的性格をも失っている[3]．

これまで，この主流派経済学においては，所得，消費，貯蓄のうち，所得と貯蓄は投資との関係で関心は寄せられても，消費については，所得と貯蓄が決まれば所与のものとして立ち入って検討されることが少なかった．家計からみた経済論[4]がこれまでにない視点として注目されているのは，労働＝生活という視点はおろか，消費という視点からさえ，十分な経済観察がなされてこなかったことを示している．

これに対して，「労働の経済（学）」は本来，広く「生活」を射程に入れ，生産は，物質の生産とともに，労働力の再生産として人間の生命・生活の生産として捉えられていた[5]．労働＝生活であり，「労働＝生活の経済（学）」である．この経済学からは，労働と生活の現実を変えていく力として，人間発達，その潜勢力の形成，「労働の権利」，総合技術教育，人びとの社会的協同，生産（労働者）と生活の協同組合，社会的経済への注目が寄せられてきた．とはいえ，本来あった射程にもかかわらず，大勢としては経済研究から生活が見過ごされてきたことでは，資本の経済学と異ならない．もっとも，そのばあいでも，現実がもたらす諸問題に促迫されて，後追い的に経済学は

生活を研究対象としないわけにはいかなかった．

　労働＝生活の視点，人間発達の視点は，経済学のあり方に関わる根本問題でもある．

(2) 社会政策

　社会政策は，経済学を基礎にし，労働と生活における社会問題への政策科学として発展してきた．そのばあい，社会政策は，国家による労働政策ないし労働力政策を研究対象として出発し，その中心を「労働」研究が占め，「生活」研究は傍流の位置におかれてきた．とはいえ，日本においても，戦後の社会保障とりわけ社会保険の展開のもとで，生活保障研究が進んだ．その際，かつて，第2次大戦後の社会政策本質論争の当事者であった，社会政策の本質を「労働力保全」に求める論者とその批判者のいずれもが，労働（者）保険の社会保険への広がり，そして社会保険から社会保障への展開，すなわち「労働＝生活」の展開によって，理論的な混乱に陥り，次々と修正をよぎなくされていった．

　社会政策本質論争を代表するいわゆる大河内理論の要は，周知のとおり，社会政策の本質を「労働力の確保・保全・培養」にもとめることにある．社会政策は「労働力保全」によって「労働力の再生産費を償うもの」であり，これが，「資本の自然律」であるとされるのである[6]．大河内氏の社会政策の本質（「労働力の保全」）は，価値法則に則して把握されている．

　ところが，「社会政策ほんらいの基本的機能」を「労働力保全」にもとめるこの理論は，社会保険の現実の広がりのもとで，次々とそれを追認していかざるをえなかった．すなわち，「基本的機能」からはずれた労働者を対象とする社会保険，さらには，「国民各層の生活条件を保障することを狙いとしている[7]」社会保険へと．この理論においても，次のことを認めざるをえなくなってきた．「社会保険は……〔労働力を〕総体として把握して，産業社会がその『労働力』基底を，長期にわたって，把握し確保するための手段として機能するものだ，と考えていいであろう」[8]．「社会保険は，単にいわ

ゆる『社会問題』に対する配慮から生み出される政治的妥協の産物なのではなく，その基底においては，総体としての資本が『労働力』を長期の視点に立って保全しようとするための努力にほかならない」[9]．

とはいえ，なお社会保険の把握において混乱し，社会保険は社会政策の体系中でも「副次的重要性をもつにすぎず」，その「副次的」な中でも，①労働力の培養に関わる「本質」的な社会保険，②「副次的」・「補完的」な社会保険（俸給生産者・職員層に関わる社会保険），③「副次的」・「補完的」な役割すら十分にもたない社会保険（養老保険・疾病保険などの年金保険），④「本来社会保険と呼ばれるべきものでない」社会保険（労働者以外を対象とする国民健康保険）などと区分けされていく[10]．

このことの意味は，ひとり社会保険の理解における混乱ということにとどまらないだろう．社会保険の広がりの現実によって，「労働力保全」なるものそして価値法則の，総体性，基底性，長期性を，この社会政策の理論が捉えられるものではなかったということの，自己確認にほかならないのである．同様のことは，この理論に対する批判者の側にも――「労働力の価値以下への賃金の切下げ」「階級闘争」を社会政策の不可欠の契機とする批判者[11]についても，いわざるをえない．すなわち，「労働力の保全」ないし「労働力の価値貫徹」，あるいは「労働力の価値以下」等々の，これまで理解されてきた規定によっては，労働者をはじめ諸階級・諸階層とその家族の労働，生命，生活，健康，老後等々，総じて労働＝生活の社会問題を十分に補捉しえなくなっているのである．

そして，労働経済学など社会政策本質論争と別の途をたどったはずの論者からも，近年，「社会保障の展開の中で我々はもう一度，社会政策の対象を拡大していかなければならない」[12]との見地が出されている．これは，みずからをふくめて，社会保険，社会保障，労働＝生活理論を十分組み込んでこなかったという自己確認にほかならない．

生活問題を解明する努力がさまざまに積み重ねられ[13]，各国の注目すべき福祉国家論が次々に輸入され紹介されてはいるが，今日なお，社会保障・社

会福祉の制度各論はあっても総括する理論が欠落しているといわざるをえない．その福祉国家論についても百花繚乱という状況であり，求められる労働＝生活理論の課題は日本に限ったことではない[14]．

(3) 「労働」調査と「生活」調査

　生活と生活理論研究を社会政策の課題として十分に組み込んではこなかったと当事者が表白するところではあるが，貧困研究に関しては，労働＝生活の全体像を明らかにしようとする努力がされてきた．その日ぐらしをよぎなくされているいわゆる細民にとって，労働から切り離された領域として生活を意識する余裕はないし，貧困の中での労働と補完的にある生活は密接な一体性をもっている．社会事業においては，全体としての貧困状態を問題にせざるをえなかった．戦後日本においても，労働＝生活の最底辺を対象とする研究は，生活保護研究であった．イギリスにおける歴史的調査であるチャールズ・ブース（Charles Booth）やシーボウム・ラウントリ（Seebohm Rowntree）の調査[15]，日本における戦前の行政による各種調査，賀川豊彦の『貧民心理之研究』[16]は労働＝生活の詳細にわたっているし，戦時下における大河内一男氏などの「国民生活」調査などもある．

　戦後，東京大学社会科学研究所をみると，労働研究・調査とともに1950年代半ばまでは生活貧困調査を行っていた．しかし，「社会政策から労働問題へ」の潮流の中で，労使関係・ブルーカラー調査に生活が出てこなくなり，未組織労働者や失業者などの生活問題が対象から外れていった．他方，江口英一氏に代表される生活研究・調査では，貧困，生活保護，福祉問題に中心がおかれ，組織労働者や職場の労使関係，総じて職場調査は対象から外れていくことになった．こうして，労働＝生活調査は，特定の地域や階層研究としてはあっても[17]，1960年代以降，労働と生活の調査・研究は，分離し棲み分けがつづいている[18]．生活研究においても，社会保障・社会福祉の制度各論はあっても統合する理論を欠くということになった．

　一定の労働条件と生活が保障される労働者層が拡大し貧困層が縮小してい

く局面においては，こうした分離もそれなりの合理性を反映していたともいえる．しかし，労働者の広範な層の労働と生活の困難が増している今日，労働と生活，労働調査と生活調査の連携・統合があらためて求められている．

3．「労働」と「生活」の統合としての「人間発達（人間開発）」

(1)　「資本の経済（所有の経済）」と「労働の経済（労働＝生活の経済）」

「生活」とは人間の生きる営み（生命活動）であり，ライフ（生命・生存・生活・人生）を育む活動，そのライフを支える労働生活，人びとのつながり，そして自然との関係性を含んで成り立っている．本来，人間の生命活動，労働をはじめとする広義の実践は，労働＝生活として総合的関係・全体性をもっている．そして，この意味での生命活動は広く「生活」といいかえることができる[19]．

ところが，近代市民社会（資本主義経済）の労働者生活においては，労働は一般に賃労働としてあらわれるとともに[20]，「労働」と「生活」，「労働時間」と「生活時間」そして「生産労働」と「家事労働」は相対的に分離してあらわれる．これを反映し，自然と人間の労働の節約による効率を至上とする経済学においては，「労働＝苦痛」と観念され，労働の苦痛の代償として生活が約束されるようにみえる．「貧乏という棒」（マルサス）で打ちすえられ，強制されてはじめて成り立つという労働観・生活観・人間観である．「労働」（苦痛）と「生活」（享受）は分離され，人間の生命活動として統一して捉えられることがない．経済学において，最小の苦痛で最大の効用を図る「経済人（ホモ・エコノミクス）」の仮説が生まれる．

その「経済人」は，古典派経済学では資本（資本家）・土地（地主）・労働（労働者）として属人的根跡を残していたが，新古典派における純化・抽象化された「経済人」はその属人性をも失っている．社会は「合理主義的個人」の集合と仮定され，それぞれの企業や家計が与えられた条件（与件，外部性）のもとで，自由に選択し行動することで市場機構が最適な資源配分

（均衡）を導き，社会の予定調和がもたらされるとする．万能の選好をする「合理主義的個人」という仮定のもとに，市場・金融機構が最適体制として前提されており，そこにはひとつの価値観が貫かれている．市場原理至上であり，そのもとでの社会の予定調和は結果というよりは，前提として設定されているのである[21]．

　人びとの営みと経済活動を富の自己目的として純化徹底して，「合理主義的個人」の仮説が成り立っている．これは，グローバリゼーションの一面を反映するものではあるが，マネー獲得を自己目的化するグローバリゼーションがそうであるように，人間の本性と対立せざるをえない．自然ならびに「人間の自然（human nature，人間性）」とその矛盾を深め，現実のライフとの乖離・対立を著しくする．こうして，「資本の経済（所有の経済）」に対して，「労働の経済」の系譜がわたくしたちの関心として浮かび上がる．

　「資本の経済」では，「労働＝苦痛」とし，「貧乏という棒」で強制されて成り立つものとされた．これに対し，人間の生命活動として，潜在能力を発達させ自己実現し「労働＝喜び」と捉える経済学の系譜がある．労働は，本来，ライフそのものであり，芸術でもあるとするこの経済学は，経済（学）の対象から外され「与件」とされていた生活を，広く「労働＝生活」の全体と関係性において捉えようとする．これは，労働観，生活観，労働＝生活観，人間観の転換，もうひとつの経済学の復元である．「資本の経済」に対する「労働の経済」は，「労働＝生活の経済」，「友愛の経済（兄弟愛の経済）」，「人間発達の経済（人間開発の経済）」にほかならない[22]．

　この経済は，労働＝苦痛と一面化された労働観のもとで排除された生活を，労働＝生活として回復し，労働基準＝生活基準，最低賃金制度＝社会保障制度（生活のミニマム保障）の全体性を社会の公準として定めていこうとする福祉国家を指向する線上に位置している．具体的には，この経済は，その公準をつくり運営し社会に定着させていく協同，協同組合，労働者（生産）協同組合，生活（消費）協同組合，福祉協同組合など，社会的経済，搾り取られている自然環境の保全と human nature の回復と発達，それを担う人びと

として自らと集団を形成する教育，職業・技術教育，家族と次世代の育成，総じて労働＝生活を自らの課題としている．

　グローバルに利潤の壁を超えていこうとする資本の経済の一方に，労働＝生活と人間発達のために利潤の壁を築こうとする労働の経済の力も働いている．ILO における国際労働基準と生活基準，国連の UNDP（国連開発計画）・Human Development（人間開発，人間発達)，そして，Decent Work（人間らしいまともな労働，労働＝生活）である．

(2) 人間発達（人間開発）——人間そのものの生産

1) ラスキンとマルクス

　労働が人間の「苦痛」「犠牲」であるとし，生命活動である労働を可能な限り節約し（そのばあい，節約されるのは支払労働であり，不払労働は放任される），自然をも手段として利潤の極大化を追求するのが，資本の経済（学）である．この経済学においては，「経済人」の仮定のもと，「労働」と「生活」の具体の喪失，自然と人間の抽象化，自然喪失・人間喪失を前提としている．

　これに対し，近代社会において，民主主義の立場に立つ思想家は，労働を，人間をして人間たらしめる具体的で積極的・肯定的なものとして把握した．J. ロック，J.J. ルソー，F. バブーフ，J.G. フィヒテ，シャルル・フーリエ，ルイ・ブラン，ピエール・プルードンなどである[23]．

　経済学においても，J.S. ミル（初版 1848）『経済学原理』は協同組合による社会変革と教育効果に期待し，A. マーシャル（1890）『経済学原理』は，社会的目標と事業基盤の双方をもつ協同組合運動の世界史的役割に注目した．このことは，ミルとマーシャルにおける労働観，新しい社会を運営する人びとの能力形成，彼らの経済学の根幹に関わるものであった．

　なかでも，「労働の経済」（労働＝生活の経済）の立場を明示し，現代の人間発達（人間開発）の課題へとつながる視座を用意したのが，ラスキンとマルクスである．

第1章　労働と生活という視点

　時に「ユートピア」「復古」とみられるラスキンではあるが，産業革命がもたらした19世紀イギリスの労働と生活問題，労働と生活の現実に向きあい，その変革の方向をみいだそうとしていた[24]．その意味で，現実的で進歩的であった．

　彼は，労働は本来的には苦痛ではなく，喜びであるとし，「労働＝生活（ライフ・生命）＝芸術」と把握し，「労働の人間化」を実現する経済社会を展望した．労働は，モノの「固有価値」を生かし制作する喜びであり，労働を含めた生活はモノの価値を理解し使用する喜びに満ちた過程（「享受能力」）であり，労働も生活も質の高い芸術となり，その質を支える自然環境や文化財も保護される．固有価値を理解し生み享受し社会を運営する人間とライフ（生命・生活）そのものの生産こそが「最高の生産」にほかならない[25]．

　「資本の経済」と「経済人」に「労働の経済」を対置させたラスキンの代表作は，*Unto this last*（1862）（『この最後の者にも』）である．彼は，労働権（最低賃金）を生活権（最低生活の保障）と等置し，これを人間の権利とした．ここに，今日の，最低賃金や労働基準そしてナショナル・ミニマムや生活基準の礎が据えられている[26]．

　経済の精髄は，ラスキンによって「生命〔ライフ，生活〕以外に富はない」（There is no wealth but life）と捉えられている．人間の生きる営み，生命活動（生活），そして人間そのものの発達こそが経済や富にほかならない．「実効的価値の生産はつねに二つの要請をふくむ．まず，本質的に有用な事物を生産するということ，つぎにはそれを使用する能力を生産するということ」「どんな高貴な物も高貴な人にとってのほかは富ではありえない」[27]．

　そうであればこそ，ラスキンは，それを具体化する協同，協同組合（職業組合），教育と自治能力の形成を重視した．死の法則である無政府状態・競争（competition）に対し，生の法則として協同（cooperation）を対置した．具体的には，国立「青年訓練所」，職業教育，公営工場，商店，セント・ジョージ・ギルド，賃金保障，医療，教育による能力開発，失業救済を提唱し，

実践に向かった．福祉国家と社会保障の萌芽である．

　ラスキンの「労働の人間化」，そして，それを継承し具体化していったモリスの「生活の芸術化」は，「労働＝生活」と把握し，「労働＝生活の人間化，芸術化」そして労働者＝生活者としての人間発達を展望するものであったといえよう[28]．

　ラスキンと同時代に，一見すると別の系譜から「資本の経済」と「経済人」に「労働の経済」を対置し，近代社会の閉塞の現状を打開する力をみいだそうとしたのはマルクスである．彼の経済学において，生産は，生活手段の生産（生産的消費）と，人間生活と人間そのものの生産（消費的生産）の二側面をもち，両者を統一する社会的生産諸関係は広くライフ（生命，生活）の生産である．そして，資本の生産過程は，資本自身と労働力の消費過程であるとともに，それによって労働者の生活を成り立たせる過程，つまり，労働力の再生産と本人の人間発達，次の世代と前の世代のライフを支え発達させる過程である．こうして，生産は消費，消費は生産であり，労働と生活も相互に規定しあう関係にほかならない．

　マルクスの後継者を自認する人びとがごく一部の例外を除いて一般に経済学の対象から生活を欠落させたのと異なって，彼自身は，生産を「生産的消費」と「消費的生産」の「二重の生産」として捉え，「生活（ライフ，Leben）」の再生産の全体像を明らかにしようとした．「二重の生産」と「生活（ライフ，Leben）」の問題を深めることを通じて，彼は，新しい労働と生活を生み出す潜勢力をみいだそうとする．労働と生活の疎外とともに，資本自身の死活問題として「全面的に発達した諸個人」を生み出さずにはおかない，近代の大工業の技術的過程・組織的過程，また，協同労働・協同組合労働である[29]．

　マルクスにおいても，「労働の経済」は，「労働＝生活」に着目した「労働＝生活の経済」「人間発達の経済」にほかならない．

　2）両者の受容，合流と分流

　ラスキンとマルクスは，別の系譜にあり，直接の交流はなかった．しかし，

第1章　労働と生活という視点　　　　　　　　　　　　　13

同時代にあって，閉塞した近代社会と資本主義経済，労働＝生活の行きづまった労働者状態の打開のために格闘していたことでは共通している．また，「資本の経済」に対して，「労働の経済（労働＝生活の経済）」を対置し，労働と生活の全体を変革するために両者の相互関連・全体像を対象とし，労働＝生活を変革する能力をもった主体的人間の形成・技術のあり方・教育を重視し，打開の力を協同・協同組合・社会的経済に求めたことも共通している．

　このラスキンとマルクスの視座が，グローバリゼーション下の現代世界の課題に対処するうえでも再検討されることが求められている．そのばあい，継承者が両者の受容を表明しているか否か，両者に対して受容的であるか批判的であるかは絶対的な基準とはなりえない．後継者を自認する者には継承されず，批判者によってこそ継承されることが少なくないからである[30]．

　ラスキンとマルクスをそれぞれ受容し発展させたのは，日本では，河上肇，賀川豊彦，大熊信行，宮沢賢治などである．彼らもまた，それを通じて労働＝生活の視点を求めていた[31]．

　賀川についてみると，彼は，ラスキンの「『近代画家論』……私は16歳の時〔1904年，明治37年〕にこれを読み，非常に教えられた」[32]と述べている．若い日にラスキンに教えられ，トルストイの平和主義に学び，マルクスの「唯物主義」を厳しく批判した賀川である．その賀川は，「大工イエスの労働の経済学」として，イエスこそマルクスにはるかに先立って労働の経済の先達であったとしているが，その視点は，明らかにマルクスからも賀川の独自の感性で学んだものである．

　近代日本の宗教者，社会運動家，知識人として世界に影響を与えた賀川の活動は，労働運動，農民運動，生活改良・社会事業運動，協同組合と協同組合保険運動，世界連邦・平和運動，膨大な著作活動へと多岐にわたっている．彼の生涯は「労働＝生活」の全体と格闘し，その現実を変えていこうとするものであった．

　賀川は，「資本の経済学」「所有の経済学」（「物の経済学」「金の経済学」

「資本と金融の経済学」「無生経済」としての唯物経済学——賀川は「資本主義経済学」「帝国主義経済学」と「唯物史観」とをともに「唯物経済学」と称している）に対抗し，止揚していく「労働の経済学」（「大工イエスの経済学」「労力価値説」「主観経済学」「真の経済学」「生命と我の経済学」「有生経済」）のなかに，近代科学＝技術を基礎にした協同組合運動を位置づけている．そして，協同組合運動は，将来の自由で平等な生産者＝生活者の連合社会というべき「神の国」をつくりだす力であるゆえんが説明されている．

　賀川は，「今日の凡ての経済組織が不労所得の上に——而もそれが物質的に換算された貨幣の上に載せられてある為めに，今日に於ては，凡ての生活が唯物史観的に出来て居ると云つても差し支へは無いのである」[33]とおさえる．そのうえで，「資本と金融の経済学」である「資本主義経済（学）」を批判し，さらに，それを十分に克服できないものとして「唯物史観」「唯物主義経済（学）」をも批判の俎上に乗せていく．こうして，賀川は，「『生命』と『我』と『労力』が経済学の中心」となる「生命と我の経済学」としての「主観経済学」を提唱する[34]．すなわち，「人間を中心にする経済学を私は主観経済学と云い，之までの物質を中心にした経済学と対照させて居る」[35]のである．

　注目されるのは，賀川が捉えたイエスの発見が「自己の発見」からはじまっていることである．(1)「イエスこそ労働者の第一人者」であり，大工イエスによる労働を通じた自己の発見は，(2)「イエスと云ふ大工が神から来た」，「イエスが神の位を捨てゝ，労働者と云ふ神聖なる地位につかれた」という神の発見，(3)「キリスト教は，労力価値説を信ずることに於て，マルクスに決して劣るものではありませぬが，——否それ処ぢゃなくて，労力価値説の元祖」であるということ，「発明とか，発見とか，宗教とか或は文化的進化の手段によって，根本的に文明と生活を知的革命しようと」する「真の経済学」によって「金の経済」を克服し，「労働と，愛と，社会奉仕と，祈禱と芸術とが一致して来る」新社会の法則の発見，(4)「労働問題は一個の解放運動であり」，「大工イエスの福音は労働運動に反対であるどころか，

大なる見方である」という，救の法則の発見へとつながっていくのである[36]．（以上，本間（1992a）（1992b）参照）．

　ラスキンとマルクスを受容し，はじめて（日本ばかりか世界においても）「生活」を経済学の課題として位置づけたのは，大熊信行である．早くも，東京高商専攻部の卒論で「カーライル，ラスキンとモリスの比較研究」（1921年）をとりあげ，『社会思想家としてのラスキンとモリス』（1927年），『政治経済学の課題——生活原理と経済原理』（1940年）を著した大熊は，「労働」（生産）の影で欠落させられていた「生活」を経済学の対象として再定置し，「家族と人間再生産の単位」として位置づけた．「生活原理と経済原理」は，「労働と生活」「労働＝生活」にほかならない．

　大熊は，「人間の断片に分割され」ている労働および生活の現実，そして「経済人」のモデルとして構築された経済学（物の経済学）の現実に対して，「人間の経済」（「労働の経済」）を対置させる．「人間の経済」（「労働の経済」）は，「生命（生活）以外に富はない」とするラスキンであり，「労働の中に快楽を感ずるのは人間の性質であるやうに自然が作った」「我等の労働が我等の生活の快楽の一部となる迄は，自然は究極的に征服されぬであらう」とするモリス（*Useful Work versus Useless, Toil,* 1884）であり，マルクスである．この立場においては，富は生命と生活の豊かさ，トータルとしての人間の生活と人びとの状態の豊かさとして表される．

　「労働＝苦痛」とし，労働の節約をモデル化した「経済人」，その経済学（物の経済学）からの「生活」の欠落は，生活を視野に入れない「労働」を定義すること，経済学における生活の不問，生活の与件化である．これは，「人間の再生産」「生命再生産」の視点（「労働＝生活」の視点）の欠落である．この「物の経済」に対置される「労働の経済」こそ，「人間の経済」にほかならない[37]．大熊が早くから指摘したように，たしかに，「経済学の全体系」に関わる「『政治経済学』の体系問題」といわざるをえない[38]．

　使用上の価値を，近代経済学では一切問題にしない．これに対し，ラスキンは，人間にとっての物財の価値は人間自然の能力（評価能力，享受能力，

使用能力) に依存するとともに，人間自身の「能力」もまた生産されると経済学の俎上にあげた．大熊は後年，ラスキンのこの経済学を「はじめて大きく評価したのは，ほかでもない日本人のわたしである」[39]とし，「家の営み」「生命の生産」「生命の消費」などについて「最も多くをマルクスから学んだ」，「マルクス学派のほとんどだれもが，マルクスから学ぼうとしなかった一点を，掘り起こしたことになるのではないか」[40]と表白する．経済学における生活論の欠落は「経済学の全体系の方向を決定する」ものとして，再検討される必要があるだろう[41]．

近年でみると，「経済人」の仮説を純化徹底しかつ仮説を現実視する経済学の群像を「合理的な愚か者」[42]とする，A. センの「人間開発（人間発達）」の見地は，「労働の経済」すなわち「労働＝生活の経済」の系譜にあるといえよう．

A. センは，capability（潜在能力），enpowerment（労働＝生活の力，生きる力をつける），entitlement（権利能力の回復），Human Development（人間開発，人間発達）を提起し，国連のUNDPを支える理論的中枢としても知られる．A. センは，capability のアプローチについて，「アダム・スミスとカール・マルクス，さらに溯ればアリストテレスにまで辿れるものである」(A. Sen (1985), *Commodities and Capabilities*, Eiservier Science Publishers B.V. 鈴村興太郎訳 (1988)『福祉の経済学——財と潜在能力』岩波書店，「日本語版への新しいてびき」) と述べている．そのばあい，センは明示していないし，数多いセンの研究者も言及していないが[43]，capability をはじめセンの視点の背後には，明らかにラスキンがいる．

「労働」と「生活」の統合としての「人間発達（人間開発）」論の系譜は，ラスキンとマルクスによるところが大きいが，両者をともに受容する流れの他に，マルクスの哲学と経済学の系統からの流れ，生活経済学の流れなどに分流してきた[44]．これらを含めて，「人間発達」論の系譜は，ILOや国連の国際社会政策，ローマ法王「社会教書」として合流していく．

(3) 「社会」と人間の発達——教育・技術・家族

「労働＝苦痛」とし，経済社会を合理的個人（「経済人」）の集合体とみなして社会観と人間観を限定する経済学においては，利潤（資本）・地代（土地）・賃金（労働）の三位一体的範式とそれをもたらす社会および社会関係が永遠の自然律であるかにみえる．このように与件化された社会とは，ほかならぬ「市場」であり「市場経済」である．経済学から「生活」論が欠落し，自然との結びつきそして人間相互の結びつきも自明のものとされ具体性は問われず，「経済人」の純化・徹底によって人間存在の現実からの関心も失われていく．そこでは，人間の類的本質である協同性，あらゆる社会においてそれを支えるための「社会の協同業務（共同業務）」．社会構成員と家族扶養のための剰余労働，対自然・対人間の関係性としての保険ファンドも，この経済学の視野にはない．いっさいの生産物が諸収入に分解（分配）されるとすることでc（不変資本）を見失ってしまう，かのアダム・スミスの「v（可変資本）＋m（剰余価値）」のドグマからは，保険ファンドも抜け落ちてしまう．今日の労働＝生活問題，教育，就労，技術の継承・職業能力形成，家族の問題，子育て，高齢者とその介護，障害者福祉などは，はたして私事・自己責任なのか．それとも社会責任・社会の共同業務なのか．

一般に，社会とは，「人間相互の結合様式」であるとか，「人間と自然との結合様式」を土台としつつも，それとは，相対的に区別される独自の関係としての「人間相互の結合様式」として理解されているようである．ちなみに，経済学ないし社会科学の文献のいくつかをご覧いただきたい．どちらかの社会観が，自明のこととして前提（与件化）されているのではなかろうか．

ところが，「人間と自然との結合様式」は，科学革命，技術革命，科学＝技術革命による不断の変化の過程であり，けっして，与件ではない．したがって，a「人間と自然との結合様式」とかかわりなく成立する〈社会〉がありえないのは，もちろんのこと，aと相対的に区別されるb「人間相互の結合様式」としての〈社会〉も，現実には存在しないのである．存在するのは，自然をそのなかにふくみ，両者の結合様式の連関をそのなかにふくんだ「社

会」，人間の自然として「社会」のうちに存在する人間なのである．

労働と生活の困難は，「社会」をして，aおよびbの連関の全体として理解すること，そして，人間をして人間（「社会的存在」「社会的諸関係の総体」）たらしめ支える労働＝生活，人間性（ヒューマンネーチャー，人間の自然），この「社会」の構造を解剖することが，経済学の課題にほかならないという問題意識に，わたくしたちをして，たちかえらせようとしている．その解剖を通じて，「社会」を運営する人間の発達（開発）の力を捉えることができる[45]．

4. ILO・国連・社会教書への合流

(1) 「社会」運営能力——協同・協同組合・地域社会

「資本の経済（所有の経済）」に対する，「労働の経済」は「労働＝生活（ライフ，生命）の経済」，「生命再生産の経済」であり，「友愛の経済」「兄弟愛の経済」でもある．具体的には，グローバリゼーション下の資本の競争，マネー資本主義にあって，「正気の島」（レイドロー報告）であろうとする，社会の協同，協同組合，社会的経済としてあらわれている．

ロッチデール公正先駆者組合は1844年に設立された．しかし，ロッチデールが突如して生まれたわけではない．1820年代から30年代に，さまざまな協同と協同組合運動，そして社会的経済が広がっていた．消費（生活）協同組合，生産（労働者）協同組合，共済組合（協同組合保険），労働運動などがあった．フーリエやオーエンなどの一群の先駆者がいたし，工場法や労働基準（労働時間，賃金，衛生）を求める運動があり，その一時的な挫折の中から，ロッチデールが生まれたのである．ロッチデールの試みは，19世紀後半に，ヨーロッパ大陸そして北欧諸国に波及した．「組合員の金銭的利益と家庭的状況の改善」[46]（ロッチデール設立趣意書）の過程は，「労働＝生活の経済」の具体化であった[47]．

ロッチデールなどによって1895年に創立されたICA（国際協同組合同

盟）は，今日，組合員8億人，世界最大のNGOとなっている．1980年のICA27回大会のレイドロー報告は，21世紀に向けて協同組合が優先的に選択すべき4つの分野として，①世界の飢えを満たす協同組合，②生産的労働のための協同組合，③（資源・環境・健康・よりよい社会をめざす）持続可能な社会のための協同組合，④協同組合地域社会（コミュニティ）の建設をあげている[48]．「協同組合運動の中心的目的は，よりよい別の世界を作ることを支援することだ」．これらは，今日，国連のUNDP（国連開発計画），HS（人間の安全保障），HD（人間開発，人間発達）などとして発展している．

レイドロー報告は，世界の協同組合運動から学びかつ先導した賀川豊彦にも言及している．「偉大な日本の指導者であり，社会改革者であった賀川は，協同組合運動を『友愛の経済学』（Brotherhood Economics〔兄弟愛の経済学〕）と呼んだ」．

見落されがちではあるが，福祉国家や福祉社会の基礎には，労働と生活における協同，労働・農民運動，共助・相互扶助，協同組合・社会的経済，協同地域社会（コミュニティ）づくり，これらの諸運動と連携した国民教育運動[49]がある．

(2) ILO・国連——グローバル化の人間疎外と発達の過程

ロッチデール・ICAの協同組合などに具体化されていった「労働＝生活の経済」は，1919年のILOの創設，そして国連の諸計画としても現実化している．ILOの初代事務局長アルベルト・トーマは，ICAの理事でもあり，創設の翌年には早くもILOに「協同組合部」がおかれている．

ILOの目的は，周知のとおり，国際的な労働＝生活基準を制定・実行することにある．19世紀末から20世紀にかけての国際的相互依存の急激な進展のもとで，国際労働基準が不可欠となってきた．「いずれかの国が人道的な労働条件を採用しないことは，自国における労働条件の改善を希望する他の国の障害となるから」であり，「世界の永続する平和は，社会正義を基礎

としてのみ確立することができるから」(ILO憲章，前文)だ．労働時間の規制やまともな生活賃金などの労働条件を確立することは，世界平和の基礎である[50]．ILOは，人間らしい労働＝生活(ディーセント・ワーク)の実現を図るために設立された．

1942年「社会保障への途」，1944年「国際労働機関の目的に関する宣言(フィラデルフィア宣言)」が出されるが，フィラデルティア宣言は次のように人間発達(人間開発)の権利を宣言している．「労働は商品ではない」「一部の貧困は，全体の繁栄にとって危険である」「社会保障措置を拡張」「物質的福祉及び精神的発展を追求する権利(the right to pursue……development)」．

この立場から，第86回ILO総会(1998年6月)で「労働における基本的原則及び権利に関する宣言」が採択され，それを具体化するものとして第89回総会(1999年6月)で，ソマビア事務局長報告が行われた．ILOの主要目標であるディーセント・ワークとそれを実現するための4つの戦略目標である．ディーセント・ワークの実現に不可欠なものとしてILOは人びとの協同と協同組合を位置づけ，国連総会もこれを決議している[51]．

ディーセント・ワークとして捉えられているのは，人間らしいまともな労働＝生活にほかならない．ILOや国連は，グローバル化のもとでの人間として発達する権利の剥奪，社会的排除，地域社会の崩壊の危機に対して，有効に対抗する協同の力と協同組合へ期待しているのである．そのばあい，協同組合であればあるいは協同組合と称していれば，その役割をはたせるわけでないことはいうまでもない．ディーセントな労働＝生活を追求し，「社会」(a，b)の関係性を変え，社会的存在としての人間の発達(development，開発)を具体化していく限りにおいてである．

ちなみに，国連のUNDP(国連開発計画)として，『人間開発報告書』(HDR)が1990年に創刊されている．この中で，人間開発(human development)を，自らの意識に基づいて選択の幅を拡大することができ，能力を形成し自立できるようになることとしている．具体的には，①健康で長生

き（衛生，医療），②教育，③一定水準の生活に必要な経済力をあげている．そして，HDR 1994年版で「human security（人間の安全保障）」をとりあげ[52]，2003年5月の「人間の安全保障委員会」最終報告書では，人間開発を妨げているリスクと脅威を克服し，人間の安全保障と人間開発を実現することの重要性を報告している．この「人間開発」「人間の安全保障」にはやはり，協同組合が大きく位置づけられている．

(3) ローマ法王の社会教書

ILO・国連に貫かれている「生命再生産の経済」「労働＝生活の経済」「人間発達（人間開発）」の視座は，ローマ法王の社会教書にも共通している．

100年余にわたる社会教書には，

(1) 人間の本質・人間性・労働の本質の理解に立ち，
(2) 「社会化」・グローバル化など相互依存の深まりのもとで，人間の本性をゆがめ，破壊する力が強まり，
(3) 労働と生活をめぐる対抗，労働の経済（人間発達，人間開発，人間の完成の経済，友愛の経済・兄弟愛の経済）と資本の経済（所有の経済，事物の経済）の対抗としてあらわれるが，
(4) 人間発達の抑圧・破壊・戦争の方向に対抗して，国家の干渉としての社会政策，労働＝生活のミニマム保障によってこそ，人間発達と平和，地域コミュニティ，地上に神の国を実現できることが示され，
(5) その実現に向けての，愛にもとづく協同・連帯，職業組合，労働組合，協同組合，そして，国際的共同体としての国際機関の役割が位置づけられている．

すでに，1892年，経済の独占化と帝国主義というグローバリゼーションの進行のもとで出された，レオ13世の「レールム・ノヴァルム（新しいことがら）──労働者の境遇について」が，資本－賃労働の社会矛盾，「自分自身という商品」を売る立場すら保障されない失業，そして，本人と家族を扶養する必要最小限の水準が維持できていない現実を明らかにし，社会政策と

職業組合のはたす役割を重視し，社会の一致と平和の源として社会教書を提示している．そのごく一部をみると，次のとおりである．

(1) 人生の目的は永遠の生命／人間の自然性／すべての人がもっている第1の自然的権利，すなわち，結婚の権利／人間は，国家が成立するまえに，生きる権利と自分の存在をまもる権利とを，自然から受けていたのである／人間の活動は，その本性と同じく限られているために，一定の限界をこえることができない／労働は人間本来のいとなみである／主は……世間の人々からは労働者の息子と見なされた．御生涯の大部分を自由労働者として過ごされた．「かれはマリアの子で，大工ではないか」（マルコ 6・3）．

(2) 社会悪／産業は発達し，その方式は完全にあらためられた．使用者と労働者との関係は変化した．富は少数者の手中にながれこみ，おびただしい人々は，貧困におちいった．

(3) なにゆえ労働問題を論ずる必要があるのか／教会は，霊魂に関する配慮に没頭して，地上の死すべき生命に関することがらをおろそかにする，と考えてはならない／労働の保護……労働があまりに長く，あるいは，あまりに苦しく，あるいはまた，給料があまりに少なく……労働者と使用者とのあいだの紛争をひき起すおそれのある原因を，賢明に遠ざけるのがもっとも有効であり，また，もっとも有益である．

(4) 適正賃金の決定……生命を保つことは，すべての人に課せられた義務であって，これにそむくのは罪悪である．この義務の必然の結果として，生存に必要な事物を獲得する権利が生まれる／「なんじらが，わがこのもっとも小さき兄弟の一人になしたところは，みなわれになしたのである」（マテオ〔マタイ〕25・40）〔この最後の者にも〕／国家の干渉が必要な場合……使用者が……人間としてのペルソナを侮辱する場合，過度な労働，年齢と性とにつりあわない労働によって，その健康がそこなわれる場合などにおいては，限度を守りながら法の力と権威とを発動することが絶対に必要である．

(5) キリスト教的兄弟愛の実現／兄弟によって助けられる兄弟は，防壁のある都市に似ている／職業組合を組織するのは一つの権利である，私的社会

に対する国家の権利，職業組合はきわめて時宜にかなっている／貧困を有効に軽減し，二つの階級を近づけることのできる種々の事業によって，本問題の解決に大きな貢献をなすことができる．……互助会──労働者，ならびにその死亡，けが，病気などの場合には，やもめ，孤児を救助することを目的とする．個人の発意によるさまざまの組織……保護施設……第1位におかねばならないのは労働組合……先祖たちは，長いあいだ職業組合の有益な影響に浴していた．……芸術自体のためにも光栄と進歩のみなもとであった．

　この教書の見地が，100年余にわたって継承され深められてきたのであるが，なかでも，ヨハネ・パウロ2世（在職1978-2005）の働きは特筆される[53]．

　もっとも，労働＝生活問題の解決に向けての営為は，キリスト教やローマ法王の社会教書に限ったことではない．たとえば，次のとおりである．「イスラームは，あらゆる個人が必需品を手にすることができる量の商品を生産することにより，社会のすべての個人に必需品を十分に獲得させることを社会的生産の任務としている．……必要そのものが，生産活動において積極的に役割を果すものなのである」[54]．他にも，イスラムの「無利子銀行」「教経統合」[55]，「仏教経済学」「仏教経営論」などの検討が求められるが，ここでは指摘するにとどめる．

5. もうひとつの労働，生活へ向けて

　みてきたように，これまで，社会科学の諸領域において，労働＝生活の関連性と相互規定性が意識的に考察されることは少なかった．然るに，今日の経済社会関係の急激なグローバル化は，労働と生活の各方面に激変をもたらし，相互依存とともに相互の矛盾をも著しくしている．雇用形態や生産・労働過程の変化は，これまでの企業の採用・企業内教育・熟練などに変化を与え，処遇や複利厚生全般を大きく変えつつある．さらに，この企業内労働市場の変化は，労働市場全般，公教育，人材育成，企業内外の職業技術教育，

地域社会と生活，生命再生産の単位である家族・男女間の関係・結婚・子どもと高齢者の世界をも変貌させつつある．

そのばあい，経済活動の国際化と競争激化は，一見あい対立するような2つのベクトルを生じさせている．一方で，市場競争の障害となる社会政策（労働・生活）負担を軽減し，労働・生活条件の引き下げ圧力が強まり，その結果貧富の格差の拡大，社会的排除の増大が生ずるというベクトルが存在する．他方で，競争条件の統一，競争力を支えうる人材の確保，セーフティネット確立のために，労働と生活に関する基準の必要性が増すというベクトルも存在する．労働基準と社会保障基準を巡る対抗関係，ディーセント・ワーク（人間らしいまともな労働＝生活）が各国内外の課題となっている．

短期，個別企業，産業の競争力強化の見地からは第1のベクトルが強くはたらく．しかし，経済界全体としては，それを超える長期で大局的な見地が必要である．ましてや，国家の社会政策や国際社会政策には，労働，生活，労働＝生活問題の全体と関連を把握した，積極的な労働＝生活基準，積極的な社会政策が求められる．国家の社会政策が個別企業や経済界の利益と一体化しては，社会運営に不可欠な「社会の共同業務」が行われず人間社会は成り立たない．

労働は人びとの生活と発達を広げるものとなるのか，また，生活は労働のあり方を変えることができるのか．労働組合は労働者協同組合としての性格を強め，真に「自由組合」へと向かうのか．労働と生活における協同，労働文化と生活文化，企業と家族・地域コミュニティの新たな関係をつくり出す人びとの力量はいかに準備されているのか．

国際化と競争激化にあって，もうひとつの相互依存，もうひとつの労働と生活世界を創り出すためにも，労働＝生活という視点が求められている．

1) 第二バチカン公会議（1965）『現代世界憲章』長江恵訳，1977年，カトリック中央協議会刊行，中央出版社．
2) 「本巻『国民生活論』〔1943年〕は『労使関係論』および『労働組合論』の半

面にあたるものであり，後者を国民生活の『生産』の面に係わる問題だとするなら，『国民生活論』はその『消費』の面に係わる問題が中心であるが，この生活の2つの面は日本ではしばしば切り離されて取り扱われる傾向が強く，とりわけ戦時下においては，消費の問題は，その意味での国民生活の問題は，ただ副次的にのみ取り扱われ，消費の問題如何が，その実マン・パワーの保全を通じて生産の動向を左右すると言う関係は無視されてしま」った（大河内一男（1981）「『国民経済論』のための序」『大河内一男集第6巻国民生活論』）．「これまでの経済学では消費は個人の自由と考え，生産様式は分析の対象としても，生活様式はとりあげなかった．」（庄司光・宮本憲一（1975）『日本の公害』岩波新書，56ページ）（以上，角田修一（1992）『生活様式の経済学』青木書店，参照）．
3) 本間（1983）「核時代の経済学の課題」『社会科学研究年報』7（合同出版），後に本間（1992）『保険の社会学——医療・くらし・原発・戦争』勁草書房，所収．
4) 橘木俊詔（2004）『家計からみた日本経済』岩波新書．
5) 「はたらくことによって収入をえて生計をいとなみ，生命をつくりだしている人びとの利益や関心から出発して経済の諸法則の発見にせまろうという立場の経済学を，『労働の経済学』と呼んでいる．ふつう『マルクス主義経済学』と呼ばれ，正確には『科学的社会主義の経済学』と呼ばれているものは，『労働の経済学』であるといってよい．」「『労働の経済学』に対比して『所有の経済学』とよぶ．」「従来の日本の経済学は，労働の経済学の核心ともいうべき労働と発達の関係を理論の中心におき，共同体や社会の共同業務の問題を経済学の対象として考えてきたかというと必ずしもそうではない．むしろ，人間の発達や，工場法や，協業などの問題は，『純化された原理の体系』のなかでは不要のものとして切りすててしまう傾向さえあった．だが，現実の動きは，経済学をのりこえて先に進んでしまい，国有化問題や，『社会資本』論や，公害，環境，医療，教育，都市，自治体，公務労働といった諸問題が，不況，物価，失業などの問題と並んで研究され，検討されなければならなくなった．このような課題を念頭におきながら，古典における理論問題を再検討してみたとき，『労働の経済学』は，じつは，こうした諸問題を射程におさめていたのであって，私たちが見過ごしてきたにすぎないことがあきらかになる．」（池上惇（1978）「経済学の流れと新しい課題——労働と発達の経済学をめざして」『経済』No. 169）．

このばあい，「労働の経済学」はマルクスのそれに限らない．ラスキンやモリス，賀川豊彦などによっても展開されている．また，現実の労働＝生活問題に促迫された実証研究とともに，理論的にも芝田進午（1961）『人間性と人格の理論』や「二重の生産」の理論として展開されてきたことは後にみるとおりである．したがって，上野千鶴子（1990）『家父長制と資本制——マルクス主義フェミニズムの地平』（岩波書店）の次の理解は訂正を要する．

「『家族』は階級分析の外にある」(18ページ).「フェミニストのマルクス主義に対するこの批判は当たっている.マルクス理論は非常に精緻にできた市場の理論だが,同時に市場の理論でしかなかった.マルクスおよびマルクス主義者に誤りがあるとすれば,市場という社会領域が社会空間を全域的に覆いつくしていると仮定したところにあった」(19ページ).「マルクス主義が,理論的にも歴史的にも,女性と家族の問題をその射程外に置いてきたことは,フェミニストによってくり返し指摘されてきた」(52ページ).「経済学が『オイコスの学(オイコノミヤ)』からエコノミーに変容した時に,『経済』概念は,『生産』から『生活』を追い出した」(277ページ).「『ということは,家族およびその生活については,これまでの経済学とは別な,もう一つの独立の科学が,ここになければならないということを意味するのです』という大熊氏の予見を成就するには,それから30年後,フェミニズムの登場まで待たなければならなかった」(278ページ).

「労働の経済学」は「生活」を射程に入れていたのであり,労働=生活問題に関してエコノミー,マルクス,マルクス主義は等式で置きかえられるものではない.上野氏はマルクスの理論が「女性と家族の問題をその射程外に置いてきた」「市場の理論でしかなかった」とするが,大熊自身はそのように理解してはいない.また,大熊信行の提起した問題が,「30年後フェミニズムの登場まで待たなければならなかった」わけでもない.問題の系譜とともに問題打開への系譜が正しく跡づけられなければ,問題の本質を捉えることができない.したがって,その願望にもかかわらず,「大熊氏の予見を成就」し問題を解決することはできず,振り出しにもどされざるをえないだろう.

6) 大河内一男(1952)『社会政策の経済理論』日本評論社,46ページ.
7) 大河内一男(1979)『社会保障入門』青林書房新社,18ページ,35ページ,91ページ,他.
8) 大河内一男(1970)『社会政策(各論)』改訂新版,有斐閣,151-152ページ.
9) 前掲,160ページ.
10) 同,145ページ以下.
11) 服部英太郎(1966)『服部英太郎著作集Ⅴ・国家独占資本主義社会政策論』未来社,141ページ,他.岸本英太郎(1950)『社会政策論の根本問題』日本評論社,402ページ,他.
12) 隅谷三喜男(1990)「戦後社会政策の到達点」『戦後社会政策の軌跡——社会政策学会研究大会社会政策叢書第14集』啓文社.
13) 「徐々にではあるが社会政策学会での『福祉国家』への対応は,明確な問題意識のもとに積極的な取組みを続けてきた.この主題への学会の『怠慢』を云々し,それをわが国の社会政策概念把握が大河内的『社会政策=労働政策』という伝統的呪縛=神聖視への不可侵に由来すると断ずる一部の劣等感的所説の,いかに自意識過剰で無意味な,独断と偏見にみち,従来の研究成果の無視もし

くは学習不足による，牽強付会の為にする根拠なき暴論であるかが明らかになるであろう」（西村豁通（2001）「共通論題＝『福祉国家』の射程『まとめ』に代えて——学会における福祉国家・社会政策論研究の一軌跡」社会政策学会編『「福祉国家」の射程』ミネルヴァ書房）．

　しかしながら，生活問題へのさまざまな理論的努力を多としながらも，その不十分さを指摘しないわけにはいかない．ちなみに，社会政策学会第108回大会・共通論題「若者——長期化する移行期と社会政策」（2004年5月）の報告および討論のほとんどが労働政策として論じられている．「労働＝生活」視点の積極的位置づけが求められることは否めない．

14）以上，本間（1989）「社会保険理論の経済学的位置——社会保障理論構築のための一作業」『北海学園大学経済論集』第37巻第2号，同（1993）「保険からみた社会政策・社会保障の再検討——社会保障政策と理論の問題所在」『変化の中の労働と生活——社会政策学会研究大会社会政策叢書第17集』啓文社，参照．

15）C. Booth (1892-1903), *Life and Labour of the People in London,* 17vols. B.S. Rowntree (1901, 1922), *Poverty: a study of town life.* B.S.ラウントリ，長沼弘毅訳（1943）『最低生活研究』高山書院．

16）賀川豊彦（1915）『貧民心理之研究』（警醒社書店）は後に賀川批判の対象となった書物で，若き日の賀川の限界と弱点が反映されている．同書は同時に，日本における貧困研究として先駆的な意味をもっている．批判的に再検討される必要があるといえよう．鳥飼慶陽（1988）『賀川豊彦と現代』（兵庫部落問題研究所），同（2002）『賀川豊彦再発見——宗教と部落問題』（創言社），本間（2005）「書評・鳥飼慶陽著『賀川豊彦再発見』」『賀川豊彦学会論叢』第13号を参照されたい．

17）労働過程・地域社会と生活をあわせたトヨタ調査として，次の研究がある．日本人文科学会（1963）『技術革新の社会的影響』第1部．小山陽一（1985）『巨大企業体制と労働者』（御茶の水書房）．職業生活研究会（1994）『企業生活と人間』（法律文化社）．また，労働と生活に関する夕張地域調査として，布施鉄治編（1982）『地域産業変動と階級・階層』（御茶の水書房）がある．

18）江口英一編（1990）『日本社会調査の水脈』（法律文化社）は，「第1部 戦前社会調査の系譜とそのパイオニアたち」「第2部 戦後社会調査の水脈——労働と生活を中心に」「第3部 社会調査をめぐる諸問題」と構成されている．編者の江口氏は「序論」および「労働と生活の全体的把握」の章で，労働＝生活研究の究極の目的が社会階級・階層の構造を明らかにすることだとし，そのために，労働と生活の全体的把握の重要性を強調している．また，松崎久米太郎氏は「高野岩三郎とC. ブースについて」で，C. ブース，B. ラウントリ，高野における「生活と労働の統一的把握」を注視することで，それによる社会階層構成の分析と社会問題解決への実践的役割を跡づけている．

　22名におよぶ論者がそれぞれに力作を執筆されている．そのばあい，社会調

査の系譜を論ずる各論全体としては,「労働」研究と「生活」研究の分離・棲み分けを意識的に明示し,「労働と生活の全体的把握」になっていない調査上の問題として研究史がふり返られているとはいいがたい.

　江口氏は,序論で次のように述べている.「イギリスのロートリーの最低生活費が大戦時中のベヴァリッジの『社会保障プラン』の要として生かされ,戦後,労働党政府のもとでイギリス社会保障制度体系として結実していったそのような道を,広いかたちで歩めなかったように見えるのはなぜかということである.そこに天地のへだたりがあるように思われることはなぜだろうか.それは,やはり,日本の労働組合が企業別に組織され,食えるだけの賃金なる闘いの声が,企業の高い塀の外側に波及していかなかった点にあるということだろう.その塀の外側には,幾百万とない未組織労働者,失業者,生活困窮者が存在しているのである.したがって日本の民主主義の実質的未成熟がそこにはある.したがって庶民のいきざまを追求する社会調査にとって忘れてならないのは,未組織労働者,生活困窮者の大量の存在,その生活と労働の状態を明らかにすることが,依然として大切であるということである.」日本の労働者と民主主義についていえることは,研究と研究者についてもいえるであろう.

　ちなみに,労働調査論研究会編 (1970)『戦後日本の労働調査』(東大出版会) および山本潔 (2004)『日本の労働調査』(東大出版会) は詳細な調査史を跡づけている.いずれも,労働調査と生活調査の分離・棲み分けそして両者の統一的把握の必要について言及していない.

19)　「『生活』とはわれわれ人間の生きる営みそのものとして,労働と非労働両面の時間的・空間的活動の総体を意味するものと規定されてよい.……『生活』がいままた大きくその変化を迫られている」(西村豁通 (1993)「変化のなかの『生活』と社会政策——生活「市場化」の逆説をめぐって」『変化の中の労働と生活——社会政策学会研究大会社会政策叢書第17集』啓文社).

20)　労働と賃労働,労働の喜びと苦痛,仕事と労働,work と labor,ラスキンのいう opera (自己実現としての仕事) と labor (苦痛としての労働) などを区別することは,重要である.しかし,現実には別のものとしては存在していない.そうであればこそ逆に,後者を前者に転換させていく力が生まれてくるメカニズム,Human Development (人間開発,人間発達) の契機を明らかにする努力が求められる.

21)　本間 (2005)「『経済人』と人間の個性」『SOKEN』vol. 5-1,青山学院大学総合研究所,参照.

22)　「経済学には人間の問題が欠けているといわれてきた.」「ある人びとは,こうした批判をむしろ積極的にうけいれて,経済学理論の対象を『永遠にくりかえすかのような』客観的法則にのみ限定し,政策や人格形成の問題を科学の外に放逐してしまった.」「われわれは……真の人間の能力とはなにか,人間の発達とはなにか,それはどのようにして生みだされるのか,などを,経済学の立場

第1章 労働と生活という視点

から解明する作業にとりかからねばならなかった」(基礎経済科学研究所編 (1982)『人間発達の経済学』青木書店,「読者へ」).

この「人間発達の経済学」は,この経済学をリードする論者によって次のように位置づけられている.「日本社会で『人間発達の経済学』が模索され始めたのは,1960年代であった.」「1980年代後半にいたると,インド生まれの経済学者A.センが,『商品開発の経済学から人間発達の経済学へ』という経済学のパラダイム転換を提起した.」「センの主張と日本型の人間発達の経済学には,市場経済の欠点を人権保障の制度的整備や発展によって補充し,人間を発達させる制度のために施設をつくり専門家を雇用し,社会の資源を優先的に配分すべきであると主張する点で明確な共通点がある.」「この『人間発達の経済学の二つの流れ』をどのように交渉させ,より質の高い新たな経済学の構築をはかるかが問われることになった.」(池上惇・二宮厚美編 (2005)『人間発達と公共性の経済学』桜井書店,所収,池上「はじめに:人間発達の経済学の生誕と現在」,同「人間発達と固有価値の経済学」).

確かに,「人間発達の経済学の二つの流れ」のひとつが,日本からはじまり,しかも,センの研究に先立つことはるかに早かった.そのことをセン自身も多数のセンの研究者も言及していないが,おそらくその系譜を知らないゆえと思われる.したがって,日本における原流は明確に認識される必要があるし,その認識が共有されることで,A.センならびにILO・国連におけるHD(人間発達,人間開発)論もいっそう深められるにちがいない.

そのばあい,「人間発達の経済学」というタイトルはつけられてはいないが,芝田進午(1930-2001)氏の業績は,その系譜の起章として位置づけられて然るべきであろう.芝田(1961)『人間性と人格の理論』(青木書店)は,「第1部人間性と人格の形成」「第2部人間性と人格の疎外.疎外の諸形態」「第3部人間性と人格の解放.その方法と過程」として構成されていて,近代資本主義における労働と生活・人間性と人格の疎外にあって,それを克服する人格と人びとが大工業の中から生まれざるをえない必然性を明らかにしている.したがって,「人間性と人格の理論」とは,「人間発達の経済学」にほかならないし,その後の同氏の仕事は,その経済学を敷衍し深めることであった.たとえば,芝田(1978)『現代の課題Ⅰ 核兵器廃絶のために』(青木書店)所収の「現代民主主義の制度の体系」(125ページ)や,同 (1983)「労働者階級論の問題点と課題——『労働者階級の発展水準』の概念をめぐって」(『経済科学通信』第40号)などである.

『人間性と人格の理論』はいうまでもなく,上記の著作がA.センやILO・国のHD(人間開発,人間発達)に先立って展開されていたし,池上氏が指摘する「労働疎外」と「共同業務の解体と再生」についても,芝田(1977)『公務労働の理論』(青木書店)で問題提起され,その後の公務労働論争の契機となった.なお,本間照光・小林北一郎(1983)『社会科学としての保険論』(汐文社,

芝田進午監修）は，経済学からの保険論の欠落の現状に対し，保険を社会の「共同業務」として捉え，社会とそのリスクに対する人びとの管理能力の発達論を試みたものである．芝田，池上，基礎経済科学研究所，宮本憲一各氏などの先駆的業績に学んでのことである．

23) 芝田進午 (1986)「労働運動と『労働の権利』」『労働法律旬報』No. 1156.
24) 仲村政文 (2003)「ロマン主義的ユートピア思想の一類型──ウィリアム・モリス」『鹿児島大学法学論集』第 37 巻 1・2 合併号．
25) ラスキンと同じことを，協同組合の立場からホリヨークは次のようにいう．「混ぜもののない品質，適正な目方，正直なものさし，公正な取り扱い，値切りのない買いもの，掛値のない販売，こうしたことは，教養のある人にとっては，道徳的にも，物質的にも，満足が得られる源であり，同じ品物が，よその店で少しばかり安いことよりも，はるかに大切なことである．いったん悪徳がはびこると，その抑止に払う負担は，実に大きなものとなるのだが，その芽ばえを防ぐために払う負担を，どうして人びとは嫌うのであろうか．売手が道徳的であるべきなら，買手も道徳的であるべきである」(G.J. Holyoake (1892), *Self-Help by the People ; History of the Rochdale Pioneers*. ジョージ・ヤコブ・ホリヨーク，協同組合経営研究所訳 (1968，1993 改訂版)『ロッチデールの先駆者たち』，42 ページ)．「彼は，ロンドンのいんちきなコーヒーを嫌って純正なコーヒーを人びとに提供することを企てた．……ところが誰もこのコーヒーを飲もうとしなかったために，彼はとうとう店を閉めなくてはならなくなった．混ざりもののコーヒーに慣れ，品質の悪い混合物に慣らされた人びとの味覚は，純粋なコーヒーを受け付けなかったのである」(73 ページ)．「婦人は組合員になれると同時に，投票権を与えられる．……多くの未婚の女性が組合に預金しているが，その通帳は結婚免許証ともなっている」(96 ページ)．「貧しい人びとを救うためには，まず彼らを教育しなければならない．……彼らを救うことは，彼らを教育することである」(58-59 ページ)．「貧窮によらなければ，労働は刺激されないという考えが，教区の信条から一掃されたとき，支配者の社会政策は変更され，民衆の組織的向上が始まる」(128 ページ)．「1844 年に，〔ロッチデール公正先駆者組合の〕先駆者たちは組合の目的を次のように宣言した．『本組合の目的と計画は，……組合員の金銭的利益と家庭的状態の改善をはかることにある．……』(38 ページ)．「組合の運営に必要な勤勉，自制および相互の忍耐からは，富ではないにしても，英知を獲得することができるのである」(126 ページ)．
26) 「この最後の者にも」は，聖書マタイ伝に記された，イエスのたとえによる．午後の 5 時ごろまで仕事にありつけずにいた者にも，朝や昼から就労できた者と同じに賃金を払おうとするぶどう園の主人に，最初から雇われた労働者たちが不平をいう．主人は答える．「わたしはこの最後の者にも，あなたと同じように支払ってやりたいのだ．」(I want to give this man who was hired last as

much as I gave you.)「このように，後にいる者が先になり，先にいる者が後になる.」(And Jesus concluded, "So those who are last will be first, and those who are first will be last.)

　労働＝生活の最低基準，生存権，ディーセント・ワークによって，先にいる者がいつも先にいて遅れた者がいつも後にいる，ということにはならない．後にいる者が先になり，先にいる者が後になる，しかも，だれもが人間の尊厳を堅持でき人間らしいまともな労働＝生活でありうる．イエスのことばに，ラスキンは，人間発達の経済の真髄をみい出したのである．都留重人 (1998)『科学的ヒューマニズムを求めて』(新日本出版社)，都留 (2003)「社会保障の二つの主要問題」(『隔月刊社会保障』No. 388) を参照されたい．

27)　J. Ruskin (1872), *Munera Pulveris* : *Six essays on the Elements of Political Economy*. ジョン・ラスキン，木村正身訳 (1958)『ムネラ・プルウェリス——政治経済要議論』関書院.

28)　ラスキンを継承するモリスは，「労働＝苦痛」となっている現実とその現実を反映する観念（経済学・経済観）のもとでは，自然も人間も，労働も生活も，家事・子育て・教育も苦痛にみちた奴隷的状態にあると捉えている．Morris, William (1890), *News From Nowhere* (ウィリアム・モリス，松村達男訳 (1968)『ユートピアだより』，岩波文庫) によりつつみておきたい．

　「人間の唯一の目的は仕事を回避すること」．「労働を節約する（生命を節約する）」，「労働を安価にするためのあらゆる工夫が，ただ単に労働の負荷を増大することに終った」．「『彼らの誤りは，彼らが送っていた奴隷生活からやはり生じたものではないでしょうか——人類以外のすべてのもの，生命あるものも生命ないものもすべて（人びとがかつて自然と呼びならわしたもの）と，人類とを全然別のものといつも見なしていたような生活のせいじゃないでしょうか．こんなふうに考える人びとにとっては，自然を彼らの奴隷にしようとするのは当然のことだったのです．だって，自然は彼らの外にあるものと考えたんですから．』」「おそらくあなたは家事ということが，尊敬に値いせぬ，とるに足りぬ仕事だとお思いなんでしょう．」「富裕な，いわゆる教養人たちの間では，毎日々々の食事が作られるその手順などは，すべて彼らの高尚な知性にとってはあまりにも低級なこととして無視するといった当時の風習をね．」奴隷所有者から与えられる奴隷としての分け前を得るための生存競争，そのための知性の分け前としての教育，人間を育てるのではなく，「人間がわざと作った欠陥のために自分の子供たちが人間以下のものとなるのではないかといったような懸念」．「ばくち場」としての世界市場．「生活を楽しむものとしてより，むしろ耐えしのぶものとして」．「なお貧困の恐怖に悩まされ，平凡な日常生活に現在みられるような喜びにはあまり関心のなかった20世紀前半の粗野な考え方」．

　この「労働＝苦痛」の現実と観念に対して，モリスは，ごくふつうの人びとと労働そして生活の中にある，もうひとつの現実と観念を提示する．「わたくし

たちの生活，仕事が楽しみで，楽しみはまた仕事」．「芸術，すなわち労働の喜び」．「楽しい日々の仕事をともなわない幸福などはない」．労働時間を短縮し，最低賃金を定めることによる，「生活がゆたかになり，暮しが楽に立つような環境を実現しようとする能力の点で向上」．「人を苦しめ悩ましたりしない仕事」「やりすぎさえしなければ，いつも愉快なもの」である筋肉労働．「生活そのものを喜び」とし，生活のための家事が喜びとなる．

　モリスは，もうひとつの現実が遠いユートピアの世界に生まれてくるのではなく，今ある労働＝生活の現実の中に潜勢力として広がっていることを示唆して，結ぶ．「また元のところへお帰りなさい．……帰って……どんな労苦がともなおうと，友情と平安と幸福の新しい時代を少しずつ建設してゆくために奮闘しながら，できる限り生きつづけて下さい．」「主人なんかなくてもなんとかやっていけるのだ」――モリスは，人びとの協同によって，人びと自身が管理，組織，行政能力を形成し，そのことによっていっそう協同の力と自分自身の発達の力を強固にすることに着目した．

29)　「所有の経済学にたいする労働の経済学の大きな勝利が，まだそのあとに待ちかまえていた．われわれが言うのは，協同組合運動のこと」「賃労働は……やがては，自発的な手，いそいそとした精神，喜びにみちた心で勤労にしたがう結合労働〔協同労働〕に席をゆずって消滅すべき運命にある」（マルクス（1864）「国際労働者協会創立宣言」，大月書店版全集第16巻）．「協同組合労働が，階級敵対に基礎をおく現在の社会を改造する諸力のひとつであることを認める．この運動の大きな功績は，資本にたいする労働の隷属にもとづく，窮乏を生みだす現在の専制的制度を，自由で平等な生産者の連合社会という，福祉をもたらす共和的制度とおきかえることが可能だということを，実地に証明する点にある．」「社会的生産を自由な協同組合労働の巨大な，調和ある一体系に転化するためには，全般的な社会的変化，社会の全般的条件の変化が必要である．」（マルクス（1866）「個々の問題についての暫定中央評議会代議員への指示」同）．

　この「協同労働」「協同組合労働」「協同組合運動」が，以下の文脈の中に位置づけられていることに注目したい．1 国際協会の組織，2 労働者階級自身の手による労働者階級の状態の統計的調査，3 労働日の制限，4 年少者と児童（男女）の労働「われわれは教育ということばで3つのことを理解している．第1知育，第2体育，第3技術教育」，5 協同組合労働，6 労働組合，その過去，現在，未来，7 直接税と間接税，8 国際的信用，9 ポーランド問題，10 軍隊，11 宗教問題（同）．

　これらはいずれも，現下のグローバリゼーションのもとで，HD（人間開発，人間発展），ディーセント・ワーク，ILO・協同組合の振興に関する勧告などとして問われている，労働＝生活問題にほかならない．

30)　ちなみに，賀川豊彦は「資本の経済（学）」とマルクスの経済学をともに「唯物主義経済（学）」として厳しく批判し，「成長から来る革命」「友愛の経済」を

提唱している．大杉栄や山川均など初期の社会主義者が貨幣経済や商業主義の廃止を主張したのに対し，賀川は，それらを高度に発達させる以外に，廃止することができないことを洞察していた．賀川は，科学＝技術をはじめ資本主義の内側から生まれる変化する力，自治能力の形成を重視し，それを協同組合など自治機構に組織していくことの重要性をみたのである．この賀川の見地は，社会主義を自称する者より，マルクスの見地に近い．逆に，賀川の同行者であったクリスチャンにおいては，変化する力に注目する賀川の視座は見落されることが少なくなかった．本間（1992a）「賀川豊彦の協同組合保険への軌跡と論理──神の国運動へ，そして出発」『研究年報経済学』Vol. 53, No. 4（東北大学経済学会），本間（1992b）「賀川豊彦の協同組合保険論──社会科学における継承と断絶の一考察」『北海学園大学経済論集』第39巻第4号，参照．

31) 河上肇によるラスキンの受容については，大熊信行（1948）「人間生産と人間形成」他（後に，大熊（1975）『生命再生産の理論──人間中心の思想（下）』東洋経済新報社），池上惇（1991）『経済学──理論・歴史・政策』（青木書店），同（2003）『文化と固有価値の経済学』（岩波書店）を参照されたい．

　また，宮沢賢治の教育と農業・地域社会における実践と作品世界に，ラスキンとモリスは独自の位置を占めている．ノート「農民芸術概論綱要」（1926年）などにみられるとおりである．人びとの「労働＝生活」を変え農民芸術運動の拠点として彼がつくった羅須地人協会は，ラスキン協会を意味しているといわれる．以下を参照されたい．マロリ・フロム，川端康雄訳（1984）『宮沢賢治の理想』（晶文社）．三上満（2003）『明日への銀河鉄道──わが心の宮沢賢治』（新日本出版社）．同（2005）『野の教育者・宮沢賢治』（同）．川端康雄（1995）「『農民芸術概論綱要』のために──ラスキン・モリス・賢治の系譜」『賢治の学校1』（鳥山敏子・津村喬編，晩成書房）．鳥山敏子（1996）『賢治の学校』（サンマーク出版）．仲村政文（2003）（前掲）．

32) 賀川（1948）『社会革命と精神革命』，賀川豊彦全集4，キリスト新聞社，284ページ．

33) 賀川（1920）『主観経済の原理』，賀川豊彦全集9，キリスト新聞社，338ページ．

34) 同，240ページ．

35) 同，253-254ページ．

36) 賀川（1919）『労働問題と基督教』福音書店．

37) 「労働の経済が真実には『人間の経済』である」（大熊信行（1940）『政治経済学の課題──生活原理と経済原理』日本評論社，54ページ）．

38) 大熊（1927）『社会思想家としてのラスキンとモリス』（新潮社）は，「小泉信三教授の論文，『労働の苦痛』と題する1篇（同教授著『社会問題研究』所輯）」を引用する．「一切のものは労働に依つて購はると云ふのと相並んで，同じく自明の公理のやうに看做されてゐるのは，労働は苦痛なりといふ設定である．労

働は苦痛であるとすれば人が労働の為めに労働すると云ふ事は考へられぬ．……飢餓を以て脅かすか，利益を以て誘ふか，何れかにしなくては人間は労働を肯じない．要するに報酬がなければ，人間は労働しない……成るべく僅かな労働で成るべく多くの目的を達しようと努める……一定の目的に到達するに最小の犠牲を以てしようとする，所謂経済の本則が今日の経済理論の基礎をなしてゐることは改めて断わるまでもない．19世紀前半の英吉利経済学は一切の行動に於て完全に経済本則を遵守する人間を仮想して之を前提として其経済理論を築き上げた．この『経済人』の想定を現今の経済学者は一様に非難してゐるけれども，新しい経済学と雖も若し労働の苦痛といふ事がなくなれば其成立の根拠は覆へされると云ってよいのである」（90-91ページ）．「経済学において労働とはあらゆる苦痛なる人間の努力を意味する」（93ページ）．

「労働＝苦痛」とするこの見地に対し，大熊はいう．「かくて『労働の定義』がおろそかにできないのは，それが経済学の全体系の方向を決定するやうに見えるからである．Marshall が殊更に Jevons の定義を引用し，その中から『苦痛』を除去したことは注意すべきである」（104ページ）．そして，カーライルの「労働の福音」，ラスキン「生命以外に富はない」，モリス「一般的労働の快楽化」（モリスもまたフーリエに学んでいるが，協同組合運動を担った人びともフーリエに学んでいる）などに依拠しつつ，大熊は，「労働＝喜び」と結論づける．「労働者の堕落によってのみ達せられるごとき便益，美或は低廉」に対し「健全にして人を貴らしめる労働の生産及び成果」，「健全であり得るのは労働によってのみ，而して労働が幸福であり得るのは思考によってのみ，而してこの両者は……分離されることを得ない」（68ページ）．「総ての労働は高尚でなければならぬ．……画家は彼自らの顔料を礦くべく，建築師はその部下と共に石工の仕事場に働くべく，製造主は彼自身その工場における何人よりも老練なる職工であらねばならぬ」（69ページ）．

知的精神労働と肉体労働の統一，高度な科学＝技術を支える町工場・職人・手仕事，農民などの熟練ということでもあろう．

39) 大熊信行（1974）『生命再生産の理論――人間中心の思想（上）』東洋経済新報社，286ページ．
40) 同，167ページ．
41) 「生活者」論の視点から大熊の先駆的業績を評価したものとして，天野正子（1996）『「生活者」とはだれか――自律的市民像の系譜』（中公新書）がある．
42) A. Sen (1982), *Choice, Welfare and Measurement,* Oxford : Basil Blackwell（大庭健・川本隆史抄訳（1989）『合理的な愚か者』勁草書房）．
43) たとえば，絵所秀紀・山崎幸治編（2004）『アマルティア・センの世界――経済学と開発研究の架橋』（晃洋書房）は，センの著作と彼に関する膨大な研究書を各方面から検討している．そのばあい，ラスキンの名前が出てくるのは「日本の貧困研究とアマルティア・セン」のコラムにおける1カ所だけである．そ

第1章　労働と生活という視点　　　　　　　　　　　　　　　35

　　れも，大熊信行がラスキンに注目したという指摘であり，センとラスキンの系
　　譜についてではない．
44）マルクスの哲学と経済学につながる流れとしては，たとえば次のものがある．
　　芝田（1961）『人間性と人格の理論』，同（1977）『公務労働の理論』，同（1983）
　　「労働者階級論の問題点と課題」．松原昭（1965）『労働の経済学――労働の社会
　　的再生産についての研究』（早大出版部）．宮沢賢治編（1987）『労働と生活』
　　（世界書院）．成瀬龍夫（1988）『生活様式の経済理論』（御茶の水書房）．中野徹
　　三（1989）『生活過程論の射程』（窓社）（中野氏の研究は，1950年代前後と早
　　くから発表されている）．枝松正行（1998）「株式会社と労働者協同組合工場」
　　（『経営学研究』第23号，駒澤大学大学院・経営学研究院生会）．同（2000）
　　「いわゆる"生命再生産"と経済学の体系転換――フェミニストへの『労働の経
　　済学』の提案」（『国際経済』第6号，二松学舎大学）．
　　　基礎経済科学研究所編（1982）『人間発達の経済学』（青木書店），同（1994）
　　『人間発達の政治経済学』（同），そして，その中心を担っている池上惇氏の研究
　　もまた，この流れの中から生まれている．池上氏は，その後，（1986）『人間発
　　達史観』（青木書店），（1991）『経済学――理論・歴史・政策』（同），（1991）
　　『文化経済学のすすめ』（丸善ライブラリー），（2003）『文化と固有価値の経済
　　学』（岩波書店），（2005）『人間発達と公共性の経済学』（池上・二宮厚美編，桜
　　井書店）などによって，ラスキンの再評価を通じた現代の経済学への積極的な
　　問題提起を行っている．
　　　生活経済学からの流れを例示すると，次のようなものがある．多田吉三
　　（1989）『生活経済論』（晃洋書房）．伊藤セツ（1990）『家庭経済論』（有斐閣）．
45）「社会」は，a 自然との結びつき（労働・生産・生産力の水準とあり方をはじ
　　めとする自然との結合様式），b 人びとの結びつき（生産関係・階級関係・人び
　　との間での生産物や収益の分配関係・狭く生活関係をはじめとする人間相互の
　　結合様式），のうち，①b，ないし②aを土台としたbとして理解され，aの側
　　面は見落されるか，副次的に位置づけられるにとどまってきた．しかし，「社
　　会」は③abの連関の総体，として捉えられる必要がある．「社会」のあり方，
　　つまりaおよびbがどのような状況になっているかによって，「社会」と「社
　　会的動物」「社会的存在」「社会的諸関係の総体（アンサンブル）」としての人間
　　存在，human nature（人間性，人間の自然，人間的自然）も大きく異なってく
　　る．また，社会的排除（social exclusion）が社会的につくられ，それに対して
　　社会的包摂（social inclusion）も可能になる．労働＝生活は，a 生産力・科
　　学・技術の水準とあり方，そして，それをもととして成り立つ，b 人びとの関
　　係・生活問題・相互扶助のあり方，と切り離しがたく結びついている．労働＝
　　生活は，「社会」のあり方を示す社会的・歴史的存在にほかならない．
　　　ちなみに，UNDP（国連開発計画）のHDI（人間開発指数）は，出生時平均
　　余命で測られる「長寿で健康な生活」，成人識字率と初・中・高等教育総就学率

によって測られる「知識」，1人当たり GDP で測られる「人間らしい生活水準」などの指数をもとにして成り立っている（UNDP, *Human Development Report 2004*. UNDP『人間開発計画書 2004』国際協力出版会）．これらの指数は，上記の「社会」「社会的存在」人間存在（human nature）をあらわしているものといえる．また，労働＝生活の水準，「労働者階級の発達水準」を示してもいる．

「社会」の豊かさと貧しさ，a. 自然からの搾り取りと b. 人間からの搾り取りは，相互に関連している．世界人口 60 億人のうち 8 億 3 千万人の人びとが飢餓と栄養失調の状態におかれている（WFP 国連世界食糧計画）．これに対し，途上国における効率的で多収穫を追求する「緑の革命」で利益を得ているのは，農薬や化学肥料を買える一部の富裕層，高利貸し，ODA（政府開発援助）を媒介とした軍事独裁政権，先進国のメーカー，商社である．買えない大多数の貧困層は利益の圏外におかれている．そして，先進国では禁止されている農薬や化学肥料によって，天敵が殺され，土壌・水・漁業・環境の汚染がすすみ，公害が深刻化する．人間の自然が破壊され，生産力の母胎である普遍的生産手段が侵され，いっそうの貧困と無知に付け込んだ高利貸しが人びとを搾りあげ，人身売買そしてエイズを広げている．これに対し，その土地の伝統的農法の見直しと復興が注目されている．お金をかけない持続的な有機農業，小規模・家族経営と結びつき支える協同組織，人びとのイニシアティブによる地域に根ざした資源，知識と技能，教育，健康の回復と創造，つまりは社会（a, b）の再生である（K. Prabhakar Nair (ed.) (2003), *Past roots, future of food: ecological farming experiences and innovations in four Asian Countries*, Pesticide Action Network (PAN) Asia and the Pacific. 田坂興亜（1991）『アジア食品農薬汚染』家の光協会．同『危機に立つ人間環境』光村教育図書）．

さらに，「社会」（a, b）としてとらえる視点は，途上国の社会と経済にとどまらず，社会環境，地域経済，農林漁業，家族農業・自営業・生業・職人の世界など，規模と効率の経済にとらわれた目からは見落されがちな社会的潜在力の大きさを認識するうえでも重要である．ちなみに，日本列島の自然は，日本における，a. 対自然関係，b. 対人関係の基礎となり，「社会」（a, b），社会規範，日本社会と日本人を育む土壌となってきた．a, b の結びつきにあって，稲作・家族小農経営・地域の協同による農業が営まれ，その農業によって，それらの結びつきが豊かになってきた（本間（1997）「災害対策としての農業共済保険の意義と今後の課題――国民経済と農業経済の安定的再生産視点から」農業共済制度受託研究報告書）．

b 人びととの結びつきに力点をおくあまり，a 自然との結びつきを軽視ないし見落してしまう〈社会〉的見地がある．〈社会〉主義と称してきた体制においては，人びとの状態，階級・階層問題もまた a の側面とは切り離されて理解され，生産力，労働過程，労働過程における民主主義，安全性，そして，生態系，「人間の自然」，生命活動，生活，はては生命そのものが，無視され，抑圧されても

きた．こうして，称された〈社会〉主義とは，自国の階級問題すら解決しえない社会にほかならなかった．aの破局が，bそして社会をも破壊した．1986年4月のチェルノブイリの原発事故である（本間（1983）「核時代の経済学の課題——『社会』の絶滅を阻止する『社会』変革」『社会科学研究年報』第7号（芝田進午編，合同出版），後に本間（1992）『保険の社会学』勁草書房，所収）．「社会」（a，b）の矛盾として労働＝生活問題，科学＝技術上のトラブル，事故が発生するのは〈社会〉主義に限らないのはいうまでもない．死者3,000人，重傷者7,000人，軽傷者30万人の大惨事をもたらした，1984年12月のアメリカの多国籍企業におけるインド・ボパールでの毒ガス流出事故，2005年4月のJR西日本の鉄道事故，耐震データ偽装，など，資本の経済・効率のために労働の経済・人間の自然が犠牲にされているのである（本間（1985）「ジェノサイドと国際的再保険——ボパールを再生産するネットワーク」『技術と人間』第14巻10号，後に，『保険の社会学』所収．Sara Maywood（1985），*Bhopal: Industrial Genocide?*, ARENA Press.）

そして，人びとと一人ひとりのライフ（生命・生存・生活・人生）のあり方が「社会」（a，b）に規定されていることは，WHO（世界保健機関）の障害モデルにも示されている．国際障害分類1980年版の障害モデルでは，障害を固定的・属人的なものとしてではなく，病気・変調（Disease or Disorder），機能障害（Impairment），能力障害（能力低下）（Disability），社会的不利（Handicap）と，重層的に分類され認識されている（WHO（1980）*International Classification of Impairments, Disabilities, and Handicaps,* Geneva. 厚生省訳（1984）『WHO国際障害分類試案』厚生統計協会）．これが，「生活」という側面で標準化され，2001年の国際生活機能分類（ICF）では，環境因子（Environment Factors）と個人因子（Personal Factors）などとして多角的に拡充されている（WHO（2001）*ICF: International Classification of Functioning, Disavility and Health,* Genova. 障害者福祉研究会編（2002）『ICF国際生活機能分類——国際障害分類改訂版』中央法規出版）．みられるように，「社会」を（a，b）と捉えることで，障害を含むライフを捉え変えていくことの可能性はWHOのICFにも示されている．障害の構造を捉える視点は，「社会」と「社会的存在」としての人間発達の視点でもある．同じことは，医療，介護や住まい，まちづくりや景観などについてもいえる．WHOは，住まいと住まい方を，「身体的，精神的，社会的に完全に健康に活動できる状態」として位置づけている．ちなみに，介護の必要は，生活や医療・保健・福祉などの諸関係と関係なく起きるのではない．また，在宅での介護についていえば，所得，住宅，家族の3条件があってこそ可能だ．介護サービスをもっとも必要とする人たち（低所得者，独居，老々介護，認知症高齢者介護）（「社会」（a，b）的結びつきが弱い存在）ほど，十分なサービスが保障されていないのである（本間（2006）「公的介護保険と社会的介護の矛盾」近他編『現代の社会と統計』産業統計研究

社).

　人間存在（human nature, 人間の自然）が, 24時間という地球の自転, 宇宙の法則によって生かされていることを思えば, 過労死や過労自殺が社会問題となっている今日の労働＝生活の反自然性, 福祉（welfare）に反する状態（反福祉, fare の欠如）が浮き彫りになる. 労働, 生活, 休息, 睡眠ということでなく, 労働と労働時間に偏重し, 生活が極限され, あるいは生活がない, 社会的剥奪, 社会的排除（social exclusion）の状態にあるということだ（以上の「社会」観, 自然と人間観が, 必ずしも明示されていないが, 浅野慎一（2005）『人間的自然と社会環境――人間発達の学をめざして』大学教育出版も, この見地から展開されているものと思われる）.

46) 『ロッチデールの先駆者たち』（1968, 1993改訂版）38ページ.
47) トム・ウッドハウス, 中川雄一郎（1994）『協同の選択――過去・現在・そして未来』生活ジャーナル社, 91ページ.
48) レイドロー（1980）日本協同組合学会訳編（1989）『西暦2000年における協同組合』日本経済評論社.
49) 北欧諸国においては, 消費者や農民・生産者などの各種ネットワークが組織され, 各国間の協同組合の連携も活発である. 協同組合への1人1票の民主的参加は, 政治参加の基礎をつくっている. 小売業における生協のシェアをみると, 北欧4カ国で35%（フィンランド40%, デンマーク31%, ノルウェー25%, スウェーデン19%）を占めている（日本生活協同組合連合会（2000）「欧州構造改革調査報告書――スウェーデン・イギリス・イタリア」）.

　デンマークでは, グルントヴィなどの国民高等教育運動と結合して, 協同組合運動が国の隅々まで根を下ろすことになった. 1882年の酪農組合にはじまり, 各方面での経営の協同化がすすんだ. この協同と協同組合の力, その教育と組織力が, 今日, 地域コミュニティと福祉国家デンマークを支えているといえよう. 本位田祥男（1932）『欧州に於ける農村協同組合』日本評論社, Hal Koch (1945), *HVAD ER DEMOKRTI?*（小池友人訳（2004）『生活形成の民主主義――デンマーク社会の哲学』花伝社. オヴェ・コースゴール（Ove Korsgaad）, 清水満編著（1993, 改訂新版1996）『デンマークで生まれたフリースクール「フォルケ・ホイスコール」の世界――グルントヴィと民衆大学』新評論. The Central Cooperative Committee & The Urban Cooperative Union (1991), *The Co-operative Movement in Denmark.*参照.

　フィンランドをみると, 消費協同組合運動の指導者ヴァイノ・タンネル（Vaïnö Tanner 1881-1966）が, 1926年から4年間, 社会民主党政権の首相となり, 1927年から48年までICA会長をつとめている（鈴木岳「V. タンネル」(2004)『生活協同組合研究』No.340）. フィンランドにおいても, 地域コミュニティの基礎に協同組合がある. M. Kuisma, A. Henttinen, S. Karhu, M. Pohls (1999), *The Pellervo Story: A Century of Finnish Cooperation, 1899-*

1999, Pellervo Confederation of Finnish Cooperatives. スウェーデンにおいても同様である（ビクトール・A・ペストフ，藤田他訳（1996）『市場と政治の間で──スウェーデン協同組合論』晃洋書房）．総じて，労働＝生活を支える協同の運動と組織・事業，協同組合は，地域コミュニティと政治的民主主義の基礎に位置している．地域コミュニティは，協同（組合）地域社会としての性格をもつといえよう．

　イタリアについてみると，「パンと労働」すなわち労働と生活を求めて労働者協同組合運動がはじまったし（生活問題研究所編（1985）『イタリア協同組合レポート』合同出版），イギリスにおいては，協同組合党（The Co-operative Party）が労働党の一翼を担っている．協同組合党は，労働者への収益分配，労働における民主主義，職業訓練や再教育，社会的不公平の是正などに取り組み，労働党と政府の政策に影響を与えている（http://www.co-op-party.org.uk）．労働者による労働＝生活の創造，地域コミュニティづくりで注目されるスペインのモンドラゴン協同組合は次のように位置づけている．「労働こそ自然と社会と人間を変革する基本的要素である」「労働者協同組合の原則を構成する二本柱は『労働主権』と『社会変革』であり，『教育』がそれらの土台をなしている」（富沢賢治（1992）「労働者協同組合運動の意義」西村豁通編『現代の協同組合とその基本問題』啓文社）．日本においては，敗戦直後の1945年11月，賀川豊彦の指導のもとに日本協同組合同盟が創立され，51年，日本生活協同連合会に発展した．日本生協連の中心スローガンとして掲げられたのは，「平和とよりよい生活のために」，すなわち労働と生活の平和である．

50) 「かろうじて生活できるだけの所得，労働者の生活をほとんど絶え間のない労苦の時間にかえるような労働時間，働く人びとの健康にとって有害であるのみならず，国民にとっても危険な衛生状態」のもとでの，労働と資本との対抗関係の中から，社会政策としての工場法体系が形成されてきた．B.L. Hutchins & A. Harrison (1911) *A History of Factory Legistlation,* London（ハチンズ，ハリソン，大前・石畑・高島・安保訳（1976）『イギリス工場法の歴史』新評論）は，「自由放任」と「工場法」の双方の利益をめぐる確執の過程を詳細に跡づけている．現下のグローバリゼーションにおける，利潤の壁を超えていこうとする力と，壁をつくり労働＝生活を保護して人間発達を図る力の対抗を考えるうえでも，参考になる．

51) 「労働における基本的原則及び権利に関するILO宣言」（Declaration on Fundamental Principles and Rights at Work）（1998年6月）は次のように宣言している．「経済成長は公平，社会進歩及び貧困の撲減を確保するために不可欠であるが十分でないため，ILOが強力な社会政策，正義及び民主的制度を促進する必要性を確認する」「雇用，職業訓練及び労働条件において，これまで以上に基準設定，技術強力及び調査研究のすべての資源を利用すべき」「社会進歩と経済成長との関連性の維持に努めるに際し，労働における基本的原則及び権利の

保障は，関係する者自身が自由に，そして機会の均等を基礎として，彼らの寄与により産み出された富の公平な分配を主張すること，及び彼らの人的潜在能力の実現を可能にすることから，特別に重要」．

ディーセント・ワークを実現するための4つの戦略目標は，次のとおりである．①仕事における基本的原則及び権利の推進，実現．②男女が人間的な雇用を確保できる機会の創出．③社会保護の範囲をすべての人々に広げ，その効果を高めること．④三者構成主義と社会対話の強化．

ILOと国連の協同組合の位置づけは以下のとおりである．ILO「発展途上にある国の経済的及び社会的開発における協同組合の役割に関する勧告」(127号)(1966年6月)．1995年ICA総会「協同組合のアイデンティティに関する声明」を受けた，国連総会決議「社会開発における協同組合」(2001年12月)．ILO「協同組合の振興に関する勧告」(193号)(2002年6月)．ILO (1999) *Decent Work*. ILO東京支局 (2000)『ディーセントワーク』．ILO事務局 (2001)『事務局長報告・ディーセントワーク――地球的な課題』．日本協同組合学会訳 (2003)『ILO・国連の協同組合政策と日本』日本経済評論社，参照．

52) 上智大学社会正義研究所・国際基督教大学社会科学研究所編 (2004)『人間の安全保障――正義と平和の促進のために』，サンパウロ．

53) レオ13世の「レールム・ノヴァルム」の見地は，問題の深刻化とともにひき続き，ピオ11世教皇回勅「クアドラジェジモ・アンノ」(1931年)，パウロ6世教皇書簡「オクトジェジマ・アドヴェニエンス」(1971)などで検討がなされている（いずれも，中央出版社編 (1991)『教会の社会教書』中央出版社，所収）．この系譜として，第二バチカン公会議 (1965)『現代世界憲章』(長江恵訳 (1977)，カトリック中央協議会刊行・中央出版社発行)，John Paul II (1981), *Encyclical Letter Laborem Exercens of the Supreme Pontiff*, 1981. (沢田和夫訳 (1982)『教皇ヨハネパウロ二世回勅「働くことについて」』カトリック中央協議会)，同・相馬信夫訳 (1982)『「世界平和の日」メッセージ』(カトリック中央協議会)，同・石脇慶總訳 (1986)『教皇の平和メッセージ』(中央出版社)，同 (1987), *Sollicitudo Rei Socialis* (社会問題への関心) (山田経三訳 (1988)『真の開発とは――人間不在の開発から人間尊重の発展へ』カトリック中央協議会) が出されている．

「レールム・ノヴァルム」を核時代の現代に発展させたヨハネ・パウロ2世の働きは大きいが，回勅「働くことについて」の若干をみると，次のとおりである．

(1) 働くとは……人間によるあらゆる活動のこと……人間性の力で天性上そこへと傾く活動／「レールム・ノヴァルム」を読む際の鍵は，そのような労働者の尊厳であり，また同じ理由から，労働の尊厳です．この労働の尊厳は，生活の種々の需要を満たすに必要なものを獲得するため，とくに，生命それ自体を維持すること」と定義されます／働くことをとおして……社会では兄弟たちと

第1章　労働と生活という視点　　　　　　　　41

一緒の生に生きる／人間の労働が経済のみならず，人格的な価値と関係／労働の人，キリスト／神が大地を全人類に与えたのは，人類のだれ一人として欠けることなく生命を維持するため……人間生活を維持……労働を通してこそ，人間は知性を用い，自由を行使して大地を支配し，それを自分に合った住まいとする……他の人間と強力して……大地の潜在的生産力／死の文化に対して，家庭は生命の文化の中心．

　(2) 相互依存体制はそれ自体としては正常です．しかしながら，それが種々の搾取や不正の機会になりやすく，その結果，各国の労働政策に影響をもたらし，ついには労働の本来の主体である個々の労働者に影響を及ぼす／働く人の尊さと権利……が侵害されている状況／人間が生産の素材のような手段の全体と同じ平面で道具のように扱われて，人間の働きの真の尊さに応じ扱われることのないようなところでは，初期資本主義の誤りが繰り返されることになりうる／マルクス主義が危機に陥ったからといって，マルクス主義が利用し糧としてきた不正や抑圧の状況が，世界から取り除かれたわけではありません／軍事ブロックの論理，もしくは帝国の論理……全世界が人類滅亡をもたらしかねない原子戦争の脅威……軍事目的に利用された科学技術……勝者も敗者もなく，ただ人類の自滅に終わりかねないのなら……「全面戦争」と「階級闘争」という概念も必然的に問い直されなければなりません．

　(3) 「レールム・ノヴァルム」の特徴……新たな所有の形態として出現した資本……新たな労働の形態として出現した賃金労働……賃金労働は，性別，年齢，家族の状況については配慮せず，利潤の増大という観点から効率性によって決定……労働者は「自分自身という商品」を売る立場さえ保障されず，引き続き失業の脅威／できるだけ低い賃金……労働の安全性の欠如，労働者とその家族の健康と生活条件の保障の欠如／資本主義の非人間性と，その結果生じた「もの」による「人」の支配．

　(4) 自然環境や人的環境といった，市場の力だけでは保護されない公共財を保護し，保全することは，国家の任務／人間の主要な資源は人間自身……知性によって，大地の潜在的生産力と人間の必要を満たすさまざまな方法を見いだす……人間をとりまく自然的，人間的環境を変革／家庭において，子どもが誕生し，この子どもが自分の潜在能力を発達させ，自分の尊厳を自覚して，自分だけのかけがえのない運命に立ち向かう準備ができるような環境をつくりだす／物的財を享受する権利，自らの労働能力を活用する権利……貧しい人々の進歩は，全人類の道徳的，文化的成長，さらには経済的成長を達成する大いなる機会／第三世界に典型的な種々の局面は，先進国にも現れています．すなわち，先進国では生産と消費〔労働と生活〕の様式が絶え間なく変容し，そのためある種の習得技能や専門知識は価値を失い，その結果，技能と知識の絶えざる再訓練と更新が要求されます．このような流れについていけない人々／豊富な雇用機会，堅固な社会保障・職業訓練システム，労働組合結成の自由と労働

組合の実効的活動，失業者に対する社会扶助，社会生活への民主的参加の機会／年金，健康保険や労働災害の補償／家庭を維持するための十分な賃金，老齢年金や失業保険などの社会保障，雇用条件の適切な保護．

(5)「連帯の原理」「友情」「社会的愛」／諸国民の間の相互依存という現実，また，人間の労働とは本質的に諸国民を分裂させるものではなく一致させる……平和と繁栄は実に全人類の財産／発展を促進するための世界的な協調……既成の生活様式を大幅に変える……国際共同体の周縁にある人々の労働と文化の成果を，新たな物質的，精神的資源として活用し，人類家族全体の人間性の向上を達成／労働の尊厳を回復……社会と国家とがともに責任を，とくに労働者を失業の悪夢から守る責任……つり合いのとれた成長と完全雇用の実現をめざす経済政策……危機に陥った産業分野の労働者を成長産業へと円滑に転職させるための失業保険と再訓練プログラム……最低賃金と労働条件を交渉するにあたっての労働組合の役割／生産者協同組合・消費者協同組合・信用組合の創設，一般教育と職業訓練の普及，職場をはじめ社会一般の生活への参加／国際連合のもっとも古い機関である国際労働機関（ILO）／利用可能な物的資源よりもむしろ「人的資源」の利用に重点をおいた開発プログラムが，すでに策定されています．

54) ムハンマド・バーキルッ=サドル，黒田壽郎訳 (1993)『イスラーム経済論』未知谷，458ページ．
55) 小杉泰 (2006)『現代イスラーム経済論』名古屋大学出版会．

第2章
ミニマムの欠如と労働＝生活問題

本　間　照　光

1. 労働と生活をつなぐ

　「日本型企業社会」（日本的経営）といわれる企業中心の社会にあって，これまで，労働あって生活なしといった状態が一般化してきた．労働と生活，労働保障と生活保障は連携を欠き，「日本型」の特質をもってきた．そのもとで，企業の福利厚生が社会保障の肩代わりをしてきた（もっとも，福利厚生の恩恵を享受できたのは，人びとの一小部分にすぎなかった）．雇用があれば生活が保障されるものとみなされ，生活への独自の検証はなされず，労働＝生活と結びつけて検討されることも少なかった．社会政策もまた，この現状を追認し，労働研究と生活研究として棲み分けられてきたのである．
　労働，雇用，技術，職業訓練，教育，職業教育，家族支援，生活能力形成，地域社会政策は相互の関連性をもたず，教育は社会政策としての位置づけをされてこなかった．長期安定雇用が保障されれば，企業内部で労働を通じた職業能力を習得し労働力の陶冶ができるものとされ，生活は企業と労働の前提（与件）として関心の外におかれ，一連のつながりにおいて考察されることがなかった．
　然るに，1990年代半ば以降の日本的経営の再編（「新時代の『日本的経営』」によって方向づけられた）（表1）と構造改革によって，死語になったかにみえた社会階級・社会階層が日常語として復活し，今日，格差拡大と世

表1 グループ別にみた処遇の主な内容

	雇用形態	対象	賃金	賞与	退職金・年金	昇進・昇格	福利施策
長期蓄積能力活用型グループ	期間の定めのない雇用契約	管理職・総合職・技能部門の基幹職	月給制か年俸制 職能給 昇給制度	定率＋業績スライド	ポイント制	役職昇進 職能資格昇格	生涯総合施策
高度専門能力活用型グループ	有期雇用契約	専門分野（企画，営業，研究開発等）	年俸制 業績給 昇給なし	成果配分	なし	業績評価	生活援護施策
雇用柔軟型グループ	有期雇用契約	一般職 技能部門 販売部門	時間給制 職務給 昇給なし	定率	なし	上位職務への転換	生活援護施策

出所：日経連「新時代の『日本的経営』——挑戦すべき方向とその具体策」，1995年5月．

代間の固定化・再生産が大きく社会問題となっている．いま，「労働と生活」という連続した相互規定関係として捉える視点（労働＝生活）が，求められているのである．問題が噴き出ているのは，ほかならぬ，労働＝生活，「社会」（a.人間が自然と結び，b.人間相互に結ぶ，その連関の総体），「社会的存在」としての人間・人間の自然（ヒューマンネーチャー，人間性）の切れ目，脆弱なつなぎ目においてだからだ．

　労働と生活の切れ目が拡大したことは，一般にいわれているのとは逆に，「日本型」の特質がいっそう強まったことを意味する．構造改革，日本的経営から新日本的経営への過程で，「日本型」「企業社会」が終りを告げたわけではない．企業の力はいっそう強く，働く側はいっそう弱くなったし，企業の内にいる者と外におかれている者との立場は決定的に乖離した．庇護なき企業中心社会へと徹底したのである．

　「日本型」の強まりのもとで，労働＝生活を結ぶ視点は，第1に，教育，職業能力の形成，企業内外の技術・職業訓練，家族と世代間の継承問題を，社会政策の課題としてとりあげることにある．それによって，社会階級ないし階層の状態，家族と世代間の労働と生活の継承関係を捉えることができるだろう．

第2章　ミニマムの欠如と労働＝生活問題　　　　　　　　　45

　第2に，企業の内外に視点をつなぐことにより，労働と生活の対抗，企業の論理と社会の論理，社会政策の課題を明らかにし，企業の論理そのものにも内在する対立する側面を捉えることができるにちがいない．企業経営と株主利益の限定された視野は，短期で個別的である．国家の社会政策を欠き，政府と経済界が一体化し，個別企業の論理が経済界の論理として純化されていくならば，その社会は長期の試練に耐えられない．人間の社会が人間の社会である限り不可欠な，「社会の共同業務（協同業務）」の担い手が失われ，社会としても成り立たなくなるからだ．
　ちなみに，企業は競争力強化のために，請負，業務請負，派遣などの導入を図り，低賃金と貧困の社会的増大をもたらす．限定された労働能力への需要と労働の分割（分業）によって，低熟練の労働供給と労働者の一面発達が広がる．
　他方でまた，同じく企業競争力強化の要請は，製品全体と生産工程の構造の一定範囲の把握ができる労働力を要求する．そのためには，研修の機会と時間，それを効率的に受容できる状態に労働者の心身をおくこと，労働時間規制，生活・休息・教養時間の確保が不可欠である．必要な労働力は短期のコスト削減によっては得られず，企業による長期の社会的コスト負担を必要とする．また，企業と製造現場への人材の供給源であった工業高校など公教育のあり方，公共職業訓練，企業内での技能形成，労働組合の関与などにも相互に影響を及ぼす．
　すなわち，企業の論理もまた，一切の社会政策を排除する傾向とともに，その逆の対応をも要請する．もっとも，その要請は潜在的であってみれば，個別企業とは異なった経済界全体と社会の視野に立った，積極的な労働者保護と生活保障システムの構築が不可欠となる．
　第3に，労働と生活の相互規定が，国内と国外，国際的な関連において展開されている動態が明らかになるだろう．労働と生活の分離，労働があって生活がない出稼ぎ型の労働から労働＝生活への定住と子供の教育，「視力と根気」（体力と耐力）からキャリアとスキル向上への労働者の要求，低賃金

労働力を求めつつも死活問題として労働の質を高める労務管理を確立せざるをえない事情，労働力過剰の中の人材の不足，そのために必要となる企業内教育と公教育の水準，コスト負担を要請する．また，国際化の中で，労働基準，生活基準，労働＝生活基準の国際水準達成への圧力が働く．

ミニ世界市場，世界の工場としての中国・珠江デルタにみられるとおりである．「帰るべき会社，仕事の場が日本にはなくなっている」日本人労働者にとって，本人の労働と生活のあり方は変わらざるをえない．それは，進出先の国と送り出す日本における労働＝生活にも，大きな影響を及ぼすことになる．

第4に，労働＝生活とつなげ，社会（a, b）関係として全体を捉えることによって，労働からの排除，生活からの排除，そして社会的排除のメカニズムとそれを克服する課題も明らかとなるだろう．不安定雇用と失業，失業と再就職・再教育をつなぐルートの欠如，低賃金と生活苦，公共住宅政策の弱さ，他方で，前近代的な高利貸しが現代日本に放任されている．

労働と生活の社会政策の分離と，積極的社会政策の欠如は，容易に社会的排除を強め一気にホームレスへと転落させ，ホームレスから脱出することを不可能にしている．労働＝生活の視点は，社会的排除とホームレス問題への人びとの問題意識の遠さにもかかわらず，問題の近さを浮かび上がらせるにちがいない．

2. 裂け目・不安定・企業社会の強まり

労働と生活，労働条件と生活保障をつなげ，生活と家族を視野に入れた社会全体としての長期的な見通しが求められている．生活を不問にし労働を犠牲にした，個別企業の立場からの短期利益の追求が，「社会」を衰退させ，ほかならぬ，労働力の再生産をも不可能にする．技術革新と経済成長の阻害にも行きつくことが懸念されているからだ．巨大な国富と企業競争力とは逆に，現代日本の労働＝生活の国際水準は著しく低落し，不安定化した．

労働の総合指数ともいうべき，ILO（国際労働機関）の「社会的経済的安全保障プログラム」(Socio-Economic Security Programme) の「経済的安全保障指数」をみると，日本は主要国中 18 位で 25 位のアメリカとともに低い．1 位から 4 位までを占めた北欧諸国（スウェーデン，フィンランド，ノルウェー，デンマーク）と対照的である[1]．

また，OECD の「対日審査報告書 2006 年版」(Economic Surveys Japan 2006) が報告するように，日本において上下の所得格差が拡大し，80 年代半ばから 2000 年にかけて，絶対的貧困を上昇させた OECD 中唯一の国である．そして，相対的貧困率（可処分所得のメディアン〔中位数〕の 50％ に満たない人びとの全人口中の比率）が，メキシコ（MEX），アメリカ（USA），トルコ（TUR），アイルランド（IRL）に次いで，日本は 5 番目となっている（図 1）．相対的貧困率を下げている国がある一方で，日本は急速に貧困率を高め，アメリカと並んで先進国でもっとも貧富の格差がある国になっている．子どもの貧困率は OECD 平均の 12.2％ に対して日本は 14.3％ であり，働いていながら片親世帯の半数以上が相対的貧困状態にあり，トルコに次いで 2 番目である．「教育費の私費負担割合の大きさもあって，貧困が世代間にひきつがれていくおそれがある」．

みられるように，労働における「経済的安全保障指数」からみても，全人口中の「相対的貧困率」でみても，今日の日本では，労働と生活のミニマムが保障されているとはいいがたい．経済大国と生活小国，労働と生活の連携と調和の欠如，雇用し労働させる企業への力の一方的集中と雇用され労働す

---

1) ILO・Socio-Economic Security Programme, *Economic Security for a Better World*, September, 2004.「調査は，①労働市場安全保障（雇用機会保障，女性の就労保障等），②雇用保護安全保障（不当解雇等からの保護等），③雇用安全保障（不安定雇用・差別からの保護等），④職場安全保障（労働時間規制，事故・疾病からの保護等），⑤技能安全保障（技能習得機会の確保等），⑥所得安全保障（最低賃金制度，社会保障による所得保護等），⑦労働者利益代表保護保障（労働組合をはじめとする利益代表制，意見表明などの確保），といった 7 つの指数を総合して『経済的安全保障指数』を算出している」（宮前忠夫「ILO の研究調査結果」『経済』2004 年 12 月号）．

図1　全人口中の相対的貧困率

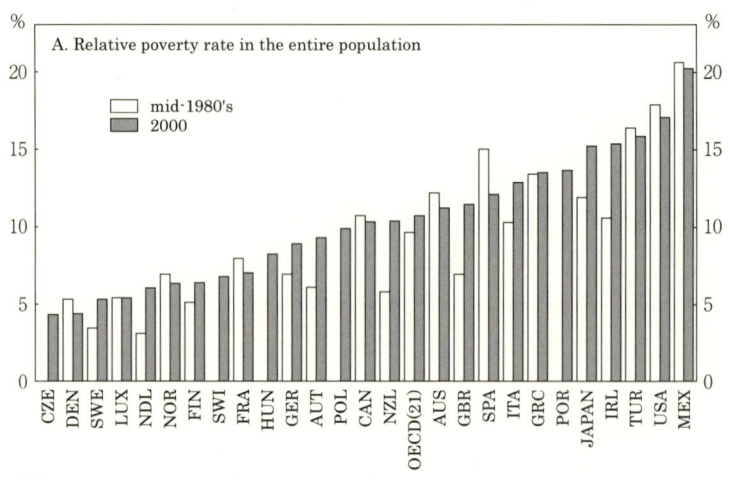

A. Relative poverty rate in the entire population
mid-1980's
2000

(CZE, DEN, SWE, LUX, NDL, NOR, FIN, SWI, FRA, HUN, GER, AUT, POL, CAN, NZL, OECD(21), AUS, GBR, SPA, ITA, GRC, POR, JAPAN, IRL, TUR, USA, MEX)

資料：Forster and Mira d'Ercole (2005), *Income Distribution and Poverty in OECD Countries in the Second Half of the 1990s*, OECD Social, Employment and Migration Working Papers, No. 22.
出所：OECD, *Economic Surveys Japan*, July 2006.

る側からの反作用の弱さが，「日本型」「企業社会」の特質であるとするならば，構造改革によって企業中心の社会はいっそう強まった．

1990年代からの一連の構造改革[2]は，労働と生活をいっそう切り離し，「社会」のa．人間と自然との結合様式，b．人間相互の結合様式を不安定化さ

---

[2] 一例をあげる．「現在の日本が取り組むべき構造改革は，戦後の制度改革にも比すべき抜本的で大規模なものである．こうした構造改革が経済に及ぼす影響は，①一部の人々には一時的に『痛み』を伴う一方で，国民経済全体としては大きな利益が生ずる」．「競争によって，効率的な事業者の経済活動が拡大する一方では，非効率な事業者の活動が縮小し，あるいは市場から退出することも覚悟せざるをえない．また，規制の撤廃等によって，土地，労働などの資源活動が活発化すれば，住み慣れた土地を手放さざるをえなくなる住民や，不利な立場に陥る労働者が生ずることも考えられる．……しかし，こうした副作用があることを理由に規制緩和・撤廃を行わないことは，『少数の利益』を守るために『国民経済的に得られたはずの多数の利益』を犠牲にしていることを意味する」（経済審議会行動計画委員会「6分野の構造改革の推進について」，1996年11月26日）．構造改革像は少数と多数を入れ違えていて，少数の利益と多数の大衆の犠牲に結果した．

第2章　ミニマムの欠如と労働＝生活問題　　　　　　　　　　49

せ，切れ目を広げ，人間の自然を危うくした．先のOECDの「対日経済審査報告書」がいうように，「戦後日本の経済成長の中心的価値は社会的平等にあった」．ところが，この「社会」の結合が失われたのである．構造改革は，アメリカの対日規制緩和要求リスト「年次改革要望書」など，アメリカ側の要求に沿って進められた[3]．アメリカ側から出された要求が，順次，日

---

3) 『毎日新聞』「縦並び社会，格差の源流に迫る」，2006年4月3-14日付．『朝日新聞』，2006年7月7日付．
　　一例をあげる．構造改革の中枢にある金融改革，その重要部分である保険についてである．現代社会は，保険なしには生きることも死ぬこともできない"保険増殖社会"となっている．保険は，わたくしたちの労働と生活を支える不可欠な存在である．そのばあい，日本の保険行政もまた，アメリカ政府と保険業界からの要求に対応して進められている．日本政府は，1996年11月に，金融自由化を徹底させる「日本版金融ビッグバン」を打ち出し，翌12月に日米保険合意があわただしく決着する．実は，その前の94年10月の時点ですでに，「日本国政府およびアメリカ合衆国政府による保険に関する措置」が合意され，方向づけられていた．その内容は，日本側が，いつまでに，何を，どのように，どの程度自由化し，門戸を開放するか，数値を示し，その進行状況をアメリカ側が点検するというものである．このように，日本には無条件の規制緩和を求めながら，アメリカでは「州別規制の調和促進」であり規制緩和ではない．日米間では，まったく逆の内容の不平等条約が94年10月の段階で作られ，それをうけて日米保険合意が96年12月に成立した．
　　なぜ，このような不平等条約に日本側が合流していったのか．不平等ではあってもそれに乗ることが，金融マーケットでの覇権拡大につながると判断してのことである．銀行も証券も同様で，日米間の不平等利権同盟にほかならない（この日米関係は今日，保険業法改定による共済規制問題としてあらわれている）．ところが，最大の利益を求めたはずが，会社をつぶし，国民と契約者に犠牲を負わせる最低の結果がもたらされた．それがまた，アメリカ側にとっては絶好のビジネスチャンスとなった．97年以降，国内生命保険会社のほぼ3分の1，次々と7社もが破綻していった．破綻しないまでも，アメリカをはじめ外資に身売りをする保険会社も続出した．
　　不平等利権同盟としての日米関係は，バブル経済とそのもとで進められた金融保険改革，バブル崩壊，今日の構造改革の過程で強められてきた．対米関係の不平等が改められないのは，日本国内での利益享受者と不利益受忍者が異なるからだ（本間による以下の研究を参照していただきたい．「社会的協同の現状と協同組合保険の課題」『共済と保険』第30巻3号，1988年2月．「保険づけニッポンと国民生活」『賃金と社会保障』No. 1034，1990年5月下旬号．「料率算出団体は社会の財産——破綻へ向う日米の責任」『インシュアランス』生保版第3745号，

図2　公定歩合と短期金利の動き

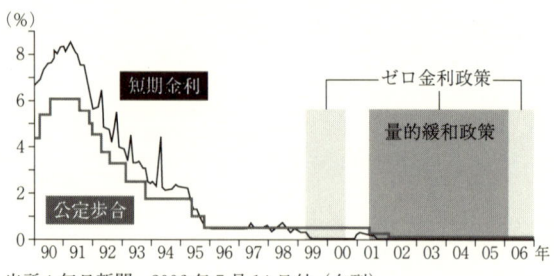

出所：毎日新聞，2006年7月14日付（夕刊）．

本の構造改革として具体化されていった．

　結果として，富は，雇われる側から雇う側へ，家計から企業とりわけメガバンクと大企業へ，貧者から富者へと移転する構造に転換された．国家間の機関と国家機関を媒介にした，推進者への利益の還流システムの構造化にほかならない．その意味で，「市場原理」の名で行われたことは，市場原理にすらなっていないといわざるをえない．ちなみに，構造改革を支えるために世界の金融史上に例をみない超低金利・ゼロ金利・量的規制緩和政策が長期にわたってとられ，国債の大量発行，政府資金と日銀貸し出しによる銀行の不良債権処理と高利の消費者金融への迂回融資・投機マネーの確保と運用を可能にした（図2）．0.001％（普通預金金利）と実質ゼロ％で大衆から集められたお金が，銀行を経由して2％程度で消費者金融に融資され，それが29.2％（出資法の上限金利）の高利に変貌して大衆に貸し付けられる．銀行と消費者金融の間に「蜜月」「共存関係」が成立してきたのである[4]．そして，日米のメガバンクや投資グループがその消費者金融の大株主である．他方で，生活に困窮した大衆（多重債務者の7割が生活保護基準かそれ以下の低所得者，『毎日新聞』，2006年9月10日付）は，消費者金融の顧客となり，

　　1997年4月3日．「保険経営の責任と義務の履行が問われる時」同第3927号，
　　2001年1月18日．「巨大志向から原理・原則へ」『銀行労働調査時報』No. 624，
　　2002年3月，銀行労働研究会）．
　4）『朝日新聞』，2006年5月5日付．

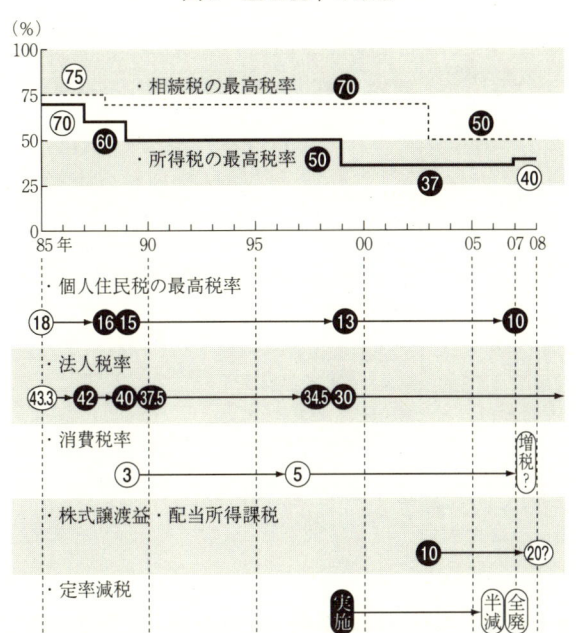

第2章　ミニマムの欠如と労働＝生活問題　　51

図3　主な税率の推移

(%)
100
75　⑦⑤　・相続税の最高税率　⑦⓪
　　　⑦⓪　⑥⓪　　　　　　　　　　　　　　　⑤⓪
50　　　　・所得税の最高税率　⑤⓪
　　　　　　　　　　　　　　　㊱　　　㊵
25
0
85年　　　90　　95　　00　　05　07 08

・個人住民税の最高税率
⑱　　⑯⑮　　　　　　　⑬　　　　　⑩

・法人税率
㊸.₃ ㊷ ㊵ ㊲.₅　　　　㉞.₅ ㉚

・消費税率
　　　　③　　　　　　⑤　　　　　増税？

・株式譲渡益・配当所得課税
　　　　　　　　　　　　　　　⑩　　⑳？

・定率減税
　　　　　　　　　　　　実施　　半減　全廃

出所：朝日新聞，2006年2月26日付．

返済できずに死に追いやられると，その保険金は貸金業者のものとなり債権は回収される（同，2006年8月15日付，他）．アメリカ政府と金融業界は，上限金利引き下げ反対を日本政府に求めている（時事通信，2006年8月23日付，他）．利権同盟としての日米関係の一端が示されているといえよう．

「これまでの金利低下により家計から企業への所得移転が発生」「家計の利子所得の受払額が逆転した1995年度以降の制度部門別にみた純利子所得の動向をみると，金利低下局面における家計の利子所得の減少と企業（非金融法人企業）の利払いの減少が顕著にみられる」（『経済財政白書』2006年版）．税制は逆再分配を強め（図3），今日，銀行と1部上場企業は，史上最高の利益をあげ[5]，他方に，生活苦と多重債務，自殺を広げている．1989年度から2004年度までの消費税の累計148兆円に対し，法人税の減収分累計は

表2 主な規制緩和の「揺り戻し法改正」

	過去の規制緩和	規制緩和後の出来事	今回の法改正
小売り	大型店の出店規制の緩和・撤廃（90年代～00年）	郊外の大型店増加で中心市街地が空洞化	大型店の郊外出店を規制する改正まちづくり3法
住宅	建築確認の民間開放（99年）	耐震偽装事件で，民間確認検査機関が偽装を見過ごした	罰則強化や第三者機関の再チェックを盛り込んだ改正建築関連4法
金融	金融ビッグバンで金融商品が多様に（90年代後半）	ハイリスクの金融商品の被害多発	広範な金融商品の販売ルールや証券取引厳正化を定めた金融商品取引法
航空	新規参入の自由化（90年代後半）	スカイマークが地方路線をやめ，主要幹線に集中．整備士不足も発覚	交通機関に対する監査強化などの運輸安全法
鉄道	車両や線路などの細かい基準をやめ，鉄道会社の裁量拡大（01年）	JR宝塚線（福知山線）脱線事故（05年4月）	
タクシートラック	新規参入自由化や台数規制廃止（90年代トラック，02年タクシー）	運転手の長時間労働や低賃金・事故増加	タクシー運転手の登録制拡大（07年国会に法案提出）
バス	路線の新設・廃止を自由化（02年）	過疎地の不採算路線の撤退相次ぐ	NPOなどの高齢者送迎を認める改正道路運送法

出所：朝日新聞2006年6月19日，7月6日付．

145兆円である[6]．

構造改革は，いのちとくらしに関わる「社会」（a，b）構造改革でもあった．規制緩和による安全規制の後退は，鉄道，トラック・タクシー事故を増大させ，耐震偽装のもとをつくった[7]（表2）．労働と生活の切れ目の拡大は，

---

5) 『朝日新聞』，2006年6月30日付，5月19日付．
6) 兵庫県保険医協会編『医療が滅ぶ』全国保険医団体連合会，2006年．
7) 細川首相の私的諮問機関であった「経済改革研究会」（座長・平岩外四経団連会長，通称平岩委員会）は，1993年11月8日，「安全・環境保全見地から行われる規制も，最小限にとどめる」とした「中間報告」を提出している．そして，

大量の失業者と長期間の滞留，非正規不安定就業者層と生活困難層を生み出した．最低賃金は生活保護水準を下まわるレベルに設定され[8]，せいいっぱい働いても最低生活を確保できない．貯蓄を持たない世帯が急増し4世帯に1世帯となっている（図4）．豊かさの影で，日本の家計収入と家庭生活は，ほとんど崩壊しているといっても過言ではない．生活保護の捕捉率はきわめて低い[9]．労働時間の規制の弱さとサービス残業という不払い労働は，生活時間と休息時間の不足となり，カローシ・過労自殺を広げている．経済的理

　　これとほとんど同一の内容が，95年3月31日，村山内閣の閣議決定「規制緩和推進計画について」として出されている．この間に，95年1月17日，阪神・淡路大震災が発生している．
　　中間報告は次のとおりである．「公的規制の抜本的見直しに当たっては，各分野を均しく検討し，"聖域"があってはならず，福祉，教育，労働，金融といった分野でも上述の考え方をもって当たるべきである」「安全・環境保全の見地から行われる規制緩和も……最小限にとどめる」「土地，住宅に係る規制について，土地利用及び住宅に関する規制については，それぞれの規制目的に沿った必要最小限のものとする」「建築基準について，技術革新の進展，国際的基準を踏まえ，新材料，新建築のニーズに速やかに対応できるよう見直す」（『朝日新聞』1993年11月8日，夕刊）．
　　平岩委員会は財界などに要求提出を求め，経団連から240項目の規制緩和要求が出されている．そのうち「保安・安全」分野は139項目あって，「地震下限値の見直し」として「不当に大きい地震力が設定されている」と耐震構造の規制緩和が要求されている．
　　さらに，94年11月，財界4団体をはじめとする諸団体や，アメリカなど各国から寄せられた要請が，政府の「行政改革推進本部」に設置された「規制緩和検討委員会」によって取りまとめられている．これを受けた95年3月の閣議決定「規制緩和推進計画について」は，金融，証券，保険関係，安全・環境の規制緩和など，平岩委員会の報告と内容は同じで，文章もほとんど同一である．「安全環境の保全の見地から行われる政策についても必要最小限にとどめる」．
8)　黒川俊雄・小越洋之助『ナショナル・ミニマムの軸となる最賃制』大月書店，2002年，27ページ．
9)　日本における被保護世帯の出現率は10％と推計されるが，全世帯数に占める被保護世帯の実際の出現率（保護率）は1.6％であり，10％のうち1.6％の救済で捕捉率は16％にとどまる（2004年）．これに対し，イギリス（1999年）における保護率は23.7％で，捕捉率は所得援助制度で83〜87％，家族給付制度で72％と発表されている（唐鎌直義「『構造改革』下の国民生活と社会保障，社会保障総合研究センター編『福死国家』に立ち向かう』新日本出版社，2005年）．

表3 欧米各国

	日本	アメリカ	イギリス
根拠法	雇用保険法	社会保障法（1935年） 連邦失業税法（1939年） 各州失業保険法	求職者給付法（1996年）
適用範囲	全雇用者．65歳以上の者，公務員，船員は適用除外．	原則として，一暦年中に少なくとも20週は，1日1人以上の労働者を雇用する事業主（ただし，非営利団体は4人以上），又は一暦年のうち各四半期において1,500ドル以上の賃金支払のあった事業主．各州少なくとも連邦失業税法の課税対象事業主は適用対象とする．	原則として，義務教育終了年齢（通常15歳）以上であって年金受給年齢（男性65歳，女性60歳）未満であるすべての被用者．
受給要件	（基本手当） 離職前1年間に6か月以上被保険者期間があること． 公共職業安定所に求職の申込みをすること． 自己都合による離職の場合には3か月間の給付制限がかかる．	主要な要件（州によって異なる） (1)雇用期間・所得 (2)求職・再就職の能力・意思 (3)解雇又は就職拒否に係る欠格事由	原則18歳以上で年金支給開始年齢未満である． 失業しているか，または就労時間が週16時間未満であること． 週40時間以上就労する意志と能力があり，積極的に求職を行っていること．ジョブセンターとの間で，求職活動等に関する「求職者協定」を締結すること． 保険料拠出に基づく給付の場合は，過去2年間に一定以上の保険料を納付していること． 所得に基づく給付の場合は，保険料拠出に基づく給付の受給資格のないこと，貯蓄額が一定水準以下であること，配偶者が働いている場合，就労時間が週24時間未満であること．
給付 （基本額）	離職前賃金の50～80%（低賃金ほど率が高い．60歳以上65歳未満の者については45～80%）	州，従前所得，就労時間により異なる． 1999年週平均給付額215ドル 対週賃金比35.0%	週54.65ポンド（25歳以上）
給付 （扶養加算）		53州で実施（コロンビア特別区，プエルトリコ，バージン諸島含む）	扶養家族を有する定額基本給付の受給者に対し行われる．
給付 （給付期間）	年齢，被保険者期間，離職の理由等により，90日～360日	申請者の基準年における賃金額，就労日数に応じて州ごとに異なる（支給期間：4～30週）．	保険料拠出に基づく給付は最大182日（26週）．所得に基づく給付は，所得援助制度として，低所得かつ求職者要件を満たしていれば，無期限で支給される．

出所：労働政策研究・研修機構『データブック国際労働比較2006』．

第 2 章　ミニマムの欠如と労働＝生活問題　　　55

の失業保険制度

ドイツ	フランス	スウェーデン
社会法典第3編「雇用促進」（2005年1月）	根拠法令はなく，労使協約に基づき実施	認可失業給付組合に関する勅令（1956年）
原則として，すべての被用者．官吏，満65歳に達した者，職業軍人，昼間学生，短時間就業者（週15時間未満等）は適用除外．	原則として，すべての被用者．国，地方自治体及び公共事業体に雇用される公務員は適用除外．	基金の母体である労働組合の労働者が加入．15歳未満又は基金の定める最高年齢を超える労働者や家族従業者等は適用除外．
失業者であって，職業紹介に応じ得ること．離職前2年間に通算12か月以上の被保険者期間があること．公共職業安定所に失業申告をしていること．満65歳未満であること．	職業安定機関に登録し，労働の能力を有し仕事に応じられること．離職前22か月のうち適用事業所における雇用期間が6か月以上あること．60歳未満であること．季節労働者も条件を満たせば，受給できる．季節的労働者でないこと．正当な理由がなく自己退職した者でないこと．	離職前1年のうちの6か月間，月70時間以上就労していること．離職後，職業紹介所に求職者として登録していること．労働の意思と能力があること．
失業手当は法律上の控除額を差し引いた前職賃金の67％（扶養する子がない者は60％）（失業給付I）	離職前賃金（税込）と勤務形態（フルタイム，パートタイム等）に基づいて算定．例えば，フルタイムの場合，賃金月額が990.40ユーロ以下の場合の賃金月額の75％から賃金月額が1,791.18〜9,904ユーロの場合の賃金日額の57.4％まで幅がある．	各基金により及び被保険者の賃金等級によって異なり，日額は賃金日額の80％（最低230クローナ）
配偶者および子についてあり	最高額：基準賃金日額の75％	配偶者及び16歳未満の子1人について日額2クローナ
被保険者期間の長短，年齢に応じ6〜18か月（完全適用は2006年2月以降であり，それまでは移行措置が執られている）．	年齢および離職前雇用期間に応じて7〜42か月（年齢と失業時期によっては，旧協定の給付期間が適用される）	基金により異なり，後期5日以降，最高300日（週5日分）57歳以上の者については最高450日．

図4 貯蓄の有無

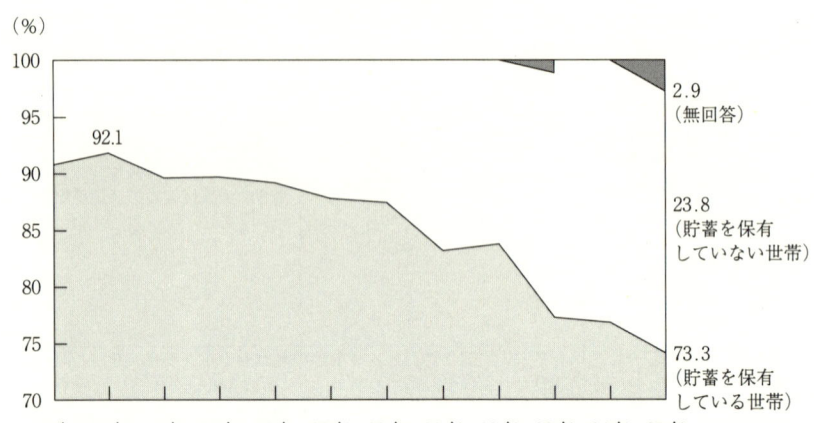

(%)

- 2.9（無回答）
- 23.8（貯蓄を保有していない世帯）
- 73.3（貯蓄を保有している世帯）

94年 95年 96年 97年 98年 99年 00年 01年 02年 03年 04年 05年

出所：金融広報中央委員会（事務局・日本銀行情報サービス局内）「家計の金融資産に関する世論調査」各年版から作成．

由などによって，警察庁統計で1998年以降8年連続して自殺者が3万人を超える．

　労働を前提とした社会保険を中心として成り立っている，この国の社会保障からは多くの脱落者が生み出されている．健康保険（医療保険），年金保険，雇用保険，労災保険は，長期安定雇用を前提とし，不安定雇用と失業状態に対応していない．雇用保険は，給付期間が短く長期失業に対応できていないし，失業扶助の制度はない（表3，表4）．学校教育における職業教育は，不十分でかつ先送りされ，公共職業訓練は学校教育との連携を欠く．

　こうして，国家や社会の見地から私的・個別企業の見地へ，生活からいっそうの労働偏重へ，長期の社会政策的観点から市場と個別企業経営の短期視点への転換を強め，結果として，労働と生活の切れ目を拡大し，労働＝生活の負の連鎖を固定させた．ミニマムが欠如しているもとで「自助」「自律」「自立」を求めた構造改革は，逆に，自立不能な人びとを大量につくり出したのである．

第2章　ミニマムの欠如と労働＝生活問題　　　　　　57

表4　失業手当の給付日数

1. 倒産・解雇等による離職者（3.を除く）

区分＼被保険者であった期間	1年未満	1～5年未満	5～10年未満	10～20年未満	20年以上
30歳未満	90日	90日	120日	180日	―
30～35歳未満	90日	90日	180日	210日	240日
35～45歳未満	90日	90日	180日	240日	270日
45～60歳未満	90日	180日	240日	270日	330日
60～65歳未満	90日	150日	180日	210日	240日

2. 倒産・解雇等以外の事由による離職者（3.を除く）

区分＼被保険者であった期間	1年未満	1～5年未満	5～10年未満	10～20年未満	20年以上
全年齢	90日	90日	90日	120日	150日

3. 就職困難者（障害者）

区分＼被保険者であった期間	1年未満	1年以上
45歳未満	150日	300日
45～65歳未満	150日	360日

出所：厚生労働省ホームページより作成．

3.「構造改革」による問題の「構造化」

(1)　格差と自立不能の拡大

　構造改革と新日本的経営は，企業中心の「日本型」の社会をいっそう強めた．全般的にズリ落ちながら，労働と生活の裂け目を広げ，こぼれ落ちる社会階層を拡大したのである．自立（自律）不能の状態におかれている人びとの拡大である．それは，生命，自由，幸福の追求，人間の尊厳，人間発達という，近代社会の原理であり現代民主主義を支える価値から遠ざけられている状態を意味する．より具体的にいえば，「ライフ」の再生産そのものが困難となっているのである．人びとと一人ひとりの生命，生存，生活，人生であり，仕事に就き，安全に労働し生活し，結婚し，子どもを生み育て，安定した老後をすごすこと，労働力の再生産，そして，生命再生産の単位として

の家族の形成と維持が難しくなっている．その実態は，次のとおりである．

企業における人員削減と弱い解雇規制のもとで，日本社会に大量失業と長時間・過重労働が併存している．2005年までの10年以上にわたって完全失業率は4～5％と高く，有効求人倍率は1を割ってきた．完全失業者のうち長期失業者の割合は33.8％を占める（2004年の総務省「労働力調査詳細結果」）．

また，今日，雇用者の約3人に1人が非正規雇用者であり（15歳から25歳までは約半数）（同），賃金格差は大きく（図5，図6），非正規では単身生活も困難で，家庭をつくり維持することはほとんど不可能となっている．そして，この国の労働者は欧米に比べ突出した長時間労働を強いられており（図7），仕事と生活が調和しているとはいいがたい．

所得格差は大きく（図8），1世帯当たり年間平均所得金額は，1994年664万円（100％），98年655万円（98％），03年579万円（87％）で，所得5分位階級別にみた最下位の第1分位では，150万円（100％），153万円（102万円），131万円（87％）と低下している（厚生労働省「2004年度国民生活基礎調査」）．第1分位では，単身でも最低生活を維持できないレベルにありながら，そのレベルを下げつづけている．

所得の格差が結婚率の格差になっている（表5）．経済的事情で結婚できない人びとが増大していることは，現代日本が，ふたたび人間の自然に対する前近代へと逆行していることを意味してはいないか[10]．高等教育費の自己

---

10) 「『国民皆婚制』の歴史——我が国では未婚率が低く，大部分の人が結婚しているという感覚を当然のように持っているために明治以前，江戸時代などでは現在よりももっと未婚率が低く，結婚年齢も低かったであろうと考えがちである．しかし，実際には経済的に自立できず一生奉公人のまま終わる人や，家長である長男の家に居候のような形で住んでいた人には自活するだけの生産手段を得ることは難しく，晩婚であったり結婚しないまま一生を終える人も多かったらしい．明治以降，家を存続させることを重視する武士階級の思想が政府により採用され一般庶民にまで広がったこと，近代化の結果，都市などで家業を離れて自活することが可能になったため経済的に余裕のある中産階級が出現したことなどにより「国民皆婚制」とまでいわれるほど，ほとんどの人が結婚するようになったが，

負担は，重く（図9），先進16か国中，日本が一番である（図10）．日本，韓国，アメリカ，フランス，スウェーデンの5か国を対象とした調査では，「今よりも子どもは増やさない，または，増やせない」との回答が53.1%と日本がもっとも高い．その理由としては，「子育てや教育にお金がかかりすぎるから」が56.3%で，韓国の68.2%に次いでいる（内閣府「少子化社会に関する国際意識調査」，2006年4月．調査時期，2005年10月～12月）．

　勤労者間の所得・生活格差と働いても最低生活を確保できないワーキングプアーの増大とともに，高齢者の所得・年金・老後格差も深刻である．一部の豊かな高齢者の背後に，多数の貧困高齢者が滞留している（図11，図12）．そして，欧州諸国では一般化している高齢者の貧困防止の最低保障年金などが，日本には欠けている[11]．

　その歴史は考えられているより浅いといえよう」（『国民生活白書——少子社会の到来，その影響と対応』1992年版）．
　また，正保期（1644年）から寛政期（1789-1800）までの武士階級（松平一族）の女性1,161人のうち結婚した女性が60%，結婚しなかった女性が40%であり（脇田修「幕藩体制と女性」『日本女性史 第3巻近世』東大出版会，1982年），ヨーロッパでも，16世紀から20世紀の初めまでの女性の生涯未婚率は40%台と高かった（以上，住本健次「結婚しない女性」『たのしい授業』No.141，仮説社，1984年5月による）．

11) Council of European Union, *Joint report by the Commission and the Council on adequate and sustinable pensions*, 10 March 2003（欧州連合理事会「十分で持続可能な年金に関する欧州委員会と欧州理事会合同報告書」，2003年3月）．
　欧州連合（EU）理事会に提出されたこのレポートでは，加盟国間の11の共通目標の達成を具体化している．その第1の目標は，「社会的排除の防止」(preventing social exclusion)である．「高齢者が貧困のリスクにさらさせることなく，ディーセントな（まともな）生活水準が享受できることを保障する．高齢者が自国の経済的福利のシェアに預かり，公共，社会，文化的生活に積極的に参加できるようにする」．
　報告書では，加盟各国の年金や高齢者生活が詳述されているが，一般に，最低保障年金が整備されているか，年金によらないばあいでも，他の所得保障などによって最低生活が保障されている．

図5 各雇用形態の雇用者の生涯賃金

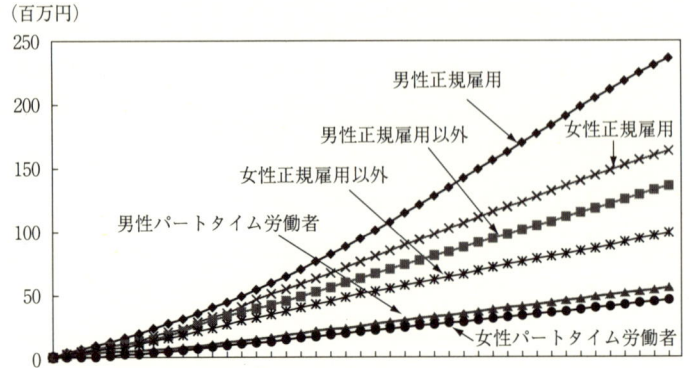

注：1）厚生労働省「2005年賃金構造基本統計調査」により作成．
　　2）年齢階層別の賃金を各階層の中央の年齢層が代表するとみなし，その間を直線補完した．
出所：『経済財政白書』2006年版．

図6 50歳代まで年齢が上がるにつれて，賃金格差は拡大

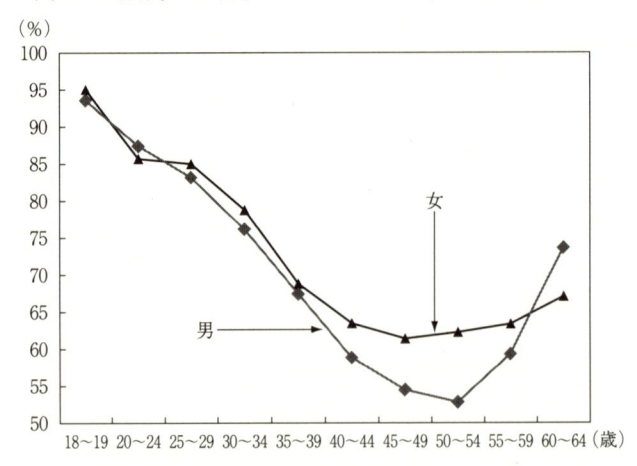

注：1）厚生労働省「2005年賃金構造基本統計調査」により作成．
　　2）非正規雇用者は常用労働者のうち，正規雇用者以外の労働者．
出所：『経済財政白書』2006年版．

第2章　ミニマムの欠如と労働＝生活問題　　　　　　　　　　　61

図7　1週間当たり労働時間が50時間以上の労働者割合

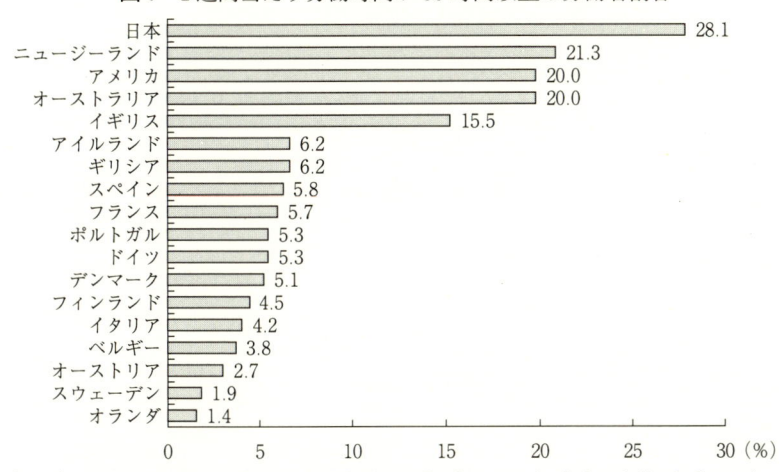

- 日本　28.1
- ニュージーランド　21.3
- アメリカ　20.0
- オーストラリア　20.0
- イギリス　15.5
- アイルランド　6.2
- ギリシア　6.2
- スペイン　5.8
- フランス　5.7
- ポルトガル　5.3
- ドイツ　5.3
- デンマーク　5.1
- フィンランド　4.5
- イタリア　4.2
- ベルギー　3.8
- オーストリア　2.7
- スウェーデン　1.9
- オランダ　1.4

注：1)　ILO, "Working Time and Workers' Preferences in Industrialized Countries: Finding the Balance" (2004年) により作成．
　　2)　各国のデータは2000年のものを使用しているが，アメリカのデータは1998年である．
　　3)　雇用者のうち1週間当たり50時間以上働いている者の割合である．ただしアメリカと日本については49時間以上働いた割合．
出所：『国民生活白書』2006年版．

図8　年間所得階級別世帯分布

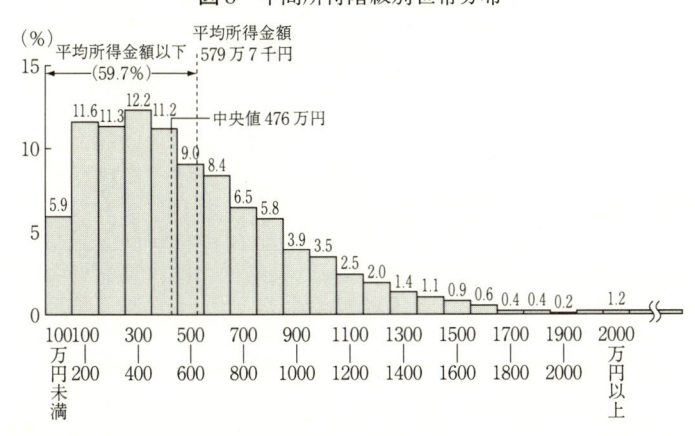

平均所得金額以下 (59.7%)
平均所得金額 579万7千円
中央値 476万円

- 100万円未満　5.9
- 100-200　11.6
- 200-300　11.3
- 300-400　12.2
- 400-500　11.2
- 500-600　9.0
- 600-700　8.4
- 700-800　6.5
- 800-900　5.8
- 900-1000　3.9
- 1000-1100　3.5
- 1100-1200　2.5
- 1200-1300　2.0
- 1300-1400　1.4
- 1400-1500　1.1
- 1500-1600　0.9
- 1600-1700　0.6
- 1700-1800　0.4
- 1800-1900　0.4
- 1900-2000　0.2
- 2000万円以上　1.2

出所：『2004年 国民生活基礎調査』．

表5 年齢段階別にみた有業・無業状況，個人年収別有配偶率
（在学者を除く・2002年調査）

(単位；%)

		男性				女性			
		15-19歳	20-24歳	25-29歳	30-34歳	15-19歳	20-24歳	25-29歳	30-34歳
全体		1.9	9.3	30.2	54.4	4.1	13.6	42.0	67.8
無業計		0.3	2.2	7.5	15.8	9.3	42.0	75.4	87.7
無業状況別	求職者	0.4	3.0	9.0	20.8	3.3	18.3	49.1	70.4
	白書定義無業者	−	−	−	−	−	−	−	−
	独身家事従業者	−	−	−	−	−	−	−	−
	専業主婦（夫）	−	−	100.0	100.0	100.0	100.0	100.0	100.0
	その他無業	0.4	4.1	29.8	56.3	2.6	20.5	20.5	66.1
有業計		2.8	10.5	32.4	57.2	1.1	6.4	27.2	52.7
就業形態別	正社員（役員含む）	3.4	12.2	34.7	59.6	0.4	4.4	21.2	43.8
	非典型雇用	1.6	5.7	14.8	30.2	1.2	9.0	34.9	59.9
	うち周辺フリーター	1.1	1.9	9.6	16.8	−	−	−	−
	自営	3.1	15.6	47.9	64.5	0.0	13.5	38.0	54.5
	その他就業	4.6	9.1	21.9	35.3	19.1	25.8	58.4	82.0
個人年収別	収入なし,50万円未満	1.4	3.4	12.7	26.5	3.9	18.7	59.6	82.0
	50−99万円	1.8	3.2	10.2	27.1	2.1	17.7	63.5	80.4
	100−149万円	1.5	5.4	15.3	29.6	0.5	7.0	30.5	55.2
	150−199万円	3.8	7.0	17.4	34.0	0.6	3.5	16.2	39.2
	200−249万円	3.9	10.4	22.8	40.8	0.0	3.8	17.8	38.1
	250−299万円	2.5	10.5	26.3	42.3	0.0	5.0	17.9	31.3
	300−399万円	5.7	16.2	35.6	52.9	0.0	6.4	21.4	40.6
	400−499万円	0.0	25.2	43.9	62.5	0.0	6.8	27.6	45.8
	500−599万円	0.0	19.3	52.7	71.0	0.0	7.7	33.7	49.6
	600−699万円	0.0	28.1	57.6	78.9	0.0	2.9	32.0	55.2
	700−799万円	0.0	35.7	52.2	76.6	−	0.0	24.7	39.8
	800−899万円	0.0	24.2	50.8	74.3	−	0.0	21.9	59.1
	900−999万円	−	62.0	42.3	65.1	−	−	22.4	67.4
	1000−1499万円	−	6.0	72.5	71.1	−	−	34.4	44.2
	1500万円以上	−	0.0	73.9	90.0	−	0.0	0.0	74.7

出所：労働政策研究・研修機構（2005）『労働政策研究報告書』No.35.

(2) 子どもの発達保障と労働＝生活の未来

　子どもたちは，かけがえのない今を享受し，発達の機会を得ているだろうか．子どもの世界においても，おとなの労働と生活，社会階層の格差を反映し，人間の自然に対しても著しい分化が生まれている．広く社会的排除とい

第 2 章　ミニマムの欠如と労働＝生活問題　　63

図 9　大学授業料等の推移

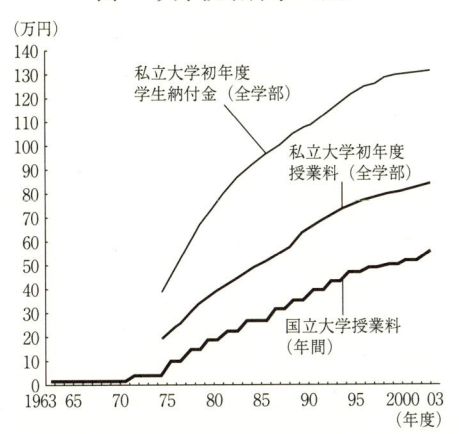

注：私立大学の「初年度学生納付金」は，「授業料」,「入学金」,「施設設備費」の合計. 私立大学の上記の数値は全私立大学の平均値.
資料出所：文部科学省資料より作成.
出所：日本子どもを守る会編 (2003)『子ども白書 2003』草土文化.

図 10　税引後の高等教育費自己負担（対 GDP 比）

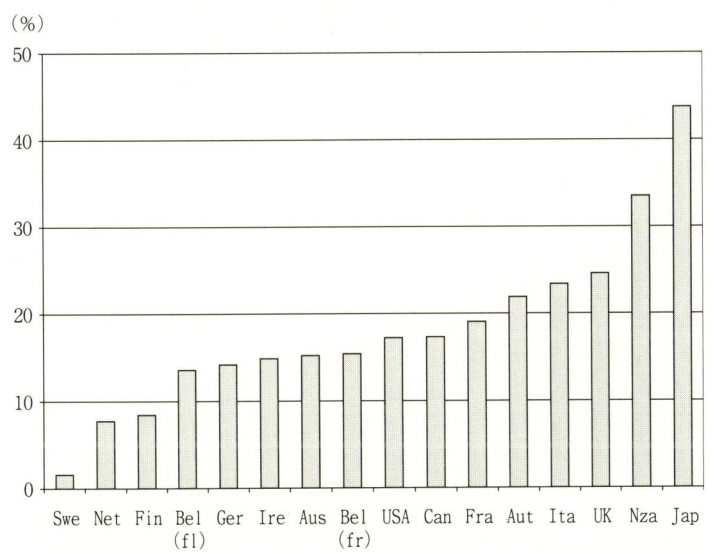

出所：Educational Policy Institute (EPI), *Global Higher Education Rankings 2005*, May 2005.

図11 老齢年金受給者（男 893.5 万人）の受給月額分布（2001 年）

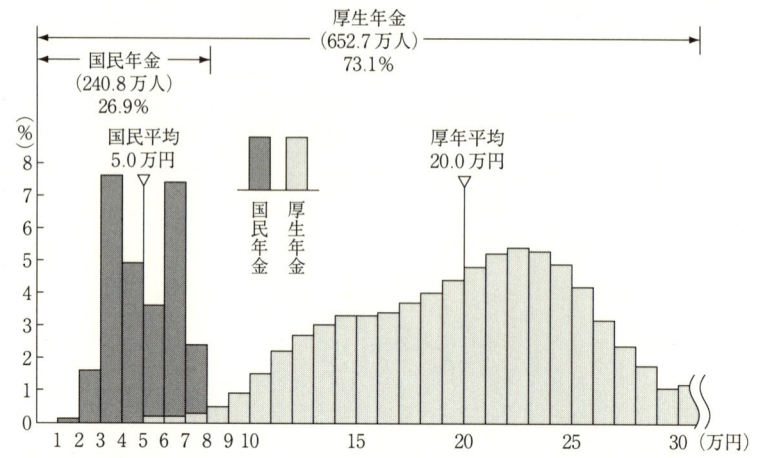

資料：社会保険庁『事業年報』（2001 年度・総括編）124, 244 ページより作成.
出所：唐鎌直義（2006）「公的年金制度とその問題」『現代の社会と統計』産業統計研究社.

図12 老齢年金受給者（女 944.6 万人）の受給月額分布（2001 年）

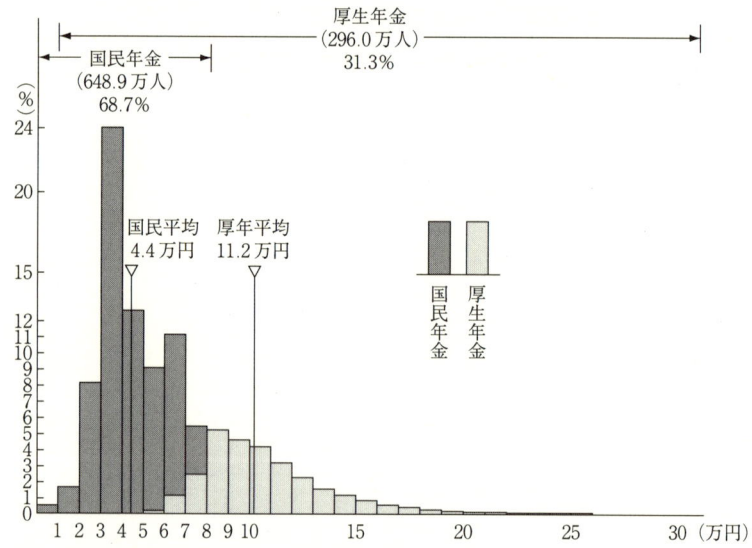

資料：社会保険庁『事業年報』（2001 年度・総括編）126, 244 ページより作成.
出所：図 11 と同じ.

うべき状態に転落する危険と隣りあわせで，とりわけ弱い部分における世代間の負の連鎖がみられる．

　第1に，この国において，人間にとってもっとも基本的な食事，睡眠，生きていくための知識と知恵などにおいて，発達の障害がみられる．そのばあい，親の労働＝生活を反映し，社会（a, b）階層格差をともないながら，あらわれている．

　第2に，社会的排除の危険は広く人びとの間にある．ちなみに，偶然起こったかにみえる病死や事故死の結果，生活困難が必然的にもたらされる．社会的上昇の壁は厚く，転落の壁はきわめて薄い．

　第3に，そのばあいも，小さいもの，もっとも弱い社会的立場に矛盾が集中し，世代間の負の連鎖がつづく．負の連鎖は，政策的に放置され，あるいは強められる．養護施設入所児童への，この国の処遇にみられるところである．

　食べ，遊び，眠り，a.自然と関わり，b.家族をはじめ人びとと関わり，子どもは，生きるための知識と技能を習得し体を鍛えて，自らの自然（人間性）を発達させていく．そのばあい，食事はいのちとくらし，ライフの要だ．その食事において，朝食を食べない小中学生が少なくない[12)13)]．また，小学生の朝食調査で，「自分で作る」が18％にのぼり，「理想の食卓」の絵画に「友だち」を描いたもの（家族を描かない，描けない）子どもが56％となっ

---

12)　「週に3～4回，食べない日がある」「朝ごはんは，ほとんど食べない」「無答・不明」があわせて，小学生で6.6％，中学生で12.4％となっている（文部科学省「2005年度義務教育に関する意識調査」）．

13)　「朝食を食べなかったときの理由について，子どもの回答が，第1位『時間がないから』81.8％，第2位『眠いから，食べるより寝ていたいから』45.5％と『食欲がないから』45.5％だったのに対し，母親の回答は，第1位『時間がないと子どもが言うから』80.8％，第2位『朝食を用意していないから（自分も食べないから）』40.0％，第3位『食べるより寝ていたいと子どもが言うから』30.0％という結果になった」（『朝ごはん実行委員会ニュース』15号，2005年3月）．

　同委員会は，農林水産省とJAによって，2000年に発足した．同ニュースは，1号（2000年5月）から17号（2006年3月）まで発行されている．

ている[14]．中学3年生については，朝食を食べている子どもほど学習意欲が高く，食べない子どもは夜更かしの傾向があり，イライラしやすいという結果が出ている[15]．この調査で，朝食を家族全員で食べる子に対してひとりで食べる子の就寝時間は遅く，元気さ得点が低い．また，別の調査でも，朝食をとる子の学力が高いという結果が出ている[16]．

1週間に家族全員で夕食をとった回数は，日本（スウェーデン）では，同居子なしを含めた全体で2.7回（4.8），うち，3歳以下2.6回（5.2），4～6歳2.8回（4.9），7～8歳2.8回（5.1），9～12歳2.5回（4.5）と，日本の家族で交流の少なさが著しい．両国の違いの背景に，日本における夫（父親）の帰宅時間が遅いことがある．親の長時間労働が，家族としての時間を奪い，子どもにもまた夜型・深夜型の生活をもたらしているといえる．日本の乳幼児の夜ふかしは突出している[17]（図13）．

日本の子どもにおいて，社会（a，b）性を育み，自らの自然（人間性）を発達させていくことが困難となっているものといわざるをえない．その困難は社会階層の格差としてあらわれる．子どもの生活の安定と乱れには社会階層性がある[18]．

---

14) 同，15号．
15) 同，4号（2001年1月）．
16) 「文部科学省が03年度の教育課程実施状況調査で，小学5年から中学3年生計45万人の学力テストと朝食の関係を調べたところ，毎日朝食をとる子は，国語，算数（数学），理科，社会，英語，すべての科目で平均点を上回っていた．しかも，『必ずとる』『大抵とる』『とらないことが多い』『全くまたはほとんどとらない』という，朝食をとる頻度順に点数が高かった」（『朝日新聞』，2006年6月18日付）．
17) 日本子どもを守る会編『子ども白書2005』，2005年．
18) 川崎市職員労働組合民生支部保育研究センター「かわさきの『乳幼児の保育・子育てを考える――保育要求地域実態調査報告書」（2004年3月）．同「川崎市における保育要求地域実態調査報告書」（2005年1月）．垣内国光「現代の育児不安・育児困難の階層性と子育て支援」『社保研会報』第45号（2005年12月），社会保障研究会．
　同調査では，「お父さんの帰宅がほとんど毎日9時過ぎの家庭が44％」，「乳幼児の70％近くが9時以降に就寝するという実態」である．この調査の協力者で

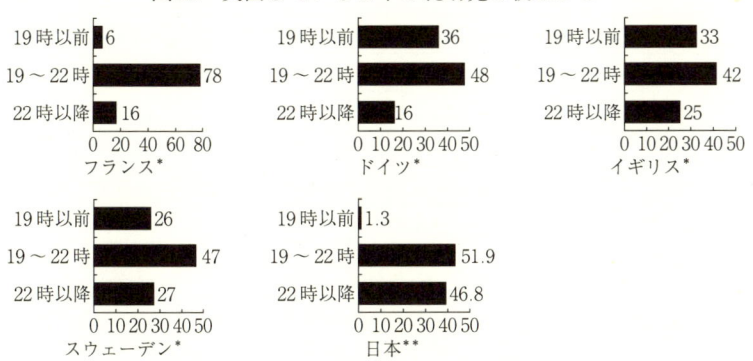

第2章　ミニマムの欠如と労働＝生活問題　　　67

図13　突出している日本の乳幼児の夜ふかし

フランス*
- 19時以前：6
- 19〜22時：78
- 22時以降：16

ドイツ*
- 19時以前：36
- 19〜22時：48
- 22時以降：16

イギリス*
- 19時以前：33
- 19〜22時：42
- 22時以降：25

スウェーデン*
- 19時以前：26
- 19〜22時：47
- 22時以降：27

日本**
- 19時以前：1.3
- 19〜22時：51.9
- 22時以降：46.8

資料：*P&G Pampers.com による調査より（2004年3-4月実施，対象0〜36か月の子ども）．
　　**パンパース赤ちゃん研究所調べ（2004年12月実施，対象0〜48か月の子ども）．
出所：『子ども白書2005』．

　病気や事故によってひき起こされる結果をみると，わたくしたちは，労働＝生活の困難と隣りあわせで生きていることがわかる．偶然に起こったはずの病死や事故死がもたらす労働＝生活の困難は必然的だ．

　1987年の遺児の母子家庭の生活実態調査では一般世帯の50.5％（生活保護水準以下の世帯数は23.9％）だった所得が，いっそう低下しつづけている（1994年までは交通遺児育英会による交通遺児母子家庭，その後は，あしなが育英会による災害遺児母子家庭に拡張．表6）．全遺児世帯（母子世帯に限らない）について，1994年6月と2002年9月の調査を比較すると，「常雇い」は52.5％から41.9％，「パート」は22.0％が31.8％，「臨時・日

ある垣内氏はいう．「『お子さんの育ちで気になる事がありますか』という質問への回答です．……200万円以下層だけがスコアが特に悪いです．」「『叩くことも必要がありますか』との質問に対して高所得層ほど叩かない傾向が見られます．子どもを叩くというのは，虐待とも関連しており，叩かれて育った人ほど叩くことを容認する傾向があることが分かっています．」「階層性を把握してその階層性に応じたきめ細かな対応を考えるべきだと思います．……そういう所〔保育園子育て支援センター〕に来ない，来れない，来ることを拒否している子育てこそもっとも危ない子育てなわけです．そこがもっとも児童虐待などが起きやすいハイリスク家庭であったりするのです」．

表6　遺児母子家庭の勤労年収の推移

	勤労所得（控除前・円）	一般世帯勤労所得（円）	遺児/一般比
98年	2,007,425(100.0%)	4,648,000(100%)	43.2%
99年	1,768,744(88)	4,613,000(99)	38.3%
00年	1,722,604(86)	4,610,000(99)	37.4%
01年	1,402,725(70)	4,540,000(97)	30.9%
02年	1,387,477(69)	4,478,000(96)	31.0%
03年	1,312,338(65)	4,439,000(95)	29.6%
04年	1,449,030(72)	4,388,000(94)	33.0%

出所：あしなが育英会．

雇い」は7.5%が6.0%へと変化し，不安定就労者の割合は29.5%から37.8%に高まっている．母子家庭では不安定就労者の割合がいっそう高い．あしなが育英会（2002年12月）「遺児家庭の家計調査」では，一番支出が大きい「食費」を切りつめる，食費に次ぐ「教育費」，教育とならんで支出が多い「交通・通信」となっている．自由回答では，「通勤手当がでないため手取りの給料からの出費になる」などと，賃金の低さにとどまらない労働条件の劣悪さも原因している[19)20)]．

---

19) 副田義也氏，樽川典子氏の解説も参照．
20) 独立行政法人・自動車事故対策機構「平成16年度自動車事故被害者保護のあり方等検討調書第2分冊：交通遺児世帯の実態に関する調査報告書」（2005年3月）も，同様の結果を示している．世帯年収について，収入はない14.9%，100万円未満21.6%，200万円未満34.1%で，あわせて70.6%に上っている．預貯金がない世帯が27.8%（回答567世帯中158世帯）である．毎月の収入の不足及び不足金額については，不足している71.3%，うち，1万円未満1.1%，3万円未満13.8%，5万円未満18.0%とあわせて32.9%とささやかな願いである．それにもかかわらず，この願いが遠く，アンケートインタビュー調査から抽出されたニーズ（経済的サポート）として，突発的な出費への対応が寄せられている．「生活が困窮しているため，緊急時の経済的援助や前借を希望している」，「病気等，緊急の場合に臨時貸付が受けられることを希望している」などである．
　しかも，構造改革による「理念なき一律カット」によって，この制度すら危うい．「交通事故で親を亡くした子どもたちへの無利子貸し付けは，一家の屋台骨を失った子の可能性を摘み取ってしまわないための制度だ．中学生以下が対象で，05年度には約1,120人が利用した．その『安全網』が縮小・廃止の瀬戸際にあ

表7 児童福祉施設最低基準

施設種別	職員	職員の定数	
児童養護施設	看護師	乳児	1.7人につき1人
	児童指導員，保育士	1・2歳児	2人につき1人
		満3歳以上の幼児	4人につき1人
		少年	6人につき1人

　このように，偶然起こったはずの原因によってもたらされる，結果としての生活困難は必然的である．もっとも，社会（a，b）統御に対する資本活動の規制緩和にともなう事故の激増をみるならば，原因そのものも偶然ではなく必然性があり，やはり社会（a，b）階層を反映しているものといえよう．

　そして，児童養護施設の現状をみるならば，この国は，もっとも弱いものを犠牲にして成り立ち，構造改革によってそれを徹底したといわざるをえない．

　労働と生活の裂け目が拡がり，周知のとおり，虐待が急増している．ところが，児童相談所の「一時保護所は満杯」の状態である．「8畳間に4，5人が寝泊まりする．それでも足りずに体調を崩した子のための静養室も居室にしているが，布団を敷く場所すらなくなることもある．『ここ3～4年は慢性的に満杯．虐待の子が増え，退所後に行く児童養護施設なども空きがない』とある福祉司はため息をつく」[21]．

　家庭での養育を受けることができなくなった子どもたちにとって，最後のとりでであるはずの児童養護施設も，とりでになっていない．仮に，入所できたとしても，子どもの人間の尊厳が守られ，発達が保障されるにはほど遠い．施設の職員定数は表7のとおりである．しかし，これは，子どもの定員数に対して施設に雇用される職員数であり，職員の8時間労働に換算すると実態ははるかに悪い．

　「現実には1人の職員が一時に世話をしなければならない子どもの数はかなり多い．施設が可能な限りの努力をしても，子どもが施設にいる時間（夜

る」（『朝日新聞』，2006年7月28日付）．
21）『朝日新聞』，2004年10月2日付．

間を除く）においては，少年すなわち学齢児以上については，職員1人で同時に10人ないしはそれ以上の子どもの養育にあたらねばならないというのが現状である．未就学の幼児についても，職員1人で少なくとも6人以上の子どもの養育にあたっているのが実態である．さらに職員の一部が，たとえば特定の子どもの通院に付き添うなどして子どもの集団処理業務から外れる場合など，ほかの職員が一時に10数人さらには20人以上もの子どもの面倒をみなければならないという場面も少なくない」[22]．

　児童養護問題には，社会的構造がある．児童養護施設入所の社会性，生活基盤の脆弱さ（所得水準，職業階層，健康保険制度への未加入状況），家族の崩壊と社会的孤立，という連鎖である．求められている課題は，子どもの権利の保障と児童養護施設の改善（生活基準と人間関係の再構築，進学問題と教育権保障，退所後の生活と自立の援助），地域社会と子育て支援，被虐待児への対応，子どもの生活条件と最低基準の問題などである．ところが，現状は，社会的養護に求められる最低基準を欠く施策のもとで問題が再生産され，しかも社会問題として自覚されることもなく，放置されている[23]．

---

22)　日本弁護士連合会編『子どもの権利ガイドブック』明石書店，2006年．
23)　松本伊智朗「児童養護問題と社会的養護の課題」（庄司・松原・山懸編『家族・児童福祉〔改訂版〕』有斐閣，2004年）による．この論文は，児童養護問題の社会的構造を浮き彫りにしている．日本の国と社会が，この問題に対応してこなかったこと，先進工業国の中で群を抜いて低い人員配置基準などについては，イギリス政府の対応についての次の文献と訳者による解説が伝えている．
　　Department of Health, Home Office, Department for Education and Employment (1999), *Working Together to Safeguard Children ; A guide to inter-agency working to safeguard and promote to welfare of children.* イギリス保健省・内務省・教育雇用省，松本伊智朗・屋代通子訳『子ども保護のためのワーキング・トゥギャザー——児童虐待対応のイギリス政府ガイドライン』医学書院，2002年．
　　なお，もっとも弱いものに問題が凝縮され再生産されながら社会問題として自覚されることが少ないとはいえ，問題そのものは広く人びとの間に通底している．明日はわが身なのである．長谷川眞人・堀場純矢編『児童養護施設と子どもの生活問題』（三学出版，2005年）は伝える．
　　「バブル崩壊後の1993年より，施設入所率と子ども虐待は増加の一途を辿っている」．「急速な階級，階層分化が進行し，働く人々とその家族にとって生活困難

第2章　ミニマムの欠如と労働＝生活問題

　今日の労働＝生活問題の構造から要保護の子どもが生み出され，しかも保護されず，人間としての発達の機会を保障されていない[24]．

　経済学をはじめ社会諸科学が，「生活」の視点，「労働＝生活」の視点を失い，したがって家族への視点を失った犠牲がもっとも弱い立場の子どもへのシワ寄せとなってもいる．ジェンダー論の一部に，女性保護規定の撤廃でジェンダー平等をとの主張がある．しかし，その結果は，女性も男性労働者化することを促進した．この主張は，子どもの問題，とりわけ，もっとも弱い立場におかれている子どもとその親の問題，母親であり父親であるその人と

　　な状況が社会的に作り出されてきた．中でも，児童養護施設入所世帯は，親の親からの貧困の再生産を抱えつつ，社会的に深刻な生活問題を抱え込まされてきた典型的な姿といえよう」．「施設入所世帯のほとんどが不安定低所得階層」．「親の生活条件が子どもの健康状態を大きく規定している」，「施設で暮らす子どもと親の健康・生活問題は，決して一部の低所得層の特殊な問題ではない．リストラが横行する今の社会のしくみの中では，現在『勝ち組』と呼ばれている高所得の雇用労働者であっても他人事ではない．現在，働いて日々暮らしを維持している人々とその家族の生活問題が深刻化しているが，施設で暮らす子どもとその親たちは，その中でも社会的に生活困難を抱え込まされた典型的な存在なのである」．「人たるに値する雇用・労働条件が保障されない中で，育児の悩み，話し合える親同士，近隣住民とのつきあいや専門の相談機関ともかかわりが乏しく，社会的に孤立しがちな親が増えているといえよう」（堀場氏の文による）．堀場氏が調査をまとめた，児童養護施設 X 園の親の社会保険加入状況は，政府・組合管掌健康保険13.5％，国民健康保険29.7％，無保険21.6％，不明35.1％となっている．学歴，就労・所得，居住場所，近所づき合いの程度の格差は，社会保険の格差と排除としてもあらわれている．いずれも，社会（a, b）の格差の反映といえよう．
24)　「施設の運営面ではどうか．その最大の問題点は，行政改革に基づくいわゆる福祉見直し論が，要保護行政を圧縮する傾向にあることである．措置費の国庫負担削減が，養護施設や乳児院の児童の場合，その家族的背景が生活保護受給世帯に近似しているにも拘らず，他の福祉施設と同様に一律に適用されたことは，最も弱い部分をも犠牲にしたとの批判を免れ得ないであろう．国庫負担率の削減は……要保護児童が新たに発生しても予算上の理由から保護を怠る結果すらも招来しかねないと危惧される」「要保護児童と施設との関連は，発見機能から養育機能を経てアフターケアに至るまで，一人の人間の一生を左右する極めて重要な意義をもつものである」（長谷川重夫・東京育成園長「要保護児童と施設」『明日の福祉②これからの福祉施設運営』中央法規出版，1987年）．同「子ども虐待防止に専門職員増やせ」『朝日新聞』1998年11月30日付．

その子の問題，ほかならぬジェンダーの問題をも見落してはいないか．

これまで父親は子どもへの責任を果たすことができず，母親もまた果たすことができなくなった．社会 (a, b) 階層の下層では，父も母も，だれもが責任を負えない．こうして，子どもは個人として保障されるのではなく，「個人」として放置される[25]．

(3) 雇用・教育・若者論の核心

今日，雇用，就労形態，労働意欲，教育・学力，エリート教育と大衆教育・学歴・学校歴・就職，親子・世代関係，フリーター・ニート・若者論など，おびただしい数の格差論が展開されている[26]．

---

25)「新自由主義者はジェンダー視点を武器の1つとし，ジェンダー視点をいう少なくない人々は新自由主義改革へ期待をかけ，片や新自由主義に抵抗する者は男性社会の擁護者と非難されかねない，という知的状況が出現しつつある」．しかし，結果は，「就労が困難になった女性，過労に追い込まれる女性」を一般化した（岩佐卓也「ジェンダー視点と新自由主義」『賃金と社会保障』No. 1348（2003年6月）．岩佐氏の「『ショック療法』に運動の側が賭けるべきではない」「ショックによってより悪くなる可能性を視野に入れなければならない」との指摘は，子どもの問題に象徴的にあらわれているのではないか．

26) 全般的低落下での階層格差拡大については，以下の問題が俎上に上っている．(1)雇用，就労形態，(2)教育，職業教育，(3)企業内訓練・企業外職業訓練，技術教育，(4)生活・医療・年金・社会保障，(5)健康格差，(6)地域格差，(7)中小企業・農林水産第1次産業の格差など．

そのうち，雇用と就労形態についてみると以下の通りである．(1)「日本的経営」とされた終身雇用（長期安定雇用）・年功賃金の崩壊，雇用の流動化・不安定化・賃金の不安定化，成果主義賃金，(2)労働市場の構造転換，産業予備軍（失業者・潜在的失業者）の増大，非正規雇用（契約・派遣・嘱託・請負・業務請負・偽装請負）の急増と本体業務を担う基幹労働者化，正規雇用の減少・不安定化・低処遇化，年功賃金の成果主義賃金への置き換え，長時間労働，賃金水準の破壊など．具体的には，1995年の日経連「新時代の日本的経営」後急速に強まった，総額人件費の引き下げ，長時間・ストレス労働，サービス残業，過労死・過労自殺などである．

教育・職業教育，企業内外の職業訓練，技術教育については，次のとおりだ．(1)これまでの，社会的な職業訓練制度の不在・不十分さ，公教育における進路・職業教育の等閑視・問題の先送り，雇用機会と結びついた企業内職業訓練・OJTへの委譲のシステム，(2)雇用機会の縮小・劣化による企業内部での技能養

第2章 ミニマムの欠如と労働＝生活問題

そのばあい，多くは問題の羅列にとどまっているといわざるをえない．はたして，何が問題の核心部分なのか．「格差社会」の打開策としても，上昇ルートの切断や下降防止は強調されても，"中・下層"とされる人びとの労働＝生活世界・文化・力量の豊かさ，協同による問題解決能力に着目されることは少ない．後者の積極的省察が求められている．

学校教育における進路・職業指導，進学指導，進学・就職への目的意識と学ぶ意欲をもたない本人自身の姿勢・態度，政府や財界が強調する「職業意識の希薄化」，家族関係，公的職業訓練などもさまざまに述べられている．これについても，何が核心部分なのか．問題が列挙されるにとどまるならば，問題を解決するのではなく，追認し，本人にあきらめを強い"引導"を渡す役割をはたすことになりかねない．

さまざまに問題をかかえているとはいっても，学校における進路・職業指導がなされ，職安など公的就労支援が行われ，本人の目的意識と学ぶ意欲が明確で就労に必要な実力があってなお，その機会を得られないとすれば，根本の原因は，機会の剥奪そのものにあるといわざるをえない．

地方では地元での就職機会がほとんどなく，仮に地元を離れての就職の機会があったとしても，労働＝生活のミニマムが保障されていないために親元を離れられない[27]．親元にとどまったとしても，パラサイト・シングルの生

　　成のシステムの縮小，「即戦力」要求による「自己責任」と人材育成停止，「請負化」によるブルーカラーの内部昇進ルートの切断，「労働の非人間化」，(3)企業内部のOJTの縮小，職人・自営業・町工場・中小企業・商店街・農業など第1次産業の世界の縮小，それらがもたらす潜在能力・技術技能力・人間発達（これらは，今ある学校教育における学力・学歴・学校歴とは必ずしも直結しない）の道の遮断，社会（a, b）の不安定化と社会運営能力の衰退などである．

　　「構造改革」による格差拡大とその一環としての「教育改革」が進められ，一部エリート養成の対極に，限りなく多数の「不良人材」をつくり出しつづける社会へ向かっているといえよう．しかも，選良意識は社会的責任の自覚を欠く．問題を発見し解決していけない，そもそも問題を問題として受けとめる感性を欠く，序列のための序列は学力の指標としての意味すらも空洞化させた．

27）ちなみに，東京都の最低賃金などは次のとおりである．
　東京の最低賃金　　　　　　　　　　　　　（時給）

活を享受することはできない．進学・就労・キャリア形成が困難で，地方格差の拡大による親自身の就業と生活困難のもとでは，労働＝生活の下層に滞留したライフとならざるをえない．核家族と少子化がこの滞留を強める．都市に就職したとしても，低賃金と底なしの労働条件のもとでの離職率は高く，自立した生活の継続は困難である[28]．

　　地域別最賃　　　　　　　　　　　　　　　　714 円（05.10.1 発効，それ以
　　　　　　　　　　　　　　　　　　　　　　　　　前は数年にわたって 712 円）
　　産業別最賃
　　　鉄鋼業　　　　　　　　　　　　　　　　　804 円（05.12.31 発効，以下同）
　　　一般産業用機械装置・真空装置真空機器製造業　792 円
　　　電機・情報通信・精密機器製造業　　　　　　788 円
　　　輸送用機械　　　　　　　　　　　　　　　791 円
　　　出版業　　　　　　　　　　　　　　　　　789 円
　　　小売業　　　　　　　　　　　　　　　　　765 円
　　　非金属鉱業最低賃金（唯一の全国設定）　　日額 5,772 円（89.5.17 発効）
　04 年高卒初任給（05 年版『賃金センサス』より）
　　男女計　165,000 円（時給換算 1,071 円（7 時間×22 日））
　　男性　　168,300 円（　　　　　1,093 円　　　　　　　　）
　　女性　　160,000 円（　　　　　1,039 円　　　　　　　　）

28)「専門教育を生かせる場がないため，やむなく製造業を選ぶ生徒が多い」「県外のサービス業への内定者がほとんどである．管内・県内はほとんど求人が望めないので，職種にこだわっている生徒は出願さえできずにいる状況である」「契約社員・派遣社員・業務請負が急増」「不安定雇用，パチンコ・パチスロ・アミューズメント業界の求人が多い」「成績・人物ともに良好，求人条件良好，志望理由もしっかりしていたはずなのに，入社後半年ともたないで早期退社してしまう（日本高等学校教職員組合・全国私立学校教職員組合連合「2005 年度高校生の就職実態調査のまとめ（10 月末調査）」，2005 年 12 月）．
　「今年，同校〔青森県立の農林高校〕の就職者 89 人のうち 12 人は請負会社に決まった．A さんも受験 4 社目で合格．カートリッジ製造工場で立ちっ放しで働く．手取り月 13 万円は高卒平均並みだが，時給制で『昇給やボーナスは当面ない』と言われた．A さんは『このままだと結婚したり子供を持ったりなんかできないよ』と案じる．給与が 20 万円前後の好条件はパチンコ店が多い．……質の低劣化は，雇用全体で進行している」（『毎日新聞』，2006 年 5 月 20 日付）．
　北海道についてみると，1997 年から 2006 年までの新規高等学校卒業者の求職・内定状況（各年 11 月）は，62.5，59.2，49.3，45.0，46.0，43.2，39.3，39.7，42.7，47.5％ となっている（北海道労働局発表資料から北海道高等学校教職員組合作成）．内定できない生徒は，途中で就職をあきらめて「進学も就職もしない

第2章　ミニマムの欠如と労働＝生活問題　　　　　　　　　　75

　また,「マージナル大学」「ノンエリート高等教育」における,「大卒フリーター」「若年浮遊層」「職業未決定」「進路未決定」が深刻視されている. これに対しては, 学校教育における進路・職業指導, 進学指導, 家族関係, 目的意識と学ぶ意欲をもたない学生自身の問題などがあげられている[29]. これについても, 何が核心部分の問題なのか.「マージナル大学」における大学低学力問題として語られていることがらで, その現象の背後にあって決定的なのは, 実は低学力問題というよりは, 経済的格差と機会の剥奪といわざるをえない.

　学力問題についても多くの議論がある. たとえば, その表層において,「教育が量的に拡大し, 多くの人びとが長期間にわたって教育を受けることを引き受け, またそう望んでいる社会」でありながら, その深層において, 高校のタイプ間の格差が階層差を温存したまま拡張し, 教育を媒介にして構造的に世代間の職業継承がされていくものとしての「大衆教育社会」論である[30]. この構造が, 経済の「構造改革」に対応した「教育改革」によって,

---

　　（できない）」ままに卒業し, その多くが「フリーター」になっていく（同組合調査）.
　　高校生の就職状況については, 以下でも紹介されている. 宮本みち子（2002）『若者が《社会的弱者》に転落する』洋泉社新書, 2002年. 小杉礼子編『フリーターとニート』勁草書房, 2005年.
29）居神浩他『大卒フリーター問題を考える』ミネルヴァ書房, 2005年. 同書の筆者の1人はいう.「90年代に不況が深刻化していく過程で高卒労働市場がほとんど崩壊の危機に瀕したこと. それによりこれまで卒業者を安定的に労働市場に送り出していた高校において, 彼らを後で説明するような条件さえ整えば大学進学へと（ある意味きわめて安易に）送り出す動因が生じたのであった.」「高卒後, 失業者もしくはフリーターになるか, それとも中等後教育機関に進学するかは, 学力の問題ではほとんどなく, 進学費用を捻出しうるだけの経済的余裕があるかどうかの家庭の経済問題に帰するようになったのが90年代以降のきわめて大きな変化である」（居神「『マージナル大学』における大卒フリーター問題」同書, 所収）.
　　受け入れる大学側からは「安易に」みえることが, 送り出す高校側にとっては「安易に」失業者やフリーターにさせることを回避する唯一の道ということになる. 生徒（学生）本人の側からみれば, その唯一の道が開かれているかいないかは, その人生にとってやはり決定的である.

意欲をもつ者とともに持たざる者，努力を続ける者と避ける者，自ら学ぼうとする者と学びから降りる者の意欲格差（インセンティブ・ディバイド）の分岐へと再編されていると理解されている[31]．

そのばあい，その表層と深層，意識（人びとの願い）と構造（実際に出来上がっていく格差），意識を持つ子ども・青年と持たない子ども・青年の問題は，他面的に検討されることが求められる．意欲格差という構造にみえることが，実は，意欲ではなく意欲を抑圧している構造の主観的反映，つまりは，裏返された意欲の表現であることも少なくないだろうからだ．そして，教育などを媒介とした社会階層格差は従来から存在したこと自体は否定しえないとしても，かつて，格差の中でも，ブルーカラー，定時制・通信制，非進学諸階層・職業科などに属する社会階層の人びとが示してきた社会的力量を軽視してはならないだろう．社会的に多数を占める，ふつうの無名の人びと，ふつうの労働者の，意欲，向上心，規律の高さ，チームワーク，技術・技能が，この国の労働力の水準，社会の安定性と倫理観を支えてきたと考えられるからである．同じことは，地域社会と地域経済を支えてきた，農林漁業など第1次産業，中小零細企業，商店主，職人，家族経営等についてもいえる．教育それ自体がもつ，外への開放と自己の解放を見落してはならない．団塊の世代が定年を迎える2007年問題が，今さらに浮かび上がらせているのは，社会と会社，技術を支えている力が，「良い教育」を受けた「上流」と目される人びとに独占されているわけではないという自明のことだ．むしろ，逆のばあいもよくみられるとおりであり，「上流」なる序列を浮上の到達点とみては，見失われることがらも少なくない．

就職困難の本質，今日の雇用問題の本質は，職業意識や意欲，家庭環境にあるのではない．格差・若者問題の核心は，機会を剥奪されていることであ

---

30) 苅谷剛彦『大衆教育社会のゆくえ——学歴主義と平等神話の戦後史』中公新書，1995年．

31) 苅谷剛彦『階層化社会と教育危機——不平等再生産から意欲格差社会へ』有信堂高文社，2001年．

る.能力が社会階層・分業・格差を生み出すというよりは,「労働の分割」(分業)が社会階層格差と人びとの能力格差を生み,経済的・社会的条件格差による教育の分割が,機会不平等と学力格差を生み出している.機会を剥奪され,「よりズリ落ちる形での格差拡大」[32]が広がり,それを拡大する構造改革が教育の世界でも展開されているということだ.

そのばあい,学力の格差が人間としての能力の格差や労働力の格差に直結しているわけではない.振り分けのための「学力」は学力としてさえも意味をもつか疑問であるし,仮に高学歴ないし社会的評価の高い学校歴の機会を得たとしても,それを生かす就労の機会などが得られなければやはり人間発達をはたすことはできない.

4.問題の近さ,問題意識の遠さ

(1) いのちの保障と社会保険

過度の労働が強いられ,労働と生活の結びつきが弱く,ミニマムが保障されていない状況のもとで格差が拡大すると,その裂け目と社会(a, b)の弱い部分からこぼれ落とされる人びとが生まれる.過労と心の病,生活破綻,多重債務,自殺,失踪,家庭崩壊,子ども虐待,教育困難,社会的排除,ホームレスへの連鎖は,多くの人びとにとって遠くにあるわけではない.

住宅費や教育費などの「社会的固定費」によって,生活は自由度を失っている.働いてなお生活が成り立たないワーキングプアーが増大している.とりあえず今日を生きるだけ,将来への貯えと準備をすることができない.そのうちに,今日を生きるための仕事がなくなり,年齢的にも身体的にもできなくなる.働いているうちはとりあえず生活が回ったとしても,労働と生活の波風が立てばひとたまりもない.そして,波風はいつだって起こっている.

ちなみに,人材派遣業の収入とされる労賃の約3割は,本来,だれのもの

---

[32] 新田司「中流意識における『教育の階層化』」青山学院大学教育学会『教育研究』第47号,2003年3月.

か．労働者派遣事業が禁止されていた当時，労働者が生活費を超えて3割増の労働力の代価を保障されていたなどということはありえない．10割が生活費となり，それを受け取ることではじめて生活が成り立っていたわけで，それを3割も割ることは労働と生活の正常な再生産ができないことを意味する．就労の場を失い，最低生活を割ることは，社会（a，b）的に交流し成長する場と援助し指導してくれる人との出会いの喪失ともなる．

難しいことではない．わたくしたちのいのち，こころも体も，地球のぐるりひと回り，24時間という自然の法則のなかで生かされている．利益至上の経済活動がこの制約を無視するとき，人間の自然が壊され，過労死や過労自殺がもたらされる[33]．

この国は，2005年まで8年連続で自殺者3万人を超え（『警察白書』各年版），世界最高水準の自殺率となっている．OECD諸国中第2位であり，1991年以降の増加率は第1位で49.4％（第2位アイルランド36.7％），40〜60代男性の自殺の理由の第1位が「経済問題」である．職業・産業別の自殺死亡率では，「無職」の男性がもっとも高い[34)35)]．

2003年の自殺者数34,427人中自営業者は4,215人だが，自殺理由のうち「経営難」が52％を占めている[36)]．生きているうちに医療を受けられない人

---

33) 過労死弁護団に関わる弁護士は，過労自殺の事例を次のように整理している．「『過労自殺』，仕事による過労・ストレスが原因となった自殺は年々労災申請件数が急増している．過労自殺の最大の原因は，長時間労働であるが，深夜勤務・不規則勤務，時差疲労，過重なノルマ等も原因となっており，近年は不況を背景とした過労自殺が目立つ」（川人博・山下敏雄「過労自殺の事例から」『月刊保団連』No. 899，2006年4月）．医師の立場からは，疫学上，次のように指摘されている．「先進国中，長時間労働者の比率がずば抜けて高い日本．日本では割増率の低さと雇用調整の手段になっていることから，残業は恒常的に存在する．」「不払い部分も含めた『超過労働時間が月50時間を超えるあたりから，疲労感が増し，抑うつ程度も高まる」（小倉一成「超過労働の負の影響」，同誌）．
34) 「2000年度人口動態職業・産業別統計」．
35) 「配偶関係に自殺死亡率をみると，男ではすべての年齢階級で『離別』が高く，『有配偶』が低くなっている．一方，女では，『有配偶』が低くなっているが，40歳以上については，『未婚』が『離別』と同程度となっている」（『厚生の指標』第52巻第4号，2005年4月）．

びと，死の直前まで医療を受けられない人びとはまた，自殺へと追い込まれてもいる．いずれも，生きる権利を剥奪されているということで共通している[37]．

これらの人びとは，医療や年金などの社会保険から脱落させられた人びととも重なる．雇用保険は1人でも労働者を雇用しているばあい，健康保険と厚生年金では常時5人以上の従業員を使用する事業所が強制適用事業所である．企業の保険料負担回避のための違法脱退や未加入が増えている[38]．働いていながら，各種社会保険の適用を受けられない労働者が少なくないのである[39]．

---

36) 全商連共済会，自殺の調査依頼書による．
37) 中小商工業者の団体の共済加入者についてみると，初診から死亡までの期間（死亡診断書）が，24時間以内11.5%，1カ月未満24.1%，1年未満59.6%にのぼっている（全商連共済会，2003年10月調査）．
38) 『朝日新聞』，2006年7月8日付．
39) 「『雇用保険』，『健康保険』，『厚生年金』が適用されている事業所割合をみると，契約社員はそれぞれ約7割，嘱託社員はそれぞれ約8割となっている．また，パートタイム労働者は，『雇用保険』が53.2%，『健康保険』が36.0%，『厚生年金』が31.0%となっている」（厚生労働省「派遣労働者実態調査結果の概況，2005年9月）．
　法人事業所のうち，社会保険に未加入の割合もきわめて高い．「工場で働く請負労働者ら非正規雇用の人たちの多くが正規の社会保険に入っていないとして，社会保険庁は実態調査に着手した．社会保険は強制加入が原則だが，請負業界では保険料負担を免れるための加入漏れが目立つ．」「低賃金で不安定な非正規雇用の分野では企業で働く人向けの健康保険や厚生年金保険に入らない人が多いといわれるが，実態ははっきりしない．」「（調査）対象は，厚生年金保険に加入する全事業所の4分の1に当たる約40万カ所」（『朝日新聞』，2006年8月10日付）．
　ちなみに，2002年の厚生年金保険と雇用保険についてみると，事業所数が164万，203万でその加入差が39万，被保険者数が3217万人，3361万人でその加入差が144万人に上っている．さらに，労災法適用状況が4849万人であることをみれば，その格差はいっそう著しく，多くの社会保険漏れが推測される（廣部正義「公的年金制度の空洞化の背景」『総合社会福祉研究』第24号，2004年3月）．
　また，次の指摘もある．「国税庁のホームページで，1年間に決算報告をした事業所の統計が290万という数字が出ています．同様に，労災保険の加入事業所数は，270万という合計であります．雇用保険は200万であります．厚生年金はなんと165万事業所，この見方が正しいのかどうかいろいろあるのですが，一つ

そして無年金者や無保険者が増えつづけ，国民皆保険の空洞化が急速に進行している．国民年金の未加入・未納・免除者は914万人（国民年金第1号被保険者の未加入者63万人，未納者327万人，免除者376万人，学生納付特例者148万人）にのぼり，自営業者や無職者など国民年金の第1号被保険者（サラリーマンや公務員などの第2号被保険者，その配偶者の第3号被保険者以外）の4割にあたる[40]．そして，国民年金保険料の未納理由のうち，「保険料が高く，経済的に困難」が64.5%を占めている[41]．2006年度に，社会保険庁の国民年金保険料未納への不正免除処理が判明したことから，実際の未納率は，公表数字をはるかに上まわることが明らかとなった．

また，国民健康保険の被保険者は2002年度に前年度に比べ134万人増加し5029万人と5000万人の大台を突破した．退職した高齢者やリストラ・失業の無職者，定職につけない若年者など，加入者は年々増えつづけ，国保の加入者のうち無職者層がほぼ5割を占めている[42]．

この国保で，滞納世帯が500万に近づき，正規の保険証を返還させられ短期保険証とされた世帯が100万を超え，保険証をもたない被保険者資格証明書への切り替えが32万世帯にのぼっている（図14）．1か月や3か月の短期保険証では，途中で治療の断念をしなければならない．また，資格証明書は国保には入っているが保険の給付を受けられないという証明であり，無資格証明書にほかならない．保険証の取り上げが急増したのは，政策としての推進による．2000年4月からの介護保険実施にあわせて国民健康保険法も改定され，従来は滞納者に対して市町村が国民健康保険証の取り上げなどの制裁を「できる」とされていた規定が，「義務」規定にされたからだ．社会保

のデータとしてはそれなりの受け止めができるものです．厚生年金の165万の中には15万の個人加入事業所，任意加入事業所がありますから，まさに法人事業所が厚生年金に未加入の部分は，3割～4割，実態としてはもっとあるのかもしれません」（全日本年金者組合「最低保障年金をめざすシンポジュウム（2006年4月15日）」，2006年5月）．

40) 2001年度，社会保険庁「社会保険事業概況」．
41) 社会保険庁，2003年7月公表．
42) 国保中央会「2003年度版国保の実態」．

険の取り上げは，いのちの保障の取り上げとなる[43]．

みられるように，健康保険証がなく，医療を受けられない人びとが急増しているが，国の政策として進められている．問題はごく近くにあり，すでにその渦中にいる人びとも少なくない．問題は近く，しかし，問題意識は遠い．健康保険証を持っている人と持っていない人との距離は近い．しかし，持っているか否かでいのちのミニマムが決定的に違ってくる．労働＝生活問題が社会問題として共有されにくい構造になっているのである．

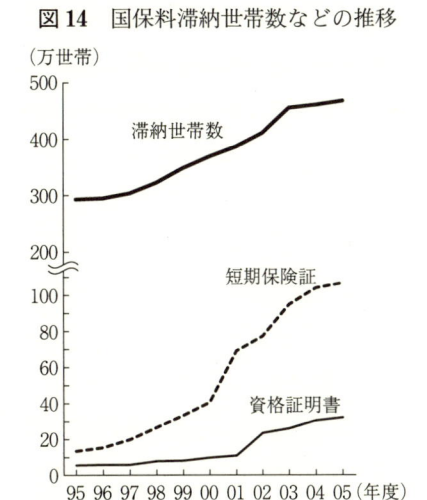

図14　国保料滞納世帯数などの推移
（万世帯）
滞納世帯数
短期保険証
資格証明書
95 96 97 98 99 00 01 02 03 04 05（年度）
出所：朝日新聞，2006年7月4日付．

労働＝生活問題とその世代間の再生産問題は，低い社会階層・学力・意欲，ときには遺伝子の相違に原因するものと誤解されたり，格差問題の研究者や論者によってそのように主張されることも少なくない．ところが，上層とされる社会階層，高い学歴・学力・意欲の人びとにとっても問題は無縁ではない．大学非常勤講師の労働と生活に象徴されるところである．決定的なのは，労働＝生活の発達の機会を得ているか否かであって，生まれつきの能力などの格差によるものではない．今，ここにある問題が見落されているのであって，これは，若者論の核心部分にも関わる[44]．

---

43)　「248公立病院3年で1.5倍」と「治療代未払いが急増」している．「低所得者が増加」「自己負担増も影響」「払うに払えぬ治療代——通院必要な患者失踪」「患者から相談を受けている医療ソーシャルワーカーの女性は嘆く．『年収300万円以下・貯蓄ゼロ』の世帯で病気になると，生活保護世帯よりも大変なことになる．そんなケースが珍しくなくなった」（『朝日新聞』，2006年4月9日付）．

44)　日本全国に約25,000人の大学専業非常勤講師がいると推定されるが，その実態は次のとおりである．女性57％，男性43％，平均年齢42.4歳，経験年数の平均10.3年，平均2.7校，大学非常勤のみを仕事にしている人の担当コマ数9.1コ

(2) 社会的排除とホームレス

ちなみに，一般に別世界のことと思われているホームレス問題だが，これも，問題意識は遠いにもかかわらず，問題はきわめて近くにある．

ホームレスへの転落をみると，住宅を仕事に依存（住み込み，飯場などで生活）し，不安定就労で社会保障からも除外されている人びとが，仕事を失い，路上生活に至るケースが多い．しかし，職歴のうちでこれまで最も長かった最長職や直前職が比較的安定しているにもかかわらず，借金や家族関係のトラブルで住居を失うケースが少なくない．ホームレスの前に「常雇」であった人びとが，約4割に及んでいるのである[45]．

国民生活センター「多重債務問題の現状と対策に関する調査研究」（2006年3月）から，次のことがわかる．(1)雇用労働者や自営業者などの働いていながら最低生活を維持できない人びと（ワーキングプアー）が，(2)いっそうの収入の減少や事業経営の困難に直面し，(3)生活費や事業運転資金の

マ．年収平均287万円，48%が年収250万円以下，34%が200万円以下．国民健康保険の加入者が75%，年27.5万円（平均年収の9.6%），国民年金保険料年16万円，これに授業・研究関連の出費29万円をあわせ72.5万円（同25%）となっている（首都圏大学非常勤講師組合他「大学非常勤講師の実態と声 2003」）．

　たまたま常勤教員となる機会を得たばあいとはまるで違った労働＝生活の世界が広がっているのである．ところが，同じ大学という場にいながら，別の立場からは，労働と生活の研究者にすら，その状況はみえていない．同じことは，小中高の臨時採用教員や司法試験浪人などにもいえる．

45) 厚生労働省「ホームレスの実態に関する全国調査報告書」，2003年3月（調査期間1月～2月）．中山徹「新たな貧困層としての野宿生活者（ホームレス）」（『社会保障・社会福祉大事典』旬報社，2004年），川上昌子編（『日本におけるホームレスの実態』学文社，2005年），参照．

　住宅を失う要因は多岐にわたり，低所得層など社会的に弱い立場の人がもっとも犠牲を強いられることになるとはいえ，社会保障の土台として住宅対策が据えられていない日本では，「誰もが抱える家を失う危険性」がある．経済的要因（雇用環境悪化，企業の住宅政策の後退，家賃滞納，住宅ローン破綻など），家族構造・家族関係の崩壊（離別母子世帯の困難，ドメスティック・バイオレンス被害とシェルター問題など），心身の状態（障害者，精神障害者，アルコール・薬物依存などと住宅問題），政治的要因（日本の難民政策，在日韓国・朝鮮人，中国帰国者などの住宅問題），災害被害者などである（日本住宅会議編『ホームレスと住まいの権利――住宅白書2004-2005』ドメス出版，2004年）．

補塡のために借金をするが，(4)高利の借入金の返済ができず元利が雪だるま式に増え，1年未満（20.4％）あるいは1〜4年（43.6％）のうちに返済が困難になり，借金返済のための借金をせざるをえなくなり，(5)自殺，蒸発，ホームレス，家庭崩壊，自宅手放し，子どもの進学断念に追い込まれる．

この調査の対象者が弁護士事務所と司法書士事務所への相談者であることをみれば，相談の機会をもたずまた機会を失った人びとには，(5)の自殺や自宅手放しとなどを考えただけにとどまらず，いっそう現実化しているということだ．そして，(5)の社会的排除というべき問題状況の背後に，雇用と事業不安，失業，低所得，住宅ローンなど社会的固定費による生活圧迫，生活苦・ワーキングプアーと高利消費者金融・多重債務の問題が広がっていることが示されている．労働＝生活におけるミニマムが欠如し，それを放任した政治状況が背景にある[46]．

---

46) 同調査研究はいう．「現在，多重債務者は，150万人から200万人は存在するといわれているが，多重債務者の激増は，全国の消費生活センターに寄せられている相談件数からもうかがえる．多重債務に関する相談は，1995年度は6,398件であったが，2004年は56,469件と8.8倍増となっている（全国消費生活情報ネットワーク・システムPIO-NETに入力）．これら相談には，消費者金融だけではなくクレジット会社等の過剰与信の問題，支払能力の乏しい人や判断能力の十分でない人への貸出し，強引な取立てなどの実態が表れている．多重債務は自殺，家庭崩壊等と本人や家族等に大きな影響を与えている．警察庁によれば，多額の債務や失業，事業の失敗など『経済生活問題』を理由にしたとみられる自殺者は，2004年には7,947人となっている．また，最高裁によると，2005年の個人の自己破産件数は184,324件であり，10年前の4.2倍に増えている．いずれの件数も2003年をピークに減少はみられるものの，多重債務者がおかれた現状は依然きわめて深刻であり，多重債務問題の解決が急がれている」．

同様のことが，別のサイドからも報告されている．「私が相談を受けた方の中に，1社数十万円のサラ金からの借金の取立てを苦にして約3年間苛酷な野宿生活を続けている老女がいた．……わずか数十万円の借金がこの人にとってどれだけ『心の重荷』になっていたのか……．大阪弁護士会が，自立支援センター等において行った……全相談のうち自己破産，時効援用，任意整理（過払金返還請求）等の借金問題が347件（87.6％）を占めていた．このように相談の大多数を借金問題が占めているのは，クレサラ対協が2004年12月に行った『全国一斉ホームレス法律相談会』や，東京や京都などの法律家グループが取り組んでいる法律相談でも共通して見られる傾向である．」「いつまた取立てがくるかも知れない

5. いま，再びの改革

　労働と生活の連携とミニマムが保障されていない状況のもとで，格差拡大政策が進められると，一部の上昇と多数の下降が生まれる．転落は，下から広がっていく．この国では，社会保障や社会保険についても，それをもっとも必要とする階層ほどそこから排除されていく．国民健康保険や国民年金にみられるとおりである．

　今日，正社員としての雇用が，派遣，請負などの不安定・低賃金雇用に転換させられている．労賃の約3割をカットされた労働者には，生活の困窮が待ちうけ，次には，その結果として消費者金融・多重債務のこれも約3割に達する高利貸しが待っている．社会政策の古典的課題である，"労働力保全"すらも危ぶまれる労働者状態となっているのである．労働と生活を支える仕組みへの規制が解除されていった結果，現代日本は，かつての労働基準も生活基準もなかった時代へと回帰しつつあるといわざるをえない．

　そのうえ，この派遣や請負よりもさらに劣悪な偽装請負が広がっている．「偽装請負，製造業で横行」「実質は派遣，簡単にクビ」「低賃金・安全責任あいまい」，「生活費は数万円しか残らない」「給料日前，金がなくて水とパンでしのぐこともある」[47]．ほかならぬ，日本を代表する世界的企業においてである．企業競争力強化のためのコスト削減競争が，労働＝生活状態の悪化と事故の多発となり，社会の安全も危うくなる．景気が回復すれば，自動的に問題が解消するということにはならないだろう．

　こうして，本来は，人びとの生命と生活を支えるはずの経済活動と労働が，生命活動と生命そのものへの脅威となる．労働と生活の分離と劣化は，関係

　　という恐怖心から，本名を明かし，住所を設定して社会生活を再開することに躊躇しており，『借金問題』の未解決が自立の阻害要因となっている」（弁護士・小久保哲郎「ホームレス問題は『クレサラ被害』の究極の姿」『2005クレサラ白書』クレサラ白書編集委員会）．

47) 『朝日新聞』，2006年7月31日，8月1日付．

性としての社会（a, b）と社会的存在のもろさでもある．社会関係からの排除としての社会的排除が，強まる．

かつて，この国は国内の労働と生活の問題を国内で解決することができなかった．近くでは，生活大国が経済大国を築き，あふれ出た膨大なマネーが投機に向かい生活を破壊し，経済活動すらも危うくした．バブル経済とその崩壊，"悪魔のサイクル"の回転である．これに対し，戦争放棄，財閥解体と地主制の廃止，地主＝小作関係からの解放，そして大衆への教育の開放，総じて戦後改革は，日本社会（a, b）と抑圧されていた国内生産力をも解放した．

いま，再び，労働と生活，ライフの根本が問われている．はたして，(1)福祉は経済活動の邪魔になりその充実によって国際競争に負けてしまうのか．それとも，国際的ルールをつくり経済を支える基礎をつくるのか．(2)また，「独立できない貧民は，恥ずかしめておくのがいい．人類全体の福祉を増進するためには，こういう刺激は絶対に必要である」（マルサス『人口の原理』，1798年）のか．「生以外に富は存在しない．最も裕福な国というのは最大多数の高潔にして幸福な人間を養う国である」（ラスキン『この最後の者にも』，1859年）のか．

いま，悪魔のサイクルが回り，労働と生活の底が抜けていることで，景気の落ち込みをくいとめる防壁，経済の自動安定装置（ビルト・イン・スタビライザー）をもたない．労働の防壁と生活の防壁を堅固にしつなぐことこそが，戦後の労働と社会保障の原点にほかならなかった．これによってこそ，社会的に自立できる条件（労働＝生活）が人びとのものになり，人間発達が可能となる．倒れてからではなく，倒れないためにこそ日常ふだんの防壁が必要なのである．

具体的には，最低賃金制の原点に立ち返ることである[48]．生活保護基準を

---

48) 労働省労働基準局賃金課編『わが国の最低賃金制』（中央労働協会，1977年）は，最低賃金制の意義を次のように整理していた．1，低賃金の改善（低賃金多就業・賃金低下の悪循環を断つ），2，労働力の質的向上と企業の近代化の促進

すら下回っている現状を，生活費を原則とした水準にひきもどすことだ．雇用労働者ばかりか，パート，アルバイト，フリーター，請負，業務請負などの賃金，自営業や農家の自家労賃，中小零細企業の賃金，下請単価，家内工業の工賃など，最低賃金は広く勤労諸階層の所得の基準のもととなっている．また，雇用保険，年金，健康保険の休業補償，生活保護，最低生活費への非課税原則など，社会保障の給付水準のめやすでもある．さらに，児童手当，就学援助などの基準とも連動している．最低賃金制は，広く労働＝生活のミニマムの支えとなる．

そして，戦後の社会保障の原点に立ち返り，再出発することである．「社会保障の拡充が経済の成長に貢献」し，人びとの生活を安定させることで社会全体の安定がもたらされる[49]．

　（生活水準の向上，能力発揮，知識・技能の発達，子女の体位・教育水準の向上，長期的な効果），3，公正競争の確保（不当な低賃金を武器とした底なしの不公正な競争をやめさせる，本来のあるべき競争，生産・生産方法の選択・改良，販売における新基軸を促進させる），4，労使関係の安定促進，5，有効需要の喚起．そして，1957年12月，中央賃金審議会の労働大臣に対する答申は，以下のとおりである．「最低賃金制が今後の労働条件の向上，企業の公正競争の確保，雇用の質的改善，国際信用の維持向上等国民経済の健全な発展を促進する上に大きな意義をもつとともに，中小企業経営の合理化にも役立つものであり，政府はこの際，この制度の法制化に前進すべきである」（同書，所収）．

　こうして，1959年4月，最低賃金法案は成立し公布された．この最低賃金制の意義は，いよいよ明らかとなっているといわざるをえない．

49)　「社会保障はたんに個人の生活を安定さすだけにとどまらない．社会の成員の消費生活を安定さすことは，社会全体の消費支出を安定さすことにほかならない．……たとえ景気が下降し国民所得水準が低落しても，社会保障制度でまかなわれる消費総額から生みだされる国民所得水準を割ることはない．これが景気の下降をある限度にとどめる」（『社会保障年鑑』1959年版）．

　「われわれは，社会保障の拡充が経済の成長にとってむしろマイナスであるという考え方に反論し，社会保障の拡充が経済の成長に貢献する面に言及してきた．……社会保障のもつかような意義を考えるならば，『まず経済成長を，しかる後に社会保障の拡充を』というような見解は……余地がないといわなければならない」（『厚生白書』1960年版）．

　「総論に述べている7つの柱は，わが国の真の意味の繁栄をかちとるための基礎的条件であると考え『繁栄への基礎条件』という副題をつけたしだいです．人間性を尊ぶ真に豊かな社会の実現こそ，われわれ厚生行政が窮極の目標とするも

労働と生活，労働世界と生活世界，世界の労働と生活を結ぶことは，それを変えていく糸口をみい出すことでもある．「いずれかの国が人道的な労働条件を採用しないことは，自国における労働条件の改善を希望する他の国の障害となる」(ILO 憲章，前文)．

日本における労働＝生活の水準は，世界のとりわけアジア諸国の水準に影響を与えるし，アジアと世界の前進から影響をうける．世界も日本も，一方の利益の壁を取り払う力，他方の利益の壁づくり，労働＝生活基準を設定する力が対抗している．

そのばあい，いのちの上に金をおいた価値観と労働＝生活の世界を変えていくことこそが，最優先課題として求められる．人びとの助け合いに代わって金の力が支配している．労働者と労働組合にもその力が浸透していく．結果として，組織率でも社会的威信としても，自らの存在を小さくしていった．

「賃金の要求や，時間の短縮の要求は労働運動の ABC である．それで満足なら資本家は喜んで居るであろう」．働く人びとの「人間建築」がなされ，労働組合が「自由組合」として自らを解放し社会を運営する能力を発達させていく（賀川豊彦『自由組合論』，1921 年・大正 10 年，賀川豊彦全集 11，所収）．

労働の経済，労働＝生活の経済，生命の経済は，空想的理想論ではない．いのちの問題として，今ここに，現実的で焦眉の課題となっている．生命を代償に債権を回収する社会システムのはてに，まっとうな経済社会が展望できるだろうか．

のであります（厚生大臣）」「経済発展は，それ自体に価値があるのではなく，それによって国民の福祉を向上し，人をして人たるに値する充実した生活をおくらせることに役立って，はじめて価値あるものとなるのである（総論）」(『厚生白書——繁栄への基礎条件』1969 年版)．

補論
団体生命保険の国際的受容と変容
保険に映った労働と生活

本　間　照　光

1. 「遺族のため」が「会社のため」に転化

　人間にとってもっとも大切なものは生命である．生命の尊厳が踏みにじられたところに，健全な市民社会も経済活動も成立しえない．そのばあい，人びとのいのちとくらし，労働と生活の状態を映し出すのが，保険という鏡である．社会は，a. 人間と自然との結合様式，b. 人間相互の結合様式，この a，b の連関の総体にほかならない．そして，保険は，社会（a，b）と社会的存在としての人間の状態・リスク，人間の自然（ヒューマン・ネーチャー，人間性）をもととして成り立っているからだ．

　いのちといのちの保険から，関係性としての国際化と，現代日本という特殊性が浮かび上がる．労働と生活の状態を象徴するのが，企業が従業員の生命にかける団体生命保険（団体定期保険）の問題である．団体生命保険の本来の趣旨・目的（本旨）は，いずれの国においても企業の福利厚生・遺族保障であり，日本でも社会保障を補完するものとして福利厚生の中心に位置づけられてきた．

　団体生命保険のAグループ保険（従業員の全員加入，保険料全額企業負担）の導入率は，従業員1,000人以上の企業では80％に達し，中小零細企業を含めた全体でも60％と高かった（生命保険文化センター「1995年度 企業の福利厚生制度に関する調査」，1996年2月）．

ところが，過労死をめぐる紛争の過程で，この「遺族のための保険」が「会社のための保険」に転化していることが明らかになり，社会問題化した．他の先進国にはない，かつての日本にもなかった現代日本の特異現象である．いま，この日本に欠けているのは，労働と生活のミニマムばかりか，それらも含めたすべての生命活動の大もと，人間として「生きる権利」ではないか．

2. 遺族保障としての米・欧・戦前日本

団体生命保険は，従業員に万一のことがあったばあいに，その遺族を保障する保険として，1911年にアメリカで始まった．この保険の健全な運営をはかるために，はやくも1917年に，連邦のNCIC（全米保険監督官会議，1944年にNAIC全米保険監督官協会と改称）モデル法案が作成された．モデル法案では，団体保険は，被用者団体を対象として，「雇用主以外の者のために付保されるべきもの」と規定されている．NAICモデル法案やそれをふまえた各州の保険法などでは，被保険者の「同意」の有無にかかわらず，企業が保険金を得る目的で従業員の生命に保険をかけることを禁じている．企業のために従業員の生命と人権を支配し利用することは認められないのである．

そして，ヨーロッパ諸国では，アメリカや日本とは事情を異にし，団体生命保険が単独で用いられずに，社会保障制度の一環として組み入れられ，従業員とその遺族に給付されている．いずれにしても，従業員の死亡や高度障害によって保険金を企業のものとすることはありえない．

この保険では，企業が保険の契約者となって従業員全体を被保険者として保険に入れ，保険料（掛け金）は企業が支払うのが一般的である．そして，保険会社は，契約者である企業に対して保険証券を発行するとともに，被保険者である従業員各人に被保険者証を配布しその1人ひとりの保険保護をはかる．欧米諸国では一般に，保険会社と企業による被保険者と遺族への情報開示が義務づけられ，たとえば，フランスにおいては，保険契約者の被保険

者への義務等を法律で明記している.

 日本においても,本来,事情は異ならない.日本では,1934年(昭和9年)に,全国産業団体連合会(日本経団連の前身)を母体として,団体保険専門の生命保険会社が設立された.この保険会社は,保険金の個々の被保険者への支払いを内容とする商工省の事業認可指令によって設立されたのである.やはり,遺族保障を目的としたもので,一般の死亡事故はいうまでもなく,折から激化しつつあった徴用兵の戦没にも保険金を支払うことで,遺族の生活保障の役割をはたしたと社史に記録されている.戦後は,独占禁止法によりそれまでの1社独占が解かれ,1948年以降,生命保険各社が団体保険の取扱いをしている.

3. 現代日本の特異現象と韓国・中国

 ところが,古今東西ありえなかったことが,現代日本に起こっている.保険金を遺族に渡さないケースが多いのである.日本に団体保険の法律がなく,制定のための議論もされてこなかった.そして,分かっているだけでも40年ほども前から,遺族から大蔵省(現,金融庁)や保険会社に訴えが出されてきた.そのため,遺族保障という本旨を図るための指導がされてきたとはいえ,抜本的な解決とはならなかった.

 企業は「社員死亡で損害を受けた」「保険料を支払っているのだから保険金を受け取って何が問題か」と主張する.保険会社は,契約者に対する守秘義務を盾に弁護士会の照会にも回答してこなかった.監督官庁は,制度本来の趣旨に使われるのが「望ましい」とするだけで,保険の乱用を積極的に監督しようとしない.

 1993年の調査で,Aグループ保険金の使途・行き先をみると,(1)「遺族にはまったく支給しない」と回答した企業が61.8%,(2)「会社を経由して遺族に全額支給」が16.6%,(3)「一定額・一定割合を遺族に支給」が17.4%,(4)「加入の主体,保険の区分などにより異なる」が4.1%となっ

ていた（労務行政研究所『1994年版福利厚生事情』〔『労政時報』別冊〕）．

然るに，過労死をめぐる企業と遺族間の紛争をきっかけに，企業が従業員本人に無断でかけていた団体生命保険の問題が知られるようになり，1996年以降，大きく社会問題化した．ところが，特異現象を解決していこうとする動きとは逆に，それを追認し正当化していく主張が専門家を自認する人びとから出てくるようになった．「現代」「日本」，そして，今ここにおける労働と生活を考えるうえで，特筆すべきことであろう．

何ら問題はない，仮に，問題があったとしても保険制度や法的問題とは別の道義上の問題だとする主張である．いわく，「従業員を失うことによる企業の経済的損失という概念は以前からあった」，「死亡退職金・弔慰金の財源として活用される部分」と「企業の経済的損失の補填に充てられる部分が混在」，「代替要員の採用育成経費」，保険契約者（企業）が保険金受取人であると指定されているから保険金受取りは保険契約者（企業）の「固有権」として確定している，「従業員全体の福利厚生」「全体の保険収支」「保険料総額が保険金・配当金の総額を上回っているので企業の利得は生じない」，「保険の本質，構造を離れた限界」，「社会的，道義的責任」，「倫理的課題」，「感情論」，等々である．

そして，社会問題化した1996年，急遽，新型の「総合福祉団体定期保険」がつくられ，大蔵省が認可を与え，従業員の「同意」をとればヒューマン・ヴァリュー特約で2千万円までを企業が保険金を受け取れるように制度化された．

その論拠は，「新入社員の育成期間7年間」とし，その期間の大卒総合職の賃金が「2千4百万円〜2千5百万円」であるからだという（久保田秀一「総合福祉団体定期保険の開発」『生命保険経営』第65巻第3号，1997年5月）．また，企業の保険金利得を認めたのは「進歩であり，評価できる」とした保険学者の評価がなされている．「これからのエレガント・カンパニーにおいてはパートナーシップで結ばれたものでなければならない」，「ヒューマン・ヴァリューを明確にした総合福祉団体定期保険の出現はパートナーシップによって結ばれた」もので，「従業員ならびに遺族の権利を守るものとして高

く評価される」（石名坂邦昭「団体定期保険と人的資産」『生命保険協会会報』1997年第1号，5月）という．

　さらに，遺族保障が本旨であるとするのは「変質的理解」だとする見解が出された．ところが，その依拠する内外の文献を調べてくると，実はそのすべてが，団体生命保険は個々の遺族のためのものであり，保険金は個々の遺族に帰属すると説明しているのである（本間「団体保険の本旨・法理・倫理」『共済と保険』2000年5月号，参照）．

　この現代日本の特異現象が，遅れて韓国でも問題となった．しかし，日本に遅れて社会問題化した韓国ではすでに，1999年，大法院（最高裁）が，保険金を企業のものにするのでは従業員が保険契約に同意するはずがないと判示し，企業の保険金受取りを認めた下級審に差し戻している．

　「被告会社がその保険金を受け取り保有することとなる結果を容認するとの意図をもって，特別に保険金受取人を被告会社とする右保険契約締結に同意したと見ることは，通常，困難である」「被告会社が保険金を受け取ってこれを保有するのではなく，被保険者やその遺族に支払いをするという意味において保険金受取人として保険契約者である被告会社を指定するという趣旨で，被告会社がその社員らに同意を求め社員らもその意味で理解しこれに同意したものと解釈することが，彼らの間の意思に合致するものと言うことができる」（大法院1999年5月25日宣告98タ59613判決〔保険金返還〕公1999年7月1日（85）1253．原文，ハングル，翻訳者，河海龍）．

　みられるように，日本と同じく「他人の生命の保険契約」について本人の同意を必要とする同意主義をとる韓国において，大法院が団体生命保険の本旨と同意の実質に踏み込んで，問題解決の方向を示しているのである．

　ちなみに，高度経済成長をとげる中国では，生命保険の普及も著しい．上海において日中の合弁保険会社が設立され，2004年12月から団体生命保険の発売を開始した（『保険毎日新聞』2005年1月18日付）．日本で起こっている問題は，韓国でも起こり，中国でははるかに大きな規模で広がることが予測される．韓国は解決の方向を明確にした．中国はどうなるのか．何よりも，

日本はどうするのか.

4. 最高裁判決, 100年前の警告

社会問題化し, 保険金帰属をめぐって各地で訴訟が起こった. その過程で, 遺族保障が本旨であるということが保険約款で裏付けられ, 法的構造として明確だったことも, 筆者の調査でわかった. 日本においても, 1934年の団体保険開始以降, 76年4月の生命保険会社による約款統一時まで, 約款には「保険契約者は保険金額を受け取るべき者となることを得ず」「被保険者証は保険証券の一部を組成する」「保険契約者は被保険者証を遅滞なく当該被保険者に交付する義務を負う」と大筋で明記されていたのである.

日本商法100年にわたる「他人の生命の保険」問題についての通説も揺らいでいる. 被保険者の「同意」についての現在の通説では, ①生命保険で被保険利益は不要, ②同意の有無が問題で同意の中身の実質は問わない（いわば形式的同意説）, ③被保険者は「保険の目的（保険に付けられる対象）」にすぎず, 保険契約者が自由に保険金受取人を決められる, ④同意があれば有効とし, その裏返しとして, 同意がなければ無効としている.

この通説のもとで, 団体生命保険における被保険者の「同意」も形式的なものでよいとされ, 逆に形式的同意がなかったから契約そのものが無効とされ, 乱用するほどに追認され, 本来の目的である遺族保障が行われないという不可解な状況がもたらされている. 保険金殺人なども頻発している.

しかし, 日本でも,「他人の生命の保険」100年の歴史を通じて, 被保険利益の考え方が一貫してあったことが, 筆者の調査で明らかになった.「保険契約の形（同意の有無・形式）のみを見て基本体（同意の実質・内容, 被保険利益）を知らぬ」ことによって「保険は害用（乱用・悪用）せらるる」と100年前に警告し, 同意主義のもとでの被保険利益の堅持を訴えていたのは, まさに商法の同意主義の起草者である玉木為三郎氏にほかならない. 玉木氏は, 保険学会を創立した学者であり, 弁護士であり, 同時に保険会社の

経営にたずさわって昭和に入って長いこと生命保険協会専務理事も務めた．ところが，戦時中に生まれた学説が，戦後もまったく検証されずに今日に至ってしまったのである．

団体生命保険の保険金をめぐる初の最高裁判決が，2006年4月11日にあった．財閥系大手アルミメーカーと元従業員4人の遺族との間で争われたが，遺族の敗訴が確定した．最高裁は，①受取人は会社になっている，②会社は遺族に渡すつもりはない，との理由で保険金は会社のものと結論づけた．

従業員の1人は生前，保険契約を認めながら，会社受け取りは拒否していた．それにもかかわらず，判決は，2つの同意は分離できない，契約に同意したのだから，会社の受け取りにも同意したことになるとしたのである．

一方で，判決は「福利厚生の趣旨を逸脱した」と指摘し，4人の裁判官のうち2人が「本来は会社の受け取りに対する同意を欠くので，無効」との補足意見を加えた．そして，裁判長は，遺族救済のために下級審が理論構成に苦心したことも認めた．

「逸脱した」と判断するのなら，団体保険の法理と，契約者が自分以外に掛ける「他人の生命の保険契約」と同意主義の立法趣旨など，実質に踏み込むべきではなかったか．そうすれば，遺族に保険金を渡すという逆の判断もあり得た．契約を「無効」と判断して，会社に渡らないようにもできたはずだ．逸脱を批判しながら，会社側の保険契約の乱用と保険会社の営業姿勢を追認したのだから，司法の責任を放棄したといわざるをえない．判決によって，通説とそれに依拠した判決そのものの破綻が浮き彫りになったといえよう．100年前の警告が，現代日本の現実となっているのである．

社会問題化し減少したとはいえ，保険契約高は今なお巨額だ．従来型の団体定期保険は131兆円．96年からできた新型の総合福祉団体定期保険は75兆円（04年度）に上る．03年3月末の被保険者実数は両者で2988万人だ．

新型では，従業員の死亡による「経済的損失」を理由に，従業員の同意を得れば，2千万円まで会社が受け取れる．従来型では今も，保険金受取りを規制していない．依然として，契約内容の情報開示が不十分だと指摘されて

いる．しかも，同様の問題は，中小企業向けの事業保険や損害保険の団体傷害保険など，広く「他人の生命の保険」全般で起こっているのである．消費者信用団体生命保険では，借主が死ぬと保険金が消費者金融のものになっている．死に追いつめられた庶民の生命の代価が，日米の不平等利権同盟に環流するシステムである．4人の遺族の背後には，日本の社会と勤労者全体にかかわる問題がある．

5. 可能性としての生命の尊厳

この国の最高裁は，労働と生活，日本社会の貴重な飛躍の機会を封印してしまったものといわざるをえない．依然として，自らの課題としてこの問題を運動方針に取り上げている労働運動のナショナルセンターも，政治公約に掲げている政党もない．そして，すべての学問と学問の自由の苗床であるはずの生命の根本問題について，ほかならぬ学問研究が素通りしている．

団体生命保険の歴史と国際的受容と変容の過程をみると，歴史も国際化も，関係性としてあることがわかる．そのばあい，先に行くものが先のままで，後に行くものがそのまま遅れていくということにはならない．現代日本の時代閉塞の現状は，ほかでもない，「現代」「日本」の特異状況の追認，労働と生活問題を封印して乗り切ろうとする，そのことによってもたらされているとはいえないか．

抑圧された心と閉塞された生命が，生命活動を開花されることはありえない．その社会と国の可能性，経済の可能性もまた，まずは人間自身の中にこそある[1)2)]．

---

1) 総合福祉団体定期保険では従業員死亡による企業の「経済的損失（逸失利益）」を認める「ヒューマン・ヴァリュー特約」を制度化し，商品化した．これに対応するためもあって生命保険法制研究会『生命保険契約法改正試案（1998年版）理由書』がまとめられ，団体保険について，被保険者の同意をとれば従業員の死亡保険金を会社の事業資金に充当することを容認している．この改正試案にもとづいて，日本私法学会のシンポジウムが行われているが，試案作成に当った委員

たちの発言は次のとおりである.「従来の学説は,生命保険契約の被保険者が保険金目的に殺害されるという状況をあまり現実感を持って強く意識していなかった面があるのではないかと思います.」「自分の命が危ないと言っている人に対して,一審まで2年も3年もかかるとすれば,ご指摘のとおりちょっと問題の余地がありますよ.しかし,これまでは被保険者同意の撤回はできないと言われていた.それに対してせめてここまでは認めてほしいというのが我々の気持ちでございます.」「保険者を被告としてみても,保険者は被保険者が殺されそうな状況にあるかどうかわからないわけで,したがって当事者にしてもむだであろうということです.」「利益主義までいかないと,この面の弊害は防止できないのであろう.しかし,そこまでやる必要があるか」「問題を検討したかと言われると,したようなしないような,実はあまり深く考えていないわけです.」「変な受取人が指定されてきて,保険が悪用される,そういうケースはあまり意識していませんでした」(「シンポジウム・生命保険契約法の改正」『私法』[日本私法学会]第61号,1998年4月」).

みられるように,同意主義の現行「通説」では,他人の生命の保険契約においてもっとも重視されなければならない「被保険者の生命の危険」という「現実の問題」にこれまで「現実感を持っていなかった」し,今なお「あまり深く考えていない」というのである.被保険者の生命を利用した保険契約者と保険者間の営利活動を,被保険者の生命の安全と利益に優先させてきたのである.団体保険問題の背後に,他人の生命の保険契約と同意主義の問題があり,学説とその誤認の問題がある.

2) 本間による以下の研究を参照していただきたい.『団体定期保険と企業社会』(1997)日本経済評論社.「最高裁判所への意見書:団体保険の本旨(遺族保障)と法理(支分契約性)」『青山経済論集』第55巻4号,2004年3月.「最高裁への提言──団体定期保険は間違いなく『遺族保障』のためにある」『エコノミスト』第83巻第51号,2005年9月20日.「団体保険──遺族補償の法律制定急げ」『朝日新聞』2006年5月17日付.

第3章
競争戦略と雇用・生活保障システム
企業競争力の視点から

白 井 邦 彦

1. 迫られる雇用・生活保障システムの再構築

　不況からの脱却について明るいきざしがみえているとはいえ，日本経済は90年代以降長期にわたる停滞を経験してきた．こうしたなか労働者の雇用・生活不安は深化拡大を続けている．労働・雇用をめぐる状況だけみても，サービス残業を含む残業時間の増大による長時間労働の蔓延，労働量の増大と労働密度の高まり，それらによる過労死の増大，大企業男性正社員をも対象としたリストラの進展，各種雇用形態の低賃金不安定な非正規雇用の拡大，失業率の大幅な上昇と失業期間の長期化，ホームレスの増大，従来相対的に就職が容易な層であった新規学卒者を含む若年層における就職難と彼らの間での失業率の高まり，フリーターの増大，といったことが指摘できる．そしてこれらのことは労働者各層の生活状態の悪化，生活不安，国民各層の格差拡大となってあらわれている（以上の点について詳しくは本書第2章参照）．こうした事態の進展は90年代半ば以降とりわけ顕著になっており，今日においてはまさに従来型のシステムにかわる雇用・生活保障システムの再構築が緊急の課題となっているといえよう．その再構築の方向を模索することが本稿の究極の目的である．

　日本の雇用・生活保障システムは，「企業競争力依存型雇用生活保障システム」[1]というものであった．すなわち各企業が企業競争力強化の結果生じ

た利益の一部を，競争力強化のための競争戦略の展開の必要性から，労働者の広い範囲の層に安定的な雇用の場と相対的に有利な医療・年金制度を提供することにあて，それにより企業の側では競争力強化のための競争戦略をさらに展開しつつ，労働者の側では労働者本人とその家族の生活の安定がはかられるというシステムである．企業の発展あっての労働者（およびその家族）の雇用生活保障というシステムである．そして従来のシステムにおいては，大衆品市場に均一性のとれた相対的高品質の製品を相対的低価格で提供することを競争戦略とした自動車・家電等の量産組立型産業の企業がその中心に位置していた．90年代半ば以降の労働者の雇用・生活不安の深化拡大は，そうした量産組立型産業の日本企業が競争環境の変化の中でその競争戦略が有効性を失い，急速に企業競争力を低下させ，安定した雇用の場を十分に提供できなくなったことによるところが大きいと思われる．それゆえ，労働者が今日直面している雇用生活不安を解消し，彼らの雇用・生活を安定させるためには，日本企業が競争環境の変化に対応した新たな競争戦略を展開し再び企業競争力を強化することがまずは重要であるといえよう．

　さて企業競争力を規定する要因は多々あるが，日本の産業の中心をなす量産組立型産業企業等の製造業企業においては，競争戦略に適合的な効率的生産システムと，それを支える製造現場の人材育成・活用が重要な位置を占めるものと思われる．そして筆者の見解によれば今日の競争戦略に対応する効率的生産システムの核をなすものが近年製造業の生産現場において採用されはじめているセル生産方式である．そこで本稿では，セル生産方式がいかなる意味で今日の競争環境に適合的な競争戦略に対応する効率的生産システムの核といえるかを明らかにするとともに，そこでの人材育成，活用上の諸課題について分析していきたいと思う．それが本稿の第1の課題である．

---

1) この用語は筆者の造語である．従来「日本型企業社会」「日本型福祉社会」という用語で理解されていたことに近いのであるが，より企業の競争戦略と企業競争力強化に視点をすえて労働者の「労働と生活」を分析するために，本稿ではこのような用語を使用している．

第3章　競争戦略と雇用・生活保障システム

　ところで，雇用の場を提供するのは民間企業であり，安定した雇用の場が提供されるからこそ生活の安定が確保されるということを考えれば，企業競争力の維持・強化が雇用・生活の安定のための大前提をなすものであること自体は否定できない事実である．しかし企業競争力の維持・強化がなされさえすれば，必然的に広範な労働者層の雇用・生活の安定が確保されるとは必ずしもかぎらないであろう．広範な労働者層に安定した雇用の場を提供することが，競争戦略の展開にとって必要であるからこそ，企業競争力の維持・強化によって広範な労働者層に安定した雇用の場（および生活の安定）が提供されるのである．「企業競争力依存型雇用生活保障システム」が成り立つのはこうした連環が成立した場合のみである．では新段階における企業競争力強化のための競争戦略とそれに対応する効率的生産システムの展開にとっては広範な労働者層に雇用・生活の安定を提供する必要性はあるといえるだろうか．別言すれば従来型のものにかわる「新段階の企業競争力依存型雇用生活保障システム」なるものは成立可能なのであろうか．第5節で述べるように新段階の競争戦略とそれに適合する効率的生産システムの展開には一方において労働疎外からの解放，労働の質向上をもたらす可能性と，請負労働者の増大という問題点が併存しているように考えられる．そこで次にそれらの点について分析し，「新段階の企業競争力依存型雇用生活保障システム」なるものが有する従来の同システムとは異なる特質を明らかにするとともに，「新段階の企業競争力依存型雇用生活保障システム」の実現可能性について考えていきたいと思う．それが本稿の第2の課題である．

　以上の2つの課題の分析をとおして雇用生活保障システムの再構築の模索という本稿の究極の目的に接近していくことにしたい．なおこうした課題設定に対しては，雇用生活保障システムとして「企業競争力依存型雇用生活保障システム」という枠組み自体にとらわれすぎた課題設定である，企業競争力依存型雇用生活保障システムは雇用生活保障システムとして大きな限界を有するものであり，研究課題として正面にすえられるべきは同システムの批判と福祉国家の構築による雇用生活保障システムの方向の追求ではないか，

との疑問が想定されよう．しかし今日の経済・政治・学問状況を考えれば，福祉国家構築の実現可能性はきわめて薄いといわざるをえない．そうであれば既存の枠組みを前提としながら，その中で（ベストではないが）ベターな方向の可能性を探求することがまずは重要であると思われる．さらに福祉国家の方向を主張するにしても，既存のシステムに対する分析，その可能性の認識と内在的批判といったことを通じて，最終的にそのシステムの限界を浮き彫りにするという作業をとおしてなされることにより，その説得性はより増すことになろう．同時に福祉国家による雇用生活保障システムであっても，雇用の場を現実に提供するのは民間企業であることは否定できない事実である．それゆえそうしたシステムのもとでも同システムを支える大前提として，企業競争力の維持・強化のための戦略の分析は重要なテーマをなす．筆者自身がここで述べたような課題設定を行い，かなり迂回的な方法をとっているのもそうした意図・問題意識のゆえである．ちなみに筆者は，雇用の場を提供するのが民間企業である以上，「労働と生活」を論じるに際しては企業の競争戦略と企業競争力の維持・強化という視点は不可欠の視点であると考えており，本稿は企業競争力に視点をすえた「労働と生活」分析の試みという位置にもあり，そうした意味からもここで述べたような方法をとっているのである．

なお，本稿は青山学院大学総合研究所プロジェクト「変化する労働と生活の国際比較」の調査報告でもある．それゆえ本稿では筆者が同プロジェクトにおいて行った工場・工業高校に対する実態調査（調査対象については表1, 2参照）に基づきながら上記の課題に接近していくことにしたい．

2. 従来型の「企業競争力依存型雇用生活保障システム」とその機能不全

(1) 従来型の「企業競争力依存型雇用生活保障システム」

「競争力依存型雇用生活保障システム」とは，ひとことでいえば，各企業

第3章　競争戦略と雇用・生活保障システム　　　　　　　　　　101

表1　調査対象工場の概要

	主要製品	調査時期	概　　要
A工場	工作機械	03年11月	01年末より工作機械の組立でセル生産方式採用
B工場	ワイヤレス機器	03年12月	01年度半ばより1人方式から分割方式へ
C工場	顕微鏡	03年12月	顕微鏡組立で1人方式，巡回方式を採用
D工場	DVD	03年12月	01年より組立でコンベアを撤去し03年下期より次世代マシンセルを展開
E工場	携帯電話	03年12月	01年より組立でセル化を進め，現在分割方式のセルラインで組立
F工場	自動車	03年12月	自動車組立で自動化の推進，モジュール生産
G工場	金型	04年1月	2000年より，金型組立で1人方式，分割方式のセル生産方式を実施
H工場	複写機	04年3月	99年にコンベアを完全に廃却し，1人方式，分割方式のセルラインで生産
I工場	室内機	05年6月	室内機の組立でコンベアと連結したセル生産方式を実施
J工場	ギア，金型	04年12月	現場作業員はすべて1年契約の雇用形態
K工場	ハーネス	04年12月	多能工マップによる技能向上の実施 不良品対策として罰金制度導入もすぐに廃止

注：1）イニシャルは企業工場名と一切関係ない．
　　2）I工場のみ総研プロジェクト調査年度終了後，田付氏（青山学院大教授）の紹介で田付氏の調査に同行する形で訪問．
　　3）J工場，K工場は日系中国企業である．
出所：筆者調査により作成．

表2　調査対象工業高校の概要

L工業高校	私立	03年10月	首都圏にある私立工業大学の付属高校
M工業高校	国立	03年11月	国立大付属の高校，就職者はむしろ例外でほとんどが進学，国公立大学への進学者も多数で旧帝大クラスにも合格者あり
N工業高校	公立	03年10月	中部地方に立地するデザイン科を有する戦前に設立の高校
O工業高校	公立	03年11月	高度経済成長中期設立の首都圏立地の高校
P工業高校	公立	04年1月	西日本に立地する戦前設立の高校，国公立大進学者も一定数存在，部活動も盛んで全国クラスのものも数多く存在
Q工業高校	公立	04年12月	05年度より，2年次から理工系大学への進学コース，専門（就職）コースに分かれて学習
R工業高校	公立	04年12月	04年度より理科教育はすべて物理とする

注：1）イニシャルは工業高校名と一切関係ない．
　　2）M工業高校はその後校名変更し，校名より「工業」をはずしている．
出所：筆者調査により作成．

が企業競争力強化の結果生じた利益の一部を，競争力強化のための競争戦略の展開の必要性から，労働者の広い範囲の層に安定的な雇用の場と相対的に有利な医療・年金制度を提供することにあて，それにより企業の側では競争力強化のための競争戦略をさらに展開しつつ，労働者の側では労働者本人とその家族の生活の安定がはかられるというシステムである．従来型のそのシステムは，自動車・家電等の量産組立型産業の各企業が国内生産において市場規模が最も大きい大衆品市場にターゲットを絞り，そこに品種は少ないが均一性の高い相対的に高品質の製品を相対的低価格で供給することを武器に国内外のシェアを確保して競争力を維持強化し，その競争戦略展開の人材活用上の必要からそれにより生じた利益の一部をもとに，少なくとも中規模以上企業の新規学卒採用の男性正社員（および公務員）には，消費者対応の営業（現場営業）に従事する労働者や直接生産工程業務に従事するブルーカラー労働者を含めて「長期雇用」のもとでの「安定的雇用」，『『年と功』の年功賃金」による「生活保障給」，相対的に有利な給付条件にある医療・年金制度を提供し，それによりさらに競争戦略を展開しつつ，労働者とその家族に生活の安定を「保障」する，というシステムであった．こうした従来型の「企業競争力依存型雇用生活保障システム」が確立したのは量産組立型産業が産業構造の中心をなすと同時に，民間企業の職場において協調的労使関係が確立した1960年代半ばのことであると思われる．

　経済発展を安定的持続的なものにするためには，市場規模も巨大で関連産業も多く産業波及効果も大きい自動車・家電等の量産組立型産業が産業構造の中心となる必要がある．しかし日本の量産組立型産業は従来型の「企業競争力依存型雇用生活保障システム」が確立する以前においては国際的にみてきわめて未熟な段階にあり，欧米各メーカーに大きく遅れをとっていた．そうした中で日本の量産組立型産業の各企業が競争に打ち勝っていくためには，それらの製品の中でも最も市場規模が大きい大衆品レベルにターゲットを絞り，そこに品種は少ないが均一性の高い相対的高品質（大衆品レベルでの高品質）の製品を低価格で供給し，それを武器に国内外の市場シェアを確保拡

大するという戦略が最も適合的であった．すなわち，量産効果の発揮による低コスト化と均一性を有する高品質化というのが当時の日本の量産組立型産業各企業が国内生産において取り得る競争戦略だったのである．日本の量産組立型産業の各企業はこうした競争戦略の成功もあり発展し，さらにその後も基本的にそうした競争戦略を国内生産においてとり続けた．量産効果の発揮による低コスト化と均一性を有する高品質化という競争戦略に適合的な人材は，特定の分野で専門的な技能知識を保有している人材よりもさまざまな分野にわたって一定水準以上の知的能力を平均的に保有し，協調性・耐力を有し，かつ企業目的（企業競争力強化）を内面化し各企業の要請に応じてフレキシブルに対応できる人材である（つまり熊沢のいう「高度なフレキシビリティへの適応能力」「生活態度としての能力」を有する人材である．これら概念については例えば熊沢（1997）等参照）と考えられてきた．それらの能力のうち基礎的部分は学校教育の場で，その具体的な形態はOJT（より詳細に述べれば，「入社時と節目節目で若干のOFF・JTをおこないつつ，ローテーションを中心としたOJT」）で形成された．

　このような人材を企業が確保し続けるためには，労働者のうちのかなり広い範囲の層（具体的には中規模以上規模の新規学卒採用の男性正社員および公務員，ただしホワトカラーだけでなく消費者対応の営業に従事する労働者や直接生産工程業務に従事するブルーカラー労働者も含めて）を「長期雇用」，「年功賃金制」，相対的に有利な医療・年金制度のもとにおき，かれらの雇用と生活を保障することが必要であるとともに，それ以外の層（具体的には中規模以上企業の女性正社員，小零細企業労働者，各種非正規雇用労働者）について不安定な雇用状態においておく必要があった．

　上記のような労働者のかなり広い範囲の層に「雇用（および生活）の安定」を保障しなければならなかった理由は2つある．第1は量産組立型産業が産業構造の中心になっていく時期には，日本ではまだ民間企業の職場において労使対抗型の労働運動の影響が色濃く残っていたからである．各労働者に企業目的を内面化させ，企業の要請にフレキシブルに対応させるためには，

この労使対抗型の労働運動の職場での影響力を廃し，協調的労使関係を完全に確立させることが必要であった．そのためには「労働者の雇用と生活の安定は企業の発展により実現する」ということが具体的に示さなければならなかったのである．第2は，労働者に企業目的を内面化させ，企業の要請にフレキシブルに対応し続けさせるためには，労働者から納得性を得なければならなかったからである．労働者にこうした働き方を続けさせるためには，強制の側面だけではなく労働者もこうした働き方に納得しなければならない．その納得性を確保するためには一定の対価が必要であり，その対価が「雇用（および生活）の安定」であった．つまり「各労働者が企業の発展を第一とした働き方をすれば，企業の発展を通じて雇用と生活の安定は確保される」ということが具体的に示されるからこそ，労働者自らもこうした働き方へ納得性を付与し得たのである[2]．

また，上記以外の層を雇用の不安定な状況に置いておくことに関しては，こうした層が常に一定存在することで企業競争力強化により提供される「安定した雇用」の水準が，企業競争力を脅かすような水準にまではならないよ

---

2) こうした認識から明らかなように筆者は職務能力育成確保の必要性が日本の「長期雇用慣行」「年功制」の存在根拠の重要な要素を構成しているという立場にたちつつも，「長期雇用慣行」「年功制」の根拠を「企業特殊熟練」や「知的熟練」といった熟練形成の必要性に求める「内部労働市場論」「知的熟練論」の立場とは一線を画している．なぜなら，量産組立型産業の直接生産工程業務とりわけ組立業務に従事する作業者にまで，そうした熟練が必要であるとは思えず，彼らにまで正社員であるかぎり「長期雇用慣行」等を適用していたことに合理的な説明がつかなくなってしまうからである．中規模以上企業の男性正社員であれば，量産組立型産業の組立業務に従事する労働者や，消費者対応の営業に従事する労働者にまでも「長期雇用慣行」や「年功制」の対象とする根拠は，「企業目的を内面化し企業の要請にフレキシブルに対応する」という職務能力（熊沢のいう「高度なフレキシビリティへの適応能力」「生活態度としての能力」）の育成確保の必要性と，かつての労使対抗関係の中で生じたさまざまな要因に求められるべきと考えている．ただし第6節での議論からわかるように，現状説明の議論としては「知的熟練論」には筆者は批判的ではあるが，「あるべき」論としての「知的熟練論」には，必ずしも否定的ではない．この点については特に注29を参照されたい．

うにするとともに，雇用が安定している層が企業目的を内面化し企業の要請にフレキシブルに対応する働き方を受け入れる圧力となるからである．さらに景気変動の各局面において雇用安定層の雇用を守るバッファーの役割を果たすことで，企業に正社員の雇用は最低限守ることを可能にするからである．

日本の雇用慣行の特質といわれた「長期雇用」制度，「年功賃金制度」は，労働者の雇用・生活を保障するためのものというより，上記のような競争戦略に適合的な人材確保活用策を展開するためのものであり，「雇用保障」および「生活保障」は副次的な効果にすぎないものであった．つまり従来型の「企業競争力依存型雇用生活保障システム」のもとでは，まさに企業競争力強化のための競争戦略の展開上，広範な労働者層に安定した雇用の場を提供する必要があったとともに，競争戦略の展開による企業競争力強化によりそれが実現できるという連環が成立していたのであり，こうした連環において広範な労働者層に安定した雇用の場（および生活の安定）が提供されていたのである．日本の雇用生活保障システムであった従来型の「企業競争力依存型雇用生活保障システム」とは以上述べてきたような内実とメカニズムをもったシステムなのである．

そして日本の従来の労働政策，社会保障制度，学校教育制度もこうした「企業競争力依存型雇用生活保障システム」を支えるよう制度設計されてきた．

労働政策・社会保障制度については，雇用保護制度，失業時の生活保障制度，医療年金制度，生活保護制度といった領域においてこのことは端的に示されている．例えば日本においては国家が直接解雇を規制したり，不安定な雇用に歯止めをかける制度は欧州各国と比較すればかなり規制の程度が弱いものとなっている．表3は欧州各国と日本の雇用保護制度の規制の強さを数値化したものである．日本が欧州各国に比べ雇用保護の規制の程度が弱いこと（近年さらにそれが緩和されていること）が明瞭にみてとれるであろう[3]．

---

3) 日本の雇用保護制度とその近年の改革が国際的にみてどのような位置にあるかについては白井（2005）参照．

表3 日本と各国の雇用保護制度の規制の強さ

	正規雇用			臨時的雇用			集団的解雇		全体(version 1)			全体(version 2)	
	80年代末	90年代末	2003年	80年代末	90年代末	2003年	90年代末	2003年	80年代末	90年代末	2003年	90年代末	2003年
オーストラリア	1.0	1.5	1.5	0.9	0.9	0.9	2.9	2.9	0.9	1.2	1.2	1.5	1.5
オーストリア	2.9	2.9	2.4	1.5	1.5	1.5	3.3	3.3	2.2	2.2	1.9	2.4	2.2
ベルギー	1.7	1.7	1.7	4.6	2.6	2.6	4.1	4.1	3.2	2.2	2.2	2.5	2.5
カナダ	1.3	1.3	1.3	0.3	0.3	0.3	2.9	2.9	0.8	0.8	0.8	1.1	1.1
デンマーク	1.5	1.5	1.5	3.1	1.4	1.4	3.9	3.9	2.3	1.4	1.4	1.8	1.8
フィンランド	2.8	2.3	2.2	1.9	1.9	1.9	2.6	2.6	2.3	2.1	2.0	2.2	2.1
フランス	2.3	2.3	2.5	3.1	3.6	3.6	2.1	2.1	2.7	3.0	3.0	2.8	2.9
ドイツ	2.6	2.7	2.7	3.8	2.3	1.8	3.5	3.8	3.2	2.5	2.2	2.6	2.5
ギリシャ	2.5	2.3	2.4	4.8	4.8	3.3	3.3	3.3	3.6	3.5	2.8	3.5	2.9
アイルランド	1.6	1.6	1.6	0.3	0.3	0.6	2.4	2.4	0.9	0.9	1.1	1.2	1.3
イタリア	1.8	1.8	1.8	5.4	3.6	2.1	4.9	4.9	3.6	2.7	1.9	3.1	2.4
日本	1.7	1.6	1.6	1.2	0.7	0.5	1.5	1.5	1.4	1.2	1.1	1.2	1.1
韓国	−	2.4	2.4	−	1.7	1.7	1.9	1.9	−	2.0	2.0	2.0	2.0
メキシコ	−	2.3	2.3	−	4.0	4.0	3.8	3.8	−	3.1	3.1	3.2	3.2
オランダ	3.1	3.1	3.1	2.4	1.2	1.2	3.0	3.0	2.7	2.1	2.1	2.3	2.3
ニュージーランド	−	1.4	1.7	−	0.4	1.3	0.4	0.4	−	0.9	1.5	0.8	1.3
ノルウェー	2.3	2.3	2.3	3.5	3.1	2.9	2.9	2.9	2.9	2.7	2.6	2.7	2.6
ポルトガル	4.8	4.3	4.3	3.4	3.0	2.8	3.6	3.6	4.1	3.7	3.5	3.7	3.5
スペイン	3.9	2.6	2.6	3.8	3.3	3.5	3.1	3.1	3.8	2.9	3.1	3.0	3.1
スウェーデン	2.9	2.9	2.9	4.1	1.6	1.6	4.5	4.5	3.5	2.2	2.2	2.6	2.6
スイス	1.2	1.2	1.2	1.1	1.1	1.1	3.6	3.9	1.1	1.1	1.1	1.6	1.6
トルコ	−	2.6	2.6	−	4.9	4.9	1.6	2.4	−	3.8	3.7	3.4	3.5
イギリス	0.9	0.9	1.1	0.3	0.3	0.4	2.9	2.9	0.6	0.6	0.7	1.0	1.1
アメリカ	0.2	0.2	0.2	0.3	0.3	0.3	2.9	2.9	0.2	0.2	0.2	0.7	0.7
平均スコア	2.2	2.1	2.1	2.6	2.1	2.0	3.1	3.1	2.3	2.1	2.0	2.2	2.2

注：−データなし．スコアは6.0が最高値．平均スコアは日本を除く値，スコアが高い程規制の程度が強い．
資料：OECD (2004a) Table 2A. 2.4 (p.117). 日本については筆者作成修正値．
出所：白井（2005）表7 (p.115)．

失業時の雇用生活保障制度についても，給付期間が国際的にみてもかなり短い雇用保険制度のみであり，欧州各国では一般化している失業扶助制度も存在しておらず，公的部門における直接的雇用創出策である失業対策事業制度も従来型の「企業競争力依存型雇用生活保障システム」の確立とあわせて63年に事実上入り口が閉ざされ，71年には完全に閉ざされていった（同制

度はその後96年3月をもって廃止，なお同制度について詳しくは労働省職業安定局1996，参照）．こうした制度設計を行うことで「雇用の場の確保は企業の競争力強化を通じて」ということを支えたのである．年金・医療といった各種社会保険制度も，どのような就労状態にあるか，あるいはあったかによって別の制度のもとにおかれ給付内容に格差が生ずるようシステム化されており，十分な医療の給付，老後生活の保障も「安定した雇用の場」に就労し続けることを通じてのみ確保されるようになっている．さらに国民生活の最後の下支えというべき生活保護制度も給付要件の厳格さによる捕捉率の低さとともに，労働能力のある者（労働場所のある者ではない）は事実上同制度から排除されていることが注目されるべきであり，この面においても生活保障は国家の責任によってではなく，雇用の場を通じて確保されるべきということが政策的に宣言されているのである．

　日本の学校教育制度についても（職業能力育成という観点からの日本の学校教育制度の分析については本書第4章参照），企業の競争戦略に適合的な人材を提供するという面から従来型の「企業競争力依存型雇用生活保障システム」を支えてきた．学校教育の場では一部を除き専門技能，専門知識を有する人材の育成ではなく，さまざまな分野にわたって一定水準以上の知的能力を平均的に保有し，協調性・耐力を有する人材の育成と人材の振り分けを主目的とした教育がなされた．先に述べたように日本の企業，とりわけ量産組立型産業の企業においてはその競争戦略上職務能力として協調性・耐力，企業目的を内面化し企業の要請にフレキシブルに対応する能力が重視されてきた．そしてその基礎能力の育成は学校教育により，その企業毎の具体的形態はOJTによって企業内で育成された．学校教育はその基礎能力の育成を担うとともに[4]企業内教育に対応する潜在能力を有するか否かの判断基準の

---

4) このことは職業能力開発と最も密接であると思われる工業高校教育についてさえもいえることであった．今回の調査対象とした工業高校に対しても詳しくは後述するとおりではあるが（後掲表12参照），技能教育よりもむしろモラル・モラールの向上，協調性の育成といったことが企業から期待されていた．

提供を企業に行うことで，人材の提供という面から，先に述べた国内生産における競争戦略の展開と従来型の「企業競争力依存型雇用生活保障システム」を支えてきたのである．

なおここで注目すべき点は，労働政策・社会保障制度・学校教育制度が従来型の企業競争力依存型雇用生活保障システムを支えるよう制度設計されているとともに，そのように制度設計された労働政策・社会保障制度・学校教育制度自体もまた，従来型の企業競争力依存型雇用生活保障システムが消費者対応の営業業務に従事する者や直接生産工程業務に従事するブルーカラー労働者をも含めて中規模以上企業の新規学卒採用の男性正社員全体という広範な労働者層にまで「雇用（および生活）の安定」を提供しているということによっても支えられているという関係である．例えば労働政策・社会保障制度についてはある面からすれば，企業が男性正社員については幅広くその雇用は基本的に守るという立場にあるから立法等による解雇規制の弱さが社会的に受け入れられたとともに，それから漏れた非正規雇用に対する規制の弱さも社会的に容認された，相対的に給付条件のいい医療・年金制度に広範な層が加入し多数の者の拠出でその制度を支えるから相対的に有利な医療・年金給付が可能となる，広範な層に雇用の安定が提供されているからこそ，労働能力がありながらその層に入れないのは自己責任と位置付けることができ，雇用保険の給付期間の短さや失業対策事業を実施しないこと，さらには労働能力ある者を生活保護対象外とするような制度設計が国民各層に受け入れられた，ともいえよう．また学校教育制度についても同様である．直接生産工程業務に従事する労働者や消費者対応の営業業務（現場営業）も含め男性正社員であれば「雇用と生活の安定」は提供されるから，義務教育修了段階で「ホワイトカラー中上層ルート」への選別から早期に漏れた者であっても，学校教育の場で単調な現場労働に対応する体力とそれに耐える力を養えば将来にわたっての「雇用と生活の安定」は確保できると思える状況にある．そのためそうした者の学校教育への適合への意欲の喪失を阻止することが可能となる．かくして学校教育制度が選別機能を有しながらも早期に選別から

漏れた者を含め広範な者の学校教育への統合を確保でき，その機能を果たすことができるのである．日本の学校教育とりわけ工業高校・商業高校・進路多様高校の学校教育が機能することと，ホワトカラー中上層のみならず，直接生産工程業務や消費者対応の営業（現場営業）に従事する者であっても[5]男性正社員であれば「長期雇用」「年功賃金制」「給付条件のいい医療年金制度」のもとにとりあえずは置かれるということは，後者が前者を前提としているだけでなく，前者もまた後者を前提としているという意味で相互補完的な関係にある．

それゆえ直接生産工程業務に従事する労働者や対消費者の営業業務を含めて中規模以上企業の新規学卒採用の男性正社員全体という広範な労働者層にまで「雇用と生活の安定」を提供しているという点に従来型の「企業競争力依存型雇用生活保障システム」の核心があるといえよう．

日本においては従来はこうしたシステムにより労働者の広範な層（とその家族）の「雇用と生活の安定」はとりあえずは「確保」されてきたといえる．しかし近年，とりわけ90年代半ば以降労働者の間で雇用が不安定な非正規雇用が急速に量的に拡大するとともに，質的変化もみせており，このことは従来型の企業競争力依存型雇用生活保障システムが機能不全に陥っていることを示唆している．そこで次にこの非正規雇用の量的拡大と，それとともに進行している質的変化に目を転じることにしよう．

(2) 非正規雇用の量的拡大と質的変化

非正規雇用が近年量的に拡大し，その比率を増大させていることは表4よりあきらかである．85年時点では3896万人の雇用者中591万人，全雇用者の15.2％を占めているにすぎなかったのが，その後非正規雇用労働者は一貫して増大を続け，今日（04年）では4835万人の雇用者中1445万人，全雇用者の29.9％を占めるに至っている[6]．そしてこうした量的拡大は単なる量

---

5) 高卒求人の第1位が過去も現在も製造業であることを考えればとりわけ前者が強調されるべきである．

表4　正規労働者・非正規労働者数の推移

(単位：万人)

	85	90	95	97	98	00	02	04
正規労働者	3305	3465	3753	3789	3774	3606	3466	3390
非正規労働者	591	788	874	1008	1023	1118	1319	1445
全労働者	3896	4253	4627	4797	4797	4724	4785	4835

注：非正規労働者は（役員を除く雇用者数）−（正規の職員・従業員数）で算出（以下同），数値はすべて在学中の者を除く．
出所：総務省『労働力調査年報（詳細結果）』(01年以前は『労働力調査特別調査報告』以下同）に基づき作成．

　的拡大にとどまらず，90年代半ば以降，以下で述べる3つの質的変化をともないつつ進行しつつある．そしてその質的変化はいずれも従来型の企業競争力依存型雇用生活保障システムが限界に達していることを示しているのである．

　その，質的変化の第1は，非正規雇用労働者は従来は職場の中で主として補助的周辺的業務で活用され，正規労働者の雇用を守るためのバッファーとしての役割を果たしてきたのが，90年代半ば以降は正規労働者にかわり基幹的中心的業務でも活用されるようになり，正規労働者の雇用を守るバッファーという役割が希薄になってきたことである．その具体的な現象は個々の事例に基づき例示するしかないのであるが，そのことは表4の97年以降の雇用者総数・正規労働者数・非正規雇用労働者数の動向に端的に示されている．97年以前は雇用者総数，正規労働者数，非正規雇用労働者数いずれも基本的に増大していたのであるが，97年以降雇用者総数は4800万人前後で横ばいが続く中，正規雇用はその年をピークに減少に転じ，非正規雇用についてはその後も増大を続けるという傾向に変化している（表4参照）．これは非正規雇用による正規雇用の置き換えの傾向が，すなわち職場の基幹的中

---

6) 国際的にみた場合，こうした非正規雇用の量・比率増大という事態は必ずしも各国に共通の現象とはいえず，近年少なからずの国でむしろその減少傾向さえみられる．そうした点も含め各国の非正規雇用をめぐる動向については例えばOECD (2002) 参照．

心的業務で正規従業員にかわって非正規雇用労働者が活用されるようになってきていることを示唆しているのではないだろうか．そうであれば非正規雇用労働者は近年，正規従業員の雇用を守るバッファーとしての役割が希薄になっていっている，ということにもなろう．

第2は，従来は労働市場において相対的に有利な立場にあった若年層において，非正規雇用労働者が量的にも比率的にも大幅に増大し，今日では若年層が非正規雇用労働者の大きな核を形成するようになったということである（表5，6）．85年段階では25歳未満（在学中の者は除く，以下同）の非正規雇用は35万人，25歳以上35歳未満の非正規雇用は99万人で合計134万人を占めるにすぎなかったものが，2000年以降急増し，04年には25歳未満151万人，25歳から35歳未満で309万人，合計で460万人に急増している（表5）．そしてそれら年齢層の非正規雇用比率も急増し，85年段階では25歳未満層，25～35歳未満層それぞれで6.7％，9.8％を占めるにすぎなかった非正規雇用労働者比率はその後増大し，2000年代に入ると25～34歳層の非正規雇用労働者比率は急速に上昇するとともに，25歳未満層では02年以降全体の非正規雇用労働者比率を上回るに至っている（表6）．ここで留意

表5　各層における非正規労働者数の推移

(単位：万人)

	85	90	95	97	98	00	02	04
15～24歳	35	54	80	103	101	108	142	151
指数	33.9	52.4	77.7	100	98.1	104.9	137.9	146.7
25～34歳	99	116	133	170	181	202	269	309
指数	58.2	68.2	78.2	100	106.5	118.8	158.2	181.8
合計	134	170	213	273	282	310	411	460
指数	49.1	62.3	78.0	100	103.3	113.6	150.5	168.5
中高年女性	288	394	415	440	443	468	493	513
指数	65.5	89.5	94.3	100	100.7	106.4	112.0	116.6
全体	591	788	874	1008	1023	1118	1319	1445
指数	58.6	78.2	86.7	100	101.5	110.9	130.9	143.4

注：15～24歳非正規労働者数は在学中の者を除いた数値．
　　中高年女性は35～54歳の女性非正規労働者数．
　　指数は97年の数値を100とした値．
出所：総務省『労働力調査年報（詳細結果）』より作成．

表6 年齢別性別非正規雇用比率の推移

(単位：％)

	年齢計	15～24	25～34	35～44	45～54	55～64	64～
85年男女計	15.2	6.7	9.8	17.6	17.2	25.1	39.2
男性	6.0	5.1	3.2	3.1	5.0	19.6	34.7
女性	31.2	8.3	24.3	44.6	37.4	38.1	45.8
90年男女計	18.5	9.4	12.6	20.9	20.7	29.4	50.6
男性	7.1	6.8	3.0	3.2	4.4	22.4	51.0
女性	36.7	11.9	28.3	49.5	44.7	44.1	48.1
95年男女計	18.9	12.9	11.8	20.4	20.8	26.8	49.6
男性	6.9	9.8	2.9	2.4	2.9	17.4	49.4
女性	37.3	16.0	26.9	48.9	46.8	43.6	51.4
97年男女計	21.0	17.6	14.0	20.8	22.1	29.0	54.8
男性	8.1	12.3	5.1	2.7	3.3	17.8	54.9
女性	40.0	22.7	28.2	49.3	54.5	48.1	55.6
98年男女計	21.3	18.5	14.5	20.9	22.3	29.6	52.9
男性	10.5	14.9	5.0	2.9	3.2	16.6	52.4
女性	40.7	21.7	29.5	49.0	49.0	51.1	55.6
00年男女計	23.7	23.2	15.8	23.0	24.5	32.3	55.5
男性	9.4	19.7	5.7	3.8	4.2	17.6	54.8
女性	44.4	26.4	31.8	53.1	51.6	55.3	56.8
02年男女計	27.6	29.8	20.5	24.5	27.7	37.3	62.6
男性	13.1	23.8	9.3	5.6	7.5	23.8	60.8
女性	47.7	35.3	36.8	52.5	54.5	57.6	64.0
04年男女計	29.9	33.3	23.4	26.3	28.9	39.6	66.0
男性	14.6	27.1	11.4	6.7	7.5	25.3	35.2
女性	50.5	39.1	40.3	54.9	55.9	60.6	67.9

注：15～24歳の数値は在学中の者を除いた数値．
出所：総務省『労働力調査年報（詳細結果）』より作成．

すべきことは，若年層で単に非正規雇用労働者数比率が増大しているということだけではなく，今日では彼らが非正規雇用労働者の大きな核を形成するようになったということである．確かに過去においても現在においても，非正規雇用労働者の1つの核を形成するのは中高年女性労働者である（その主要な雇用形態はパートタイマーである）．今彼女たちの非正規雇用労働者数の推移と35歳未満の若年非正規雇用労働者数の推移を85年以降20年間にわたってみてみると，85年段階では中高年女性非正規雇用労働者数288万

人に対し，若年非正規雇用労働者数は134万人にすぎず，2倍以上の開きがあったが，90年代後半以降の若年層における非正規雇用労働者数の急増の中で，その差は急激に狭まり，04年段階では中高年女性非正規雇用労働者数513万人に対し，若年非正規雇用労働者数460万人となり，ほぼ量的に匹敵する水準となっていることがわかる（表5）．ちなみに04年にはこの両者で非正規雇用労働者総数1445万人の3分の2以上を占めている．それゆえ今日では35歳未満の若年層も非正規雇用のひとつの核を形成するようになったといえよう．

第3は非正規雇用労働者のなかで派遣労働者，請負労働者といった間接雇用の非正規雇用労働者が急増し，確かに量的には直用形態がまだかなり多いとはいえ，直用から間接雇用への移行の傾向が明瞭にみてとれるということである．

表7は派遣労働者数の推移を非正規雇用労働者数全体の推移と比べたものである．90年代末以降派遣労働者が急激に増大し，その増大速度は非正規雇用全体の増大速度を大幅に上回っていることがわかるであろう．この時期派遣労働者が大幅に増大しているのは，99年，04年の相次ぐ労働者派遣法改定の施行により，その活用に関する規制が大幅に緩和され対象業務について原則自由化されたことが大きい．その活用は広範な分野に及ぶが，登録型派遣労働者については「一般事務」「事務用機器操作」が，常用型派遣労働者については「ソフトウエア開発」「事務用機器操作」「機械設計」等の業務

表7 派遣労働者数・非正規労働者数の推移

(単位：万人)

	86	90	95	97	98	00	02	03
派遣労働者数	14	51	61	86	90	139	213	236
指数	16.3	59.3	70.9	100	104.7	161.7	247.7	274.4
非正規労働者数	610	788	874	1008	1023	1118	1319	1375
指数	60.5	78.2	86.7	100	101.5	110.9	130.9	136.4

注：非正規労働者数は在学中の者は除いた数値，指数は97年を100．
出所：派遣労働者数は厚生労働省『労働者派遣事業報告書』，非正規労働者数は総務省『労働力調査年報（詳細結果）』より算出．

での就労が多くなっている（厚生労働省（2002），「派遣労働者調査」表11参照）．そしてこうした派遣労働者の活用は今後も進んでいくことと思われる．例えば派遣労働者を受け入れている派遣先に対する調査を行った厚生労働省（2002）の「派遣先調査」によれば，「減らす」「受け入れをとりやめる」と回答している事業所は全体の17.2%にすぎず「増大」15.9%，「現状維持」67.0%となっており，同様の結果は後述の電機総研調査，東大社研調査(1)(2)でも示されている．そして派遣労働者は女性比率が65.2%，短大・大卒以上比率が47.7%を占めている（厚生労働省（2002）の「派遣労働者調査」表2, 4）．つまり派遣労働者化の流れにあるのは階層的にはその活用分野・属性等からすればかつての女性一般職を中心にホワイトカラー下層（および一部中層）であると思われる[7]．

これに対しブルーカラーの分野では請負労働者の活用が急速に進んでいると思われる．この雇用形態の労働者は各種の分野で活用されているが，急速に活用が拡大しているのは製造業務，とりわけ量産組立型産業の直接生産業務においてである．製造業務で主として活用されているのは，製造業務については長く労働者派遣の対象業務から除外されており，それが解禁されたのは04年3月1日になってからのため，それ以前に製造業務で間接雇用の労働者を活用しようとしたら，「請負」という形態しかなかった事情からである．そうした請負労働者の活用は90年代半ば以降急速に広がったものと思われる[8]．例えば，電機産業を対象とした電機総研調査，金属・機械産業，

---

[7] 99年の派遣法改定以前は法の建前としては「一般事務」は派遣の対象業務ではなかった．そのため女性一般職が担っている業務で派遣労働者を活用するためには「事務用機器操作」「ファイリング」業務での活用という建前を取る必要があり，女性一般職の業務分野で派遣労働者を活用することには法制度の面では制約が大きかった（実際は少なからず活用されていたが）．99年の法改定はその制約を取り払い，女性一般職の派遣労働者への置き換えを急速に進めたといえる．なお彼女たちには本稿執筆時点（04年度下期）で受け入れ期間3年の絶対的上限がかけられており，その意味で（実際は結婚出産育児，一定年齢での退職を余儀なくされていたとはいえ）とりあえずは「正社員」という身分にあった一般職時代と比べればその雇用の不安定化は著しい．

第3章　競争戦略と雇用・生活保障システム

製造業事業所を対象とした東大社研調査[9]においても，いずれも「請負労働者を年間を通じて活用している」と答えた事業所が4分の3程度を占めており，逆に「活用していない」と答えた事業所はきわめて少数である．さらにその活用時期をたずねた結果によれば，90年代半ば以降活用を始めた事業所が多い．このことからも90年代半ば以降製造業において請負労働者の活用が急増したことがわかる（表8，9）．そして今後についても，07年2月末までは製造業務での派遣労働者の受け入れに関しては1年の絶対的上限が設けられている（それ以降は3年）ように，いわゆる「使い勝手の悪い」ものであるため，その分野での請負労働者の活用は進んで行くことが予想される．例えば同業務での派遣解禁が明らかになった時点でなされた電機総研，東大社研調査においていずれも回答事業所は請負労働者の増加を予想しており，今後も請負労働者は増大し続けるものと思われる（表10）．こうした請負労働者は派遣労働者と対照的に第5節(2)で詳述するように性別的に男性比率が，学歴的には中卒・高卒比率が高い．特に中卒比率が8.5％を占めている

---

8) ここで「思われる」という言葉を二度も用いているのは，製造業務に従事する請負労働者数を全国的に時系列的に示す公的調査は現時点においてもまだ存在しておらず，その数量的把握は困難であるためである．ただここで紹介する電機総研調査，東大社研調査とも，カバレッジ，回答数に制約があるとはいえ，ほぼ同じ傾向を示しており，公的調査の不在にもかかわらず，とりあえずそのように推測して差し支えないと考えている．

9) 電機総研調査は電機総合研究センター（現電機連合総合研究企画室）が03年11月～12月にかけ，傘下の工場事業所と思われる593支部組合（事業所調査），およびその請負活用を行っている各3職場（職場調査）を対象に行った調査，回収数は事業所調査309件，職場調査807件であった．詳細は電機連合（2004），佐藤・佐野・藤本・木村（2004）資料1参照．東大社研の金属機械産業の調査（本稿の表では東大社研(1)と表示）は04年3月～5月にかけ，JAM傘下の工場支部72支部（支部調査），各支部が請負を活用している職場各3支部（合計216職場，職場調査）を対象に行った調査，回収数は支部調査が36支部，職場調査が48職場，調査結果の詳細については佐藤・佐野・藤本・木村（2004）資料2参照．東大社研の製造業調査は（本稿では東大社研(2)と表記），03年12月～04年1月にかけて，マンパワージャパン社の労働者派遣契約を結んでいる取引先事業所299事業所を対象に行った調査，回収数は92事業所，調査の詳細は佐藤・佐野・藤本・木村（2004）資料3参照．

表 8　請負労働者の活用状況

	電機総研調査	東大社研(1)	東大社研(2)
年間を通じて活用している	74.0%	77.8%	63.0%
繁忙期など特定の期間に限り活用している	12.8%	8.3%	10.9%
活用していない	11.2%	13.9%	25.0%

出所：佐藤・佐野・藤本・木村（2004：148, 188, 208）をもとに作成．

表 9　請負労働者の活用を開始した時期

	電機総研調査	東大社研(1)	東大社研(2)
79 年以前	6.2%	12.9%	11.8%
80 年代前半	2.4%	6.5%	2.9%
80 年代後半	7.6%	12.9%	10.3%
90 年代前半	19.5%	6.5%	33.8%
90 年代後半	31.4%	38.7%	19.1%
2000 年以降	14.3%	12.9%	17.6%
不明	15.7%	9.7%	4.4%

出所：佐藤・佐野・藤本・木村（2004：149, 188, 210）をもとに作成．

表 10　請負労働者の今後 3 年間の増減予測

	厚生労働省調査	電機総研調査	東大社研(1)	東大社研(2)
増加	36.5%	37.4%	38.9%	31.5%
横ばい	42.4%	29.9%	30.6%	29.3%
減少	13.4%	23.0%	16.7%	12.0%
不明	7.7%	−	13.9%	27.2%

出所：厚生労働省（2002）の「請負発注者調査」表 13，佐藤・佐野・藤本・木村（2004：148, 187, 209）をもとに作成．

というように（後掲表 14 参照）今日の進学状況を考えれば学歴水準は低いといえる．それゆえ，請負労働者化の流れは特にブルーカラー中・下層でみられると考えられよう．

つまり 90 年代半ば以降，かつての「女性一般職」中心にホワイトカラー下層（一部中層）では派遣労働者，「ブルーカラー中・下層」においては請負労働者といった彼らが就労している場の使用者とは雇用契約関係のない間接雇用の労働者が急増し，非正規雇用の中で直接雇用から間接雇用への傾向

第3章　競争戦略と雇用・生活保障システム

がみられるのである．

　以上みてきたように90年代半ば以降非正規雇用労働者に関しては量的に急増するとともに，それは①補助的周辺的業務で活用中心から基幹的中心的業務にも活用されるようになり，正規従業員の雇用のバッファーという役割が希薄になってきたこと，②従来労働市場において相対的に有利な立場にあった若年層（35歳未満層）において非正規雇用労働者が急増し，現在では非正規雇用労働者の1つの核を形成するようになったこと，③非正規労働者の中でも派遣労働者，請負労働者といった間接雇用の非正規労働者の増加が顕著であり，量的には直用の非正規雇用労働者の方が圧倒的であるとはいえ，非正規雇用の分野で直用から間接雇用へという流れが明らかにみられること，という3つの質的変化を伴いつつ進行していることがわかる．そしてこれら3つの質的変化は第1の点のみならず，他の2点もかつてのように企業が労働者の幅広い層にまで「雇用と生活の安定」を提供し得なくなったことを端的に示しており従来型の「企業競争力依存型雇用生活保障システム」が機能不全に陥っていることを示唆するものとなっている．第2の点に関しては，若年層において非正規雇用労働者が増大しているということからは，安定的雇用への入り口が近年極端に狭まっていることが窺われるが，とりわけ20代前半層までの年齢層における非正規雇用の急増は，企業がかつてのように義務教育修了段階で「ホワイトカラー中上層」ルートから漏れた者を含めた広範な労働者層にまで雇用と生活の安定を提供することが不可能となったことを意味している，といえるだろう．そして第3の点に関しても，以前であればその層の一部は企業による「雇用と生活の安定」の提供の対象となっていたのであり，その層さえも直用の非正規以上に不安定な雇用状況におかれ始めたということは，やはり広範な層にまで雇用と生活の安定の提供ができなくなったことを意味している，といえるだろう．かくして，ここでみた90年代半ば以降，量的拡大をともないつつ生じている非正規雇用に関する3つの質的変化は，この時期以降，従来型の企業競争力依存型雇用生活保障システムが機能不全に陥っていることを示唆しているのである．そしてそれは，

この時期に量産組立型産業企業が国内生産において従来とってきた競争戦略が競争環境の変化の中で有効性を完全に喪失し，それら企業が企業競争力を大幅に低下させたことによると考えられる．

先に述べたように，日本の中心産業の位置にあった量産組立型産業の企業が従来，国内生産において展開してきた競争戦略は，市場規模が最も大きい大衆品市場にターゲットを絞り，そこに品種は少ないが均一性の高い相対的高品質（大衆品レベルでの）の製品を相対的低価格で供給し，それを武器に国内外で市場シェアを拡大するというものであった．日本企業は最初は国内市場を対象に，国内市場が成熟段階に達すると海外市場をも対象としてこうした競争戦略を展開し，かつそれにより企業競争力の強化に成功してきた．しかし，70年代以降既存製品市場の国内外における相次ぐ成熟段階，さらには衰退段階への移行，新規製品の市場投入頻度の鈍化，貿易摩擦の激化・円高の進展とそれによる国内製品の海外輸出の制約，海外現地生産の進展，アジア諸国の急速な工業化と国内生産のアジア移転，国内生産のコスト競争力の喪失という環境変化に次々と直面した．日本企業は国内生産においてその都度競争戦略の部分的な軌道修正を重ねてきたのであるが，90年代半ばになると，従来の競争戦略は有効性を完全に喪失し，その清算と根本的再構築を迫られるようになったのである．

それゆえ，近年の雇用生活不安の深化拡大を解消していくためには，国内生産において新たな競争環境に対応した競争戦略を展開し企業競争力を回復強化していくことがとりあえずは各企業には求められているといえよう．では，新たな競争環境においてはどのような競争戦略が求められ，それに対応する効率的生産システムはどのようなものなのであろうか．次にその点を節を改めて分析していくことにしよう．

3. 新たな競争戦略とそれに対応する効率的生産システム

(1) 迫られる競争戦略の転換と効率的生産システム

　量産組立型産業各企業は80年代半ば以降国内生産に関しては，貿易摩擦・円高の進行・海外現地生産の進展等から主として国内市場を，しかもアジア各国の急速な工業化と量産品生産分野のアジア移転（それに伴う国内生産のコスト競争力の喪失）により，その国内市場の中でも新規製品分野か多品種生産が必要とされる製品分野を主として対象とせざるを得なくなった．とはいえ80年代後半においてはなお国内市場もバブル経済の下，消費者の旺盛な購買意欲に支えられ，新規製品投入の余地も少なからず存在し，また多品種生産といっても量的拡大が見込まれるうえでの多品種生産であるという状況にあった．しかしその国内市場も90年代半ば以降になると新規製品がもはや新たに投入される余地が少なく，バブル経済の崩壊とその後の長期にわたるデフレ不況の影響で消費者の需要の中心は縮小基調にある買い替え需要にすぎないという状況におかれるようになった．先にも述べたようにそうした状況の市場においては，品種は少ないが均一性の高い相対的高品質の製品を量産効果の発揮で相対的に低価格で供給するというかつての競争戦略は有効性をもち得なくなったのであった．

　では新たな競争環境に適合的な競争戦略はどのようなものであろうか．さきに述べたような状況の市場において競争に勝つためには，メーカー各社は消費者の限られたニーズを的確機敏に把握し，そのニーズに対応した高品質高精度低価格の製品を即座に市場に提供することがどの程度できるか，ということがカギとなる．つまり国内生産に関しては90年代半ば以降，かつての量産効果による低コスト化と高い均一性を有する相対的高品質化の実現という競争戦略にかわって，変種変量生産の徹底と高品質高精度化，低価格化の実現という競争戦略を展開することが本格的に迫られるようになったのである．

とはいえ変種変量生産の徹底と低価格化は一見すると矛盾した要求である．低価格化＝コスト削減，を実現する最も簡単な方法は，量産効果を発揮することであるが，それでは変種変量生産に対応できない．この一見すると相矛盾する要求を両立させるためには，部品，およびユニットの部分においてはできるだけ共通化をはかり，その部分で量産効果を発揮しコスト削減を実現するとともに，最終組立工程でその部品・ユニットの組み合わせを多様化することで，最終製品段階において変種変量生産の要求に応えるという方法しかない．これを生産システムに即して述べれば，部品加工・ユニット組立の工程までは形状の定まったものを大量，迅速，正確に加工，組み立てるために，単体機器レベルの自動化を促進し，量産効果によるコスト削減，高品質高精度化を実現し，最終組立工程ではもっとも柔軟性にすぐれた「人」をできるかぎり活用することで，形状面での多様性に応えるとともに，そこに投入される「人」の量を需要量にあわせて増減させることで，生産量の変動にも対応し，もって変種変量生産を実現する，ということである．つまり新たな段階の競争戦略に対応する生産システムは，部品加工，ユニット組立の工程までにおいてはできるかぎり単体の自動化機器を中心に自動化を進めつつ，組立工程においてはできる限り人を活用した工程を展開するというものなのである．そして最終組立工程[10]でこの人を活用する生産形態として近年急速に普及しつつあるのが「セル生産方式」である（こうした点については詳しくは白井 2004 参照）．

「セル生産方式」とは，「1人ないし数人の作業者がひとつの製品をつくりあげる自己完結性の高い生産方式」（岩室 2002：27）のことであり，コンベアを撤去し生産設備としては，テーブル，治工具，部品入れの棚，ドライバー等簡易な生産道具等が使われる程度で，基本的に少人数の作業者の手作業を中心に手送りで生産を行う方式である．そして具体的には分割方式，巡回方式，1人方式，インライン方式，複合方式の各形態があるといわれている．

---

10) ただし後述のＣ工場レンズ加工工程での事例のように，今日では組立工程以外でもセル生産方式は活用されはじめている．

そのうち分割方式（図1）とは，セル内の「作業を数名で分担して製品を完成させる方式」であり，「作業工程別に担当を決め，自分の工程が終了したら次の作業者に渡す形」をとっている（岩室2002：30）。セル内の人数は10名以内の少人数である。セル内の人数がコンベアの場合に比べ少なく各工程間のサイクルタイムの相違によるバランスロスが生じる可能性が低いため，セル内での仕掛り在庫の数を減らせることが可能である。セル生産方式の中で最も基本的な形であり，コンベア時に比べ1人当たりの作業範囲が拡大するとはいえ，一定人数で行うためその拡大の範囲も限られており，人材育成上の困難が最も少ない形態である。そのため筆者の今回の調査の中でもB，D，E，G，H工場等で採用されており最も採用されているケースが多かった形態である。例えばE工場では，01年よりセル方式を採用し調査時点で9人による分割方式で日産600台の組立を行っていた（サイクルタイムは50秒）。またH工場では，99年にコンベアラインを完全に廃却しセル方式に変えたのであるが，そこでは4人，6人，8人の分割方式のセルラインで複写機の組立を行っていた（なお後述のように1人方式も採用）。ちなみにサイクルタイムは15〜30分程度とやや長い。さらにD工場では分割方式でも「次世代マシンセル」と称するややユニークな方式を採用していた。同工程では01年5月にコンベアライン方式からセル方式に変えたのであるが，03年下半期からU字ラインのうち2つの工程は作業者2人がそれぞれ担当し残りの工程は機械が担当するという作業者とマシンの融合をめざした分割方式のセルラインを導入していた。サイクルタイムは15秒と短い。機械が担当する工程を作ったのは分割方式によっても量産にも対応できるようにするため（それゆえ生産量に応じて機械担当工程の数，セル入りの人数は変化させていた）と，セル生産方式はコンベアという強制駆動装置を欠くため場合によっては作業者によるタクトタイムを無視したマイペース生産となってしまう恐れがあるが，途中の工程に機械が担当する工程を入れることでタクトタイムに従った生産を確保するためであった。

　1人方式（図2）とは，「1人の作業者で製品を完成させる方式」（岩室

図1 分割方式の概念図

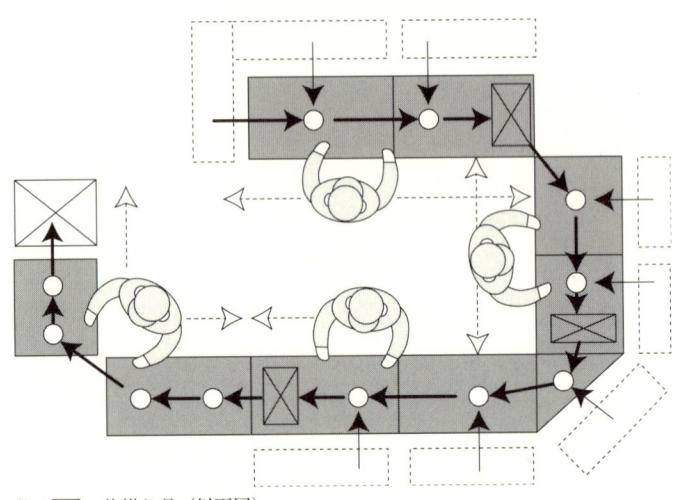

注：☒＝仕掛り品（以下同）．
出所：岩室（2004：63）．

図2 １人方式の概念図

出所：岩室（2004：67）．

2002：32）である．１人で全作業を行うことになるため，バランス効率100％であり，セル内に仕掛り在庫は発生しない．それゆえ分割方式に比べより進んだ形態であるといえよう．今回の筆者の調査においてもこの方式はいくつかの工場で採用されていた．A工場では，きさげ→コラム立て→配管→配

線→現調→精度検査→カバー付け→製品検査を経て出荷される工作機械組立工程のうち，従来はそれぞれの工程を専門工が担当する生産形態であったものを，01年末よりコラム立てからカバー付けまでの工程を1人で担当する1人方式のセル生産方式に転換した．また，C工場では，病院，研究開発用の顕微鏡組立，手術用顕微鏡組立，レンズ加工工程で1人方式を採用していた（同工場のセル方式への転換は94年位）．病院・研究開発用の顕微鏡組立は，各労働者が1人で1つの机で1台につき3時間かけ組立・調整をおこなっていた．同組立は従来は5人のコンベアラインで行っていたとのことである．手術用顕微鏡の組立，レンズ加工の1人方式は労働者が固定された製品を組立（調整）・加工するのではなく，各工程を製品とともに移動しながらその製品の組立・加工を行うという移動式1人方式という形態をとっていた．手術用顕微鏡は品点数が2,500点，総組立時間160時間を要するが，1人の労働者がU字にレイアウトされた13工程（うち10工程は製品をはされで両側に位置している）を，組立品とともに移動しつつ，160時間かけて組立・調整を行っていた．さらに，レンズ加工工程は粗加工→精研削→研磨の各工程を製品とともに労働者が移動しながら1人でレンズ加工を行う形式であった．H工場では先に述べた分割方式とともに，総組立時間1時間程度の工程を1人で担当する1人方式のセル生産方式を採用していた．その他G工場でも分割方式のラインとともに1ラインで1人方式のラインを採用していた[11]．一方この方式では，作業者がすべての作業を行えなければならない．また1人で作業を行うことになるため「マイペース生産」となってしまう可能性も分割方式の場合に比べより高い．つまり，人材育成，活用上の困難が分割方式より大きい．現に工場へのヒアリングにおいていずれも課題としてそうした作業を担える人材の育成をあげていた．それゆえ最初に述べたメリ

---

11) ちなみに先に見たE工場でも02年に実験的に1人方式を実施したがそれは改善のネタ探しのためのものであり，すぐに分割方式に戻したとのことである．さらにI工場の方式は1人方式でもあるが，むしろインライン方式として分類されるべきと思われる．

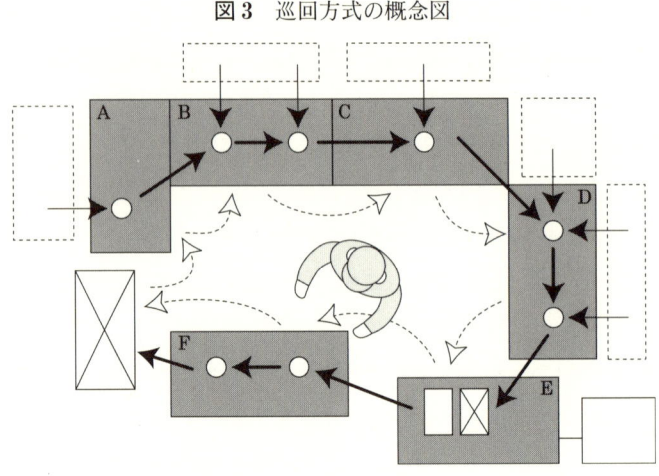

図3 巡回方式の概念図

出所：岩室（2004：65）．

ットにもかかわらず分割方式に比べて採用されているケースが少ない．現に今回の調査においても，例えばB工場は当初1人方式を採用していたが，人材育成上の問題より01年半ばくらいから分割方式にかえ，現在はそのラインを短くする方を追求しているとのことである．

　巡回方式（図3）とは，セル内に複数の作業者が入り，各作業者が「セル内をまわるうちに製品を完成させる方式」（岩室2002：31）である．1人方式ではひとつのセル内の作業者は1人であるが，この方式では複数の作業者がひとつのセルに入っているため，1人方式のメリット（バランス効率100％，それによるセル内での仕掛り在庫0）とともに，量産対応が容易でスペース効率も向上するというメリットがある．他方でセル内での作業者の作業スピードに差があると，かえって効率が落ちてしまうため（それを避けるため「追い抜き可能場所」を作る必要があることが指摘されている．例えば岩室2002：31，岩室2004：64等），うまく機能させるためには同一スピードで作業を行える作業者が常に複数存在する必要がある．そうした事情もありメリットが大きいにもかかわらず，採用されているケースは少ないもの

第 3 章　競争戦略と雇用・生活保障システム

と思われる．現に今回の調査においても採用されているケースは C 工場の先端の研究開発向けの顕微鏡組立工程のみであった．総組立時間 32 時間を要する同工程は従来は 5〜6 人による台車での手送りラインで組立を行っていたのであるが，94 年位から巡回方式に転換し，現在は 2 名による巡回方式を採用しているとのことである．しかし，調査時点で同機種の組立を 1 人でできる人材が 2 名しかいないため，その人材を増やしていくことが今後の大きな課題としていた．その他 G 工場でも一時巡回方式を実施したが，その運営上の困難から，調査時点では採用されていなかった．

　以上の 3 つの方式がセル生産方式の基本的な形態であるが，それらのバリエーション化として，インライン方式，複合方式があるといわれている．インライン方式とはコンベアを利用したセル生産方式のことで，主として①1 人方式のセルの搬出経路をコンベアとして統合したもの（図 4），②分割セルの直線版であり，コンベアを搬送手段として使用したもの，③モジュール・ユニット製造ライン，またはサブアッシー用のセルラインとして使用するパターン，の 3 つのものがあるといわれている（岩室 2002：32-33，岩室 2004：68-69 等参照）．図 4 は①の具体例であり，実装基盤（手実装）ラインをセル化した事例である．各人がそれぞれ 1 人で組立を行った後，コンベアに基盤を移し半田付け槽に基盤を搬送させているという方式である（詳し

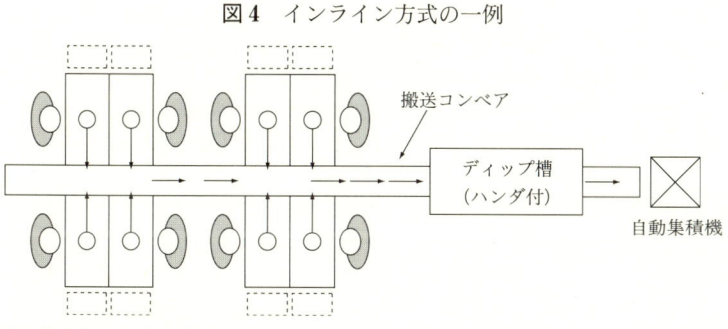

図 4　インライン方式の一例

注：作業者はイスを使用している．
出所：岩室（2002）図 8.7（p.162）．

くは岩室2002：162参照）．今回の調査においてI工場で採用されていたものが，このインライン方式といえよう．I工場ではセル生産方式をコンベアラインと連結させ，作業者はそこから供給される部品等を用いて，1つのセルで1人で製品を完成させ，その後空いているセルに移動して，そこでまた組立を行うという形をとっていた．

　複合方式とは「2個以上のセルが合体したもので，その合体の仕方によっていろいろなパターンが存在」している（岩室2004：70）．例えば最も一般的なのは「サブアッシー（部品組立）セルが本体組立セルに合体した例でサブアッシーラインで作った部品をリアルタイムで本体組立セルに供給する」（岩室2004：70）といったものである．ただその形態はまさに合体の仕方により複数存在しており，その具体例を図5~7として示しておこう．

図5　複合方式の一例（2つの巡回方式による複合方式）

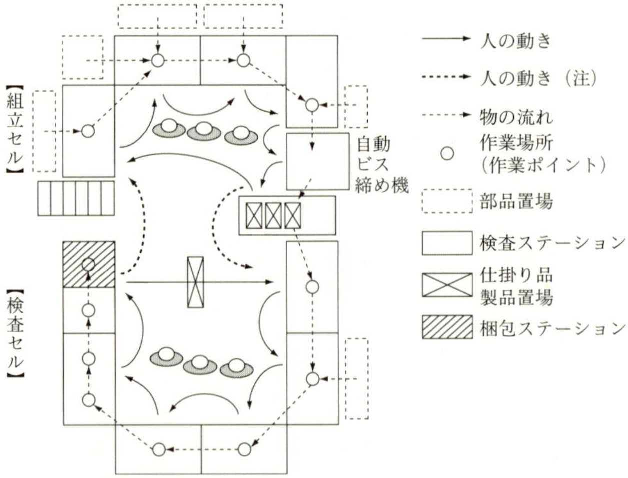

注：セル間のバランスをとるために遅れている方のセルに応援に出向く作業者．通常は組立セルで作業を行っている．
出所：岩室（2002）図8.6（p.161）．

図6　複合方式の一例（1人方式＋巡回方式による複合方式）

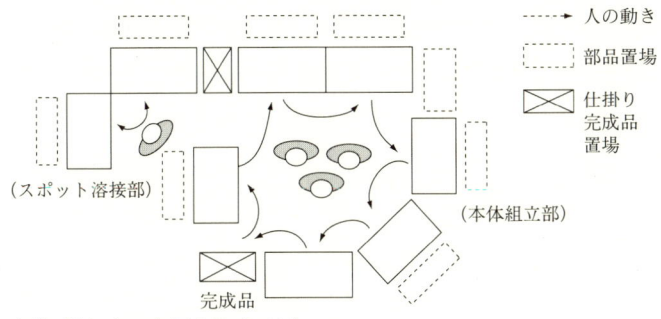

出所：岩室（2002）図 8.10（p.164）．

図7　複合方式の一例（巡回方式＋分割方式＋1人方式による複合方式）

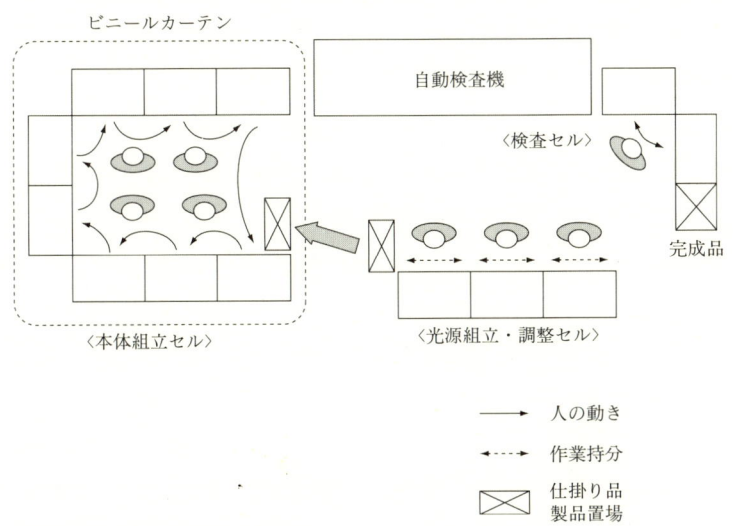

出所：岩室（2002）図 8.11（p.165）．

(2)　新段階の効率的生産システムの核としてのセル生産方式

　さて，90年代半ば以降競争環境の変化の中で，さきにみたような生産システムをどの程度展開できているかにより企業競争力のかなりの部分が規定されていると思われるが，その生産システムの中で今詳しくみた「セル生産方式」には特に注目すべきであるといえよう．加工工程における単体の自動

化機器（NC工作機械，マシニングセンター，各種産業用ロボット等）の活用は従来からなされてきたことである．これに対し組立工程においては，特に量産品の場合は従来はコンベア・システムが主として用いられてきたのであり，セル生産方式の採用はその意味で新たな競争戦略に対応する効率的生産システムの象徴という位置にある．しかもその果たす機能をみれば，新たな競争戦略に対応する効率的生産システムの単なる象徴にとどまらず，その「核」という位置にあることがわかる．

セル生産方式は，①生産量変動・生産機種変更への対応が容易，②製品在庫・仕掛り在庫の削減，③生産性向上，④リードタイム短縮，⑤設備投資金額の軽減，⑥改善提案の可能性の向上，⑦品質向上，といったメリットを実現させる可能性を有しているものと思われる（こうした指摘については，例えば岩室2002：37-41，岩室2004：40-51等参照）．

セル生産方式ではそこで使われている生産設備は簡易なものにすぎないため設備投資金額は明らかに軽減される．現に今回の調査においても，インライン方式を採用しているI工場，次世代マシンセルを採用していたD工場，C工場のレンズ加工工程等を除けば，使用されている設備は基本的に容易に組立・解体・仕様変更が可能なパイプや，テーブル，簡易な機械式ドライバー等にすぎなかった．そのため仕様変更やセルの数の増加や減少・撤去を短期間に容易に行うことができるようになる．またひとつのセルの中の人数の増減も，コンベアに比べて少ない人数で編成されているため，人数の増減による工程間のバランスロスの発生の余地が相対的に少ないので，比較的行いやすい．それゆえ，セル生産方式のもとでは市場動向にあわせて生産量の変動や生産機種変更を即座に行うことが可能である．それが可能であれば製品在庫をそれだけ減らすことになる．また仕掛り在庫についても，1人方式，巡回方式はセル内での仕掛りはゼロであり，分割方式の場合でも作業者1人当たりの受け持ち工程の範囲は広くなる反面，少人数での作業となるため，工程間のサイクルタイムの相違によるバランスロスによる仕掛り在庫発生の可能性は少なくなるであろう．例えばA工場はこうした仕掛り在庫の削減

(それによるリードタイムの短縮)をひとつの目的として前述のような1人方式のセル方式を採用したのであった．さらにセル方式の場合段取り時間が短縮されるため，工場内の仕掛り在庫も削減される．例えばI工場についてみれば，製品在庫の削減，工程間の編成アンバランスの是正とともに，段取り時間短縮による工場内仕掛り在庫の削減を目標としてセル生産方式を導入し，それはほぼ達成できたとのことである．こうした在庫の削減によりリードタイムも短縮される．A工場の例ではセル方式の採用により生産リードタイムが8日から3.2～3.5日に半減以下となったということである．また，C工場ではセル方式採用によりリードタイムがレンズ加工工程で25日から12日強に，組立工程で9日から4日に半分以下に短縮された．さらに，H工場では従来は生産計画を6週間前に決めなければならなかったが，セル生産方式の採用により大幅にリードタイムが短縮されたため，8日前に生産計画をたてることが可能になり，より市場状況に直結した生産が可能となったとのことである．以上のような，設備投資金額の削減，生産量変動・生産機種変動への対応が容易，製品在庫・仕掛り在庫の削減，リードタイムの短縮の結果生産性も向上するのである．例えばE工場ではコンベア時に比べ生産性向上（具体的には40％増），機種切り替えの迅速化というメリットがあったということである．またH工場でも50％程度の生産性向上がなされたということである．

　セル生産方式は，少人数かつ手作業中心で生産を行う形態である．そのため各作業者は，製品の全体構造，生産過程全体，その中でのみずから作業の位置と意味を把握・理解することがコンベアライン時に比べより容易となる（つまり，製品，生産工程全体をより見渡せるようになる）．このことにより期待される効果は多重である．第1に作業自体に対する理解を早めかつ高め，作業の正確さを促進し製品品質を向上させる．第2に，製品や生産工程全体を見渡せることにより，現場作業員が製品，生産工程に対する的確な改善提案を行える可能性が高まる．例えばA工場ではこうした効果への期待がセル生産方式採用の大きな理由をなしていた．A工場のセル生産方式の採用

の目的は，仕掛り在庫の削減とともに，「試作から量産までの垂直立ち上げ」を実現し，それによりトータルリードタイムを短縮することであった（それが可能となれば市場が要請する製品を即座に市場に供給することができるようになり競争優位にたてる）．試作から量産までの垂直立ち上げのためには，試作開発分野は生産現場から製品・生産工程の的確な改善提案を迅速にすいあげる必要があった．そのためには現場作業員が製品全体，生産工程の構造を十分把握できなければならないだろう．1人方式のセル生産方式を採用することで，作業者は製品，生産工程全体をよく把握できるようになり，その改善提案が的確になされるのではないかとの期待もセル生産方式採用の理由のひとつをなしているということである[12]．またH工場においても，作業者が製品・生産工程全体の構造をより理解・把握することが可能となり，生産現場がより的確な改善提案を試作開発，さらには販売分野に発することが，セル生産方式採用の意図として意識されていた．さらにC工場では当初セル方式を採用した際は作業者が不慣れなこともあり，生産性が一時的に落ち，「セル方式の実施こそムダ・ロスである」との意見が生産現場から寄せられたが，1人で生産できるようになると，生産全体を見渡した見方考え方ができるようになり，広い視野からの改善提案が可能になったとのことである．

第3に作業の達成感・充実感が高まり，仕事へのやりがいが強まる．このことはモラール向上を通じて，第1，第2の効果をさらに高めるだろう．かくして，改善提案，品質向上がより期待されるのである．今回の調査においてもこの第3の点の指摘は調査対象工場の大多数でなされていた．例えばH工場では実際に作業者を対象とした意識調査を実施したのであるが，特に仕

---

12) 「試作から量産までの垂直立ち上げ」に関してはD工場もそれを意図し，製品の設計開発段階でセル生産方式での組立にふさわしいような製品設計開発がなされているということである．しかしそれが可能であるためには，生産現場から設計開発へ製品・生産に関する情報が常にフィードバックされていなければならない．セル生産方式のもとでは，生産現場作業者の製品・生産工程の構造の把握・理解が深まり，的確な改善提案がよりなされるようになるから，設計開発の段階でセル方式での組立にふさわしいような製品設計開発が可能となり，「垂直立ち上げ」が実現するのではないだろうか．

事の達成感,仕事への責任感の項目で高いポイントを示していたということである.

以上述べてきたメリットを有するシステムであるがゆえに,セル生産方式は今日の競争戦略である,変種変量生産の実現,低コスト化,製品の高精度高品質化に最も適合的な生産システムであるといえる.それゆえ90年代半ば以降製造業の各企業において採用が拡大傾向にある[13].しかも,ここでみたように今日では広範な製品の製造分野で採用されている[14].

さて,先に述べたように加工工程での単体の自動化機器(NC工作機械,各種産業用ロボット)の活用は従来からなされてきたのであり,しかもそこで期待される機能は柔軟性よりもむしろ精密さ,量産性であり,その採用だけでは新たに展開が迫られている競争戦略は実現できない.これに対しセル生産方式は,その採用が近年の現象であるとともになによりも,変種変量生産の実現,高精度高品質化,低コスト化という今日の競争戦略のすべてに関連する生産形態であり,加工工程での自動化機器の採用も組立工程でセル生産方式が採用されることで,その競争戦略実現にとって意味のあるものとなる.それゆえ,セル生産方式こそ今日の競争戦略に対応する効率的生産システムの核をなすものである.そうであれば新たに展開が迫られ競争戦略に対応する効率的生産システム実現のカギはこうしたセル生産方式を,それがもつ可能性を実現できるよう運営できるか否かにかかっているといっても過言ではないだろう.

---

13) セル生産方式の採用拡大傾向については例えば機械振興協会経済研究所(1997)等参照.そしてこうした傾向は日本だけではなくアメリカにおいてもそうである.この点については The Economist (1994) 参照.
14) 筆者は先にセル生産方式の採用の限界として,重量物や部品点数の多いものの組立には採用できないと述べたことがあるが(例えば白井1999:141;2001b:90),確かに当時はそう言われていたが,A工場,C工場,H工場の事例にみるように現在ではその指摘はあてはまらない.

4. セル生産方式と人材育成・活用

(1) セル生産方式のもとでの人材育成・活用

　先に述べたようにセル生産方式は多くの場合使用する機械器具は簡単な工具のみであり，基本的に少人数の従業員の手作業に依存する生産形態である．それゆえセル生産方式がそのメリットを発揮し，企業競争力強化に寄与するためには，それが可能となるような人材の育成・活用がなされているか否かに大きく依存している．ではセル生産方式のもとではどのような職務能力が必要とされ，それはどのように育成されているのであろうか，それは従来のものとどのような点で異なっているのであろうか．その点について調査結果に基づき分析することにしよう．

　直接生産工程業務を担う労働者には，その製品，生産システムの種類いかんにかかわらず，①基本技能を習得し，その基本技能の組み合わせである各作業を標準作業票に従い標準作業時間どおりに作業を行い続ける，という能力がまず必要である．そしてそのことはセル生産方式のもとでも同様であり，第1にこうした能力が必要であることはいうまでもないであろう．しかし，ここで注意すべきことは，セル生産方式のもとでのこの能力には，それ以外の生産システム，とりわけコンベアラインにおいて必要とされる能力よりやや高度な水準のものが要請される可能性があるということである．たとえその作業が比較的習得容易な基本技能の組み合わせから成るにすぎない作業であっても，「標準時間どおりに行い続ける」には一定の習熟が必要である．量産組立型産業の生産システムの代表的な形態であるコンベアライン方式のもとでは，多くの場合その基本技能自体は比較的習得容易なものであるにすぎない．例えばF工場では，自動車組立の基本技能は「締め」の技能であり，1週間もあればとりあえず習得可能な水準とのことである．しかし標準作業時間どおり作業を行うには3週間程度の期間が必要であるというように，「時間」に対応できるのには基本技能自体の習得を越える一定の習熟が必要

であるということである．そしてセル生産方式の場合，1人の担当作業範囲は広がるのであるから，たとえその基本技能自体はコンベアライン時と同様比較的習得が容易なものであっても，「標準作業時間どおりに行い続ける」ことに習熟するのには，コンベアライン時よりやや困難度が増す可能性がある．例えば金型組立でセル生産方式を採用しているG工場では，作業自体は1週間程度もあれば覚えられる水準の容易なものであるが，時間水準をクリアするには1カ月程度かかるということである[15]．このように「基本技能の組み合わせから成る各作業を標準作業票に従い標準作業時間どおり行い続ける能力」というどの生産システムにも共通な職務能力といえども，セル生産方式のもとでは，やや高度な水準のものが要請される可能性があることには留意する必要があろう．

さて，こうした職務能力とともにセル生産方式においては，②従来以上の多工程を担当する能力，③作業をより正確に行う能力，④他の作業者と同一の正確さ・スピードを保有する能力，⑤仕事に対するより高いモラール，⑥他の労働者との協調性・チームワーク，⑦改善提案能力，が不可欠の職務能力として必要とされている．

セル生産方式はどの形態であっても少人数で作業を行うわけであるから，1人の作業分担の範囲は従来の生産形態（かなりの場合コンベアライン方式であろう）より必然的に広がることになる．特に1人方式，巡回方式の場合は1人の労働者が全工程を担当するわけであるから，担当工程の広がりの程度はかなり大きくなる．例えばA工場では，先に述べたように工作機械組立工程のうち，コラム立て→配管→配線→現調→精度検査→カバー付け，の工程を1人で担当する1人方式を採用したのであるが，従来はそれぞれの専門工がそれぞれの工程を担当していたのであるから，1人の担当範囲はかなり広がったことになる．さらにC工場の場合，1人方式の病院・研究開発向け顕微鏡組立については従来は5名位のコンベアラインで，巡回方式の先端

---

15) ただしひとつの工程の作業を習熟すると応用がきき，その他の工程でも1週間もあれば時間水準をクリアできるようになるとのことである．

研究開発向けの顕微鏡組立の場合，従来は5～6名による台車で手送りのラインで組み立てていたのであるから，単純に考えても以前より5倍強の範囲が担当可能でなければならない．またセル生産方式のもとでは，生産量の変動にあわせて，セル入りする作業者数を頻繁に変動させており，作業者がそれに対応するためには，現在実際に担当している工程の範囲よりも，常により広い範囲の作業が担当可能でなければならない．例えばE工場では，調査時点で1ライン9名で組立を行っていたのであるが，それは生産量が当時増加したからであり，そのラインでは当初7名で生産を行っていたのであった．つまり少なくとも9名中7名は，実際担当している作業範囲より広い範囲の作業が担当可能であったのである．かくして，セル生産方式のもとでは，作業者には従来の生産形態以上に，幅広い範囲の作業を担当できる能力が必要である．また，セル生産方式は手作業中心の形態であるから，作業の正確さが製品の品質をそのまま規定してしまう．それゆえ作業を正確に遂行する能力はより高いものが要求されるであろう．同時に少人数の手作業中心の生産形態のため1人の作業ミス，作業スピードの遅れが全体におよぼす影響は大きい．それゆえ，労働者1人ひとり全員が"同一水準"の正確な作業遂行能力，作業スピードを保有する必要がある．すなわちセル生産方式のもとでは労働者の能力の平準化が必要とされるのである．セル生産方式はコンベアという強制駆動装置を排除したシステムであるから，場合によってはマイペース生産になってしまう恐れがある．それを避けるため先にみたD工場のケースのようにラインのいくつかの工程に機械を配置する，I工場のケースのようにコンベアと接続させる等の方法をとっている場合もあるが，大多数は労働者のモラールに依存せざるをえない．それゆえコンベアのような強制駆動装置がなくても決められたスピードで正確に作業を行い続けるという仕事に対する高いモラールが必要である．セル生産方式は少人数が機械設備が少ない狭いスペースで手作業中心で作業する生産形態である．そのため多くの機械設備を配置する生産システムに比べ必然的に人的接触が多くなり同僚との協調性・チームワークの必要性が高まる．さらに各労働者の作業能力を

第3章　競争戦略と雇用・生活保障システム　　　　　　　　　　135

いくら平準化させようとしても，教育の意味で習熟度の若干劣る作業者もセル入りさせなければならず，また平準化した職務能力を有する作業者でひとつのセルを固めたとしても，その時々においては精神的・肉体的コンディションから一定の差が生じるケースもある．習熟度の劣る作業者，コンディション上の理由から作業が遅れがちの作業者については他の作業者が一時的にその作業を分担しあう等を行う必要がある．こうした点からも協調性・チームワークの重要性は高まる．セル生産方式は少人数の手作業中心の生産形態であるため労働者各人が工程全体を把握理解する可能性が高まる．このことは現場作業者が工程改善を提案できる可能性が高まることを意味する．また1人ないし少人数で製品を組み立てる形態のため，製品全体の構造を作業者が理解する可能性も高まる．先にみたA工場，H工場のように現場労働者がこうした理解に基づき，開発・販売の場に現場から製品構造に関する改善提案を行わせ，「開発から量産までの垂直立ち上げ」(A工場)，「生産現場から設計開発・販売現場へのフィードバック」(H工場)がセル生産方式採用のひとつの目的であるケースもある．そうであれば，セル生産方式においては，現場労働者には工程・製品の構造を的確に理解しその改善点を把握しそれを的確に表現できるという改善能力が必要とされるのである．

　もちろん②～⑦の能力はものづくりの現場において従来からある程度は必要とされていたものである．しかし従来の生産形態，とりわけコンベアシステムのもとにおいては，基本技能とその組み合わせから成る各作業を標準作業票に従い標準作業時間どおりに行い続ける能力が必要な職務能力のかなりの部分を占め，②～⑦の能力の必要性は派生的なものにすぎなかった．これに対しセル生産方式は，ここで述べたことからわかるように，その作業者が基本技能とその組み合わせからなる各作業を標準作業票に従い標準作業時間どおりに行い続ける能力とともに，その生産形態の特性上②～⑦の能力も有することではじめてそのメリットを発揮することができる形態である．それゆえ，②～⑦の能力の位置が従来の生産システムとは根本的に異なっているといえる．

ではこれらの職務能力はそれぞれどのように育成されているのであろうか．日本の直接生産工程従事者に関する従来の職務能力育成方法は，入社時に基本技能について短期間 OFF-JT による訓練を行い，その後節目節目に OFF-JT をはさみつつ，基本的には多能工マップ[16]に基づくローテーションを中心とした OJT により担当可能工程の範囲の拡大と職務能力の高度化をはかっていく，というものであった[17]．そしてセル生産方式の中でも基本技能自体が比較的習得可能な水準にすぎず，サイクルタイムも短いもの（つまりコンベアラインと比較してそれ程担当工程の広がりが大きくないもの）については，①〜④の能力に関しては，基本的にはこうした従来型の職務能力育成の枠組みで対応しているといってよい．例えばD工場の場合は，基本技能はドラバーによる「締め」であり，その技能自体は1週間もあれば習得可能なレベルにすぎない．そしてセル入りさせる作業者に対してはセル従事者研修として品質基準，生産基準の研修を行い，その後実際にセル入りさせ，その後は班長（同工場の職制ラインは，課長→職長→班長（ここからライン入

---

16) 多能工マップ（技能マップ，スキル表等と称する工場もあり）とは，縦軸にその職場の労働者の名前が，横軸に工程名が表記され，それぞれどの工程をどの程度習得しているか，今後どの工程を訓練予定かを明示したものである．具体的には例えばそれぞれのマスに丸印がかかれ，「段取り準備をしてやれば少しはできる」「多少の指示でできる」「通常の作業はほとんどできる」「すべてできる」の程度に応じてぬりつぶしていき，その他何月に訓練予定かが書かれている，といった形式である（その実例として白井2001b：図3.1参照）．このマップの管理は班長・組長等の現場職制が行うケースが多い（後述のようにA工場は例外）．

17) こうした枠組みでの人材育成方式は中国進出の日系企業も同様であった．例えばJ工場では「教育会」という研修会を週1回開催し，そこで必要な基本技能の教育（及び日本研究）を行いつつ，基本的には OJT 中心で人材の育成を行っていた．さらに多能工マップを作成，それを職場に掲示し，労働者の意欲を喚起しつつ，多工程担当能力を育成するということは日本の生産職場の場合かなり一般的に行われていることであるが，この多能工マップの活用は日系中国企業のK工場でも行われていた．各作業者の横に工程毎に，習得工程，訓練工程，今後の予定の印をつけた多能工マップを職場に掲示していた．ただおそらくは日本の企業とは異なるのは習得工程の印1個につき20元の手当を出していた（月収は600〜700元）ところであろう．なおその印付けは週1回程度試験を行い，課長・係長協議のうえ行っていたとのことである．

第3章　競争戦略と雇用・生活保障システム　　　　　　137

り)→一般作業者，である)が管理する多能工マップにより，担当可能範囲の拡大をはかっていた．また，E工場の場合は，基本技能は「締め」の技能であるが，ロボットで自動でやっており，1時間もあればライン入りできる水準にはなるそうである．そして実際にはセル従事者には，セルラインによる訓練工程で1日位訓練を行い，ライン入りさせているということである．さらにG工場の場合は(先にも述べたように1工程の作業自体は1週間程度で習得できる程度のものであるが時間水準をクリアするのに1カ月程度かかる．ただし1工程習熟者はその後時間水準クリアもはやくなる)，調査時点で1人3工程，今後は1人5～6工程担当可能であることを目的としていたが，それには班長(同工場の職制ラインは部長→課長→係長→班長→グループリーダー(ここ以上ラインオフ)→一般作業員となっていた)が自らが管理するスキル表(多能工マップ)に基づき，どの作業者をいつどの工程をだれの指導で習熟させるか決め，それに基づき担当可能工程を拡大していくという方式で対応していた．これに対し基本技能の要求水準が高いか，サイクルタイムが長い場合は，1～4の能力の育成には時間と工夫をこらしていた．例えばH工場の1人方式の場合は基本技能は「締め」「コネクター装着」「検査」等の技能であるがそれ自体は1.5日から2日程度の集中教育で習得可能というように，比較的短期間に習得可能なものである．しかしサイクルタイムが1時間ときわめて長いものであるため，それが担当可能なものは12名にすぎない．その育成のため訓練期間として2～3カ月かかっているということである．それを促進するため同工場では担当可能作業の範囲に応じて称号を与えるマイスター制度を導入し，その1人方式の担当可能な作業者には，一番上のS級マイスターの称号を付与していた．さらにA工場，C工場の場合はサイクルタイムが長いばかりでなく，その基本技能自体も習得が困難なものである．例えば工作機械の組立においては基本技能として，「求められる精度が出せるか」「図面を正確に読めるか」という能力が，また顕微鏡組立においては，「レンズの磨き」と「光学知識をもとにした調整」という能力が必要であり，いずれも容易に習得可能な水準とはいえない．こ

のように容易に習得が可能でない基礎技能を必要とし，かつサイクルタイムが長い製品の生産をセル生産方式で行う際には，人材の育成には，多能工マップに基づくローテーションを中心としたOJTによるという枠組みはそのままでも，時間をかけると同時にさまざまな工夫をこらしていた．例えばA工場では，基本技能が容易に習得できる水準ではないため，基本技能の習得に関していえば，1.5カ月程度の研修を行い，その後ベテラン作業者のもと，その指導により作業書に従い作業させ，だんだんと一本立ちさせていた．セル化に対しては，ビジネスユニットのジェネラルマネージャー（同工場の職制ラインは，ビジネスユニットのジェネラルマネージャー→グループマネージャー→チームリーダー（課長）→一般，である）作成のセル化のための技能マップをもとにしたローテーション計画に基づき，各工程の専門工の作業範囲を拡大させ，セル入りできる人材を育成したということである．その際，各生産現場作業者からも選定されたセル化に向けての改善責任者（作業者の場合，若くて優秀な労働者をピックアップ）が，現場レベルでの核として，そうしたローテーション計画を促進したということである．つまり同工場の特徴は，現場レベルを飛び越えたジェネラルマネージャーによるトップダウンにより，職務能力開発を行った点である．これは，基本技能の水準が高いものであるため，作業者には「専門工としての"ほこり"」があり，現場主導ではその縄張りを崩すことが困難であったため，ということである[18]．C工場の場合は，職務能力育成は従来から，5段階からなる多能工マップに基づき，その作業に（強引に）張り付け，サブチームリーダー（同工場の職制ラインは工場長→グループリーダー→チームリーダー→サブチームリーダー（ここよりライン入り）→一般作業者，である），サポーター（同作業の先輩，サブチームに所属）の指導・援助をもとにそれぞれの作業を習

---

18) A工場の場合セル生産方式の導入自体が社長のトップダウンにより行われた．なお，当初は「きさげ作業」の部分もセル化することを意図していたのであるが，きさげ作業に必要な平面を出す能力はかなり習得困難なものであり，さすがにこの部分までのセル化は無理と判断せざるをえなかったそうである．

第3章　競争戦略と雇用・生活保障システム　　　　139

得するという方式をとっていた．具体的にはまず，総組立時間3時間の病院用・研究開発向けの1人方式の顕微鏡の組立（調整）作業に従事させ，基本的に組立側2カ月，調整側2カ月（合計4カ月）で同作業を習得させ一本立ちさせる．その後総組立時間32時間の先端研究開発向けの顕微鏡組立作業（巡回方式），さらには総組立時間160時間の手術用顕微鏡組立作業（1人方式）に従事させていくことがひとつのモデルとのことである（実際には先端研究開発向け顕微鏡組立作業以降は，展開が困難）．ただここで注目すべきは，こうしたサブチームリーダーの指導援助を受けつつ，多能工マップに基づくローテーションを中心としたOJTで職務能力育成を行うという方式に加え，セル生産開始とともにテクニカルマイスター制度という1人生産が可能な14職種を対象とした工場内技能検定制度を設けるとともに，各職制への昇進にあたってテクニカルマイスターに基づく技能要件を必要要件（ただし必要十分条件ではない）としている点である．つまり，職務能力育成，担当作業範囲拡大にあたって具体的に昇進と結び付く称号を付与することで，それを促進していたのである．

　以上みてきたように①～④の能力に関しては，「多能工マップに基づくローテーションを中心としたOJT」という従来ながらの枠組みを基本としつつ，その能力の習得の困難度に応じてさまざまな工夫をこらしつつ，一定時間をかけながら対処していたといってよい．では⑤以降の職務能力についてはどうであろうか．これらの職務能力がセル生産方式で仕事を遂行する中で身につく部分があることは事実である．仕事に対する高いモラールについても，例えばC工場のケースでは，セル生産方式により仕事の達成感が高まり，それにより仕事への情熱が向上し仕事へのやり甲斐が増すようになった，というように，セル生産方式によりむしろモラールが高まっているケースもある．同様のことはI工場等いくつかの工場でも指摘された．また協調性・チームワークについても，改善提案能力についてもセル生産方式の仕事の遂行の中で（まさにOJTによって）育成されていく面もあることは否定できない．しかし，仕事の達成感の向上→仕事への情熱の高まり→モラール維持

向上，というルートにしてもセル生産方式による生産がある程度続いた際にもこのルートが維持され続けられるかは定かではない．協調性・チームワークにしても新しい生産方式が導入された当初ではなくその導入後一定経過後も保ち続けることは（そのことは場合によっては仕事の負荷が高まることを意味するから）困難があるだろう．さらに生産工程・製品の構造把握，問題点の認識とその解決方法の考案，その的確な表明からなる改善能力についても，セル生産方式の職務の遂行の中で養われるのはその一部であろう．そのためOFF-JTとして例えばE工場のように，年に1回（2～3月）現場作業者による改善成果発表会を行う，H工場のように生産革新研修を実施し，そこでモラールの向上，生産革新へ向けての意識改革，現場改善実践力のレベルアップを行おうとしている工場も存在している．また，G工場のようにモラール維持として不良品が出た際は朝会でリーダーが注意をする[19]，掲示板・管理板で進捗管理を行う等の施策をとっていた工場もあった（G工場ではその他組み付けミス防止対策として2時間に一度1個の製品を抜き取り，分解検査を行っていた）．しかし⑤～⑦の能力，とりわけその基礎的な部分は職場以前の段階で，むしろ学校教育の場合で育成される個人的資質に依存する部分が大きく，セル生産方式の中でOJTや各種の施策により育成されるのは，あくまで基礎のうえにたつ応用部分のみであると思われる．さらに①～④の能力についても，A工場やC工場のようにとりわけ高いレベルの基本技能が要請されている場合は，教育訓練内容を理解し，OJTの中で身につけて行くためには，モノづくりについての一定の基礎能力・学力が学校教育の場で，とりわけ製造現場人材の重要な供給源をなしていた工業高校の場で育成されている必要があろう．

---

19) モラール維持・不良品対策として朝礼で（名指しは避けながらも）他の労働者の前で不良箇所等について注意を与えるということは日本の工場の場合かなり頻繁になされていることのようである．これに対し中国進出の日系企業のK工場の場合は不良品対策として罰金制度を一時導入するということを行っていた．しかし日本の工場の場合は査定に反映させることはあっても罰金制度の導入はありえないことであろう．

第3章　競争戦略と雇用・生活保障システム

表11　調査対象工場が学校教育，とくに工業高校教育に要望する点

A工場	コミュニケーション能力を育成しチームワークの大切さを教えてほしい．
B工場	製造業の生産現場についてもっとよく知ってほしい．
C工場	工業高校での教育がやや金属加工に片寄りすぎており，もう少し光学加工への基礎教育を重視してほしい．
D工場	「モノづくり」の大切さを教育するとともに，まじめで実直な人材の育成を行ってほしい．
E工場	「モノづくり」にもっと目をむけさせてほしい．

出所：各工場へのヒアリングに基づき筆者作成．

　このことはセル生産方式実施工場へのヒアリング結果にも端的に示されている．表11はそれらの工場に対して，学校教育，とりわけ工業高校教育に求めるものをたずねた結果である．金物加工ばかりでなく，光学教育も重視してほしいと回答したC工場を除き，こうした上記の基礎的能力の育成を学校教育，とりわけ工業高校教育に期待していることがうかがわれる．
　では製造現場への人材の供給源であった工業高校の学校教育はそうした要請にどのように対応しているのであろうか．そうした視点より工業高校の学校教育についてみていくことにしよう．

(2)　工業高校教育における人材育成

　工業高校は戦後初期から高度経済成長前期までの大学進学率が低い段階においては，製造現場の技術者（生産技術者）の供給源としての機能も果たしてきた．その後進学率の上昇の中で技術者供給は理工系大学（大学院）へと移行し工業高校は技能者供給へと役割を変えてきた．しかし当初は技能者の中でも保全・修理・試作開発部門の技能者といった熟練工としての準直接工や，直接工のなかでも熟練を要する職種の労働者，または現場のリーダー候補を供給していた．しかし近年工業高校をめぐる状況は大きく変わっている．第1に製造業への就職者が大幅に減少し，製造現場人材の供給源としての役割を大幅に後退させている．製造業は一貫して高卒求人の第1位を占めている業種であるが，工業高校は近年その求人数が急速に減少している影響を最もうけているものと思われる．第2は文系進学率の上昇である．工業高校卒

業者の大学進学といっても，高校段階で工業技術に触れた生徒がそれをさらに深めるため理工系大学に進学し，モノづくりに即した専門教育を受け，モノづくりの現場を知り，そうした素養を有する技術者として製造業企業に入ることはむしろ望ましいことであろう．しかし今日問題なのはそうしたケースではなく，高校教育と直結性が薄い比較的入学が容易な文系学部（とりわけ経済・経営・商学系）への進学が増大していることである．これは第1の特徴がもたらしたものである[20]．第3は正規従業員以外の層への就職の増大である．すなわち高卒就職の段階で非正規職を余儀なくされている層の増大である．これも製造業への就職の道が狭まっていることと関連が深いものと思われる．

　これらの事態は企業競争力依存型雇用生活保障システムを学校教育の面からほりくずす事態である．同システムのもとでは学校教育は基礎的能力の育成と振り分け機能を果たすものであった．その中で工業高校は高度経済成長中期以降は「ホワイトカラー中上層」ルートからの選別に漏れた生徒の受け皿としての位置をしめてきた．しかしそこで生産現場で働くための基礎的な素養を身につければ，一定規模以上の企業に本工として採用され，将来にわたって自分および家族の生活の安定は確保できる可能性が高かった．その可能性が一旦選別を受けた生徒であっても，学校教育への適合と基礎的素養獲得の意欲を支え，製造現場に対応できる基礎的能力を身につけた人材の企業への供給を可能にし，かくして日本の製造業企業の競争力を支えたといえる．この可能性が薄れることは日本の製造業の競争力確保強化にとって，人材供給面から将来への不安要因を生み出すことを意味する．その意味でここでみた工業高校をめぐる3つの動きの克服が求められるところである．

　ところで工業高校の中でも，①製造業への就職者をコンスタントに確保し，しかも少数ではあるが技術者，準直接工への就職者も存在している，②進学率も高く進学者は増大しているとはいえ理工系中心であり国公立大学理工系

---

20) こうした選択が矛盾の先送りとなってしまうことについては本書松尾論文参照．

学部への進学者も少なからず輩出している，③フリーター等になるものがほとんど存在しない，という工業高校も存在している．今回の調査においては，そうした工業高校を主として対象（ただしすべての工業高校がそうであるわけではない）としてヒアリングをおこなったのであるが，それらの工業高校に対しては教育内容の特徴として以下のような6つの点を指摘できるように思われる．

第1は，生徒に何か形のある製品を具体的に作らせ完成させているということである．例えばL工業高校の場合，ミニ蒸気機関車（Oゲージ）を2,3年次で作成させている[21]．またR工業高校の場合には，溶接の実習として「ちりとり」を作成させていた．こうして具体的に製品を作成させることで，各実習で学んだ基礎知識をモノづくりに具体化させ，その知識を実践化させるとともに，モノづくりについての興味・認識を高めていた．

第2は，数学・物理といった工業科目以外の理数系科目の学力上昇に力をいれているということである．例えばR工業高校では，04年度より理科はすべて物理としているということである．理数系科目の重視はこの他特にN工業高校（同校では物理の中でも「力学」関係に弱いことが問題点として指摘されていた），P工業高校へのヒアリングにおいて指摘されたことである．こうしたことは企業側の要請にも応えるものとなっている．企業サイド（もちろん製造業企業である）からの工業高校への要請として，「製造現場で必要な技能は企業にはいってからOJTで十分育成できるから，工業高校では基礎的な部分，とりわけモノづくりを基礎から理解するための基礎学力の育成に力を入れてほしい．そのためにはとりわけ数学・物理といった学科科目の教育をしっかりやってほしい」ということが工業高校へのヒアリングにおいてほぼすべての学校で指摘されていた（表12参照）．こうした基礎学力を有すれば，製造現場に入った場合，基礎技能教育の理解がそれだけ早

---

21) L工業高校では90年代前半までは，生徒が地元の企業の加工外注を行ってさえもいたということである．しかし90年代半ばから現在に至るまでそのようなことはなくなっているということである．

表 12 工業高校が学校教育の場で製造業企業に求められているもの

L 工業高校	企業内で必要な職務能力の教育は企業が行うから,「モノづくり」が好きという人材を育成してほしい.
N 工業高校	「現場で作業を行うに際しての規律」「コミュニケーション能力」「リーダーシップ」を育成してほしい．特に最後の点は，生産現場の中核人材として，請負，パートといった多様な雇用形態の労働者をまとめるうえで必要．また工業科学の基礎，特に数学，物理をきっちりおさえてほしい．
O 工業高校	「モノづくり」に意欲をもち，態度がしっかりしている人材を育成してほしい．また，三角関数等の工業技術の基礎的なことをしっかり教えてほしい．
P 工業高校	リーダーシップ，集中力，持続力（少なくとも 3 年程度は最初の企業でがんばれる）を有する生徒を育成してほしい．
Q 工業高校	はきはきと対応し，目的意識をもった人材を育成してほしい．
R 工業高校	勉学に関しては基礎・基本をしっかりやらせてほしいが，それ以上に人づきあいができ，元気がありあいさつをしっかりできる人材を育成してほしい．

出所：各工業高校への筆者ヒアリングに基づき作成.

まり，応用もきくと同時に，生産工程や製品の構造の理解力も高まるのであろう．

第 3 は，何か集団で一定期間かけて取り組むプロジェクトを行い，その成果報告の機会を設けていることである．具体的にはグループでの課題（卒業）研究と，その成果発表会の開催である．例えば N 工業高校では，3 年生に，電気科に対しては，電気機関車の作成，機械科に対しては変形自転車，UFO キャッチャー，ピッチングマシーンの 6〜7 名のグループによる作成を課題として設定し，設計からふくめてそれらのどれかを作成させていた．そして報告書を執筆させるとともに，11 月に発表会を開催し，下級生の前で報告させていた．また，M 工業高校では 2 人 1 組でロボットを設計から含めて作成させていた．また 3 年生の 4〜9 月にかけ，週 4 時間，自ら設定した課題に基づきグループ（ただし少数ではあるが 1 名で行っているケースあり）で課題研究をおこない，9 月末から 10 月はじめにかけて報告会を行い，学科の 1，2 年生の前で報告させるということを行っていた．具体的に 02 年度の機械科の例をとれば，階段昇降車いすの作成，相撲ロボットの作成，ウインドカーの作成，ヒレで直進・左右泳運動ができる魚ロボットの作成，といったことが課題として設定され（同校ヒアリング時配布資料による），そ

のユニークさとレベルの高さから報告会には大学教員の参加もあるということである．さらにL工業高校も3年次の課題研究として振り子時計の作成を課していた．こうした教育は，グループで何かひとつの目標に取り組むことで協調性・チームワーク・コミュニケーション能力を育成するとともに，その成果を資料を用いて教員・他の生徒の前で報告させることでプレゼンテーション能力を身につけさせることを目的としていた．また，課題の設定とそれへの対応までグループで自ら行うことで（もちろん担当教員の指導・アドバイスはあるとはいえ）問題設定能力，問題解決能力をみがく機会ともなっている．それに加えグループで行うことでリーダーシップ能力も喚起される可能性がある．

　第4は，頻繁にレポートの提出を義務づけていたことである．例えばM工業高校では「実験実習の際はレポートの提出は当然」として，実験実習毎にレポートの提出を義務づけていた．このようなレポートの提出の頻繁さは普通高校等の課題提出に比べ格段に多いものと思われる．こうしたことを行う目的はそれぞれのテーマについて理解を深め，日常的な学習の習慣付けを行うとともに，何よりもモノづくりに関し理解したことを自らの言葉で文書に的確に表現するという表現能力を磨き，生産現場での文書化に対応する能力を高めることにあろう．現にN工業高校ではレポートを頻繁に提出させるのは，この将来の文書化対応のためということがはっきりと意識されていた．

　第5は各種資格取得の促進である．アーク溶接・ガス溶接，電気工事士，ボイラー技士等の各種工業技術関連の資格を在学中にいくつか取得させることを目標にし，取得した資格と氏名を廊下に掲示するということを行っていた．例えばR工業高校は卒業までに1人最低3種類（ちなみにQ工業高校は2種類）は資格取得を行うことを目標とし，資格取得を促進していた．こうした資格取得促進の目的は，工業技術についての知識をより深めるとともに，何よりも具体的な目標を定めることで勉学意欲（とりわけ"意欲"の部分）を喚起することに主眼がおかれていた．つまりモラールの向上というこ

とを目的としたものである．

　第6は生活指導の徹底である．具体的には欠席・遅刻・早退，服装の乱れをなくし，あいさつをきちんと行うといったことを重視していた．例えばP工業高校では無遅刻無欠席を学校全体の目標にかかげており，02年度においては生徒の半数もが3年間無遅刻無欠席であったということである．さらにN工業高校，P工業高校，R工業高校等いくつかの高校で登校時に教員が校門に立ち生徒へのあいさつ等を行っていた[22]．服装・髪形の乱れは，モノづくりを行う際，場合によっては災害にもつながる恐れもあるため，その面からもどの高校においても厳しく指導されていた．朝の登校時に教員が校門のところであいさつを行うのも，この服装・髪形チェックの部分もあるものとおもわれる．製造現場人材とりわけ量産組立型産業の直接生産工程業務に従事する労働者にまず第1に必要とされる職務能力は「基本技能のその組み合わせからなる各作業を標準作業票どおりに標準作業時間に従ってその作業を行い続ける」というものであった．そして基本技能が比較的習得容易な水準にある場合は，こうした職務能力は体力・耐力に還元される部分が大である．それゆえ現場人材の基礎能力として体力・耐力が大きな要素を占めることになろう．P工業高校において欠席・遅刻・早退防止に重点を置いているのも，そうした面からによるものと思われる．さらに「あいさつができる，明るくはきはきとした対応」は企業サイドが従業員の採用に際してある意味高校時代の成績より重視しているとの指摘がヒアリング結果では複数の工業高校から聞かれた（表12参照）．企業側はそうしたことがきちんとできるか否かをモラールや協調性・チームワークのメルクマールとしているようであり，それゆえそうした面の指導を強化しているようである．

　以上の6点が，今日工業高校が直面している問題点を回避し，製造現場人

---

22) いくつの工業高校においては，ヒアリング・学校見学をお願いした際，朝の登校風景から見学することをすすめられた．朝の登校時のあいさつ指導（および服装・髪形チェック）は工業高校において重要な教育指導の部分を形成しているといえる．

材，さらには理工系大学を経由しての技術人材の提供を行い得ている工業高校の学校教育の特質である．もちろんこれらの高校の教育内容はここで指摘したものにつきるわけではない．どの工業高校においても，例えば機械科についていえば，鋳鍛造にはじまり[23]，アーク溶接・ガス溶接，各種汎用工作機械実習，さらにはNC工作機械のプログラミング実習を行う等各工業技術の基礎部分の実習にかなり力をそそいでおり，その面からの産業界の評価も高い．またここで紹介した工業高校の多くは戦前設立であり，OBも多く地元の評価も高く，それなりに資質の高い生徒が集まっている，という事情も工業高校全体が抱える問題を回避できている大きな要因をなしていることは否定できない事実であろう．しかし，6つの教育特質を見た場合，そうした教育において育成されることが意図されている能力が，今日の競争戦略に対応する効率的生産システムであるセル生産方式のもとで必要とされる職務能力のうち，学校教育の場であらかじめ習得されることが求められる基礎能力とかなり一致していることに気づくであろう．それらの工業高校が日本の製造業が以前と比較して競争力を低下させ，高卒人材への採用意欲を低下させている中で，なお一定の製造現場人材を供給し続けられるのも，その工業高校に入る（やや悪い言い方をすれば「その工業高校に入学するよう選別された」）生徒自体の資質よりもむしろ，製造業企業が今日の競争環境のもとで競争力強化を行うために，製造現場人材にとりわけ求められるようになっている職務能力のうち，学校教育の場であらかじめ習得されていることが要請される基礎能力の育成を行えているからではないだろうか．

　工業高校はここで最初に述べたように，今日その従来の目的を果たすことが困難な社会経済環境のもとにある．そうした中，工業高校の中には，総合学科制（総合学科制については詳しくは次章参照）への移行，文系学部への進学を視野にいれた進学重視の対応等を行っている学校も少なくない．しか

---

23) 鍛造実習は設備の関係から今日では行われていない工業高校が少なくないということであるが，N工業高校，P工業高校は鍛造設備を有し鍛造実習も行っていた．ちなみにN工業高校はミニFAラインも有していた．

しそれらの対応は工業高校本来の趣旨から逸脱しているばかりでなく，生徒サイドにたてば将来の安定した雇用への道をかえって閉ざしてしまう可能性があること，企業サイドにたてば，企業競争力のひとつの基礎である製造現場人材の供給源を掘り崩し，将来の企業競争力に悪影響を及ぼす，等あまり肯定できない動きのように思える．実際，ここでみた工業高校はそうした動きとは一線を画している．総合学科化にたいしては，「工業高校の進学率が高まる中一定の意味があることは否定しないが，系統的に学ぶということにはならないのではないか．本校はその方向にはない」(M工業高校)，「県の他の中核都市の工業高校はその方向をだしているが職業教育として中途半端であり，企業ニーズに応えられないため，本校ではその方向にない」(N工業高校)，「県内の工業高校のうち総合学科は1校のみであり，専門教育として中途半端であるため，結局のところ出口で苦労することになる．本校としてはその方向はさけ，専門教育を重視することにする」(P工業高校) というように，専門教育が軽視されることになってしまうことに疑問を呈示し，総合学科化の方向はとらないことを述べていた．大学進学に関していえば，ここでとりあげた工業高校の進学率はおしなべて高い．さらにL工業高校 (大学進学率60％強)，Q工業高校 (大学進学率25％程度) には進学コースも設置されていた．しかしL工業高校は私立工業大学の付属校という位置にあり，進学コースもその大学への進学を主として意識したものである．さらにQ工業高校は，05年度より，2年次から進学コース，専門コース (就職コース) とコース分けするというように，都立工業高校ではじめて進学コースを設置したのであるが，これも東京都教育委員会の工業高校政策であるアドバンスト・テクニカル・ハイスクール構想[24]によるスペシャリスト型に認定されたからであり，しかも大学進学といってもあくまでも理工系大学進

---

24) アドバンスト・テクニカル・ハイスクール構想とは，工業高校を①理工系大学進学を目指すスペシャリスト型，②技術資格取得タイプのテクニカル型，③職業観育成を主たる目的としたマイスター型，の3つにタイプ分けし，それぞれタイプに応じた教育を重視する，というものである．

学を目指すコースである．しかもこうした進学コース（及びそれに類するもの）の設置はここでみた工業高校においてはむしろ例外的な位置にある．例えば大学進学率95％で国公立大合格者も多数存在し旧帝大クラスへの進学者を出すM工業高校，大学進学率が45％程度で国公立大理工系にも20人程度の合格者を出しているP工業高校（1学年400名）はいずれも，進学コースを設けていないばかりか，今後もその予定はないとしていた．その他N工業高校（大学進学率25％程度，国公立大へも10名程度が進学，1学年400名），R工業高校（大学進学率40％弱）もその進学実績にもかかわらず，進学コースおよびそれに類するものは設置されていなかった．さらにこれら工業高校の進学先は主として理工系学部であり，文系学部への進学は例外的である．例えばN工業高校では02年度の大学・高専進学者95名のうち，私大文系進学者は8名にすぎない（スポーツ関連での進学者を除く）．すなわち，これらの工業高校は，大学進学に関しては，モノづくりの現場と工業技術の基礎を学んだ人材が理工系大学に進学し，生産現場を知った技術者になっていくことを，工業高校生の進学のあるべき姿と明確に意識しており，そのため進学希望者に対しても進学指導とともに「モノづくり」に関する指導を重視していたのである．

今日工業高校にもとめられているのは，工業高校の中で一定みられる，総合学科化，文系進学をも視野にいれた大学進学重視の方向ではなく，ここでみたような工業高校のように，モノづくりを中心におき，それをベースとしたうえでのモノづくりへの興味関心，理数系学力，モラール，協調性・チームワーク，問題設定・解決能力，的確な表現能力，体力・耐力の育成ではないだろうか．学校教育の場でこうした能力の育成がなされた人材は，新たな競争戦略に対応する効率的生産システムのもとで，その効率的運営を支える職務能力を発揮することができ，今日の競争環境のもとで企業競争力強化に寄与することができるであろう．

5. 「新段階の企業競争力依存型雇用生活保障システム」なるものの可能性と限界

(1) ポスト・ボルボシステムとしての可能性

　セル生産方式は先に述べたように日本企業が直面する競争環境のもとでの国内生産に関する競争戦略に対応する効率的生産システムの核をなすものであり，その有効な展開は企業競争力の回復強化に寄与するであろう．しかしセル生産方式の可能性はそこにつきるものではないようにも思われる．

　従来の企業競争力依存型雇用生活保障システムにおいては，企業競争力の強化により確保される雇用の場での労働が，どのような質のものであるかについてはあまり問われてこなかった．そして日本の労働組合も雇用の場の確保や賃上げ等については一定の力を発揮しながらも，雇用の場での「労働の質」の改善はあまり問題としてこなかったといってよい．しかし日本の労働現場での労働，とりわけ従来の企業競争力依存型雇用生活保障システムの戦略産業の位置を占める量産組立型産業の生産現場における労働は，そこで必要とされる職務能力が「比較的容易に習得できる基本技能の組み合わせから成る各作業を標準作業票に従い標準作業時間どおりに作業をし続ける能力」であり，もっぱら体力と耐力に依存するという類のものであった．そこでの労働は苛酷なだけでなく人間的な機能を拒否するような部分を有するものでもあったといっても過言ではない．こうした実態については従来から多くの論者が実態調査に基づき指摘しているとおりであるが（具体的には例えば大野（2003），伊原（2003）等参照），企業競争力依存型雇用生活保障システムのもとでは企業競争力の強化による雇用の場の確保拡大が重要な目的のため，そうした問題点は実際の労働現場では等閑視されてきた．新たな競争戦略に対応する生産方式であるセル生産方式は，「人間的な機能を拒否する労働」からの解放という点からもひとつの可能性を有するかもしれない．

　確かにセル生産方式といっても例えばＢ工場，Ｄ工場，Ｅ工場，Ｇ工場

等のように実際は作業範囲がコンベアライン時に比べて若干拡大したのみで，短いサイクルタイムのそれ自体は比較的習得容易な基本技能を要するに過ぎない作業を繰り返すだけというものも存在する．またⅠ工場のようにコンベアと直結していたり，Ｄ工場のように機械設備がラインのいくつかの工程を担当することにより，強制駆動させられている形態のものもあった．しかし，そうしたセル生産方式が存在する一方，従来の生産方式とは根本的に性格を異にすると思われるものも存在する．

その最も典型的な例はＡ工場，Ｃ工場のセル生産方式である．それらの形態については前述のとおりであるが，その特徴として①各作業に必要とされる基本技能の水準が高い，②１人の作業者で基本的には手作りで製品を完成させる，③長いサイクルタイム，という３つがあげられよう．それらのセル生産方式は担当可能な作業者の育成に困難をきわめているが，それが可能な作業者の側からみれば，自らの熟練を全面的に展開できる，長い時間をかけて自らの手でじっくりとつくり込みができる，担当する作業が部分作業にすぎないものではなく，自己完結できる作業である，自らの仕事の成果を実感できる，そのため仕事の達成感・充実感を味わえる，というメリットがある．事実Ｃ工場におけるヒアリングでは先にも述べたようにこうした効果の指摘がなされていた．またＡ工場でのセル生産方式の導入は，生産現場発の製品・生産工程情報の設計開発への迅速なフィードバックによる試作から量産までの垂直立ち上げにあったのであるが，それも労働者が労働に主体的に取り組めるからこそ可能であり，ある意味でセル生産方式がＣ工場でみられたような効果を発揮することを前提としたうえでのものであるといえる．

また，この両者の事例ほど高い基本技能を必要としなくても，Ｈ工場のように，長いサイクルタイムを担当する作業の場合は部分作業化による疎外感からは解放され少なくとも自らの手で製品を作り上げているという手作り感は実感できる．さらにＢ工場，Ｄ工場，Ｅ工場，Ｉ工場のように高い基本技能も長いサイクルタイムを必要としないセル生産方式であっても，コンベ

ア時に比べて少ない人数による手作業の作業となるため，自らの仕事が全体の中でもつ意味の認識がより明確となり，その面から，仕事の達成感・充実感が相対的に感じられるようになることは否定できない．これらのことは第4節(2)のところで述べたとおりである．

すなわちセル生産方式には，企業競争力の回復強化だけではなく，従来の企業競争力依存型雇用生活保障システムでは等閑視されていた，「労働の質改善」「労働疎外からの解放」という可能性が秘められているとも見ることが可能である．この面からすればセル生産方式は「労働生活の質向上」という面でボルボがカルマル・ウデヴァラ工場で採用した生産システムと類似した側面があることも否定できない．自動車組立の労働は長いコンベアラインにおける全体の中で自らの労働の位置を見いだすことができないほど細分化された単調かつ重筋労働であるという性格を有する．そのため疲労感とともに疎外感をきわめていだきやすい労働である．ボルボにおいても，60年代末から70年代にかけてその中心工場であったトシュランダ乗用車工場では山猫ストの発生，高い離職率（50％に達したといわれている），欠勤率という，自動車組立労働の性格に端を発する問題に悩まされるようになった（小山 2000：111, 115等参照）．その労働疎外を克服し，自動車組立に従事する労働者に仕事の達成感を実感させ，労働の場での主体性を確保するために実験的に導入したものがボルボ・システムと呼ばれるカルマル・ウデヴァラ両工場での実験である[25]．カルマル工場は74年に，ウデヴァラ工場は89年に操業を開始した．いずれも自動車組立工程の象徴というべき，コンベアラインは撤去されていた．カルマル工場はコンベアに代わる自動搬送台車（AGV）の活用，組立工程の8分割，3分という従来に比べ長いタクトタイムに特徴がある（小山 2000：116-122参照）．とはいえ，このカルマル工場のシステムも実際は長くなったとはいえ3分という比較的短い時間内に全体のごく一部の部分作業を行うという，自動車組立労働の従来の枠組みを打破

---

25) ボルボ・システムについて述べた文献は数多いが，例えば Berggren (1992)，小山 (2000)，丸山 (2002) 等参照．

第3章　競争戦略と雇用・生活保障システム

することはできなかった．これに対しウデヴァラ工場のシステムは，32台分の作業ステーションを1チーム4ステーションずつ，8チーム（1チーム2～9名）が担当し，作業ステーションに固定された製品を各作業者はみずからのチームが担当する作業ステーションを移動しつつ，チーム内での分業により組立を行うというシステムである．各作業者は最低全組立作業の4分の1は担当できる能力を有するとのことである（小山 2000：133-134 参照）．こうしたシステムにより，労働者は部分作業化による仕事の疎外感から解放され，仕事の達成感を感じることができる．そのウデヴァラ工場のシステムとの類似性を今回の調査においては 160 時間かけて研究開発用の顕微鏡を1人で組み立てるC工場での1人方式のセルにみることができよう．さらにウデヴァラ工場のシステムは形態としてはセル生産方式の中では，きわめて少人数で行う分割方式に近いものがあろう．

　もちろんセル生産方式とボルボ・システムには類似点ばかりではなく相違点も多い．何よりの相違点はボルボ・システムの第1の目的が労働の質改善，労働疎外からの解放という点にあるのに対し，セル生産方式の第1の目的は新たな競争環境のもとでの効率性の追求にあり，労働の質改善，労働疎外からの解放は，あくまでも2次的な目的にすぎないか，その本来の目的を実現するための手段にすぎないという点である．さらには，セル生産方式のもとでは，ボルボ・システム程高い熟練・基本技能は必要とされておらず，ボルボ・システムに比べればサイクルタイムはいずれも格段に短い等（C工場のような例外はあるにせよ）の相違も指摘できる．

　しかし，ボルボ・システムが，結局のところあくまでも実験，それもある意味ショーウィンドー的な実験におわり，ボルボの乗用車部門の主要な生産システムとして持続できず，ウデヴァラ工場は93年に，カルマル工場は94年に閉鎖された．そしてボルボの乗用車部門は皮肉にも99年1月にはボルボ・システムが克服の対象としたフォード・システムの生みの親のファードにより買収されることが発表され（詳しくは例えば小山 2000：112 等参照），厳しい企業間競争の中での労働疎外からの解放，労働の質改善という実験の

限界を露呈したのにたいし，セル生産方式は企業間競争の中で競争力強化を達成したうえで，一定の労働の質改善，労働疎外からの解放の可能性をもちつつ存続している．そうであれば，セル生産方式は，ボルボ・システムが目指したものを，企業競争力強化という目的と両立しつつ実現する可能性があるものと位置づけられるかもしれない（セル生産方式をこのように位置づける研究として例えば信夫（2003）参照）．そしてそのことは，セル生産方式をその効率的生産システムの核としてあらたに展開されるかもしれない「新段階の企業競争力依存型雇用生活保障システム」なるものには，従来の企業競争力依存型雇用生活保障システムにおける「労働の質改善」「労働疎外からの解放」という面の等閑視という限界を克服する可能性が秘められていることを意味するともとらえられよう．

(2) 近年における請負労働者の増大

「新段階における企業競争力依存型雇用生活保障システム」なるものは，このようなあらたな可能性をもつ反面，雇用生活保障システムとして大きな限界を有しているように思われる．その典型的な事例のひとつは，量産組立型産業の直接生産工程業務で近年請負労働者の活用の拡大が進んでいることである．製造業の中でも鉄鋼・造船・化学といった装置産業においては社外工といった形で従来から請負労働者の活用がなされていた．また，量産組立型産業においても，出荷，梱包，倉庫，清掃，構内搬送といった非熟練工としての準直接工の担当分野では従来から請負労働者が活用されていた．しかし量産組立型産業の直接生産工程業務では非正規雇用労働者は臨時工・パートタイマーといった直用の非正規雇用労働者の活用が主であった．しかし，今回調査対象とした少なからずの工場において，直接生産工程業務で請負労働者の活用がなされていた．例えばD工場では，組立工程の作業員160名のうち，請負労働者を40名程度活用しており，F工場では直接生産工程を含め800名程度の請負労働者を活用していた．またH工場では，技能系の正社員360名程度に対し請負労働者を250名程度活用しており，セル生産方

第 3 章　競争戦略と雇用・生活保障システム　　　155

表 13　調査職場で請負労働者が職場で担当している職務

	電機総研	東大社研(1)	東大社研(2)
加工・組立・充てん（含機械の操作・監視）	71.9%	92.1%	79.4%
製品の検査・試験	53.6%	69.7%	52.9%
包装・梱包作業	46.7%	73.9%	58.8%
運搬作業	46.4%	72.0%	55.9%
熱処理・表面処理	12.8%	53.3%	11.8%
機械設備の保守・点検	16.0%	26.1%	14.7%
その他	5.2%	85.7%	5.9%

注：回答はすべて M. A，比率は職場で当該職務を請負労働者が担当していると回答した比率．
出所：佐藤・佐野・藤本・木村（2004：156, 173, 211）をもとに作成．

式にも請負労働者を従事させていた．その他 E 工場，G 工場も調査時点では生産量の関係から直接生産工程での請負労働者の活用はなされていなかったが，生産量が調査時点より多かった場合には直接生産工程で活用がなされていたとのことである．そしてこうした傾向は各種調査をみれば，90 年代半ば以降量産組立型産業企業の工場でかなり普遍的な傾向であると思われる[26]．

先に示した表 8, 9, 10 をみれば製造業生産現場で 90 年代半ば以降請負労働者が増大し，今後も増大していくであろうことがうかがわれるのであるが，それが直接生産工程業務を中心とした領域で生じていることはやはりそれらの調査からみてとれる．すなわちその請負労働者が職場で担当している職務について尋ねた結果をみれば，直接生産工程業務の主要業務である「加工・組立・充てん（機械設備の監視操作を含む）」「製品の試験検査」と回答した事業所の数が多数を占め，それ以前に請負労働者が主として活用されていた

---

[26] ここでも「思われる」と推測的にのべているのは注 8 で述べたように現時点ではまだ請負労働者の全体的な数を継続的に把握する公的統計は存在していないからである．請負労働者自体の公的調査も現時点では厚生労働省（2002）のみであり，その他いくつかの調査も存在するが，いずれも非公的機関による限られた範囲を対象とした調査にすぎない．しかし，ここでみるようにそれら調査は全て 90 年代半ば以降直接生産工程業務での請負労働者の増大傾向を示しており，そのためそうした傾向を普遍的傾向としてみて差し支えないといえる．

と思われる「包装・梱包作業」「運搬作業」と回答した事業所数はそれらより基本的に少ないことがわかる（表13）．先の表8, 9, 10およびこの結果から一般的傾向として90年代半ば以降製造業の生産現場では直接生産工程業務に従事する請負労働者の活用拡大が進んでいることがみてとれよう．

　90年代半ば以降，量産組立型産業の直接生産工程業務で請負労働者の活用が進んだ要因のひとつが，この間，同産業企業が競争力低下に直面し厳しいコスト削減を実施せざるを得なかったことにあるのはいうまでもない．しかし同時に競争環境の変化に対応した新たな競争戦略とそれに対応する効率的生産システムの展開が必然的にもたらしている部分があることもまた否定できないように思える．

　製造業各企業は先に述べた相次ぐ環境変化の結果，80年代半ば以降新規製品分野か多品種生産が必要とされる製品分野の国内市場を主として対象とせざるをえなくなったが，その国内市場も90年代半ば以降になると新規製品の導入の余地が少なく，しかもデフレ不況の影響により縮小基調の買替需要中心という状況になった．そうした状況に対応する競争戦略は，国内生産において変種変量生産の徹底，製品の高精度化高品質化，低価格化の追求である．こうした競争戦略に適合的な生産システムは国内生産現場においては，部品加工，ユニット組立の各工程までにおいては単体機器の自動化を推進し，量産効果による低コスト化，高精度高品質化を達成しつつ，最終組立工程では出来る限り人を活用し，その工程で質量両面における柔軟性を発揮するという生産システムである．そしてこうした効率的生産システムの核をなすのがセル生産方式であった．ところで請負労働者の活用には，直用の非正規労働者の活用に比べても，①人間カンバン方式がより容易となる，②人件費削減がより容易，というメリットがある．①についていえば人材の確保，削減は基本的に請負業者の責任であり，法的な建前としてはメーカーと当該労働者との間に直接雇用関係がないため，必要なときに必要なだけ人員を確保し，過剰になればその分を即座に削減するということが可能である．これが直用の非正規雇用の場合は，採用にあたっての募集，採用業務はメーカーが行わ

なければならず，解雇（雇い止め）にさいしてもさまざまな繁雑な手続きをメーカー自らが負わなければならないため，「人間カンバン方式」的活用が請負労働者のときほど容易にはできないのである．また，②についていえば，確かに非正規雇用すべてにあてはまることであるが，「請負労働者」については売り手の側の競争が請負労働者間競争，請負業者と請負労働者との競争，請負業者間競争と三重になるため，直用の非正規雇用の場合に比べてより容易である．そして新たな競争戦略に適合的な効率的生産システムはこうした請負労働者活用のメリットを享受する方向にメーカーを駆り立てる．

　自動化が進展した加工・ユニット組立工程では，自動化機器は汎用機にくらべ高価であり設備投資金額も巨額となるため，人件費の削減圧力が強まるとともに，同工程では減価償却をはやめるため，交替制勤務の導入，残業の恒常化が進むため，残業手当・深夜勤務手当削減の必要からより単価の安い労働者の活用指向が強まることになる．また最終組立工程では，同コストの大きな部分を人件費が占めているため，それへの圧縮圧力が強まり，また同工程では生産量の変動にあわせて人の数の調整を行う必要に迫られるため，そこで活用される労働者の一定数は常に増減が容易な労働者であることを要する．これらの点はいずれもメーカーサイドを，先に指摘した請負労働者活用のメリット①②を享受する方向に駆り立てるのである．さらに新たな競争戦略に適合的な効率的生産システムの核というべきセル生産方式の構造自体に請負労働者の活用を促進するメカニズムが組み込まれているともいえる．セル生産方式は第3節(2)で述べたように生産機種変更，生産量変動への対応が容易というメリットを有するのであるが，そのメリットを実現するためには市場動向にあわせてセルに従事する人員が容易に増減できなければならない．もしすべてのセルを正規従業員のみで稼働させていた場合には，生産管理的には生産機種変更・生産量変動に対応可能であっても労務管理的には対応が容易ではなくなってしまう．そして第3節(2)で述べたことからわかるように，生産機種変更・生産量変動への対応が容易でなくなると，在庫削減，リードタイム短縮，生産性向上等といったセル生産方式の有するメリッ

トの多くの部分が享受できなくなってしまう．つまりセル生産方式の有するメリットの多くが労務管理面からの制約により享受できなくなってしまうのである．こうした労務管理面からの制約をなくすためには，そこで活用される人材が「人間カンバン方式」がより対応可能であることを要する．さらに，簡易な設備・工具中心のため設備投資金額が軽減されるということは，裏返せばセル生産方式が採用されている工程では，コストのうち人件費コストの占める比重が高まることを意味する．そのためコスト削減圧力が人件費に集中することになり，「人件費削減がより容易」な雇用形態の人材活用への指向がそれ以前の生産システム（多くの場合コンベア・システムであろう）の場合より強まるであろう．かくしてセル生産方式の構造自体のなかに請負労働者活用を促進するメカニズムが組み込まれているといえる．現に先に示した今回の調査で直接生産工程業務で請負労働者の活用がみられた工場はF工場を除きいずれも新たな競争環境に適合的な競争戦略に対応する効率的生産システムの核というべきセル生産方式を採用していた工場なのであった．

さて，こうした請負労働者はその労働・生活実態・将来の展望において大きな問題をはらんでいる．請負労働者は若年転職者層を中心としているが，その労働・生活実態は劣悪である（表14，15参照）．労働時間はフルタイマーと変わらず，しかも少なからずの労働者が残業，休日出勤を恒常的に近い形で行っている．それにもかかわらずその賃金水準は低位であり，雇用期間の定めも短く，常に雇い止めの危険に直面している不安定な雇用状態にある．しかしかれらの多くは自分が家計を担う位置にあり，配偶者，子供，親等の

表14　請負労働者の各種属性

性　別	男性 65.7%，女性 34.3%
年　齢	25歳未満 20.4%，25～35歳未満 45.5%，35歳以上 34.1%
学　歴	中卒 8.5%，高卒 58.3%，短大・専門学校 18.2%，大卒以上 15.0%
前　職	正社員 55.4%，フリーター 13.8%，学生 11.2%，パート 7.0%，無業 3.7%
家族構成	一人暮らし 24.7%，同居家族あり 75.3%
主たる家計の負担者	本人 67.9%，本人と他の家族 23.6%，本人以外 8.5%

出所：厚生労働省（2002）の「請負労働者調査」，佐藤・佐野・藤本・木村（2004）資料5に基づき作成．

表 15　請負労働者の各種労働条件

平均所定内労働時間	7.7 時間
1 カ月の平均勤務日数	20.7 日
残業時間	ほとんどないか全くない 30.1%，1 日の平均残業時間 1.5 時間
休日出勤	ほとんどないか全くない 52.8%
賃金	平均時給 1,039 円，平均月収 199,000 円，平均年収 2,631,000 円
雇用期間の定めの有無	あり 57.8%，なし 42.2%
雇用契約期間	3 カ月未満 41.2%，4〜6 カ月 46.5%，7〜12 カ月 11.5%，1 年〜0.8%
仕事の習熟に要した期間	〜1 週間 43.3%，2〜3 週間 20.4%，1〜2 カ月 19.2%，2 カ月〜17.1%
請負労働者としての勤続期間	平均 43.7 カ月　13〜36 カ月 34.7%，37 カ月以上 36.5%
今後の希望	正社員 42.7%，請負労働者 24.4%，パート等 3.2%，会社経営 3.9%

出所：厚生労働省（2002）の「請負労働者調査」，佐藤・佐野・藤本・木村（2004）資料 5 に基づき作成．

扶養の義務を負っている．そのため，彼らの多くが他の雇用形態，とりわけ「安定的」な正社員への転職を望んでいる．しかし彼らの学歴水準自体が今日の進学状況においては就職にあたって不利を免れない水準にある．さらに彼らの行う仕事は専ら体力と耐力が必要であるだけで，短期間で習得可能な職務能力レベルに過ぎないものであるため，そこでの「経験」が転職の武器にはならない．それらのことがあいまって希望どおりの転職はなかなか困難である．その結果，安定的な雇用への転職希望の高さにもかかわらず，請負労働者としての滞留期間は長期化し，かくしていったん請負労働者の労働市場に入ると，そこからの脱出はなかなか容易ではない．このことは，別の面からみれば，上記のような劣悪な労働・生活状態しか実現しえないような雇用形態でも受け入れざるを得ない層が安定的に労働市場に供給されることにより，先にみた企業サイドの請負労働者へのニーズの高まりを下支えしているということを意味する．そしてこうした請負労働者が常に「安定的に」供給されることにより，その賃金，労働時間，雇用の安定性等は切り下げられ，彼らの労働・生活状態はますます劣悪化する．ここで注意すべきことは請負労働者がになう仕事は専ら体力・耐力が必要であるということである．このことは請負労働者層に滞留を続けながら年齢を重ね体力・耐力がなくなった

ときは，請負労働者層にさえも「滞留」し続けられなくなることを意味する．その先については現在のところ資料的に明らかにできないが，今日の典型的な貧困層であるホームレスは決して遠い距離に位置してはいないことが推測できる．一見すると日本を代表する産業の日本の競争力を支えている生産現場が，「貧困層」予備軍により担われているという可能性もある（こうした点も含め貧困層・ホームレス層については第6章参照）．

そうであれば「新段階の企業競争力依存型雇用生活保障システム」なるものは（それが成立しうるとしても），一方で従来のシステムでは等閑視されていた「労働の質向上」，「労働疎外からの解放」の可能性という光の部分をもちながらも，他方で，従来の企業競争力依存型雇用生活保障システムのもとで成立していた「企業競争力の強化→広範な層への安定的な雇用の提供→それによる企業競争力強化のための競争戦略の展開と広範な層の生活の安定」という連環ではなく，企業競争力強化のための競争戦略がブルーカラー層で雇用・生活の不安定でかつ将来展望がみえない層を一定生み出すとともに，その存在を前提として企業競争力の強化のための競争戦略が展開されるという，負の連環をもつ可能性があるといった大きな限界も有しているということになる．この限界の部分は今日の経済競争環境のもとでは，「企業競争力依存型雇用生活保障システム」という枠組みで広範な層の雇用生活を保障するのが困難なことを，別言すれば「新段階の企業競争力依存型雇用生活保障システム」なるものは結局のところ確立しがたいことを示唆しているとも考えられよう[27]．ただここで注意すべきことは，新たな競争戦略とそれに対応する効率的生産システムの展開は必ずしも常に直接生産工程業務で請負労働者の活用拡大をもたらすとはかぎらないということである．確かに先に

---

[27] 同時に直接生産工程業務での活用が拡大した請負労働者は，さきにみた実態からわかるように，第2節(2)で示した今日の非正規雇用労働者の質的変化の3つの特質を典型的に体現している層である．そうであれば，彼らの状態を分析することで，今日の経済競争環境のもとにおける企業競争力依存型雇用生活保障システムの根本的な限界を明らかにすることができるのでは，と筆者は仮説的に考えている．しかしその点は今後の検討課題としたい．

述べたように新たな競争戦略に対応した効率的生産システムの核をなすセル生産方式採用の多くの工場で請負労働者の活用がなされていた反面，A工場，C工場では，セル方式の生産工程はすべて正規従業員（本工）によりまかなわれており，請負労働者が活用されておらず，今後のそこでの活用についても両工場とも否定的であった．その理由として述べられていたのが，両工場のセル生産方式採用工程で必要とされる職務能力が正規従業員でないと対応できないほど高度なものであるためということである．A工場，C工場とも，その基本技能は容易に習得できる水準ではなく，またサイクルタイムは長いものであった．さらに，その工程の付加価値も高い．そうであれば正確には，そこで必要とされる職務能力が請負労働者でも担当可能なほど低い水準であり，その工程の付加価値が低い工程の場合，新たな競争戦略に対応する効率的生産システムの展開は，その工程で請負労働者の活用を拡大させる可能性が強いというべきであろう．

6. 雇用生活保障システムの転換の必要性

本稿で述べてきたように，日本においては労働者の雇用・生活の安定・保障は企業の競争力強化を通じて実現されるものであった．そして90年代前半までは，従来型の企業競争力依存型雇用生活保障システムにより，とりあえずは国民の広範な層（消費者対応の現場営業に従事する労働者，量産組立型産業の組立工程業務に従事するブルーカラー労働者をも含めて）の雇用・生活の安定が実現されてきたといってよい[28]．

雇用の場を提供するのは民間企業であり，安定した雇用の場が提供されることで生活の安定が実現することを考えれば，どのような競争環境・競争戦

---

28) もちろんその時期においても，一定層の不安定就業・貧困層は存在すると同時に先にのべたようにその存在を前提として企業競争力依存型雇用生活保障システムは成り立っていたのであり，またその時期の労働現場の労働実態が必ずしも良好なものではなく，人間性の尊重という面から問題があったことにも目をむけるべきである．なお後者の点については本書第1章参照．

略のもとであれ雇用・生活の安定を確保するためには企業競争力の維持強化が大前提をなすものであることは否定できない事実である．しかし企業競争力の維持強化がなされさえすれば，すべての場合においてそれにより広範な労働者層に雇用・生活の安定が提供されるというわけでは必ずしもない．それがなされるのは企業競争力強化のための競争戦略の展開のためにそうする必要がある場合のみであり，企業競争力強化によってその必要性が現実化するのである．では90年代半ば以降迫られている新たな競争戦略とそれに対応する効率的生産システムの展開による企業競争力の強化は，労働者の広範な層に安定した雇用の場（および生活の安定）をもたらすといえるであろうか．現時点ではそうした戦略の浸透による企業競争力の回復がまだ全面的にはなされていないように思えるためその完全な評価は困難である．しかし，これまでの実態分析からは明暗2つの可能性が垣間見られるように思う．

「明」の可能性は「労働の質改善」「労働疎外からの解放」というよりプラスの要素を加えつつ「企業競争力の強化→広範な労働者層への安定した雇用の場の提供→それによる企業競争力強化のための競争戦略のさらなる展開と広範な層の生活の安定」という連環が成立するという可能性である．それに対し「暗」の可能性は，「労働の質改善」「労働疎外からの解放」という部分は一部で実現されるかもしれないが，かつての連環にかわり，「競争戦略の展開と企業競争力の強化→ブルーカラー層において雇用が不安定で将来展望がみえない層の創出→それによる競争戦略のさらなる展開・企業競争力強化と彼らの生活の現在，及び将来にわたる不安定化」という負の連環が成立してしまう可能性である．「明」の方の可能性は具体的にはA，C工場の事例に，「暗」の方の可能性は具体的にはD，E，H工場の事例にみることができよう．では新たな競争戦略とそれに対応する効率的生産システムの展開による企業競争力の強化のもとではどちらの連環が働く可能性がより強いといえるであろうか．

第2節(1)のところで述べたように，従来型の企業競争力依存型雇用生活保障システムのもとで広範な労働者層にまで雇用の安定を保障したのは，そ

第3章　雇用・生活保障システムの再構築とその方向性　　　163

の競争戦略の展開にとって企業目的（企業競争力強化）を内面化し企業の要請に応じてフレキシブルに対応できる人材を幅広く確保する必要があり，そのためには，①量産組立型産業が日本の中心産業となる時期において民間企業の職場において一定存在していた対抗的労働運動の影響力を廃し，労働者をその影響下から引き離し職場で協調的労使関係を完全に確立する必要があった，②企業目的を内面化し，企業の要請に応じてフレキシブルに対応することに対する納得性を広範な労働者層から獲得しなければならなかった，のであり，かくして広範な労働者層に「安定した雇用の場（および生活の安定）の提供」という対価を支払う必要性があったからである．つまり従来型のシステムでは，競争戦略の展開のために，ここで述べたような必要から広範な労働者層に安定的な雇用の場を提供しなければならなかったために，競争力強化により現実に広範な労働者層に安定的な雇用の場（および生活の安定）が提供されたのであった．では企業競争力強化のために新たに迫られている競争戦略とそれに対応する効率的生産システムの展開のためには，労働者の広範な層に安定した雇用の場を提供する必要があるといえるだろうか．
　第4節(1)で述べたように新たな競争戦略に対応する効率的生産システムの核をなすセル生産方式は，その作業者に「基本技能の組み合わせからなる各作業を標準作業票に従い標準作業時間どおりに行い続ける能力」という，すべての直接生産工程業務に必要な職務能力のほかに，6つの職務能力を要請していた．そしてそれらの職務能力の発揮のためには労働者が企業目的（企業競争力強化）を内面化し企業の要請にフレキシブルに対応していく必要性はより大きい．つまり今日の効率的生産システムの核をなすセル生産方式の展開は職務能力上の要請から正規従業員の活用を促進するメカニズムを潜在的に有しているともいえる．そうであればその部分から，広範な労働者層に安定した雇用の場（および生活の安定）を提供する必要性を高め，「新段階の企業競争力依存型雇用生活保障システム」を確立していく途もあるように思える．もちろん第5節(2)で述べたように今日の効率的生産システム，その核をなすセル生産方式には，請負労働者等不安定雇用活用を促進するメカ

ニズムも一方では内在されている．こうした相矛盾するメカニズムのうちどちらが強く機能するかの一定部分は，そこの労働者に必要とされる職務能力にどれだけ高いレベルのものが要請されるかによって規定されよう．そして第4節(1)で述べた①〜④の職務能力は労働者にとって与件とされることである．それゆえ請負労働者等不安定雇用の積極的活用に歯止めをかけるためには，労働者が⑤〜⑦の職務能力を職場で主体的に発揮し[29]，それらの能力について高いレベルのものが要請されるようにする必要がある．そこに「暗」の部分を克服し，再び「企業競争力の強化→広範な労働者層への安定した雇用の提供→それによる企業競争力強化のための競争戦略の展開と広範な労働者層の生活の安定」という連環を成立させる可能性があるように思える．同時にそれが可能となれば，はポスト・ボルボ・システムとしての可能性を有し従来の同システムの限界をも克服したより進んだシステムである「新段階の企業競争力依存型雇用生活保障システム」が確立することになろう．

　しかし以上のことはあくまで"理論的"可能性にすぎず，具体的な事例に即してみると，その"理論的"可能性は実現性が薄いと考えざるをえない．先に述べたように「明」の連環はA，C工場の事例に，「暗」の連環はD，E，H工場の事例にみることができるが，両者を分かつ最大の部分は量産・非量産の違いと要請される職務能力の水準である．非量産品を生産するA，C工場のようにその基本技能の水準が容易に習得可能な水準のものでない場合は，そこでは人材育成，活用上の理由から正社員の活用となる．これに対し量産品の生産であり基本技能の水準自体が低い場合は，先に述べたように効率的生産システムの構造上，「請負労働者」という不安定雇用のなかでも

---

29) あえて別の言い方をすれば「知的熟練」を有する労働者に主体的になるということである．先に注2のところで筆者は現状説明の理論としての「知的熟練論」には批判的であるが「あるべき」論としての「知的熟練論」には必ずしも否定的であるわけではないと述べたが，それは労働者自らが知的熟練を有する労働者に主体的になることを通じて，「新段階の企業競争力依存型雇用生活保障システム」を確立させる途があると"理論的"にはいえるからである．

第3章　雇用・生活保障システムの再構築とその方向性　　　165

「不安定性」の高い雇用形態の労働者の活用を促進していくであろう．とこ
ろで日本の産業構造を考えるとき，A工場（工作機械），C工場（顕微鏡）
のような生産品の産業がその生産規模，関連産業の裾野の広さから日本の産
業を量的に牽引するとは思えず，日本の産業を量的に牽引するのは量産品[30]
であると考えざるをえない．もちろん"理論的"可能性としては先に指摘し
たように，そうした産業においても労働者が改善能力，提案能力を主体的に
発揮し，企業側に高い職務能力を要請せざるをえないようにすることにより，
職務能力上の要請から正規従業員活用を促進するという"途"も考えられる．
しかし現実には，例えばH工場の事例にみられるように，労働者に改善能
力，提案能力等を期待要請しつつも，それを担う労働者には不安定雇用のな
かでもさらに「不安定性」の強い請負労働者を少なからず活用していたので
あった．そしてそれでも対応できるのは，①今日では民間企業の職場の中で
労使対抗型の労働運動の影響力は皆無となったこと，②職場において不安定
雇用労働者が急速に増大したこと，のため労働者から「企業目的（企業競争
力強化）を内面化し企業の要請に応じてフレキシブルに対応し続ける」（改
善能力，提案能力を労働者に育成発揮してもらうためには労働者による企業
目的の内面化は不可欠の前提）ことへの納得性を獲得するために「雇用（お
よび生活）の安定」という対価を支払う必要性が著しく弱くなったからであ
る．そうであるならば先に述べた"理論的"可能性はあくまでも"理論的"
にとどまり，現実には，企業競争力強化のための新段階における競争戦略と
それに対応する効率的生産システムの展開は，必ずしも直接生産工程業務に
従事するブルーカラー層までをふくめた広範な労働者層に雇用と生活の安定
を与える必要性があるとはかぎらないということになろう．それどころかむ
しろ第5節(2)でみたように，ブルーカラー層で請負労働者のような不安定
性がより強い不安定雇用が拡大することがその競争戦略展開（および企業競

---

30) 逆説めくが量産品ではありながらも，その生産においては今日の競争環境とそ
れに対応する競争戦略から変種変量生産の徹底（および低価格化・高精度高品質
化）といういわば1品受注生産的な対応がもとめられているのである．

争力強化)の帰結であるとともに,その前提をなしているのかもしれない.

そのように考えると今日の競争環境とそれに対応する競争戦略の展開のもとでは,企業競争力の維持強化は安定した雇用の場の提供(および安定した生活)の前提条件として追求し続けることは重要な課題であるとはいえ,雇用生活保障をもっぱら企業競争力の強化に依存するシステムから脱却し,それにかわる雇用生活保障システムを模索することが求められているといえよう.その際留意すべき点は,第2節(1)のところで述べたように,日本の従来の労働政策・社会保障制度・教育制度はすべて企業競争力依存型雇用生活保障システムを前提とし,「雇用と生活の安定の確保は企業によりなされる」ということを支えるよう制度設計されていたという点である(同時に逆に「雇用と生活の安定の確保が企業によりなされる」ということにより,既存の労働政策・社会保障制度・教育制度が支えられていたという面もあることも前述のとおり).そうであれば企業競争力依存型雇用生活保障システムにかわる新たな雇用生活保障システムの模索にあたっては,労働政策・社会保障制度・教育制度の全面的な見直しが必要となろう(その際の教育制度の見直しのひとつの方向性としては次章参照).その見直しにおいて軸となるのは「雇用と生活の安定の確保は企業によりなされる」ということでそれら政策・制度もとでは,必然的に抜け落ちていってしまった「ナショナルミニマムの保障」であろう[31].そしてその見直しの先には再び福祉国家の構築が現実的説得性をもって浮かび上がってくるのかもしれない.

参考文献

Berggren, C. (1992) *Alternatives to Lean Production, Work Organization in the Swedish Auto Industry*, Ithaca, New York, IRL Press.(丸山恵也・黒川文子訳(1997)『ボルボの経験－リーン生産方式のオルタナティヴ－』中央経済社)

OECD (1999) "Employment Protection and Labour Market Performance," *OECD*

---

[31] 今日ではむしろ「セーフティネット」という概念が用いられているが,「権利としての雇用生活保障」という含意をより明確にするためにあえて「ナショナルミニマム」の概念を用いている.

Employment Outlook 1999, Paris, OECD.
OECD (2002) "Taking the Measure of Temporary Labours," *OECD Employment Outlook 2002*, Paris, OECD.
OECD (2004) "Employment Protection Regulation and Labour Market Performance," *OECD Employment Outlook 2004*, Paris, OECD.
The Economist (1994) "The Celling Out of America," *The Economist, December 17th-24th.*
石田光男・藤本博之・久本憲男・村松久良光（1997）『日本のリーン生産』中央経済社．
伊原亮司（2003）『トヨタの労働現場』桜井書店．
岩室宏（2002）『セル生産システム』日刊工業新聞社．
岩室宏（2004）『トコトンやさしいセル生産方式の本』日刊工業新聞社．
大野威（2003）『リーン生産方式の労働』御茶の水書房．
機械振興協会経済研究所（1997）『90年代の生産システムの革新と人材活用』．
熊沢誠（1997）『能力主義と企業社会』岩波新書．
小池和男（2004）『仕事の経済学（第三版）』東洋経済新報社．
厚生労働省（2002）『第32回民間労働力需給制度部会（02.10.4）提出資料　労働力需給制度についてのアンケート調査集計結果』．
小山修（2000）「スウェーデン・モデルの特質と動向」宗像正幸・坂本清・貫隆夫『現代生産システム論』ミネルヴァ書房，所収．
佐藤博樹（2001）「新しい人材活用戦略の現状と労働組合の対応」佐藤博樹監修『IT時代の雇用システム』日本評論社．
佐藤博樹・木村琢磨（2002）『第一回構内請負企業の経営戦略と人事戦略に関する調査〈報告書〉』東京大学社会科学研究所．
佐藤博樹・佐野嘉秀・木村琢磨（2003）『第一回生産現場における構内請負の活用に関する調査〈報告書〉』東京大学社会科学研究所．
佐藤博樹（2004）『パート・契約・派遣・請負の人材活用』日経文庫．
佐藤博樹・佐野嘉秀・藤本真・木村琢磨（2004）『生産現場における外部人材の活用と人材ビジネス(1)』東京大学社会科学研究所ビジネス研究寄付研究部門研究シリーズNo.1．
佐藤博樹・佐野嘉秀（2002）「『製造請負事業実態調査（労働者用）』再集計結果」佐藤・佐野・藤本・木村（2004）所収．
佐藤博樹（2005）「外部人材活用の拡大と労働組合の課題」中村圭介・連合総合生活開発研究所『衰退か再生か：労働組合活性化への道』勁草書房．
信夫千佳子（2003）『ポスト・リーン生産システムの探求』文眞堂．
白井邦彦（1999）「『人に依存した生産形態』の展開とその実態」釧路公立大学『社会科学研究』12号．
白井邦彦（2001a）「今日の契約労働を巡る実態と問題点」鎌田耕一編『契約労働の研

究』多賀出版，所収．
白井邦彦（2001b）「セル生産方式と人材活用」都留康編『生産システムの革新と進化』日本評論社，所収．
白井邦彦（2004）「量産組立型産業における人材活用戦略の新展開」青山学院大学経済学会『青山経済論集』56巻3号．
白井邦彦（2005）「近年における日本の雇用保護制度改革の国際的位置（上・下）」青山学院大学経済学会『青山経済論集』57巻2・3号．
電機連合総合研究企画室（2004）『電機産業における業務請負適正化と改正派遣法への対応の課題』．
野村正実（1993）『熟練と分業』御茶の水書房．
野村正実（2001）『知的熟練論批判』ミネルヴァ書房．
丸山恵也（2002）『ボルボ・システム－人間と労働のあり方－』多賀出版．
労働省職業安定局（1996）『失業対策事業通史』社団法人雇用問題研究会．

第4章
職業教育の現状・課題・国際比較
内部労働市場型から生活連携型へ

松 尾 孝 一

1. はじめに

　本章では，日本的長期雇用システムの衰退や若年不安定雇用の増加などの近年の現実を踏まえながら，まず若年層を中心とした職業教育の現状と特質について，政策・実態両面にわたり把握する．それを踏まえ，その意義と限界を見極め，さらに人々の生活領域との関連において今後のその望ましい方向を検討していくことを目的とする．また，外国の事例の検討の中から，職業教育についての示唆を得ることも本章の課題に含まれる．さらに本章は，これらの作業を通じて，人材形成の問題を切り口に社会政策論的見地から労働と生活の統一的把握を試みるとともに，より良い労働と生活のあり方と，それを通じた人々の社会的自立のあり方を考えようとするものでもある．

　なお，このような課題設定の背景には，以下のような基本認識がある．すなわち，①経済のグローバル化やIT化の進行とそれによる雇用と生活の構造の変化，②特に日本的長期雇用システムの衰退や新自由主義的政策の下での，企業社会の安定を基盤とした雇用と生活の安定装置の脆弱化，③さらに，このことによる不安定雇用の増加・国民間の経済的格差拡大などの種々の社会問題の噴出と生活リスクの増大，などの状況下では，職業能力の向上とそれへの社会的支援が，生活面も含めた社会的セーフティネット[1]構築の重要環になってくるということである．さらに，生活の場も視野に入れたそうし

た支援は，ひとたび人が「労働」の領域から排除された場合においても，彼らの労働市場への再登場や社会的再承認の獲得の手段として重要となってくるであろうということである．その中でも特に若年層については，雇用・生活環境の上でも意識の上でも，社会・経済構造の変化の影響を受けやすく，その矛盾も集中しやすいことから，第一義的な分析・政策対象とされるべきであろう．

　また，生活面も含めた社会的セーフティネットの構築を視野に入れる以上，本章が目的とする職業教育についての考察は，内部労働市場[2]におけるOJTシステムや，内部労働市場のブルーカラー職への外部からの人材供給を主に意図してきた伝統的な公共職業訓練の枠組みを発展的に乗り越えていく射程を持ったものでなければならない．しかし同時にそれは，雇用の流動化や不安定雇用の増大などにフレキシブルに順応できる外部労働市場型の人材形成を意図するものであってもならない．むしろ本章における考察は，職業教育や職業能力形成を狭い意味での職業訓練や労働力政策としてのみとらえるのではなく，「生活」領域におけるセーフティネットや人々の自立的世界を構築するものとして，いわば広義の社会政策の観点からも位置づけ直すということである．

---

1) 「セーフティネット」という概念については，ナショナルミニマムを保障するような福祉政策の変質であり，そもそも「綱渡り」を行わせることを前提にした概念であるとして，これを肯定的・積極的な意味あいで使用することには批判的な論者も多い．むろん著者も「綱渡り」を肯定するものではない．しかし現実に「綱渡り」を強いられることが構造化しているとすれば，それに対する「セーフティネット」を構想することは社会政策として重要であると考えるものである．

2) 内部労働市場の概念については，日本では，1970年代における隅谷三喜男によるドリンジャー・ピオーリの内部労働市場論の紹介を下敷きに，1980年代に小池和男らにより内部昇進制や長期雇用などが支配的である大企業内の労働市場を指すものとして通説化されたとされる（野村2003）．内部労働市場のこうした理解に対しては，ドリンジャー・ピオーリの議論の恣意的な理解であるとして野村自身は批判している．ただし本章のテーマは内部労働市場の概念を厳密に確定することにはないので，この問題にはこれ以上は深入りしない．とりあえず本章では，内部労働市場の語を，「内部昇進制や長期雇用慣行などが支配的である主に大企業における正規従業員の労働市場」という程度に理解しておく．

第4章　職業教育の現状・課題・国際比較　　　　　　　171

なお本章は，青山学院大学総合研究所における共同研究プロジェクトの成果である．そのことからも，同プロジェクトの一環として 2003-04 年度に行った各地での聞き取り調査やアンケート調査の結果を踏まえ，できる限り事実に沿った叙述を行っていくこととしたい．

2. グローバリゼーション下における内部労働市場型職業能力形成システムの変質と本章の課題

(1) 職業能力形成に関する伝統的日本的モデル

本節では，職業能力形成に関する伝統的日本的モデルの特質と近年の変化の方向を踏まえ，本章の検討課題について叙述する．

高度経済成長期以降の中核的労働市場における長期雇用慣行や新規学卒一括採用方式の拡大の中で，大企業男子正規従業員を中心とする中核的労働者層の職業能力形成の問題は，国の労働政策においては長らく周辺的な位置にとどめられてきた．すなわち，次節でも概観するが，職業訓練法（1985年より職業能力開発促進法）などに基づいた日本の公共職業訓練政策は，実態的には，労働市場の二重構造を与件とした上で，どちらかと言えば周辺的な労働市場に身を置いている層を主対象としたものであった．

もちろん，内部労働市場のメカニズムが優越するいわばコア的労働市場に位置する中核的労働者の職業能力形成についても，従来から注意が払われてこなかったわけでは全くない．しかしこの層に対しては，公共職業訓練を通じてではなく，ブルーカラー・ホワイトカラーを問わずおおむね中等教育終了水準の学校教育知識を前提とした上で，企業が長期雇用の下でOJTを中心とした企業内教育訓練を行うことを通じて職業能力の形成を図ってきたのである．そして労働市場全体の中では，周辺層への公共職業訓練よりも中核層への企業内OJTを通じた能力形成の方が圧倒的に主要かつ重要なものとみなされてきたのであった．本章では，中核的労働者を中心対象に据えた以上のような「日本的」な職業能力形成の構造を「内部労働市場型職業能力形

成システム」と呼ぶこととする．

　こうした職業能力形成の構造の下では，学校教育と企業内職業訓練教育との間にも一定の分業関係が成立していた（さらに言えば，学校教育と企業外の公共職業訓練との関係は全くの没交渉であり，分業関係すらなかったかもしれない）．すなわち学校教育においては，初等教育レベルで形成された規律を前提としつつ，中等教育レベルで一般的基礎学力を注入することと，高等教育レベルで対人関係能力などの社会的スキルを注入するとともに，学校の威信ランクに応じて学生にラベリングを施すことが社会的に期待された．大学の文系学部は言うに及ばず，職業高校[3]（専門高校）や高専，理工系の大学学部・大学院においてさえも，実際的な職業能力形成の教育は十分に行われてきたとは言い難かった．一方企業側は，OJTの前提となる一般的学力水準を重視して新規学卒労働者を採用しながらも，採用後は一転彼らの一般的基礎学力や教養にさほど関心を払うことなく，その内部労働市場の中でOJTを通じての企業特殊的性格を帯びた職業能力の形成を重視してきた．

　職業能力形成に関してのこのような構造の下で，学校教育と企業内教育は，お互いの教育内容には相互不干渉・無関心の関係を築いてきた[4]し，それが大きな問題を引き起こすことはなかった．さらに，新規学卒者の学校生活から職業生活への連続的な移行が1990年代初頭頃まで比較的容易であったことが，こうした関係を強化せしめた．むろん技能系・技術系労働者の新規学卒労働市場では，両者の教育内容のすり合わせがある程度は必要であったで

---

3) 工業高校や商業高校などのいわゆる「職業高校」については，職業教育の活性化方策に関する調査研究会議（最終報告）『スペシャリストへの道』（1995年3月）以来，「専門高校」という呼び方が定着してきている（斉藤ほか編著2005）．そのこと自体への評価は別として，本章でも一応これに従い以下では「専門高校」という語を原則として用いることとする．

4) 例えば，筆者自身の体験で言えば，1997年夏に某大手電機メーカー（2社）の人事担当者にインタビューした際，彼らが「新規大卒者の選考にあたっては学生の論理的思考力は非常に重視するが，大学は職業人を養成するところではないから，大学における勉強内容などは全く気にしない」と断言していたのは印象に残っている．

あろう．しかし，学校から職業への連続的な移行システムの長期にわたる「成功」ゆえに，この労働市場においてさえも公共職業訓練などが両者の媒介項となる必要性はやはり低かった．結局，戦後の内部労働市場型職業能力形成システムは，「『学校教育－公共職業訓練－企業内教育』の『連携なき』鼎立」（木村・永田2005）というべきものとしてあった．

(2) 社会経済状況の変化とシステムの変質

しかし1990年代以降進行してきた経済のグローバル化・IT化・サービス化などは，日本の長期雇用慣行の下で支配的であった「内部で育てる」技能形成システムの必要度を低くしている．

まず，マクロな状況としては，経済のグローバル化とIT化の進行により，大手製造業に典型的に見られたような内部労働市場における長期雇用・長期訓練を通じた熟練形成システムはその必要性を減じていく．すなわち，グローバルな生産活動の下では，それほど高度でない現場作業は発展途上国に移転させたほうがコスト上効率的であるし，高度な研究開発業務を担う人材は必ずしも長期雇用を通じての内部養成を行う必要はない．IT化により情報共有の迅速化や意思決定過程の単純化が進めば，中間管理職要員も従来ほどは必要なくなる．さらに，従来の内部労働市場の最上層部分は，雇用流動性の高い専門的経営者や，ライシュ（1991）が「シンボリック・アナリスト」と名付けたようなデータ・言語などのシンボル操作によって問題発見・問題解決・戦略策定などを行う高度専門職によって浸食されていく．

一方，対人・対事業所サービスに代表されるような低熟練の短期雇用職種への需要は相対的に増加していく．生産と消費が同時に行われるというサービス業の特性ゆえに，それを国外移転させることは困難であるからである．このようにして，経済のグローバル化とIT化の進行は，先進国において内部労働市場の各階層をスリム化させていくとともに，低熟練サービス職への需要を作り出す．かくして先進国においては，長期雇用という雇用管理の下に置かれるコア的労働力の需要は減退する．その種の労働力への需要が減退

すれば，新規学卒者を一括大量採用する必要度も低下する．

　また個々の企業のレベルにおいては次のようなことが言える．すなわち個々の企業は，1990年代の長期不況の中で基本的な人事政策・経営方針を変化させてきたことや，少子化と大学・大学院進学率の上昇のため新卒者の質的・量的水準が低下していることなどから，大量の新卒労働者をじっくり育てる余裕をなくし「即戦力」を求める度合いを強めていることが指摘できる．具体的には，アウトソーシングや，パート・派遣・請負などの非典型労働者の活用である（なお，非典型労働者の労働過程や生活に関する具体的な問題については，本書第3章も参照されたい）．要するに，個々の企業の人事管理の中でも，「中で育てる」タイプの中核的人材の範囲は限局化されてきている．よく知られているように，かの日経連の『新時代の「日本的経営」』は，いわば「総資本」の立場から，1990年代以降強まってきた上記の流れを追認し，雇用構造の変化を推進しようとする戦略文書であった．

　ところで，このようなマクロな社会経済状況の変化とその結果としての雇用構造の変化の下では，労働者間の階層分化と処遇格差の拡大（その結果としての経済的格差の拡大）は，ほぼ必然的に生じてくる[5]．さらにこれらは，単に人々の間での経済的格差の拡大というレベルにとどまらず，佐藤（2000）や山田（2004）なども指摘するように，社会的閉塞感の増大や，社会的一体感の喪失，いわゆる「負け組」の希望喪失，社会リスクの増大などの問題も引き起こす．少なくとも本章の立場からは，こうした傾向を肯定的に捉えることはもちろんできない．また，こうした傾向を宿命論として受け入れるのではなく，政策当局や社会運動の当事者などが，これに歯止めをかけるべく努力することも望まれる．しかし，職業能力形成の問題を考えるにあたっては，階層分化[6]や格差拡大の現実を追認するのではないにしても，

---

5) 雇用構造の変化，特に不安定雇用の増大による若年層を中心とした個人の労働所得格差の拡大を指摘した研究としては，太田（2005）がある．

6) これは，『新時代の「日本的経営」』式に言えば，「長期蓄積能力活用型」「高度専門能力活用型」「雇用柔軟型」の3層構造ということになろう．

第4章　職業教育の現状・課題・国際比較　　　175

それを一定与件としながら，各階層の状況に即した能力形成・人材形成のあり方を構想していくことはやはり必要であると思われる．

(3) 本章における検討課題

さて，以上述べたような日本の職業能力形成システムの特質と，グローバル化・IT化などの社会経済状況変化の中での近年のその変質を踏まえつつ，本章では以下のようにその検討課題を設定する．

第1に，職業能力形成を狭い意味での職業訓練としてのみ位置づけるのではなしに，日本的長期雇用システムの衰退下においてあらゆる階層の人々の生涯の職業と生活を守るためのセーフティネットとして広く位置づけ直すことである．

第2に，職業能力形成を広く人材形成としてとらえ，学校社会と企業社会との双方を見ることにより，学校教育と企業社会との相互分業に基づく従来の日本型人材形成システムの特徴と限界を指摘することである．ただしこれについては，従来の内部労働市場型の職業能力形成システムの特徴を整理した上で，特に公教育を中心に，若年層への職業教育の現状と問題点について中心的に検討することとする．それは，特に近年の雇用情勢の下で，職業能力形成の必要度が最も高く，かつ経済的格差拡大や社会的排除の危険に最もさらされているのが若年層であるという認識からである．

第3に，アンケートや聞き取りなどの調査を通じて，エリート予備軍（ホワイトカラー上層予備軍），ノンエリート層を問わず，それぞれの階層が抱える問題を浮き彫りにし，あらゆる階層の人々にとっての広い意味での職業教育の意義を実証的に明らかにすることである．

第4に，近年のイギリスにおける職業教育・人材育成の取り組みなど，国際的な先進事例への目配りをすることである．

3. 内部労働市場型職業能力形成システムの展開・帰結とその再編

(1) 戦後日本の職業訓練政策の生成と変容

本節では，内部労働市場型職業能力形成システムの生成・展開を踏まえ，それがもたらした帰結と近年におけるシステムの再編の方向についてより具体的に記述し，そこから浮かび上がってくる問題点を明らかにする．

まず戦後日本の職業訓練政策について略述する．戦後日本の職業訓練は，職業安定法に基づく職業補導と労働基準法に基づく技能者養成から出発した．前者は主に失業対策の見地から，後者は事業所内における技能訓練の近代化（封建的色彩の除去と労働条件の改善）の見地から行われたものであった．その後1958年公布・施行の職業訓練法により，職業訓練制度は拡充・再編され，以後職業補導は公共職業訓練として，技能者養成は事業所内職業訓練として展開されることとなる（厚生労働省職業能力開発局2002）．要するに，同法の下で，職業訓練制度は，失業政策から高度成長に対応する産業政策としての性格を強めたのである（久本2004）．

しかし，職業訓練法に基づいた企業内・企業外の技能養成訓練システムは，高度成長期に高学歴化の進行と企業内OJTを通じた技能形成システムとによって次第に周辺的な地位に追いやられていく．すなわち久本（2004）によれば，高度成長期における高学歴化の進行（高校進学率の増加）によって，公共職業訓練校が定員割れをきたすなど，公共職業訓練は技能養成において周辺的な存在となっていく．事業所内職業訓練も，1960年代に多くの大企業が中卒養成工から高卒技能者へとブルーカラーの採用行動をシフトさせたこともあり，高卒者の一般的・潜在的能力に期待するOJT中心の技能形成に取って代わられてしまう．また，同法に基づく技能検定制度は在職者に対する向上訓練としてある程度有効に機能したものの，やはりそれも経済構造変化には十分対応できなかったし，ホワイトカラー職種への展開を欠いていた（久本2004）．かくして公共職業訓練は，少なくとも中核的労働者に対す

る職業能力形成策としては周辺的な存在となっていったのであった[7].

(2) 内部労働市場型職業能力形成システムの成立背景

　さてこのように，実態的には，高度成長期に職業能力形成におけるOJT中心主義が勢いを増していき，それは1980年代にピークに達したと思われる．ちょうど日本的経営システムに対する内外からの賞賛がピークに達した頃である．そして，中核的労働者に対する企業内OJTを中心とした技能形成が従来重視され，それが現実に有効性を有していることについては，実態面からそれを賞賛する立場の他にも，論理のレベルでも上手く説明されてきた．

　それはまず第1に，小池和男に代表されるように，独占資本主義段階における技術独占→企業特殊熟練の優位→労働市場の内部化→企業内訓練といういわば歴史段階論的図式からの説明である．この小池の図式によれば，企業内OJTを中心とする技能形成というシステムは，外部労働市場における技能形成に比べて，独占資本主義段階に適合した「先進的」なシステムという位置づけがなされる．小池によれば，このような図式は国にかかわらず一般性をもつが，特に日本では，資本主義の自由放任段階が終わり独占資本主義段階に入り始めた頃に産業化が始まったため，この特徴が強く現れたというわけである（小池1999など）．なおその上での日本の特徴としては，高度成

---

7) その後職業訓練法は1985年に職業能力開発促進法に改められ，サービス経済化などの産業構造変化に対応する形で，第2次産業の技能者のみならず第3次産業のホワイトカラーやサービス職も対象に含めたものへと再編されていく．しかし同時に同法は，「労働者が急激な社会経済情勢の変化に的確に対応できる適応力を付与する」ことや，「事業主等に対する援助措置，労働者の自己啓発促進のための援助措置等各種の施策を総合的に講ずる」こともその目標とした（厚生労働省職業能力開発局2002）．これは，職業能力開発をとりまく環境条件の変化の中で，OJTを中心とした企業側による自主的な職業能力開発を推し進めるとともに，労働者に対しては能力開発の個人主導化とフレキシブルな対応能力の形成を求めるものであったといえよう．自主的な職業能力開発や能力開発の個人主導化という基調はこれ以降の同法改正においても強まっていく．

長期に中核的労働者の長期雇用化が男子ブルーカラー層をも巻き込む形で進行したことであろう．

　また他にも，「遅れて」「急激に」「上から」近代化を進めた日本の歴史的事情にも由来するものであるが，特に若年の熟練労働力の不足とその企業内囲い込みの必要性や，外部労働市場におけるクラフト的な熟練形成の伝統の欠如なども，教育訓練における OJT 中心主義の要因として指摘できよう．

　ただし，これらの説明は企業システム（経済システム）の側から一方的に技能形成のあり方を根拠づけようとするものであり，やや機能主義的・予定調和論的な説明と言わざるを得ないであろう．つまりこれらは，企業システム（経済システム）と教育システム（社会システム）の両者の現実の相互作用の中から，日本的な内部労働市場型職業能力形成システム，さらに人材形成システムを説明しようとする視点に乏しいのである．

　その意味でも，われわれは，現実の歴史の動態や教育システムのあり方にも注目しながら，この日本的な内部労働市場型職業能力形成システムを理解していく必要があると思われる．具体的には，戦後の労働民主化を通じた工職身分格差撤廃という処遇制度的要因，ホワイトカラーの生活様式の規範化とそのブルーカラーへの伝播，それを可能にした経済成長，さらに学校と企業を媒介する新規学卒職業紹介システム，中等教育における一般教育の重視とそれを通じた効率的な人材選別（偏差値序列体制）などが，実態としてこのシステムを形成していったという側面に注目すべきであるということである．

　そしてこの観点に立つならば，さしあたり次のような説明図式を提示することができるであろう．すなわち，戦後民主化と高度経済成長を主たる背景としつつ，労働と生活における戦前のホワイトカラー向けのシステムがブルーカラーにも波及していったことの一環として，教育システムにおいても一般教育の優越と上級学校進学の規範化が進んだ．その結果，中等教育レベルにおける職業教育が縁辺化され，学校における一般教育と企業における OJT を軸とした企業特殊的職業教育との間の分業関係並びにそれに基づく

内部労働市場型職業能力形成システムが成立したということである．さらに，こうした体制の下では，公共職業訓練は，周辺的な制度として企業内訓練との連携を欠いたまま，失業者等の周辺層を中心的ターゲットにしたものになっていかざるを得なかったのである．

(3) そのシステムがもたらした帰結と問題

しかし本章の目的は，この内部労働市場型職業能力形成システムの根拠や是非自体を論じることにはない．むしろここで問題にしたいことは，それが日本の人材形成システムにいかなる意義と限界をもたらしたかということである．

そうした観点から前述のシステムを見るならば，以下のようなことが言えよう．すなわち，前述のような学校教育とOJTを中心とした企業内職業教育との間の分業関係並びにそれに基づく内部労働市場型職業能力形成システムは，中核的労働力の「深い内部化」が維持され，かつ学校と職業とをつなぐ「パイプライン・システム」（山田 2004）がうまく機能している限り，職業能力養成において瞠目すべき成果を挙げ得たと言える．要するに一般的能力養成を中等教育が主に担当し，その基礎の上に企業特殊的能力養成を企業内職業教育が担当したというわけである．もちろんホワイトカラーの少なからぬ部分についてはその中間で高等教育を受けるわけであるが，高等教育は，こうした中等教育と企業内教育との分業関係の中で，能力養成自体よりも微細な学校威信格差（入試難易格差）を通じての人材のスクリーニングを主たる役割とするに至った[8]．

しかし同時にこのシステムは，第1に学校教育と職業訓練との内容的断絶，第2にはそれとも関係するが，学校教育における選抜システムの自己組織化と企業の反知性主義，第3にはIT社会・サービス経済化における能力の質的変化への対応不備，などの問題をもたらしたと言えよう．

---

8) この傾向はとりわけ大学の文系学部において顕著であったが，理系学部においてもこうした側面が全くなかったとは言い切れまい．

すなわち，第1の点については，中核的労働力における内部労働市場型職業能力形成システムの一般化の結果として，高度成長期以降の日本の学校教育は，実際的な職業教育をほとんど担うことなく，中等教育水準の一般教育の完成とその達成度合いを通じての人材選別を主たる役割とするようになったということである（なお高等教育段階の教育自体に期待されたものは，専門的能力よりも一般教養や対人関係能力の形成が中心であったであろう）．その一方で，職業人としての具体的な職業能力養成は就職後に先送りされることになった（「仕上げは会社」）．こうした構造の下では，工業高校などの職業高校（専門高校）は，実際的な職業教育をある程度行うがゆえにかえって学校ヒエラルキーの底辺部分に位置づけられてしまった（「普農工商」）．やや皮肉を込めて言うなら，日本的な内部労働市場と技能形成のシステムの下では，職業教育をほとんど意識することなく一般教育に専念してきたこと自体が，日本の学校教育における最も本質的な職業教育であったと言えるかもしれない．

第2の点について言えば，このような日本的な内部労働市場と技能形成のシステムの下で，教育システムや選抜システムの側も，それを相対化することなくいわばそれに悪乗りしてしまうということが生じたのであった．すなわち，やや極端に言えば，中等教育段階においては職業教育や将来の職業キャリア展望の涵養などは思いもよらぬまま，主要科目の教育の偏重を通じて目先の進路へ関心を集中させることが中心命題とされた[9]．その結果，こうした教育システムは，確固たる将来の職業的アスピレーションを持たないまま目前の選抜をクリアすることに関心を集中させるタイプの人材[10]を生み出

---

9) むろんこれは進学校において典型的にみられた現象であったであろう．しかし，就職選考にあたって学校成績が重視されたことからも，普通科高校中下位校においてもこうした現象が程度の差こそあれ普遍的に見られたと言っても差し支えないであろう（むろんすべての生徒がそれに積極的にコミットしたかどうかは別問題であるが）．

10) ただしこのタイプの人材は，竹内洋が「主体を空虚化した」「サラリーマン型人間像」（竹内1995）といみじくも名付けている通り，内部昇進制が優越するコア的内部労働市場において中核的位置を占める人材としてはむしろ「期待される

していった．これがさらに進むと，「選抜されたことで何ができるようになるかではなく，選抜されることだけが自分の価値となる」（佐藤 2000：107）というタイプの人材が大量に生み出されることにすらなる．これが選抜システムの自己組織化の意味であるが，ここでは手段の自己目的化という問題が生じてしまうのである．

しかし一転，彼らの就職先の（大）企業においては，学校で問われる能力と職場で問われる能力とは違うという企業側の「状況的能力観」（竹内 1995）の下で，学校知や学業達成にこだわる者はむしろ疎まれてきた．やや極端に言うなら，企業が新卒労働者にとりあえず求めたものは，中等教育レベルの一般的学力（むろんそれはそのレベルで高度に極められているほど望ましい）や，対人関係能力，さらには受験競争時と同様に確固たる将来的ビジョンなしにとりあえず目前の目標に関心を集中する心性などが中心であったであろう．これがここで言う企業の反知性主義[11]の意味であるが，それは企業の長期的ビジョンの欠如や企業倫理・理念の欠如などの問題をもたらしかねない．

第3の点については，「ものづくり」中心に組み立てられてきた経済社会から，知識や情報に依存する経済社会への移行に伴い，重視される能力が変化してきているにもかかわらず（例えばそれは定型的課題を確実かつ迅速に処理する能力から，課題発見・解決能力や独創性などであろう），それに対して人材形成システムが追いついていないということである．特に，将来の「シンボリック・アナリスト」たりうる高等教育レベルの専門知識を備えた人材をそれが十分に養成できていないということである．

(4) 社会経済状況変化の下での人材形成システムの再編と態度主義の強調

しかし前節でも述べたように，1990年代以降進行してきた経済のサービ

人間像」であったかもしれない．
11) こうした企業側の姿勢は，本田 (2005) も言及しているように，学歴＝「実力」という図式への過度な反発とみることもできよう．

図1 年齢階級別完全失業率の推移

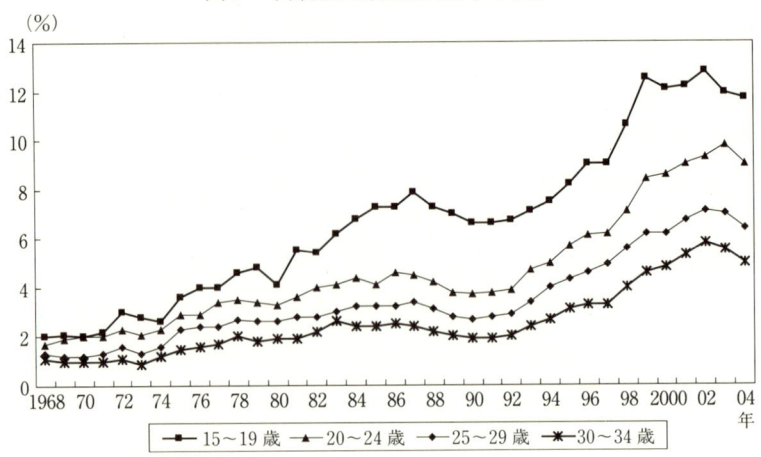

資料出所:「労働力調査」.

ス化・IT化・グローバル化などは,「内部で育てる」技能形成システムの必要度を低くしている．それに対応する形で人材形成システムも再編を迫られてきた．現実にも1990年代半ば以降，長期不況の影響もあって新卒就職率の低下や，若年失業・無業，フリーターなどの若年不安定雇用の増加等の問題が深刻化してきたが（図1〜3参照），これらは従来の学校から職業への連続的な移行システム（パイプライン・システム）を動揺させ，前述のような分業関係を見直すことを迫った．その文脈の中で，若年層を主たるターゲットにしつつ，公共職業訓練やキャリア支援に関する諸施策が矢継ぎ早に打ち出されてきたことはよく知られている．同時に，学校教育においても，その中に職業教育を一定組み込むことの必要性が認識されるようになった．

---

12) 「キャリア教育」は，戦前期の「職業指導」の系譜をくみ，1970年代のアメリカにおけるキャリアエデュケーション運動からの影響もあるとされるが（三村2004），いずれにせよ日本ではごく最近になって注目されるようになってきた概念であると言える．それは，例えば1999年の中教審の答申では，「望ましい職業観・勤労観及び職業に関する知識や技能を身に付けさせるとともに，自己の個性を理解し，主体的に進路を選択する能力・態度を育てる教育」と定義されている（三村2004）．

第4章　職業教育の現状・課題・国際比較　　　　　　　　　183

図2　フリーター数の推移

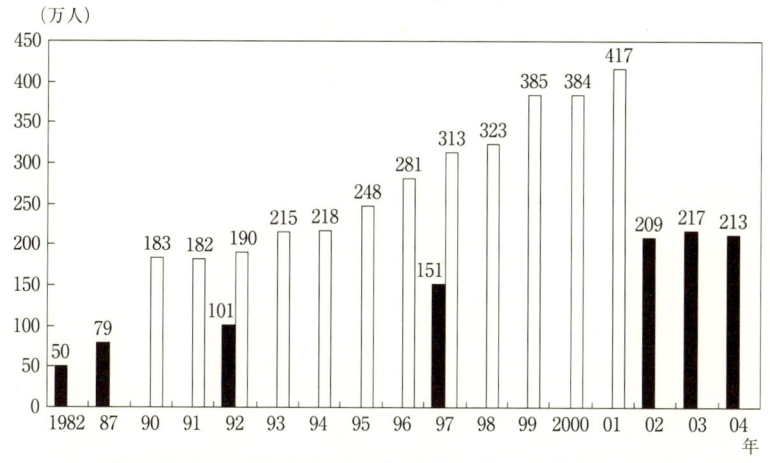

（万人）

年	数値
1982	50
87	79
90	183
91	182
92	101 / 190
93	215
94	218
95	248
96	281
97	151 / 313
98	323
99	385
2000	384
01	417
02	209
03	217
04	213

■フリーター数（厚生労働省定義）　□フリーター数（内閣府定義）

注：厚生労働省定義のフリーターは，1982-97年については，年齢15〜34歳で，①現在就業している者については勤め先における呼称が「アルバイト」又は「パート」である雇用者で，男性については継続就業年数が1〜5年未満の者，女性については未婚で仕事を主にしている者，②現在無業の者については家事も通学もしておらず「アルバイト・パート」の仕事を希望する者．2002-04年については，年齢15〜34歳（在学者を除く）で，①現在就業している者については勤め先における呼称が「アルバイト」又は「パート」である雇用者（女性については未婚の者），②現在無業の者については家事も通学もしておらず「アルバイト・パート」の仕事を希望する者（『平成17年版厚生労働白書』）．内閣府定義のフリーターは，「学生，主婦を除く若年（年齢15〜34歳）のうち，パート・アルバイト（派遣等を含む）及び働く意志のある無職の人」（『平成15年版 国民生活白書』）．

資料出所：厚生労働省定義のうち，1982・87・92・97年については「就業構造基本調査」を労働省政策調査部で集計したもの（『平成12年版 労働白書』より引用）．2002-04年については，「労働力調査（詳細集計）」を厚生労働省で集計したもの（『平成17年版 労働経済白書』より引用）．内閣府定義は，「労働力調査特別調査」により集計したもの（『平成15年版 国民生活白書』より引用）．

そのような認識の下，若年層を中心的対象として，実体的な職業能力形成を図るというよりも職業意識・キャリア意識の発揚をねらうような人材形成教育が1990年代半ば以降台頭してくる．その一環として，例えば学校教育の場で政策的に打ち出されてきたものが，「キャリア教育」[12]という概念であった．しかしこの「キャリア教育」は，特に中等教育段階における伝統的な職業教育の復権を図るものではなかった（戦後日本における「キャリア教育」の歴史については表1参照）．その実態と問題点については第5節でも

図3 若年無業数・ニート数の推移

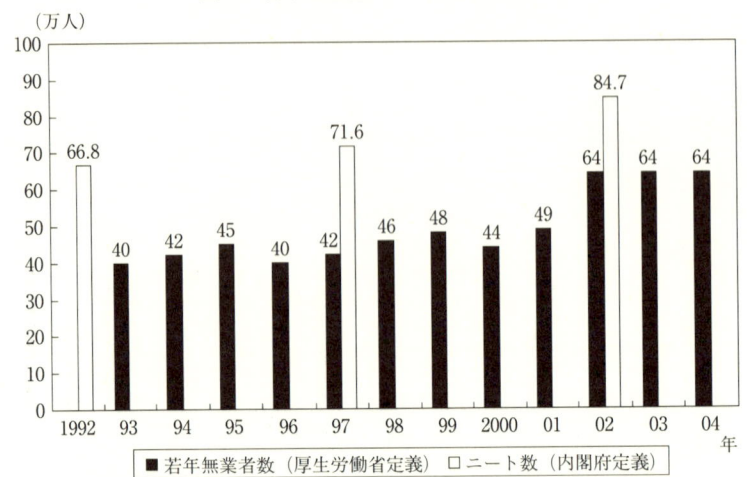

(万人)
年	若年無業者数（厚生労働省定義）	ニート数（内閣府定義）
1992		66.8
93	40	
94	42	
95	45	
96	40	
97	42	71.6
98	46	
99	48	
2000	44	
01	49	
02	64	84.7
03	64	
04	64	

注：厚生労働省定義では，若年無業者を，「年齢15～34歳に限定し，非労働力人口のうち家事も通学もしていない者」(『平成17年版 労働経済白書』) として集計．内閣府定義では，ニートを，非労働力人口のうち15～34歳で卒業者かつ無職であり，家事や通学を行っていない者（ただし家事手伝いもニートに含む）として集計している．
資料出所：厚生労働省定義の若年無業者数は「労働力調査」による．内閣府定義のニート数は内閣府「若年無業者に関する調査（中間報告）」(2005年3月) による（元データは「就業構造基本調査」による）．

検討するが，それは，個々の職種において必要となる具体的な職業知識・技能を学生生徒に教育するのではなく，むしろ抽象的な職業意識・勤労意識の啓発を図るものであった．言い換えれば，それは働くに際しての意欲や態度の形成を重視する職業教育であり，それを通じての職業能力形成・進路選択における自己責任を強調するものであった．なお，職業教育や職業能力形成におけるこうした傾向を本章では態度主義と呼ぶことにする（これは，熊沢誠が言う「生活態度としての能力」（熊沢1997）という概念の，外部労働市場も視野におさめた拡張版と考えることもできよう）．

もちろん学生生徒のみならず既卒者に対しても，こうした自己責任の強調という文脈の中で，自発的なキャリア形成への支援や，エンプロイヤビリティ・職業意識の向上などが，雇用政策として近年打ち出されてきた．例えば，

表1 戦後日本におけるキャリア教育の歴史

年代	出来事
1947年	「職業安定法」公布
1953年	職業指導主事の法制化
1957年	中央教育審議会答申「科学技術教育の振興方策」において「進路指導」の用語が初めて公に使用される.
1992年	埼玉県教育長, 偏差値の高校入試の際の使用を禁止
1993年	文部省, 中学校進路指導に対し「指導の転換を図るための基本的な視点」を示す.
1996年	第15期中央教育審議会第一次答申で「生きる力」が登場
1998年	職業教育・進路指導研究会「わが国におけるキャリア発達能力の構造化モデル」発表. 兵庫県「トライやる・ウイーク」を始める.
1998-9年	学習指導要領の改定. 生きる力, 総合的な学習の時間, ガイダンスの充実, 就業体験を盛り込む.
1999年	中央教育審議会答申「初等中等教育と高等教育との接続改善について」にて小学校段階から12年間にわたるキャリア教育の必要性を示す.
2000年	フリーター社会問題化, 職業安定法の一部改正で有料職業紹介事業が許可される.
2002年	『児童生徒の職業観・勤労観を育む教育の推進について(調査研究報告書)』にて勤労観・職業観の育成を求める.
2003年	『平成15年版国民生活白書』フリーター417万人を発表. 文部科学省, 厚生労働省, 経済産業省, 内閣府の4大臣による「若者自立・挑戦プラン」の発表.
2004年	「キャリア教育の推進に関する総合的調査研究協力者会議報告書」にてキャリア教育推進の指針を提言. 文部科学省「新キャリア教育プラン推進事業」を開始する.

出所:三村(2004) 31ページより作成.

2001年の職業能力開発促進法の改正は,「労働者のキャリア形成を支援するためには, 労働移動の増加等により, 企業主導の長期的かつ体系的な職業能力開発だけでは限界がみられるようになっている」という認識に立ちつつ,「労働者個々人の職業生活設計に即した自発的な職業能力の開発及び向上の促進」や「能力評価制度の整備」の観点から行われたとされる(厚生労働省職業能力開発局2002).

そしてこの職業能力開発促進法を根拠法令として策定された第7次職業能力開発基本計画(対象期間2001-05年度)でも,「第3部 職業能力開発施策の実施目標」などの中で, キャリアコンサルティングなどの「キャリア形成支援システムの整備」や,「職業能力評価システムの整備」「多様な教育訓練機会の確保」などがうたわれている. その中で若年層に対しては,「若年者

の職業意識の啓発等によるキャリア形成支援」として,「若年者の職業意識の効果的な啓発を図るとともに,若年者自らがその適性を早期に発見し,動機付けを行い,適切な職業選択を行う等充実した職業生活を送ることができるよう,在学中の早い時期から職業意識形成のための支援を行う」ということがうたわれている(厚生労働省職業能力開発局2002,厚生労働省ホームページ)[13].

(5) 問題の所在

さて,こうした「キャリア教育」をはじめとした近年の学校教育における職業教育や,「職業意識」を重視するような若年向けの職業訓練・就業支援政策の方向性についての問題点としては,以下のような点が指摘できると思われる.

第1にそれは,労働力供給側のエンプロイヤビリティの強化だけでは,構造化された労働力の需要不足に起因する失業を克服するのは困難であるということである.若年雇用問題の解決のためには,経済政策を通じたマクロ経済レベルにおける労働力需要の回復がやはり重要な方策のひとつであることは間違いない(ただしこの問題についての検討は本章の守備範囲を越えるものであるため,これ以上は立ち入らない).

第2に,もちろん労働力供給側の能力向上は重要な施策である.しかし前記のような施策は,その主対象として外部労働市場における将来の流動層を意識しているにもかかわらず,その専門的・実体的な職業能力よりもいわば「態度としての能力」の養成を図るという意味で,結局は内部労働市場型ゼネラリスト人材の養成策の域を出ていない可能性があるのである.もしそうだとすれば,対象と内容とのミスマッチゆえに,内部労働市場システムの縮小下ではその有効性は限定的なものとなる可能性が強い.少なくともそれは,外部労働市場から内部労働市場の熟練職種に参入するのに必要な技能の形成

---

13) URL: http://www.mhlw.go.jp/topics/0106/tp0606-1.html

には不十分ではあろう．またそれは，外部労働市場におけるサービス職などの低熟練職種向けの実体的スキル（それは体力や忍耐力を別とすれば，基本的な言語・計算・対人スキルなどであろうか）の形成にさえ寄与しない可能性もあるのである．

　第3に，とはいえ「態度としての能力」の養成を重視する人材形成策が外部労働市場向けの人材養成に寄与するのであれば問題がないかというと，そうともいえない．なぜなら，それは外部労働市場向けのノンエリート人材を主たる想定対象としつつ，（実体的な能力形成を図るよりは）能力開発に関しての自己責任化を志向するものではないかという危惧があるからである．例えば職業能力開発促進法や職業能力開発基本計画においても，（「能力評価制度の整備」はうたわれていても）能力形成自体は，公共職業訓練の充実よりも民間における多様な訓練機会やキャリア形成システムへの支援を通じて行っていくという方向が強まっていると思われる．しかしながら，外部労働市場において自己責任をバネに自ら技能を形成し成り上がれる者は決して多くはないであろう．

　第4には，前記の施策は，いわゆる縦割り行政の弊害もあろうが，公共職業訓練・労働市場などと一般教育・生活局面などとを相互に結びつけていこうとする視点が弱く，そのことも影響して抽象的な職業意識・勤労意識の啓発のレベルにとどまっているという問題も指摘できる．その意味で，学校教育（一般教育）と職業教育との分断という問題は依然解決されていないのである．そして，例えばキャリア形成の支援は強調しても労働基本権などの労働者としての諸権利には言及しないなど，労働・生活・学習などの局面にわたるトータルな能力向上やセーフティネット構築を目指していくという問題意識は非常に薄いのである．

　結局これらの点を踏まえて言うなら，職業教育や職業能力形成は，意欲や態度を強調する精神論ではなく，労働のみならず生活局面をもカバーするセーフティネット，さらにはウェルフェアの増大手段として構想されていく必要があると思われるのである．こうした視点から，以下では，第4節で近年

の若年層の労働・生活問題と若年層向け雇用政策の性格・問題点とについてより具体的に検討する．第5節以降では，学校教育を中心に主に若者向けの人材形成や職業教育の実態と問題点を調査事例に即して検討していく．これらの検討を通じて，労働と生活の両局面において，多くの人々のセーフティネットやウェルフェアの基盤たりうる人材形成・職業能力形成のあり方を展望していきたい．

4. 近年の若年層の労働・生活問題と若年層向け雇用政策

(1) 学校から職業への移行システムの変化と若年不安定雇用の構造的増加

「新規学卒一括採用」という日本的採用システム，特に新規高卒労働市場を中心とした「学校経由の就職」が，1990年代を通じてかなりの程度機能不全に陥ってきたことは，小杉編（2002）をはじめとする様々な研究で指摘されているとおりである．このことについては，図4における新規高卒者への求人の激減からもうかがい知ることができる．そして問題は，その変化が景気動向に左右された一時的なものではなく，ほぼ間違いなく構造的な変化であるということである．

この点については，マクロな状況とからめて第2節ですでに言及したから再度言及することは避けるが，要するに企業は，社会経済構造の変化の中で，新卒労働市場という枠の中で新卒者を既卒者とは別枠に採用し育成しようとする志向を弱めてきたということである．少なくともそういった人事管理の下に置く新卒者の割合を減らそうとしてきたことは間違いない．いわゆる即戦力志向の強まりである．こうした採用・人事労務政策をひとたび経験しそのメリットを認識したならば，企業は今後も要員不足分を新卒労働力ですべて充当しようとは考えなくなるであろう．従って新規学卒者，特に新規高卒者の就職は，自由応募市場の中で既卒の非典型労働者と競合する度合いを今後も一層強めていくであろう．さらに，新規高卒の場合は，ブルーカラー職も含めての正社員就職において，採用における高卒から大卒への学歴代替と

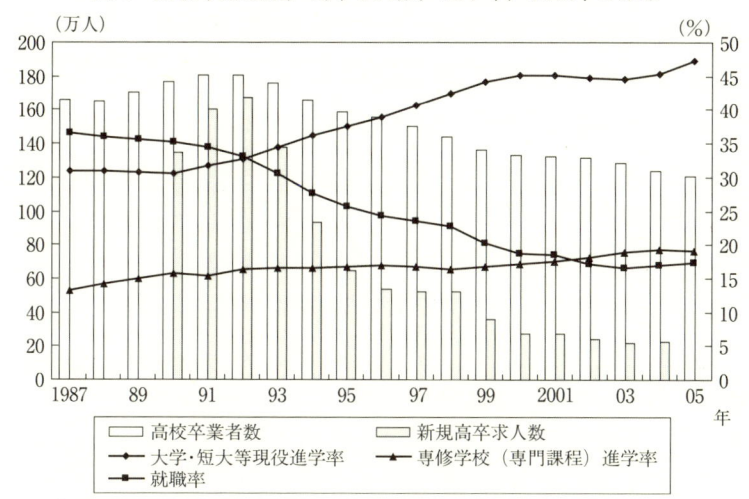

図4 高校卒業者数，高卒求人数，進学率，就職率の推移

注：「就職率」とは，卒業者に占める就職者（就職進学者含む）の割合である．進学率・就職率の数値はいずれも各年3月卒業者のものである．
資料出所：「学校基本調査」．新規高卒求人数（1990年～2004年）は「職業安定統計」による．

いう近年における企業の採用政策の変化の影響も受けるであろう[14]．

　なるほどごく最近まで新規高卒の採用は，縁故採用等を除き，職業安定法に基づく学校経由の就職斡旋制度（いわゆる「一人一社制」）によって規制されており，そのため既卒者と競合しない枠が一定確保されてきた．しかし，企業が即戦力を求める度合いが強まったことや学校経由の職業紹介制度に乗らないサービス業求人の相対的増加という状況などを考えれば，景気回復や団塊世代の引退などにより新規高卒需要が多少回復したとしても，この学校経由の就職斡旋制度が再び新規高卒採用における本流の座を取り戻す可能性は小さい．そもそもこの高校職業紹介システムは，バブル期より前の1980年代にはすでに機能不全の兆候を示し始めていたという指摘すらある（小杉編 2002）．

---

14) ブルーカラー職も含めた，高卒から大卒への学歴代替という現象については，小杉編（2002），筒井（2005）など参照．

(2) それが若年層に与えた影響

このような新規高卒労働市場における正社員就職への間口の狭小化は，特に高校生の中の従来高卒就職を行ってきたような層に大きな心理的影響を与えた．まずそれは勉強を中心とする伝統的な高校生活へのコミットメントの低下である．すなわち，前述の学校経由の就職システムは，その選考過程で学校成績が選考資料とされるため，大学等への進学を希望しない就職希望の生徒にも学校カリキュラムへの順応を求めるものとなってきた（苅谷1991）．しかし，前述のシステムを通じた就職が以前より困難になると，この層は勉学の動機付けの主要な部分を失うこととなった．加えて，少子化と大学増設に伴い1990年代半ば頃から急速に進んだ大学入試の易化ゆえに，この層は大学受験に向けた勉強に駆り立てられることもなかった．その結果この層は，学校のフォーマルなカリキュラムへのコミットメントを希薄化させながら自身の学校生活を「パートタイム」化させ，一方で様々なサブカルチャー的な消費文化へのコミットメントを深めていったのである．その過程で正社員として「真面目に」働くことへのモチベーションも失っていった者も少なくないと思われる．そして，この層の一定部分は，入試における学力選抜がほとんど機能しないような「底辺」大学へも押し出されていった．

この層（恐らく受験学力的には同世代の中以下の層）が，1990年代半ば以降フリーター・ニート・「底辺」大学学生などの主力を形成したと思われるが，1990年代前半以前であればこの層のかなりの部分は高卒で正社員就職をするか，専門学校（専修学校専門課程）を経由してそれぞれの専門分野と関わった就職を行っていたと思われる．しかし，1990年代半ば以降，少子化と大学増設による大学入学の易化の影響を受け，この層が安易な「底辺」大学進学とそれを通じた進路決定の先送りという行動を行うようになったのである．ちなみに1990年代半ば以降の大学数の急増と大学進学率の顕著な上昇は，図5からも一目瞭然である．

しかしこの層の少なからぬ部分は，高校時代からフォーマルな学校カリキュラムに対するコミットメントの度合いが低かった者たちである．言い換え

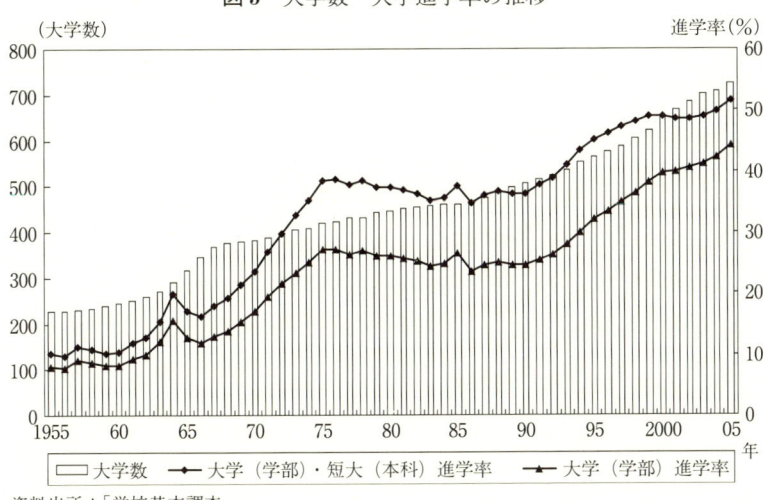

第4章　職業教育の現状・課題・国際比較　　　　　　　　　　191

図5　大学数・大学進学率の推移

（大学数）　　　　　　　　　　　　　　　　　　　　進学率(%)

資料出所：「学校基本調査」．

れば，彼らは脱学校的サブカルチャー志向が強く，正統的な学校文化には親和的ではなかった者たちである（居神ほか2005）．従って，多くの場合この層は，大学においてもそのフォーマルなカリキュラムを十分消化するだけの能力も意欲も持たない．そして，学力的制約からも，この層の進学先となった大学・学部の多くは文系であった（医療，福祉，情報系学部などの半専門職養成課程に進学する層は，学力的にも意欲的にもこの層よりもう少し優れた層であろう）．そのため，これらの大学・学部を卒業したとしても，この層が十分な「即戦力」となりうるだけのスキルを身につけているとは考えにくい．もしこの層が高卒就職もしくは専門学校進学をしていれば，スキルの面でも態度の面でもうまく鍛えられていた可能性が高いのであるが，大学（特に文系学部）への進学がスキルや意欲の形成面で却ってマイナスに働き，タイムラグを伴って大卒フリーターなどの形で矛盾を一層深刻化する結果を生み出してきたのであった（表2参照）．

　このようにして，新規高卒労働市場の衰退は，大学教育の安易な量的拡充と結びつきながら「若年浮遊層」（居神ほか2005）の先送り的な大学進学行

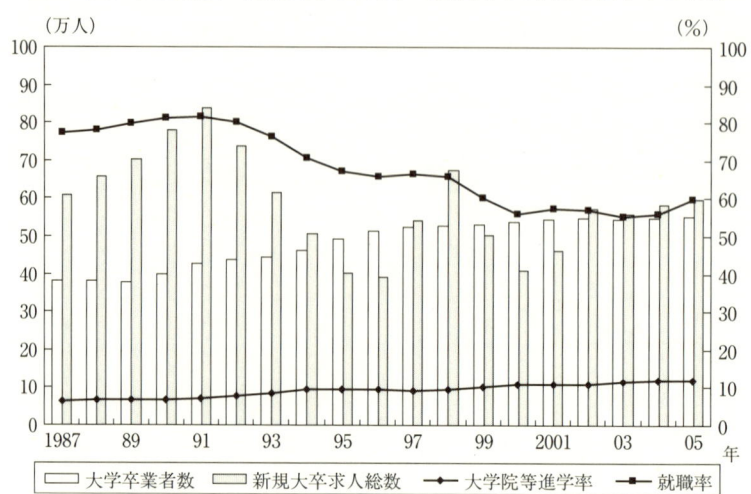

図6 大学卒業者数,新規大卒求人数,就職率,大学院等進学率の推移

注:「就職率」とは,卒業者に占める就職者(就職進学者含む)の割合である.進学率・就職率の数値はいずれも各年3月卒業者のものである.
資料出所:「学校基本調査」.大卒求人総数はリクルートワークス研究所「ワークス大卒求人倍率調査」による.

表2 新卒フリーターの出身学科・学部

高校学科	新卒フリーター輩出率	大学学部	新卒フリーター輩出率	大学学部	新卒フリーター輩出率
計	10.3	計	27.1	商 船	4.5
普 通	10.2	人文科学	35.2	家 政	26.1
農 業	12.1	社会科学	30.0	教 育	33.0
工 業	8.4	理 学	16.7	芸 術	49.3
商 業	11.4	工 学	15.8	その他	34.5
水 産	10.7	農 学	20.5		
家 庭	15.6	保 健	10.7		
看 護	5.5	医 学	5.1		
その他	10.0	歯 学	12.6		
総合学科	11.2	薬 学	16.9		
		その他	9.3		

注:1) 卒業者のうち進学も就職もしない者の割合.アミ部分は平均(計)を上回っていることを表す.
　　2) 大学は卒業生の進路捕捉が不完全なため,数字が高めに出ている可能性がある.
資料:文部科学省「学校基本調査」(平成15年度).
出所:丸山 (2004:43).

動などを生みだし，それが大卒フリーター問題や若年層全体のさらなる知的・道徳的「劣化」にも結びついていったのである．その意味で，大卒フリーター問題については，高卒フリーターとはやや様相が異なり，直接には労働力の供給側の要因も小さくはないと思われる（図6からも明らかなように，大卒の場合，卒業者数とトータルな求人数とのアンバランスはさほど極端ではない）．

(3) 若年向け公的職業能力開発，職業紹介施策の現状

以上見たようなフリーターなどの若年不安定雇用の増加や，それとも関連した若年層の知的・道徳的「劣化」に対処する形で，近年様々な若年向け雇用政策が矢継ぎ早に打ち出されてきた．これらの諸施策について，『平成17年版 厚生労働白書』や厚生労働省のホームページの記述にも依拠しながら挙げてみると次のようになる．

まず，2003年6月に厚生労働大臣をはじめとする関係4大臣により，「若者自立・挑戦プラン」が若年雇用政策に関する包括的な指針として取りまとめられた．そこでは具体的な政策指針として，①教育段階から職場定着に至るキャリア形成及び就職支援，②新卒労働市場以外の若年労働市場の整備，③若年者の能力の向上・就業選択肢の拡大，④若者が挑戦し，活躍できる新たな市場・就業機会の創出の4項目が打ち出されている．

この指針に基づき，2004年度から以下のような若年雇用対策が実施されている．第1に，都道府県が設置する若年者向けワンストップサービスセンター（ジョブカフェ）への支援である．これは，都道府県の要請に応じてジョブカフェにハローワークを併設し，若年者に対して職業紹介を行うものである[15]．第2に，企業実習と教育・職業訓練の組み合わせ実施により職業人を育てる日本版デュアルシステムの導入であり，2004年度には公共職業訓

---

15) 『平成17年度版厚生労働白書』によると，2004年度においては，43都道府県で79カ所のジョブカフェが設置され，そのうち35都道府県でハローワークが併設されている．

練を活用した5カ月の短期訓練及び1～2年の長期訓練を中心に実施されている。第3に、若年者試行雇用事業の推進である。これは、若年失業者等を短期間（3カ月以内）のトライアル雇用として受け入れる企業に対する支援を行い、その後の常用雇用への移行を図るものである。第4に、大都市部におけるヤングジョブスポットの設置である。これは、フリーター等の若者の職業意識を高め、適職選択やキャリア形成を促すため、若者同士による職業に関する情報交換の場の提供を行う施設である。

さらに2004年12月には、「若者自立・挑戦プラン」の実効性・効率性を高めるため、「若者の自立・挑戦のためのアクションプラン」が関係5大臣により取りまとめられている。「若者の自立・挑戦のためのアクションプラン」のポイントは、以下のようなものである[16]。

「①学校段階からのキャリア教育を推進し、その効果的な実施のため地域レベルにおける連携を強化する。
②働く意欲が不十分な若年者やニートと呼ばれる無業者などに対して、働く意欲や能力を高める総合的な対策を推進する。
③企業内人材育成の活性化を促進し、産業競争力の基盤である産業人材の育成・強化を図る。
④ジョブカフェ、日本版デュアルシステム等を推進し、的確な評価に基づき事業成果の向上を図る。
⑤若者問題について国民的な関心を喚起するとともに、国民各層が一体となった取組を推進するため、広報・啓発活動を積極的に実施する。」

だが、総じてこれらは労働力の供給側に働きかけるサプライサイド政策であり、需要側への働きかけという視点が希薄である。またこれらは実体的な職業能力の形成を図るというよりも、労働市場の中での試練に耐えて主体的

---

16) 厚生労働省HP（http://www.mhlw.go.jp/shingi/2005/03/s0303-11d.html）。

に自己のキャリアを形成していけるような「強い個人」の育成を目指す施策であり，「若年労働市場の『アメリカ化』」(本田 2005) を目指すものであるという評価もある．さらに，伝統的な公共職業訓練の体系との連携・接続が図られているかという疑問もあるのである．伝統的な公共職業訓練は，OJT 中心主義の中で周辺的な地位に追いやられてきたことや，技術系・技能系職種の訓練が中心であるという問題があるとはいえ，フリーターなどに対しては技能養成の機会を一定提供しうるものであろうが．

(4) 態度主義的人材開発論の加熱化

ただ，前記の諸施策は，労働力の供給サイドへの働きかけに終始している面があるとはいえ，一応雇用政策と言えるものではあろう．しかし，2005年度より推進されている「若者人間力プロジェクト」は，いわゆるニート対策までを視野に入れているということからも，全体としては抽象的・観念的な「人間力」を一層強調するものとなっており，態度主義への傾斜にますます拍車がかかっているものと言わざるを得ない．ちなみに，『平成17年版厚生労働白書』や厚生労働省ホームページによれば，そこでうたわれている施策は，①若者の人間力を高めるための国民運動の推進，②フリーター・無業者に対する働く意欲の涵養・向上（若者自立塾の創設など），③学生生徒に対する職業意識形成支援，就職支援の強化，④若年者に対する就職支援，職場定着の促進，⑤ものづくり立国の推進，などである．

さらに 2005 年 5 月には，厚生労働省の呼びかけにより財界，労働組合，地域の代表者，学識関係者，マスコミ関係者などが参加して「若者の人間力を高めるための国民会議」が結成されている．同会議が 2005 年 9 月に発表した「若者の人間力を高めるための国民宣言」では，具体的な雇用政策方針への言及はほとんど見られず，代わりに「正しい生活習慣」「人とのコミュニケーション能力」「学習意欲」「生きる力」等々，まさに「意欲と態度」の涵養を説く文言で満たされている．やや長くなるが同会議のホームページ[17]から同宣言を引用しておく．

「若者が生きる自信と力をつけることができる社会を実現しよう．
　　～社会に出る前の若者や子どもに向けて～
・地域社会は，子どもが小さい頃から正しい生活習慣や人とのコミュニケーション能力を身につけられるよう各家庭を支援し，また，社会でよりよく生きるための力をはぐくむ住民参加による体験学習などの機会を整えます．
・家庭では，地域社会や学校と協力し，子どもが夢と希望を持ち，人として自立できるよう努めます．
・小中高校では，学習意欲を高めるとともに自らの人生を考えることを学ばせ，また，職場を訪れたり，仕事を体験したり，仕事をしている人の話を聞く機会を増やします．
・大学では，質の高い教育を行うとともに社会人としての生きる力を身につけさせ，また，インターンシップなどを通じ，仕事に対する理解を深めるとともに，幅広く仕事に関する情報を手に入れられるようにします．
・企業は，若者や子どもが働くことや仕事についての理解を深めるのに役立つよう，学校との交流－職場体験（インターンシップなど），職場実習（デュアルシステムなど），職場見学など－に積極的に取り組みます．
・政府は，教育，雇用，産業政策の連携を強め，地域社会，家庭，学校，企業での取組みを支援します．
若者が仕事に挑戦し，活躍できる社会を実現しよう．
　　～学校を終え社会にはばたく若者に向けて～
・企業は，募集・採用に際しては，意欲ある若者に広くチャンスを与え，若者に雇用の場を提供できるよう努めます．
・学校，ハローワークや地域社会は，若者一人ひとりが意欲と自信を持

---

17) URL: http://www.wakamononingenryoku.jp/houshin.html

って仕事に就くことができるよう，真に役に立つ助言，相談などの支援を行います．
若者が自らを高め続けることができる社会を実現しよう．
　〜働く若者に向けて〜
・企業は，若者の職業人としての能力が向上するよう，キャリア形成や教育訓練の仕組みを充実するなど，長い目で見た人材の育成に取組みます．また，若者が自ら能力向上に取り組むことができる職場環境づくりに努めます．
・学校や地域社会は，働きながら学び，資格を得たり実践的能力を身につけることや，事業を起こすことを目指す若者のための様々なプログラムを開発，提供します．
・若者が働き続ける上で抱く様々な悩みを，自ら解決するための手助けをするため，企業，労働組合，地域社会は，それぞれの立場からの取組みを行います．
若者がやり直し，再挑戦できる社会を実現しよう．
　〜働くことに不安や迷いを持つ若者に向けて〜
・学校や地域社会は，真剣に自立しようとする若者のために，学び直すための多様な機会を提供します．
・企業は，中途採用の拡大にも前向きに取り組み，フリーターなど安定した職についたことのない若者などについても，人物本位で採用し，育成に努めます．
・政府や地域社会は，若者の成長を見守り続け，学校や仕事になじめず，意欲や自信を失いかけている若者に，適切な助言や社会活動，労働体験への参加の機会を提供するなど，意欲や自信を取り戻し臆することなく再挑戦できることを支援します．」

　なお，これらの態度主義的人材開発論に対しては，観念的な「人間力」や「意欲」だけで良好な雇用機会を得ることはできず，そもそもなぜ近年若者

の意欲や気力が低下してきているのかについての根本的な原因追究を行おうという姿勢が見られないという批判が成り立ち得よう．さらに，この「国民宣言」に関しては，学校・企業・政府・地域社会などの別の主体を主語にすることで，この宣言における「国民会議」自らの責任を曖昧にしている面もあろう．「国民会議」として学校・企業・政府・地域社会などに働きかけていくことなしに第三者を主語に据えた宣言を発表しても，それは無責任というほかはないであろう．

(5) 態度主義への批判

さて，こうした職業能力形成における態度主義に対して，「教育の職業的意義(レリバンス)」を重視する立場から批判を加えるのが本田（2005）である．例えば本田は，「昨今提唱されている『キャリア教育』は，『一種の精神教育，道徳教育』に近いものであり，若者にとって具体的な武器となるべき職業的な知識や技能を与えるという観点が弱すぎる」などと主張する．その上で本田は，「意識や態度を涵養することが必要でないわけではな」く，「仕事への姿勢が，教育を通じて形成されることは不可欠である」としながらも，「しかしそうした姿勢は，具体的な職業能力という基盤を抜きにしては成立し得ない」と言うのである（本田 2005：191-192）．こうした観点から本田は，後期中等教育（高校）以降の段階の各種の学校が，何らかの専門性を掲げることを通じて教育内容の「職業的意義(レリバンス)」を向上させていくことを提言する．

ただし，この本田の提言にはいくつかの疑問も感じざるを得ない．

第1に，本田の議論は新卒就職を主に念頭に置いているように思われ，職業能力形成を卒業後の社会における職業教育との結びつきにおいて論じていない．本田は，職業技能形成を「生涯学習」へ先送りすることを非難しつつ，それを学校教育の側に取り戻すことを主張しているように思われる．しかし，職業能力形成を学校教育のみで完結的に行うことがまず不可能である以上，学校教育と卒業後の労働・生活の場における職業教育・人材形成との連携やバランスについて考える必要があると思われる．

第2に，職業教育と教養・人格面の完成との関係をどう考えるかという問題がある．学校種別・階層によって差はあろうが，学校が教養を高めるための機能を持っていることは否定できない．職業教育を行うとしても，あくまでそれは教養教育や一般教育との関わりの中で行われなければならないはずである（そうでなければ，学校の単なる専門学校化につながる）．特に，知的・道徳的劣化を防ぐ意味でも，教養教育の役割は大きいはずである．

　第3に，進学高校や有名大学の学生など，エリート層予備軍を対象にした教育における「職業的意義(レリバンス)」は何か．本田はこれについては，その必要性に言及しつつも（本田 2005：200），具体的には非エリート層に対するもの以上に何も語っていない．しかし，前節(3)でも指摘したように，中核的正社員層に求められる資質も若干変化してきていることや，「シンボリック・アナリスト」の台頭による伝統的なプロフェッショナリズムの変質などの状況下では，職業教育と教養教育との連関が一層問われるのは，むしろエリート層においてであろう．

　第4に，本田の議論も，主にノンエリートを念頭に置いた議論であるという点と，究極的には「仕事への姿勢」の形成を説いているという点において，政府・財界側と決定的な違いはないのかもしれない．両者の違いは，「仕事への姿勢」の形成手段に関してに過ぎないのかもしれないのである（政府・財界は精神面の鍛錬の強調，本田は教育内容における「職業的意義(レリバンス)」と「具体的な職業能力」の強調）．

　第5には，本田の議論は，高校教育の実態を踏まえたものとは必ずしもなっていないということである（たとえば，専門高校からの大学進学率が上昇しているような現実をどのように考えるか）．

　これらの疑問点を踏まえつつ，次には，前述のような「意欲や態度」を重視した職業教育が現場でどの程度行われているか，そこにはどのような問題があるかという視角から，後期中等教育以降の学校教育の場における人材形成と職業能力形成の実態，さらに若年向け職業紹介・相談施設における活動を調査事例に即して検討していく．それを通じて職業教育の実態と問題点を

よりクリアにする．その上で，若年層の職業能力形成・人材形成のあり方と，それを通じての労働と生活の両面にわたる若年層のトータルな自立の展望について考察する．

5. ノンエリート層への職業教育の現状と課題

本節では，いわゆる普通科進路多様高校や専門高校，さらに若年向けの公的職業紹介・相談施設の事例にも触れながら，いわば「普通」の若者（敢えて「ノンエリート」と総称するを許されたい）を対象にした職業教育の現状と問題点について明らかにする．そしてそれを踏まえ，職業能力形成を通じての労働と生活の場におけるこの層の社会的自立という課題について論じてみたい．

(1) 普通科進路多様高校における進路状況と教育

一口に普通科高校と言っても，いわゆる進学校から進路多様校まで学校間格差は非常に大きい．それは単に学力格差というだけでなく，そこから派生して生じる生徒の進路意識や学校文化の差も大きなものがある．しかし，大学・短大進学率が約50％に達している現在[18]，進路多様校といえども普通科であれば高卒就職を前提にした職業教育を行っている高校はすでに少数派であると言えよう．この観点から言えば，普通科高校の教育は，その高校間の学力レベル格差にもかかわらず，大学進学準備教育としての「平準化」が進んでいるといえよう．

その意味で，現在の普通科高校の教育における問題は，進路多様校や非進学校[19]とされる高校においてすらも，大学進学準備教育への傾斜によって職

---

18) 「学校基本調査」によれば，2005年の大学・短大進学率（浪人も含めた当該年の大学・短大入学者数を3年前の中学校卒業者数で割った比率）は51.5％，大学（学部）進学率は44.2％である．
19) もちろん何をもって進学校・非進学校とするのかについては，明確な定義はな

第4章　職業教育の現状・課題・国際比較

業教育が等閑視され，それが高等教育段階以降に先送りされていることであろう．もちろんかつての普通科高校→高卒就職というルートが現在ほどマイナーではなかった時代においても，普通科高校の教育内容が商業科や工業科のようには「実学的」であったわけではない．しかし高卒就職を考える者であれば，相応の職業能力の形成を考えたであろう．さらに，「一人一社制」の下で就職先の振り分けが学校成績に応じて決まる傾向が強かった（苅谷1991）以上，一般的学力を高める努力も惜しまなかったであろう．ところが現在では，少子化と大学定員の拡充により大学入試の易化と大学進学の標準化が進む中で，普通科中下位校におけるその結果としての大学進学準備教育へのシフトは，生徒の一般的学力の向上にも資していないということである[20]．むしろ入学が易化した大学の存在によって，中下位校ならびにその生徒の向上意欲が殺がれたという面があるのである．したがって1990年代半ば以降の大学進学率の急上昇は，「労働生活をより人間的なものに変えていく手がかり」となる可能性を秘めた「過剰の学歴」（熊沢1993）を生み出すものですらない．

い．しかし，大学進学率が顕著に上昇した今日では，単なる大学等への進学率を基準とした定義では不十分であり，第6節でも見るようにいわゆる進学先の入試難易ランクなども考慮する必要がやはりあると思われる．

20）高校生の学力低下については，それを証明する決定的な証拠は出てきていないと思われる．これは，同一の条件下での時系列的な比較がきわめて困難であるから当然のことであろう（ちなみにスポーツテストのように，ほぼ同一条件での時系列的な測定が困難でなく，記録という客観的な指標で比較できるものについては，ここ20年ほど記録が傾向的に低下してきていることがわかる）．しかし，例えばある大手予備校の調査によれば，大学入試模試における成績中下層の成績低下は，大学受験者層の裾野の広がりを考慮したとしても一目瞭然である（http://www.keinet.ne.jp/keinet/doc/keinet/jyohoshi/gl/toku9911/News9911.html）．また，第6節でも紹介するが，筆者が行ったアンケートによれば，進学校の教員でさえも生徒の学力が以前より低下したとする回答が大半を占める．もちろん少子化を考慮すれば，同一学校のレベルでは底辺レベルが低下してきているのはむしろ当然のことではあるが，それを越えるレベルの学力低下が生じていないかどうかについても，現場の感覚をも尊重した丁寧な分析・検証が望まれる．

表3　A高校における卒業生の進路状況

卒業年	大学	短大	専門学校	民間企業	公務員	その他	合計
1994年	23	25	131	97	7	96	379
2002年	50	24	114	15	0	59	262
2003年	68	30	99	12	0	62	271
2004年	60	36	95	6	1	67	265

出所：同校の進路指導資料による．いずれも卒業直後の時点でのデータで，過年度卒は含まない．その他には浪人，学校・職安を通さない就職，縁故就職，家事手伝いなど含む．

　ちなみに，2004年6月に筆者が聞き取り調査を行った高校入試偏差値が40台とされる首都圏の公立普通科A高校の場合，1994年・2002年・2003年・2004年の各3月の卒業生の進路状況は表3のようになっている．このデータは，この10年ほどでこのランクの普通科高校の進路状況が大きく変わってきたこと，特に就職難の中で民間就職が激減する一方，大学進学数が激増してきたことを如実に示している．

　そのような傾向の中で，生徒の進学行動の問題点としては，「やはり文系志望者が多いが，大学名にこだわらなければどこかの大学には入れるようになってきているので，努力せずに推薦で進学する生徒が増えている」「専門学校でも，医療系のような学力ハードルの高いところは希望が少ない」などが指摘できるという（進路指導担当教諭談）．実際，同校の進路指導資料によれば，2004年の現役大学進学者60人のうち一般入試による進学者は21人に過ぎない．短大に至っては，一般入試による進学者は36人中1人だけである．このデータや発言からは，求人数の激減（この高校の場合10年前の5分の1から6分の1の水準に減少しているという）と求人の「質」の低下の中で，新卒就職を早々と諦めた者が，特に努力をするでもなく推薦入試などを利用しながら主に私立大学の文系学部に進学していっているという姿が浮かび上がる．

　要するに1990年代以降の新規高卒労働市場の衰退と大学進学率の上昇は，（高度成長期の高校進学がそうであったように）大学進学を一定程度規範化させ，普通科中下位校までを「進学校」化させた．しかしそのことは，普通

科中下位校における教育を職業教育・一般教育両面にわたって空洞化させ,職業能力形成の問題を高等教育段階以降に先送りさせた面もあるのである.また,高卒就職を行いブルーカラー職などに就いていればその資質にふさわしい技能形成を行い得た可能性があった者までを,大学等への進学によりその可能性をスポイルさせる結果も生み出したのであった.

むろん,こうした問題は教育システムのみに責が負わされるべき問題ではなく,むしろ社会システム特に雇用構造の変化に由来する問題である.また,この間高等教育の量的規制緩和を推進してきた文部行政の責任も大きいと思われる.しかし,「ノンエリート的高等教育」というべきもののコンセプトがいまだ明確でない中で,将来中産階級へ参入することが困難なレベルの者までを大学に送り込む高校側と,そしてその層を積極的に受け入れてきた大学等の側の責任についても,やはり問われるべきであろう[21].

しかし,少子化の影響などからみて大学進学率の上昇という趨勢は今後も続くと予想される以上,普通科中下位校における「キャリア教育」は,職業へのモチベーションを高めることは当然として,同時に無目的・先送り的な大学進学行動を防ぐものでなければならない.進学希望の生徒に対しても,自己のキャリア展望を踏まえた進学先の選択を促すような指導が行われなければならない.

この視点からいくつかの普通科高校における「キャリア教育」の実践事例を見てみると,多くは,1999年告示の新学習指導要領により高校段階では2003年度から本格実施された「総合的な学習」の一環として行われている.しかし,リクルート社が運営する高校向けの進路指導サイト(キャリアガイダンス.net)[22]によりその実践事例をみてみると,いわゆる進学校の場合は,

---

21) 1990年代以降の大学増設ラッシュの中で急増してきたいわゆる「底辺」大学における教育や学生の能力の実情については改めて述べるまでもない.それは,フォーマル・インフォーマルさまざまな形で指摘されている通りである.その是非は措くとしても,居神ほか(2005)も自己告発的に指摘するように,それは本来の「あるべき」大学教育像と信じられてきたものからは大きくかけ離れたものであると言わざるを得ない.

地元の有力大学への訪問などのような大学受験への動機付け教育や，大学進学にあたっての専攻分野選択につなげることをねらった学問的な個人課題研究が多い．一方，非進学校の場合は，やや抽象的で「自分探し」的な自己探求教育や職場見学などが多い．なお前述のA高校の場合，「総合的な学習」の一環として，卒業生や地域の人の話を聞いたり，職場見学や学校（大学・短大・専門学校）見学などを行っているという．

　進学校の場合，「総合的な学習」においても大学進学を意識したテーマが選択されることは，それが志望分野を明確化させるものである限り，やはり一定の合理性があると言わざるを得ないであろう．しかし非進学校においても，生徒の大学進学率が現実に上昇傾向にある以上，将来の志望職業を明確化させた上で，どの進学先を選択するかという職業と進学先選択とのリンクづけが，この学習の中で行われる必要がある．言い換えれば，内容の過度な抽象化や態度主義の強調に陥らないような形で行われる必要がある．そのことが，無目的・先送り的な大学進学行動を少しでも防止することにも寄与するであろうからである．幸い，近年における一定レベル以下の大学の入試易化は，それらの大学群の中で入試難易度（偏差値）を基準にした進学先選択を行うことをかなりの程度無意味化させてきている．非進学校の進路指導は，この状況をむしろ有利に利用すべきであろう．

(2) 専門高校における教育と課題

　専門高校（職業高校）における職業教育の近年の方向と問題については，次のように指摘することができる．それは第1に，専門高校における教育内容の専門性の希薄化と一般教育への傾斜である．これは，高校段階での職業教育を一般的なものにとどめ，具体的なスキル形成を高卒後の「生涯学習」の段階に極力委譲しようとする方針ともいえよう．第2に，それとも関連する面があるが，労働力需要側（企業）の要請や産業構造の変化に対応する形

---

22) URL: http://shingakunet.com/career-g/

で，教育内容の態度主義化が進んでいるということである．これは要するに，高校段階での職業教育を，職業観や社会人としての姿勢の形成に重点を置いたものにしようということである．第3に，専門高校からの大学進学率の上昇によって生じている専門高校における教育内容と進学先の系統との齟齬である．これらについて，以下順にみてみる．

　第1の点については，まず専門高校のカリキュラムの面からも指摘できる．例えば工業高校では，工業の専門科目の履修単位数が近年減少してきている．1970年代の工業学科の場合，工業の専門科目の必要単位数は49～51単位（総必要単位数は111単位）であった．しかし1978年の指導要領改定の結果，1980年代にはそれが42～43単位（同96単位）に削減され，さらに1989年指導要領改定により1990年代には36～37単位（同91単位）になった．そして，「総合的な学習」や「新学力観」の導入などで知られる1999年指導要領改定（高校では2003年度より完全実施）では，その最低履修単位数が従前の30単位から25単位にまで引き下げられている（斉藤ほか編著2005）．もちろん，「工業基礎」「工業数理」「情報技術基礎」「課題研究」など，伝統的な専門科目に代わる科目が適宜追加されてきたわけであるが，教育内容における専門性の低下と一般教育への傾斜は明らかであろう．

　専門性の希薄化は，学校制度の面からも示唆されうる．すなわち，1980年代後半の臨教審答申，さらにその後の「個性重視」を志向した教育改革の流れの中で，1993年には高校における「総合学科」が制度化されている．以降この制度に沿った形で，各都道府県において，同一高校内の普通科と職業学科とを統合したり，複数の職業学科・専門高校を統合したりする形で総合学科の設置が行われている．要するに総合学科の設置は，専門高校の統廃合や再編とセットになった動きである．また，学区内の学校序列の中で中下位に位置する普通科高校を中心に，普通科を総合学科に再編する高校も出てきている．これらの結果として，全国の高等学校における工業科，商業科の学科数は，それぞれ1995年の841学科，1,121学科（高校の学科総数は8,478学科）から，2005年の766学科，881学科（同8,076学科）へと減少

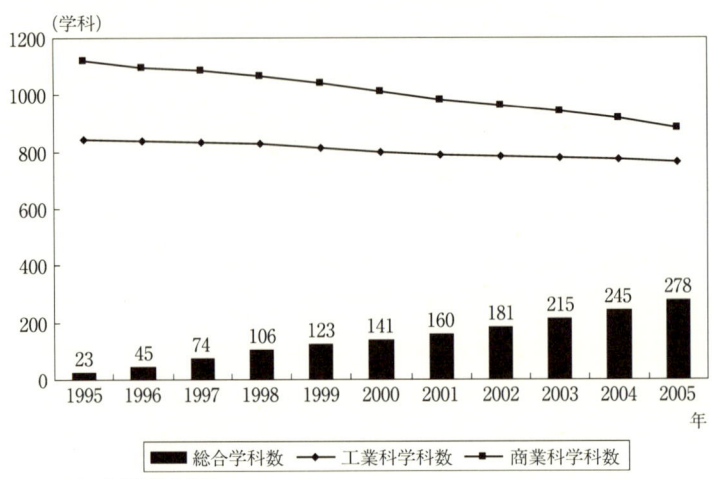

図7 高校工業科,商業科,総合学科学科数の推移

(グラフ:1995年から2005年までの総合学科数,工業科学科数,商業科学科数の推移)
総合学科数:1995年23,1996年45,1997年74,1998年106,1999年123,2000年141,2001年160,2002年181,2003年215,2004年245,2005年278

資料出所:「学校基本調査」.

している一方,総合学科はこの期間に23学科から278学科に増加している(図7参照).

またこれと類似した流れとして,現時点で単独に専門高校として存続している高校においても,従来の工業高校の機械科や電気科などの学科を「総合技術科」などに再編し,その中での機械コースや電気コースに位置づけ直したり,その一部を事実上の大学進学コースにする例もある.普通科中下位校を総合高校に再編することへの評価はひとまず措くとしても,専門高校までがこうした流れに乗ることは,やはり専門高校のカリキュラムの専門性を薄めるものと言わざるを得ないであろう.

第2の点,すなわち専門高校における教育の態度主義化については,前述の新学習指導要領のみならず,高校現場における聞き取り結果からも指摘できる.すなわち,筆者らが聞き取りを行った首都圏のある公立工業高校[23]においても,1997年に既存学科の総合技術科への再編が行われた.その結果,

---

23) 同校への聞き取りは2003年11月に同校教頭より行った.

受験志望者も増え，生徒の学習や高校生活への意欲も向上したということである．同校の場合，地域との結びつきが強く，現実に地元の中小製造業への就職者が多いが，「新卒段階で汎用機から NC 機まで扱えることを要求する求人はそれほど多くない」ということである．むしろ地元の企業からの要望としては，「実務的な難しいことは会社で教えるから，（例えば三角関数などの）基礎的事項を理解しており，その上で意欲や態度が優れている者が欲しい」というものがあるという．この背景には，機械のメンテナンスなどのサービス企業に求人がシフトしつつあり，そこでは技術的仕事のみならず，サービスや営業活動もこなすことが求められているという事情もある．こうした要請に対応する形で，学校側の教育方針も「技術の基礎・基本・産業観を教える」ことを重視するようになっているという[24]．（ただし工業高校の間でも階層性は存在しており，すべてを同様に位置づけることは無理がある．工業高校の教育内容とその評価については本書第 3 章も参照されたい．）

　第 3 の問題，すなわち専門高校の教育内容と進学先の系統との齟齬の問題については，大学進学の易化により専門高校からの大学進学率が増加してきていることが指摘できる．「学校基本調査」によれば，2005 年度における職業系の専門学科（職業学科）の大学等進学率は 19.4％（浪人除く）に達している．この数字は普通科の 55.4％ や総合学科の 31.7％ よりは大幅に少ないが，近年増加傾向にある（図 8）．また，高校での学習内容とのミスマッチという問題は，専門高校からの進学者についての方がむしろ深刻であろう．例えば，工業高校から大学文科系学部に進学した場合，高校時代の学習内容の少なからぬ部分が無駄になってしまう可能性すらあるのである．また，専

---

[24] もちろん，同校の教育においても，物理・数学をはじめとした一般教科や専門科目・実技が疎かにされているわけではない．また，2000 年に総合技術科を一定再編し，「広く浅く」に流れることなく，「狭く深く」学ぶことも追求しようとしているという．ただし，これらについては，現実の教育レベルや生徒の達成度がどうなっているかまで踏み込んで検証される必要があろう．
　また，工業高校の中にも階層性はあり，理系科目と専門科目の双方で水準の高い教育を行っている高校も少なくないことは付言しておく（ただしその種の工業高校は，実態的に大学進学志向が強くなり進学校化してくるという面がある）．

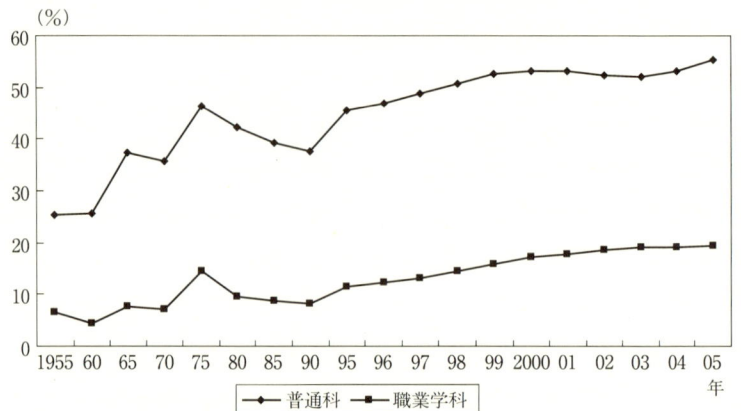

図8　高校学科別大学等進学率の推移

注：職業学科は、農業・工業・商業・水産・家庭・看護の各学科を指す．「大学等」の中には、短大や高校専攻科も含まれる．
資料出所：「学校基本調査」．

門高校からの進学者は，受験学力の問題から入試難易度の低い大学に進学することが多くなるであろうが，それは卒業後のフリーター化という問題を引き起こす恐れもある．現実に，前述の公立工業高校の例でも，入試難易度の低い大学のしかも文系への進学者が散見される[25]．

以上ここでは，工業高校を中心に専門高校における職業教育の近年の方向と問題について概観した．まず工業高校の場合，専門的・中核的技能職養成の機能をそれが十全に果たしていないことが指摘できる．すなわち，これら

---

[25] なお，工業高校以上に，高等専門学校（高専）からの大学進学・編入が近年かなり一般化していることについては，改めて言うまでもない．ただ，高専の場合，ある程度威信の高い大学の理工系への進学・編入が中心であると思われる．従って，高専が大学への進学のバイパスになっているということは，高専設立当初の趣旨とは必ずしも合致しないという意味での問題はあるにせよ，本文で指摘した工業高校におけるような意味での問題はさほど深刻ではないかもしれない．ちなみに，高専からの大学進学の問題については，沖津（本田）（1997）参照．また，最近の全国の主要高専の大学進学状況については，例えば http://www2.denshi.numazu-ct.ac.jp/proj2001/data/zenkokuhikaku.htm が参考になろう（この種のHPを作る高専関係者の姿勢にはやや疑問なしとしないが）．

の学校における進学志向の強まり，教育内容における専門性の希薄化と「意欲と態度」重視の教育カリキュラムへのシフト，最先端部分の教育と手工的部分の教育との両立の難しさ，などは専門的・中核的技能職養成機関としての工業高校の存在基盤を揺るがしているのである．

ただし専門高校の中でも工業高校の場合は，学校間の多様性の拡大や専門性の希薄化という問題はあるにせよ，平均してみれば比較的良好な教育内容が提供されていると思われる．また，近年の「ものづくり」の見直しの機運もあり，工業高校が世間的に底辺校扱いされた1980年代ごろよりは生徒の学力・意欲も高まっていると思われる（少なくとも普通科との相対的格差は縮小しているであろう）．事実，前述の公立工業高校においても，「底辺校ではなくなっていることもあり，生徒が自信を持ち出しており，地域での評判も良くなってきている」ということが聞き取れた．そしてその結果として，大学の理工系学部や職業能力開発大学校などに一定割合が進学することは悪いことではないだろう．ただしその場合においても，工業高校としての教育の独自性や完結性を追求することなしには，結局は普通科高校のヒエラルキーの中に再び組み込まれていかざるを得なくなるであろう．この点は留意すべきである．

なお本研究においては，工業高校以外の専門高校については，実地調査を行うことができなかった．しかし，他の専門高校，特に総合高校における教育内容は，態度主義的教育へのシフトと大学入試の易化にも起因する大学進学へのシフト，さらに自由選択科目枠の拡大などにより，非常に中途半端なものとなっている可能性がある．実際，本プロジェクトにおける聞き取りにおいても，「総合学科はカリキュラムがつまみ食い的で系統性に欠ける」「総合高校の工業系科目には工業教育としての意味はない」などという手厳しい批判を工業高校関係者から聞くことができたのである．

(3) 若年向け職業紹介・相談施設における活動

第4節(3)でも触れたように，近年の若年失業率の増加に対応する形で，

若年向け職業紹介・相談施設が全国各地に整備されてきている．それは，ヤングハローワーク，ジョブカフェ，ヤングジョブスポットなどである．そこで提供されるサービスは，職業紹介，求職活動に関してのさまざまな相談，技能講習などが主なものである．

例えば，ヤングジョブスポットでは，フォーラム事業，職業ふれあい事業（工場見学，体験就労など），キャリアカウンセラーによる個別相談，職業セミナー，パソコン講習会などが連日のように行われている．確かに，そこで提供されている催しの種類については多彩と言っても差し支えないだろう．

しかし，これらの施設が提供する職業訓練の水準は決して高いものではなく，大学就職部の講習会程度のものであると思われる．公共職業訓練との連携も十分に図られているとは言い難い．そもそも職業訓練校などの公共職業訓練施設における職業訓練教育は，技能系・技術系の教育訓練が多いため，文系的素養しか持たない多くのフリーター・ニートにとっては敷居が高いものである．むしろヤングジョブスポットなどの施設に期待されているのは，上記のような活動を通じて，社会人としての就業意識を高めさせたり，社会の現実を認識させたり，進路に関して適切な水路づけをすること等であると思われる．

実際，筆者が2005年2月に訪問した関西地方のあるヤングジョブスポットのカウンセラーは，「利用者は中高卒より大卒の方が多く，ある程度の選択肢があるがゆえに悩んでいる人が多い」，「低学歴ヤンキー的な人は選択肢が限定されているからさほど悩まない」と述べていた．関西地方の別の場所のヤングジョブスポットのスタッフも，「来所者の多くはそれなりに意識の高い人」で，「例えば10代の低学歴者などにはあまり対応していない」と述べる．要するにこの種の施設は，例えば「10代のヤンキー」など，能力やスキルの極端に低い者にはさほど利用されていないし，施設自身もこの層にはさほど積極的にアプローチしていないということである．むしろ，この種の施設は，職業スキルを訓練するというよりも，ある程度の能力と学歴がある者に対していわば夢を冷めさせる（引導を渡す）役割を果たしているとみ

ることもできる．

　もちろん本章は，ヤングハローワーク（及びハローワーク併設型のジョブカフェ）における若年向けの職業紹介の意義について過小評価するものではない．しかしこれらの施設においても，職業意識の啓発活動やカウンセリング活動はやはり重視されている．「華やかな夢に対しては現実を説明している」，「少しずつ夢を冷めさせている」といった首都圏にあるヤングハローワークのカウンセラーの発言は示唆的である．

(4)　その含意と問題

　本節では，ここまで，主にノンエリート層を対象にした職業教育について概観した．もちろん，大学教育や専門学校（専修学校専門課程）[26]の教育，さらに公共職業訓練の実態についての考察が欠落しているという点では不十分なものであるが，普通科中下位校や専門高校における職業教育ならびに，主に文系フリーターへの職業指導の問題点については指摘できたと考える．

　それらについて総括するならば，高校レベルにおける職業教育については，おおむね技能における専門性の希薄化と「キャリア教育」の名によるその態度主義化として特徴づけうる．そのような方向を通じて，今後の産業構造の変化や製造業の衰退，労働市場の流動性の高まりなどにも耐えられるような労働力としての柔軟性・（意識の上での）強靭性を高めることを意図していると考えられる．もちろん専門高校，特に工業高校においては，専門教育は決して等閑視されてはいないだろうが，専門科目の削減や大学進学のハードルの低下などは，生徒にそれをしっかり身につけさせることを以前よりも困難にしている．また普通科中下位校や総合高校における「キャリア教育」も，志望職業と進学先選択とのリンクづけが不十分であることなどからくる無目

---

[26]　山田昌弘は，専門学校について，「初めから職業の需要以上の太さのパイプを作り，生徒を集め，大多数を漏れさせていくシステム」であり，「パイプラインから漏れた高卒者，大卒者の一時的避難場所にしかならない」とする（山田 2004：171-172）．また，あくまでハウツー本ではあるが，専門学校教員が専門学校の内情をあけすけに語ったものとしては，佐藤（2003）がある．

的・先送り的な大学進学行動を阻止できない限り，職業教育のみならず「キャリア教育」自体としても成功しているとは言い難い．

一方，若年向け職業紹介・相談施設におけるフリーター層への職業指導については，事務職やサービス職としての職業能力を明確化することのないまま，職業キャリアにおける自己責任や一種の諦念を強調しつつ，「社会人」としての「態度としての能力」の注入に重点が置かれていると考えられる．そのことを通じて，中核的内部労働市場に定着できるか否かにかかわらず，職業生活上の苦難に耐えうる耐性を身につけさせようとしているのであろう．

(5) 職業能力獲得を通じての「ノンエリートの自立」[27]の展望？

以上見たように，ノンエリートへの職業教育や進路・職業指導については，学校レベル・社会レベルともに，実体的職業能力を豊富化させるものとして行われているとは言い難い．この現状を踏まえ，その豊富化を考えるのであれば，現代においてノンエリートにとって必要な職業能力がどのようなものであり，それをどのようにして身につけさせるかということをまず考えなければならないであろう．

その意味で，職業能力開発促進法に基づき職業能力開発校などで行われている公共職業訓練についても，（IT化への対応や事務職・サービス職向けの内容の充実等は必要とはいえ）一定の再評価がなされ，いわゆる一条校における学校教育との接続・連携が図られてよいかもしれない[28]．公共職業訓練

---

27) 言うまでもなく，これは熊沢誠の有名な著書（熊沢1981）のタイトルでもある．

28) むろん職業能力開発促進法に基づく職業訓練システムは，学校教育を枠外としている．形式上，学校教育は学校教育法によって統御されているからである．しかし，こうした職業教育と学校教育との形式主義的な二分法と相互不干渉は，学校から職業への移行システム（パイプラインシステム）が漏れなく機能していた時代はともかく，現在においては全く的はずれであろう．そもそも職業能力開発促進法自体，「職業訓練は，学校教育法による学校教育との重複を避け，かつ，これとの密接な関連の下に行われなければならない」（同法第3条の2）としているのである．

と同様のことは専門学校の教育についても言えるだろう[29]．また，在学者向けのいわゆるデュアルシステムやインターンシップも，観念的・精神主義的に行われる「キャリア教育」よりははるかに有意味なものであろう．

しかし，そこからさらに労働と生活の場双方におけるノンエリートのトータルな社会的自立という地平までを視野に入れて人材形成の問題を考えた場合，果たしてそれだけで十分なのであろうかという疑問はやはり残る．本節の最後として，この問題について既存の議論を踏まえながら論じてみることにしたい．

まずよく知られているように，ノンエリートの社会的自立[30]をいかに可能ならしめるか，という視点から職業教育論を展開してきたのが熊沢誠である．彼は，学校教育の場での「内容豊かな職業教育」や，ノンエリートの職業生活の自立性を支える技能と学力の必要性を一貫して説く（熊沢 1993，1998など）[31]．この熊沢の職業教育観を端的に表していると思われる部分をその著作の中から引用しておく．

> 「『みなさんのつく仕事は具体的にこういうものである』と語らねばなりません．そのうえで，それぞれの職業についての十分な技能的知識を教える．この場合，『十分な』とは，その分野の単純労働ができる，あるいは単純労働しかできない訓練の水準をこえて，やがてその職業にかか

---

29) ただし，筒井（2005）によれば，筒井が聞き取りを行ったある企業においては，職業能力開発校卒と専門学校（専修学校専門課程）卒に対する評価は必ずしも高いものではなく，高卒と同レベルと見なされており，技能工採用が高卒では充足されなかった場合の次善の策として位置づけられているという．その理由として，「工業系専門学校は，その技術的な水準としては，工業高校の卒業程度」であることや，就職機会がないなどの消極的理由による進学者が増加する中では，彼らの能力レベルに期待が持てないことがあるとしている．

30) その中心的内実は，非エリートが，エリート（管理職・専門職などのホワイトカラー上層を主にイメージする）から，労働生活・社会生活の両面における自律性・主体性・自己決定権などを回復することにあると一応考えておく．

31) なお，本稿脱稿直後に熊沢（2006）が刊行されている．ただし同書でも，職業教育に関する熊沢の主張の中心部分は従来と変わっていない．

わる決定権を働きつづける人びとが取りもどすことのできるような広汎な技能，知識や判断力を養えるような教育という意味です．

　また，この職業教育には，それぞれの労働の成果がどのように現代の社会とつながっているのかという仕事の意義，その職業がこれまでどのように人びとの生活にかかわってきたのかという歴史と文化，しかし不可欠の認識としての，その職業で働くことの現実のしんどさ，それゆえにまた，その職業で生活と権利を守ってゆくにはどうすべきかという闘いのすべ——こうした豊かな内容が盛り込まれるべきだと思います.」
（熊沢 1993：124-125）

　この熊沢の職業教育論は，確かにその文言自体は力強く感銘的なものではある．また，職業生活上の権利を守るための実際的な知識形成の大切さを説いている点でもすぐれたものであると言える．しかし，同時にこれからは，現代のブルーカラーの職業世界をかつてのクラフト的な労働世界と同種のもののごとく過度に理想化しているきらいも感じられる．だが経済のグローバル化や情報化の中で低熟練サービス職への需要が増大し，それが若年不安定雇用層の受け皿になっている現実の中では，かつてのクラフト的な労働世界を一定見出しうるような製造業の現場に身を置ける者は減少しつつある．そして，低熟練サービス職の労働者にとっては，それを持つことで労働者の自立性を保持していけるような内実を持った技能を，その労働自体の中から見つけ出すことは容易ではないのである．

　一方，これもよく知られているように，社会的上昇志向自体は肯定的に捉えつつ，社会的上昇ルートの多様化を提唱するのが佐藤（2000）である．佐藤は，学歴→ホワイトカラー上層の世界における昇進，という社会的上昇の主ルート以外に，ブルーカラー上層からブルーカラー系の専門職になっていけるようなルートも作り出すべきだというのである．「カリスマ美容師」というのが，そのわかりやすいたとえである．

　確かにこの佐藤の提唱については，熊沢のそれに比べ，今日的状況下では

表4　教育の3つの意義(レリバンス)

時間軸	レリバンスの種類	対象
現在	即自的意義(レリバンス)：「面白さ」の実感	個人
将来	市民的意義(レリバンス)：市民として生きる上での道具	
	職業的意義(レリバンス)：労働力の質	社会

出所：本田（2005：150）．

　相対的に実現可能性が高い面もあろう．なぜならそれは，内部労働市場の衰退を逆手に取ったノンエリートの自立戦略という面もあるからである．しかし，この種の社会的上昇ルートの追求は，起業と同様に，市場主義的競争への自己投機をひとまず肯定する方向につながっていく立場である．そして，ひとたびそれを実践しようとすれば，裸一貫のまま市場主義の荒波にさらされる恐れが強い．その結果として，一部の成功者の陰に数多くの失敗者を生み出す可能性が極めて強いのである．少なくともその技能形成が社会的にサポートされていなければそうである．

　ところで，先に見たように本田（2005）は，市場主義的競争には批判的な態度を取りつつ，教育の3つの意義(レリバンス)を挙げた上で（表4），その中の「職業的意義(レリバンス)」を強調する．本田は，後期中等教育段階以降のあらゆる学校が，その教育における「職業的意義(レリバンス)」を高めるべきであることを提唱する．本田は，そのことが，「学校経由の就職」システムの衰退後において，教育から仕事への若者の移行を（たとえ連続的な移行には失敗したとしても）スムーズにし，またその移行過程において教育と仕事との連結を可能にしていくとする．しかし本田も，ノンエリートの社会的自立を可能にする職業能力が何であるかについて，具体的にはほとんど語っていない．また，学校教育の中で，「職業的意義(レリバンス)」のみをいたずらに強調することは，学校教育おける一般教育・教養教育の意義を軽視することにもなりかねないし，企業側の「即戦力」需要，言い換えれば市場の要請に安易に迎合してしまう危険もはらんでいよう．

　このように見た場合，熊沢・佐藤・本田ともに，いずれも職業能力のみで

ノンエリートの社会的地位上昇や地位保全を構想しているという面では共通性があるということが指摘できるのである．また，この三者とも，ノンエリートの社会的自立を，職業能力の獲得を媒介にしつつ狭く労働市場において構想しているということも指摘できるのである．

　しかしながら筆者は，労働・生活の両場面において「ノンエリートの自立」を実現していくことがより一層重要であると考える．そしてそのためにむしろ必要なことは，教育の場において，教育の「職業的意義（レリバンス）」と「即自的意義（レリバンス）」・「市民的意義（レリバンス）」との両立を諦めることなく追求していくことであろうと考える．そう考えるのは以下のような理由による．

　まず，良好な雇用機会の減少という需要要因と入試の易化等による入学者の「質」の低下という供給要因とにより，一定レベル以下の学校が人材のスクリーニング機能や将来地位保障機能を喪失しつつある中では，非エリート学校は，ノンエリートを引きつけるためには教育内容それ自体を魅力的にする以外に道はない．言い換えれば，たとえ多少なりとも職業教育に熱心に行ったところで，教育を労働市場における通行手形の発行手段や出世手段としない・できないことが，これからのノンエリート教育の本質であるということである．そうであれば，「職業的意義（レリバンス）」のみならず「即自的意義（レリバンス）」の実現にも，ノンエリート教育はその存在意義を見いださねばならないであろう．また，良好な雇用機会の減少により不安定雇用が構造的に生み出されるとすれば，たとえノンエリートへの職業能力形成や「職業的意義（レリバンス）」を強調したところで，良好な雇用機会の獲得という椅子取りゲームにおいて一定数のノンエリートが敗者とならねばならないことは自明であろう（良好な雇用機会の絶対数はマクロな労働力需要の水準にも左右されるが）．したがって，「敗者」の社会的排除を阻止し，その生活のミニマム水準を守り向上させていくためには，ノンエリート教育は，その「職業的意義（レリバンス）」のみならず「市民的意義（レリバンス）」も実現していかねばならないであろう．

　しかしながら，「即自的意義（レリバンス）」や「市民的意義（レリバンス）」の強調が態度主義に流れることはもちろん好ましいことではない．従って，そこでは，上記の3つ

第4章　職業教育の現状・課題・国際比較　　217

の意義のバランスは，教養教育・一般教育・専門技術教育の適切なバランスと読み替えられなければならないであろう．これは平凡なことであるが，それを通じてしか，自分自身への誇りを担保する知識的・技能的基盤や，労働と生活の両局面における現状批判力を身につけさせることはできないであろう．もう少し具体的に言うなら，公教育次元では，即戦力志向に走ることなく，教養，基礎学力（特に言語能力[32]や数理的能力[33]の養成），実務的知識・技能（事務系のものも含む）の3つのバランスを取ることを通じて，容易に陳腐化しないトータルな能力の養成を図ることが必要であり，ひいてはそれが職業能力の形成にも寄与するであろう．

　そして，職業訓練や狭い意味での職業能力形成においては，学校教育と生涯学習とを対立的に捉えるのではなく，両者を統一的に捉えることが重要であり，その限りで学生のインターンシップや社会人のリカレント教育も有用であろう．特に，同水準の学歴の中では，理系・技術系よりも文系の教育課程出身者の方がより多く不安定雇用化していることから，職業訓練の中で，文系的スキルの定式化，事務系職業の訓練の重視，スキルの資格認定などが特に積極的に行われる必要があろう．グローバル化やIT化の中で，製造業の技能職への需要が今後も傾向としては減少していくであろうということから考えても，事務系職やサービス職向けの職業能力形成，職業訓練の充実は急務である．

　また生活領域とも連携しつつ，人材形成を通じたノンエリートの社会的自立を考えるならば，ノンエリート教育は，ノンエリート特有のアスピレーションなき「現在志向」を，よりポジティブな志向へと組み替える道も模索す

---

[32]　言語能力，特に母語による読み書き能力は最も重視されるべきであろう．また母語の運用能力が低ければ，外国語の読み書き能力も不十分となる面もあると思われる．例えばTOEICなどの英語検定試験のスコア傾向を見ても，特に若年層ではリスニングに比べてリーディングの出来がかなり悪い．

[33]　通常，文系科目よりも理数系科目の方が階層文化との「密通」の度合いが小さく，その達成度合いに出身階層の格差が反映されることが少ないとされる．その意味でも，文系・事務系向けの教育や文系学部の大学入試などにおいても，理数系科目はもっと重視されてよいと思われる．

る必要がある．そのためには，現実社会との対峙という姿勢を失わない限りにおいて，例えば趣味や文化活動などの場で「自分らしさ」へのこだわりをもたせることは，きっかけとしてはむしろ重要であると考える．なぜなら，やはりそれにこだわることによってこそ，自らの生活を文化的に豊かにしていくことを通じて，凡庸なノンエリート，one of them たることを免れる可能性も出てくるであろうからである．また「自分らしさ」へのこだわりを保障することは基本的人権の次元の問題でもあろうからである．このような形の「自分らしさ」へのこだわりは，価値変換を通じたアスピレーションの「冷却」（竹内 1988）や「下流社会」（三浦 2005）化とは必ずしも同義ではないはずである．

　もちろん，その志向を「ナンバーワン」や「オンリーワン」的な上昇志向へと組み替え，市場的評価に委ねようとすることは非常に問題である．ベンチャー的な方向で成功を遂げられる者は所詮ごく一部であろうからである．しかしだからといって，労働や生活における現実と対峙する中で自己の拠り所の構築を図る行為自体までは否定されるべきではないということである．ただしこうした行為は，「自分らしさ」へのこだわりという即自的なレベルだけでは十分にはなし得ないであろう．やはり現実を対象化しかつ批判的に捉えうるそれ相応の思想・教養なども，その行為の助けとして必要になってくるであろう．

　その意味でノンエリートへの人材形成教育は，そうした思想や教養の形成

34）　もちろん，事実としての教育の人材選別機能を看過し，「教育の崇高な理念」などを観念的に説くことは時に危険ですらある．それは，人材育成というところから，教育の機能主義理論（人材要請モデル）へと傾斜することを通じて，結果的には市場サイドの要請とも通底しやすい面もあるからである．しかし，幸か不幸か少子化などによってノンエリート教育が人材選別機能を喪失しつつあり今後それを回復することがほぼ絶望的である現況下では，基本に戻って教養教育を志向するという方向は，（新自由主義的競争への自己投企という道に参入しないのであれば）ノンエリート教育が必然的に取らざるを得ない道であろう．なお，ノンエリート向けの高等教育の方向性について論じたものとしては，居神ほか（2005）が参考になる（特に第 2 章と第 10 章）．

の手助けをするものとしても再構築されていく必要があろう[34]．むろん，思想や教養を身につける前提として，一定の基礎学力やいわゆる「文化資本」が必要であることは否定できない．また，ブルデューを引用するまでもなく，教養が階層文化や学歴と「密通」していることも否定できない．しかし思想や教養は，本来特定階層だけの専有物とは言い切れない普遍的側面も併せ持つものである．また日本においては，たとえ思想や教養をかなり狭く定義したとしても，独自の文化的バックグラウンドに乏しい試験型エリートという多くの日本のエリートの特質[35]からみて，それらへの対峙という面ではノンエリートのハンデはさほど大きくはないと思われるのである．

さらに言えば，思想や教養といっても，いわゆる正統的な読書人的思想・教養だけに限局される必要は必ずしもなく，サブカルチャー的なものや現実生活から帰納された生活実感的なものもそれらに含まれてよいであろう．本質的な問題は，メインかサブか，理論か実感かの区分ではなく，それらが単なる凡俗への居直り（そこには「下流」に沈潜することへの居直りも含まれよう）や現状追従への傾斜を安易には許さない理想主義や，自らの生き方や労働・生活のあり方を問い直していくという「自問や自省」（竹内 2003）の要素を含んでいるかどうかであろうからである（同様の意味で，それらが肩肘張った「対抗文化」である必要もまた必ずしもないであろう）[36]．なお，普通教育のみならず職業教育もがこうした教養形成を担いうるか否かという

---

35) またこれは選抜システムの精緻化の弊害でもあろうが，日本の試験型エリートの特徴として，知識や教養それ自体の内在的な価値には概して無関心で，それを単に学歴・学校歴の獲得や地位達成のための手段や操作対象としてとらえがちであることも指摘できよう．また，そうした方向をむしろ煽るような受験ノウハウ本の類も巷間氾濫していることは周知の通りである．

36) むろん筆者は，サブカルチャー・生活実感・通俗道徳など基本的には即自的性格の強いものを，現状批判のツールとしてことさらに過大評価するものではない．何らかの現状批判的な意識の形成には，ある程度の「外部注入」が必要であるのは確かであろう．ただ，理想主義や「自問や自省」の要素を，竹内洋が描いてきたようなエリート的教養文化の独占物とはみなさないということである．

なお，中西（2004）も，若者のサブカルチャー志向を若者間の横のつながりという観点から肯定的に評価しようとしている．

問題については，第7節でみるイギリスの労働組合の職業教育活動の事例からも示唆を得ることができると思われる．

6. エリート予備軍への職業教育の現状と課題

(1) エリート予備軍への職業教育の意義

さて，ここまでは，社会構造・経済構造の変化の中で主にノンエリート層が抱える問題を概観し，職業能力形成や人材形成という観点から，ノンエリート向けの職業教育の現状と方向性について論じた．ただしこれは，近年の若者論やニート・フリーター論などの中で数多く論じられてきた事柄でもあることは否定できない．しかしこの種の議論における言及は，ほとんどの場合ここまでのレベルで議論が完結している面があると思われる．すなわち，それらの研究（「研究」レベルにはほど遠い極めて浅薄・粗雑なものも多いが）は，事実としての社会のヒエラルキー構造について直視するものであるにもかかわらず，ノンエリートの裏面としてのエリート[37]層の人材形成の問

[37) 本章は，エリート・ノンエリートというものを1つの相対的な区分として考えるものであり，両者を絶対的な概念や対極的な関係としてとらえるものではない（その意味でも本節は，ごく少数の特権的エリートの分析やその育成論を議論するものではない）．そもそも，何をもってエリートとみなすかという定義づけの問題は困難かつ微妙な問題である．ただし，エリートの定義やエリートの存在の可否に関する議論はひとまず措いたとしても，現実にある職業威信や学歴の格差構造から目を背けることは学問的にも望ましい姿勢とは言えまい，というのが本章のスタンスである．

しかし何らかの定義なしには議論も困難であるから，本章ではとりあえず，「エリート」については世間通俗的なイメージよりは広めに定義し，管理的職業や専門・技術的職業などの上層ノンマニュアル職に現実に就いている者としておく．佐藤（2000）の言うW雇上とある程度重なる定義である．また「エリート予備軍」については，一定ランク以上の大学に進学して将来上層ノンマニュアル職に就くことを暗黙のうちに目指しており，現実に大部分が最終的にはそのような職業に就くであろう層，と定義しておく．比率的には多くみて同世代の上位約2割程度であろうか．いわゆる大学ランク的には，国公立大学やいわゆるMARCH・関関同立クラス以上の私立大学に入るか，それらに入ることを真面目に目指していたような層などであろう．ちなみに橋本（2003）によると，2000

題については，ほぼ一様に議論を行っていないのである．だが，エリート層（予備軍）への教育の問題について職業能力形成や人材形成の観点からも検討することは，近年のグローバル化や産業構造変化などの状況の中で，高い知的創造性と社会牽引力を備えたエリートの育成を教育に期待するといった素朴な「エリート教育論」とは違った意味においてやはり重要であると考える．それは以下のような理由からである．

　それは第1に，第2節(2)で述べたような「シンボリック・アナリスト」が台頭してくるというマクロな状況の下において，過度なエリートの一人勝ち社会の現出を防ごうとするのであれば，エリート対策（エリートに対する社会的統御）の必要性は増大してくるからである．要するにエリートの恣意的な社会行動（「エリートの反逆」）を統御することを通じて社会的格差拡大を防ぐという意味からも，エリート予備軍への職業教育という問題について考察することは重要な課題となる．第2に，山田（2004）も指摘するように，社会におけるリスクの増大に伴い，「パイプライン」から漏れるリスクがエリート予備軍にも及んできているということにもよる．また社会リスクの増大は，いわゆる「長期蓄積能力活用型」のエリートと「シンボリック・アナリスト」としての「高度専門能力活用型」のエリートの双方においても，その地位を守りきれず転落する者を増やす可能性が高い．これらの意味でも，エリート予備軍やエリート層に対してもセーフティネットを構想していくことの必要性は高まっていると考えられる．第3に，佐藤（2000）も指摘するように，エリートの空洞化の問題である．すなわち，選抜システムの精緻化に伴い，受験競争や出世競争は「目的意識や野心を断片化（コマギレ）して，競争に勝ち残ることだけを目標にさせてしまう」（佐藤2000：119）面を強めていく．

　　年の新規大卒者のうち，労働者階級（橋本の定義では専門・管理・事務以外の職業に従事する被雇用者，ただし女子の事務は労働者階級に含める）に所属する者の比率は47％に達する．言い換えれば，まだ今のところ大卒者の約半数は非労働者階級（そのほとんどは新中間階級）となっているということである．現在の大学進学率が約4割であるから，橋本のデータから判断しても，ここで言う同世代の上位約2割というのは一定根拠のある数字であると思われる．

そして，形式上「公平」な選抜システムの中でエリートが勝ち残ってきたという事実が，エリートの「実績」を目的意識を欠いたまま既得権化させ，エリートの責任感を消滅させていく．このようなエリート層とそれを生み出す教育システムを放置するならば，社会全体の空洞化も免れないであろう．

以上のような点を踏まえるならば，エリート予備軍に対しても何らかの職業教育を行うことは不可欠となる．それは，エリート予備軍[38]が将来実際にエリート的地位に就いたとして，その時に彼らに然るべき責任を果たさせるという意味でも必要なことである．エリート層の方が，非ルーティン的な応用度の高い仕事に就き，キャリアにおける自律性も高いものである以上，特に「キャリア教育」などはむしろエリート予備軍に対してより重点的に行われるべきであろう．非エリート層に対して「キャリア意識の形成」や「偏差値にとらわれない大学選び」を呼びかける一方で，エリート予備軍をそうした脱偏差値教育の対象外とし，そのエリート度に応じて従来同様に「パイプライン」に流し込もうとするようなダブルスタンダードは望ましくないであろう．

以上のような考えから，本章ではノンエリート層の職業能力形成・人材形成だけに守備範囲を限局することなく，その裏としてのエリート層の職業能力形成・人材形成の問題についても以下で考察していくことにしたい．言うまでもなくそれは，現実の社会的ヒエラルキー構造を是認することではなく，その構造自体やそれがもたらす問題の解決の方途を探るための作業である．

(2) **エリート予備軍への職業教育の現状：進学校アンケート調査の分析から**

では，エリート予備軍への職業教育について，特にその職業キャリア意識

---

38) もちろんエリート予備軍はあくまで予備軍であり，全員に将来のエリート的地位が約束されているわけではない．しかし，100％の地位保障はないにしても，確率的にその構成員の大半が将来エリート的地位に就くことがまず間違いないとすれば，その集団に対しては一定の対応がなされるべきである．

第4章　職業教育の現状・課題・国際比較

形成という視点から検討してみる．もちろんエリート予備軍の多くにとって最終学歴となるのは大学（学部）であり，そこでの専攻・学習内容や大学側の関与が具体的な進路決定に影響してくることは否定できない．しかし，大学教育の学生の内面への関与はおおむね間接的である現状も考えれば，人生観や価値観の形成や，職業キャリアに関する意識形成という意味では，むしろ高校段階における教育内容を検討することの方が重要であると思われる[39]．またこのことは，現実に存在する高校のヒエラルキー構造[40]により，エリート予備軍と非エリートとの選別が行われるのが，（中高一貫進学校を除けば）主に高校入学段階であることにもよる．さらに，高校段階での学習とその結果としての大学受験先系統の選定段階で，事務系か技術系か，技術系であればおおよそどの系統かという職業の方向性はかなりの程度決まってくることにもよる．そして現実にも，世間で「エリート教育」の必要性が云々されるのは，大学よりもむしろ中等教育段階においてである．これらの意味で，ここでは，現実に社会における指導的人材を輩出してきたし，これからも輩出していくであろういわゆる進学校における進路指導と職業教育の現状について検討する．

　さて，ここで検討の素材とするのは，2004年11月に筆者が独自に実施し

---

39)　このことは，戦前においてエリート的教養の形成教育が行われていたのは，大学よりもむしろ旧制高校や旧制中学の段階であったこととも類似する．

40)　中等教育には完成教育と進学準備教育という2つの異なる側面がある上に，日本では中等教育が進学型と職業型に明確には分岐していない「単線型」のシステムを取っている以上，こうした構造が生じることには，その是非は別として一定の必然性があることは否定できない．

41)　アンケート対象の進学校については，中村（1999）が行った1998・1999両年の各高校の大学合格実績を基準にしたランク付けにおける「Aランク」の高校（この2年間で旧帝大・一橋大・東工大の国立9大学合格数計50人以上，または東大・京大合格数計25人以上，または国立9大学合格率8.4%以上）231校を選んだ．ただし首都圏の進学事情も考慮し，次位の「B1ランク」（国立9大学合格数計20人以上，または東大・京大合格数計10人以上，または国立9大学合格率3.4%以上）でかつ早慶合格数が一定基準（この2年間で100人以上）に達している首都圏1都3県の23校もそれらに加え，結局254校を選んだ．上記の基

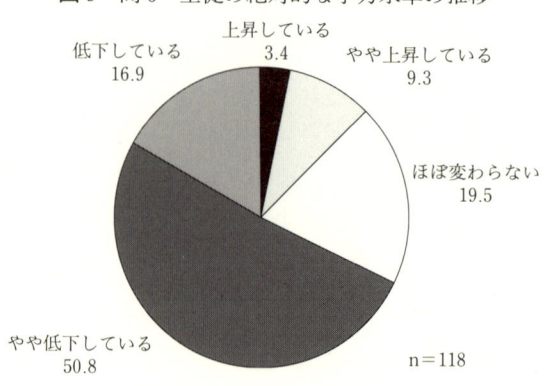

図9 問6 生徒の絶対的な学力水準の推移

- 上昇している 3.4
- やや上昇している 9.3
- ほぼ変わらない 19.5
- やや低下している 50.8
- 低下している 16.9

n＝118

た全国の進学校254校[41]の進路指導担当教諭へのアンケート調査（回収率46.5％）である（個々の質問とその回答の単純集計結果については，章末の付録を参照されたい）．

まず，これらの進学校といえども，近年の生徒の絶対的な学力水準の低下からはやはり逃れられていない．すなわち，「貴校の生徒の絶対的な学力水準は，10年ほど前の貴校生徒と比べてどのように変わっていると感じますか」（問6）というアンケートにおける質問に対しては，図9のように有効回答数中16.9％が「低下している」，50.8％が「やや低下している」と回答している（なお以前との比較については，問6のように特に断らない限りは，最近5年ほどの期間における傾向変化を聞いた）．

次に，（進路指導担当教諭からみた）生徒自身の進路意識については，「進学先選択において，知的興味より進学先の難易・社会的威信を優先させる傾

準の結果いくつかの旧帝大の地元県の高校がやや多めにリストアップされていることや，やや古いデータであるため近年の公立高校改革などにより進学実績を伸ばした公立高校がいくつか漏れているなどの問題はあるが，結果に影響を及ぼすほどのものではない（なお中村は，有名私大の付属校で本体大学への内部進学率が高い高校については，ランク付けの対象外としている）．なお，本章は進学実績による高校の序列化を肯定するものではないが，現実にある学校間の階層性を認知することは分析上必要であると考えた．

向」(問13),「学歴・学校歴によって将来の地位やキャリアが決まるという意識」(問14) などの項目では「以前とあまり変わらない」とする回答が7割台に達した．しかしその一方で,「進学先の選択と職業キャリアとの意識関係の変化」(問12) については,「以前とさほど変化なし」よりも「将来の職業重視」になってきたという回答の方が上回っている[42]．「将来の職業キャリアについて意識する度合い」(問16) についても,「あまり変わらない」よりも「強まっている」「やや強まっている」の合計の方が上回っている．「近年の社会状況の進学先選択への影響」(問17) についても,「感じ取れる」「やや感じ取れる」の合計が6割に達している（特に地方の高校でこの割合が高い）．この2つの選択肢を選んだ回答者に対して，その具体的反映状況を尋ねたところ（問18），その中では「実学系学部・学科志望者の増加」という選択肢への回答が圧倒的に多い．ちなみに現実にも，進学先として理系を選択する割合がやや高まっているという傾向が見て取れる（問9）．

進学先選択行動における問題点（問19）については,「自分の興味を見極めていない」と「特定学部系統への志向が強すぎる」というものが回答の中では多い．これらは具体的には，医学部志向を中心として，法学部や理系志向を指すものであろう[43]．要するに多くの進学校においては,「特定有名大学志向」よりもむしろ「特定学部系統志向」の方が強く，かつそれが問題で

---

[42] 生徒の学歴・学校歴志向の要因（問15）についても,「ブランド的効用の重視」「生徒間の同調的志向」「学校の雰囲気」などよりも「将来の地位獲得のための必要条件」という回答の方が圧倒的に多い．要するに，学歴・学校歴のブランド的効用を重視する消費財的学歴観よりも，将来のキャリアを見据えた投資財として学歴を捉える意識の方が強いと言える．ただし，これは進路指導教員へのアンケートであり一定の建前的回答が含まれていることや，生徒自身の深層心理は教員側も十分には把握しきれないという問題はある（恐らく現実には，両方の意識と折り合いをつけながら進学先の選択を行っているというのが実態に近いのであろう）．

[43] なおこれに関しては，アンケートの自由記述欄において，特に中高一貫進学校を中心に生徒の医学部志向の強さを指摘する回答が散見された．自由記述欄には,「人材の特定分野への偏り（本校では医学部）が顕著である．これは必ず社会の衰退をまねくと思う．」という記述すらあった．

あると認識されているようである[44]．

　生徒の具体的な志望職種については，専門職が多く，民間企業社員はさほど多くない（問20）．この傾向は，いわゆる難関校や中高一貫校において特に顕著である．ただし，首都圏1都3県のサンプルでは民間企業社員が最多である．また地方公立校においては教育・研究職（主に小中高教員をイメージした回答と思われる）も多く，公務員志望も散見される．要するに，近年の生徒の進路意識や進学行動については，社会状況を反映し，概して安定志向と実学志向がうかがえる．この傾向は特に首都圏以外において顕著であるといえる．

　学校サイドの進路指導方針（進学校であるので大学受験先の指導方針）については（問21），「進学先の難易・威信」や「大学における志望分野」よりも，「大学卒業後も見据えた志望分野を優先的に考慮する」という回答が圧倒的である．そのこともあってか，学力的に志望先に届きにくい場合でも，例えば法→経済のような同一大学内における入試難易度の低い系統への志望変更の指導には消極的で，同系統内のより入試難易度の低い大学を勧めるという回答が圧倒的であった（問22）．また，進学先指導上重視する点については，「進学先の威信・難易」「進学先の就職有利度」よりも，「進学先の学問系統」や「進学先の学問的水準・実績」への回答の方が圧倒的に多い（問24）．ただし進学先指導の程度については，特定の進学先を「強く薦める」は2.5％，「やや強く薦める」でも19.5％にとどまっており，進学先（受験先）の選択については，生徒の自主性に任せる傾向が強い（問25）．なお，進路指導上の留意点としては，「将来の希望職業」よりも「生徒の知的興味の尊重」への回答数の方が多い（問27）[45]．

---

44) ただし首都圏（1都3県）では，地方圏より医学部志向が弱まり，その分有名大学志向特に東大志向が強まるためか，特定学部志向よりも特定有名大学志向を指摘する回答の方が多い．松尾（2003a）でも検討を行ったが，首都圏の大学進学行動と首都圏以外のそれとの間には一定の差異があると言える．

45) ただし，ここで見たようなこれらの進路指導方針については，やはり一定の建前的回答も含まれている可能性も否定はできないかもしれない．

次に，職業キャリアへの動機づけ教育については，「力を入れるべき」という回答が全体回答の57.6%にも達している（問28）．その実施状況を見ると，「熱心に行っている」は10.2%,「ある程度行っている」が62.7%であった（問29）．「熱心に行っている」「ある程度熱心に行っている」という回答者を対象にその具体的な内容を聞いてみると，「自校卒業の社会人による講演」と「大学関係者による講演」が多い一方で，企業関係者の講演などは少なく，非進学校に比べて職業に直結した実際的な内容のものは必ずしも行われていないと思われる（問30，複数回答可）．しかし以前との比較では，「以前に比べ重視している」が15.3%,「以前に比べやや重視している」が44.1%であり（問31），職業キャリアへの動機付け教育自体は以前よりも重視するようになってきていると思われる（図10）．

いわゆるエリート養成教育を学校教育の中で行うことへの評価については，図11のように「エリート教育は必要」という回答が34.7%,「エリート教育は必要ない」が26.3%となった（問32）．そして「エリート教育は必要」という回答サンプルの中で，実際にエリート教育を「行っている」と回答したものは58.5%,「（現在は行っていないが）今後行おうと考えている」という回答が22%となった（問33）．ちなみに，このエリート教育については，地方の公立高校で「必要」とする率が高くなっている．また，サンプル数が6件と限られているが，国立大学の付属高校で半数が「必要」と回答している．一方，首都圏の中高一貫私立校では，「必要」という回答の割合は30.4%で，全体の平均より若干低かった．

高校教育と大学教育との連携については，「高校では大学専門課程につながる問題意識を養わせるべき」という回答が51.7%に達し，「高校は大学卒業後のキャリアやライフコースにもつなげうる生涯的教養の涵養に努めるべき」（39.8%），「高校は高校課程の範囲内での高度な学習をすべき」（38.1%）を上回った（問34，複数回答可）．しかし，普通科進学校の第一義的な位置づけについては，「生涯的教養の涵養」（48.3%）と「大学受験準備教育としての十分な水準の確保」（42.4%）の回答が，「大学での学習の準備過

図 10　問 31　キャリア動機付け教育の重視度合いの変化

- 不明　0.8
- 以前に比べ重視している　15.3
- 以前と変わらない　39.8
- 以前に比べやや重視している　44.1

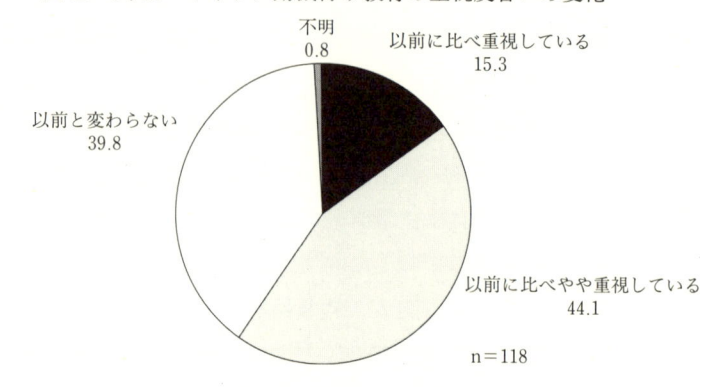

n＝118

図 11　問 32　学校教育の中でエリート教育を行うことへの評価

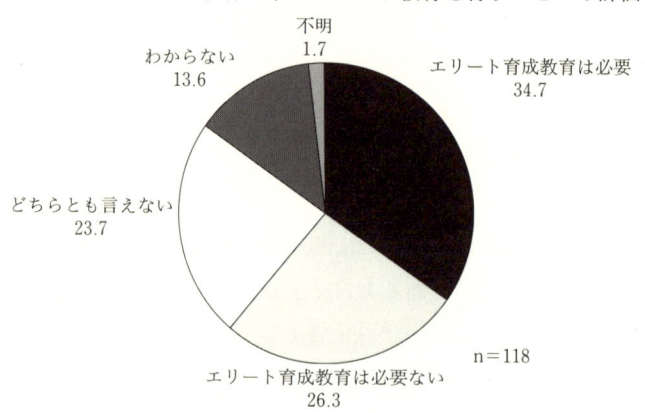

- 不明　1.7
- わからない　13.6
- エリート育成教育は必要　34.7
- どちらとも言えない　23.7
- エリート育成教育は必要ない　26.3

n＝118

程」(36.4％),「後期中等教育としての集大成」(34.7％),「将来的キャリア形成の第一歩」(28％) よりも上位にきた (問 35, 複数回答可). 最後に, 普通科進学校の教育が職業キャリア形成教育として貢献できる面は何かについて尋ねたところ,「知的・学問的関心の啓発」68.6％,「社会人に必要な一般的教養の形成」66.1％,「将来の将来の専門的スキルにつながる基礎学力の形成」62.7％ の順になった (問 36, 複数回答可).

(3) アンケート結果のまとめ

このように，進学校は，生徒の大部分が大学教育を受けることを念頭に置きながら，①大学進学後の専門的学習に対応できる学力と問題意識の形成，②それを通じての適切な進路の方向づけ，③生涯にわたり必要な一般的教養の涵養，④将来上層ノンマニュアル職に就くことをにらんだ知的能力・関心の養成，などの点を主に意識した教育を行っていると言えよう．その意味で，進学校における進路指導教育は，その内容が当面の大学入試突破という目標に全面的に従属した形で行われているとは言い難い．また，人格主義的な教養教育を過度に強調しているとも言い難い．むしろ進学校においては，暗黙のうちに大学進学と大学卒業後のノンマニュアル職への就職を意識するという従来とさほど変化のない生徒側の意識の下で，やはり以前とさほど変わりのないオーソドックスで「自由」な進学準備教育が行われていると言えよう．ただし近年では，経済の長期停滞や日本的雇用慣行の変質などの状況に対応する形で生徒側の進路意識もやや変わってきており，それを受けて学校側もキャリア意識の啓発には従来よりは力を入れ始めたということであろう．しかしそれは，大学関係者の講演など，基本的に大学進学に向けた知的関心の喚起に重点が置かれたものであると言えよう．

それだけに現在の進学校では，大学卒業後の職業キャリアに直結した教育を行おうとする志向はさほど強くないと思われる．アンケートの回答の多くで見られた職業キャリアへの動機づけ教育を従来よりは重視するようになってきているという姿勢[46]も，進学校の伝統的な教育の枠組みを越えるものではないようである．むしろ，進学校は，即座に役立つ実践的な職業能力・関

---

[46] この姿勢は，ちなみにベネッセ総研が行ったアンケート調査（「高校の進路指導に関する意識調査」）でも確認しうる．同調査によれば，進学校（同調査での定義は「ほとんどが4年制大学に進学する普通科高校」）においても，「職業観形成に関する指導」の重要性の認知度自体は上昇している．すなわち，「今後さらに重要性が増す進路指導の内容」で「職業観・勤労観の形成にかかわる指導」を挙げた進学校の割合は，1997年の29％から2004年の40％に上昇している．ただしその上昇度合いは非進学校に比べると低く出ている（『朝日新聞』2005年7月19日夕刊）．

心の養成を図るよりも,大学教育を受けることを前提としつつ将来の専攻分野に関連した知的関心の喚起や基礎学力の充実を図ることが,生徒の多くが将来就くであろう上層ノンマニュアル職,特に専門・技術職向けの職業能力形成につながっていくという認識を持っているようである.また,生徒の意識としては実学志向がやや高まっておりそれが進学先の選択にも反映されているが,医学部を中心とする特定学部志向については,それが安定志向と偏差値志向によるものである限り,必ずしも好ましいものと学校側はみていないようである.

なお,いわゆるエリート教育については,先にみたようにその必要性を認める回答が地方の公立高校を中心に意外と多くみられた.しかし,そうした回答においても,何をもってエリート教育と考えるか,いかなるエリート教育を行えばよいのかについては,必ずしも明確な回答を示していないものが多数であった.

(4) 職業能力形成という観点からみた「エリート教育」のあり方

以上,進学校を対象にしたアンケートの結果により,高校段階でエリート予備軍向けにどのような職業教育が行われているかについてみた.ここから読み取れることは,進学校も職業教育を必ずしも軽視してはいないが,基本的にそれを伝統的な一般教育・進学準備教育の枠組みの中で考え,実施しているということであった.また進路指導については,生徒の「自主性」に任せる傾向が強く出ている.これらは,中産階級を再生産するという進学校のひとつの機能からみてむしろ当然の結果であろう.だが,これは先に見た態度主義のエリート版であり,教育の「職業的意義(レリバンス)」を欠いたものという評価もできる.

しかしエリート予備軍に対する教育における適切な「職業的意義(レリバンス)」とは何かを定義し,かつそれを踏まえた教育を行っていくことは,非エリートに対する以上に難しい問題であるかもしれない.ただ本節における分析を踏まえるならば,少なくとも次のようなことは言えるであろう.すなわち,仮に

何らかの「エリート教育」的なものを認めていくとしても，それはエリート意識の涵養教育やいわゆるノブレスオブリージュを観念的に強調するような態度主義的な教育ではなく，各分野における将来のエキスパートとしての職業観や職業倫理を具体的に教えるものでなければならない，ということである．その理由は，アンケートの回答を見ても，第1に「エリート教育」に肯定的な高校においてさえも，そのコンセプトを現場が明確に定義できていないからである．第2に，その一方で，進学校における相対的に「自由」な教育と進路指導の中で，将来のホワイトカラー上層にふさわしい一般的態度や心性（自主性や知的探求心など）の形成には，すでに一定注意が払われていると思われるからである．第3に，アンケート結果を見ても，現実に進学校の生徒の志望職種としては専門職が多いと考えられるからである[47]．

また，進学校においては，種々の学問分野への興味を喚起し，それを大学進学先の選択に結びつけさせていくことも重視されるべきであろう（すでに，「総合的な学習」の時間を利用した「学問入門講座」などの形でこれを実施している進学校もあるが）．そのことが，目先の選抜だけに関心を集中することなく将来の職業を見据え，かつそれに向けた勉強をすることにつながるという意味で職業教育にもなる上に，前述したエリートの空洞化の問題や進学先の特定学部系統への集中の問題を幾分かでも緩和することにもつながるだろうからである．

---

47) なお，専門職のあり方も，かつての（少なくとも建前のレベルでの）中立不偏のプロフェッションというイメージからは近年かなり外れてきていると言えよう．しかしそれだけに，（古典的な専門職像を押しつけるのではないにしても）単なる特定クライアントの利益の擁護者にはならないような職業観や職業倫理を教えたり啓発したりすることの重要性は高まってきていると思われる．首都圏の中高一貫私立校においては，エリート教育を必要と考える回答割合がアンケートでは平均値より若干低く出ているが，卒業生がこの種の専門職に就く可能性が現実に高い首都圏の中高一貫私立校においては，この観点からの教育を検討していく必要度は高くなってくると思われる．

7. イギリス労働組合による職業教育からの示唆

さて最後に,若年向け雇用対策や職業訓練の「先進国」のひとつとして近年言及されることの多いイギリスにおける職業教育について記述する.そこから日本の職業教育への示唆を得る手がかりとしたい.とはいえ,ブレア政権下のニューディール政策の全体像を跡づけた上で,NVQ (National Vocational Qualification:全国職業資格) をはじめとする複雑かつ流動的な職業資格・訓練制度や,さらに近年実施されてきたコネクションズ (Connexions) などの若年向け就業支援施策,等についてその内容を紹介することは本章が扱いうる容量を越えるものである(イギリスの職業資格・訓練制度については,柳田 (2004) をはじめ邦文の研究書・報告書も近年公刊されてきている).

よってここでは,ひとつの事例として,公共部門の労働者を中心に約130万人を組織しているイギリス最大の労働組合である UNISON[48]が主導する職業教育について,2004 年 3 月に現地で行った聞き取り結果と収集した資料に依拠しながら概観し,その職業教育としての意義とそこから引き出しうる含意について述べることとする.なお,労働組合が主導する職業教育の事例を取り上げるのは,職業教育に関しての多様な主体を構想するという問題意識からでもある.

(1) UNISON の教育訓練プログラムの概要

UNISON が行う職業教育の中核をなすものは,R2L (Return to Learn) という教育プログラムである.これは UNISON の前身組合のひとつである NUPE 時代の 1989 年に始まり,UNISON 設立直後の 1994 年頃から全組合

---

48) UNISON は,1993 年に,地方自治体のホワイトカラー労働者を中心に組織する NALGO(国家・地方公務員組合),公共部門のブルーカラー労働者を中心に組織する NUPE(全国公務員組合),NHS の医療労働者中心に組織する COHSE(医療職員組合総連合)の 3 組合の合併により設立された組合である.約 130 万人の組合員のうち,約 7 割が女性である.

第4章　職業教育の現状・課題・国際比較

表5 イギリス教育資格・職業資格の対応関係

資格レベル	一般教育資格	職業関連資格	職業資格
5	高等資格		Level5NVQ
4			Level4NVQ
3（上級レベル）	A Level	職業 A Level	Level3NVQ
		上級 GNVQ	
2（中級レベル）	GCSE A〜C	中級 GNVQ	Level2NVQ
1（基礎レベル）	GCSE D〜G	基礎級 GNVQ	Level1NVQ
入門レベル	学力証明		

備考：GCSE は General Certificate of Secondary Education を，また，GNVQ は General National Vocational Qualifications を指す．
出所：『2004年版通商白書』．

的に広がってきたものである．R2L は，ロンドンの UNISON 本部内にある「オープン・カレッジ」のみならず，組合員のいる各職場でも行われている．

UNISON は各種の教育プログラムを提供しているが，R2L は，GCE の O レベルや GCSE などの中等教育修了相当の資格[49]を持たない UNISON 組合員を主たる対象とし，読み書き・計算・IT スキルなどの基礎教育を行う無償の教育プログラムである[50]．特に自治体や NHS などにおける医療・福祉職の中高年女性労働者の受講が多い[51]．なお，イギリスの主要な教育資

---

49) イギリスの教育制度では，5歳から16歳までの11年間が義務教育の期間であり，うち11歳から16歳までの5年間が中等教育の期間である．イギリスの中等教育の場合，教育期間終了時に全国的な統一試験を受験し，それに合格して資格を得ることが修了の要件となる．この中等教育修了資格に相当するもののひとつが1986年に導入された GCSE（かつての GCE O レベルに相当）である．なお，中等教育終了後さらに大学進学を希望する場合には，16歳から2年間在籍するシックスフォームという進学準備課程において，GCE A レベルを取得することが通常必要となる．

50) R2L 及び"Women's Lives"（R2L と並ぶ UNISON の代表的な入門教育プログラム）は UNISON 組合員向けのものであるが，その他の教育プログラムは非組合員も利用できる．教育プログラム実施にあたっての講師の選定やカリキュラム作成については，組合と WEA（Workers' Educational Association）という外部団体が共同であたっている．一部の大学や民間機関との協力関係もある．

51) ただし，UNISON が提供する専門性の高い他の教育プログラムには，昇進のためのスキルアップの需要から男性ホワイトカラー職の参加も多いという（特に

図12 UNISONの職場学習

```
Women Students ──→ Women, Work & Society
                    Studying Women's Experiences;
                    Investigating project.

Starting Points

                    R2L: Developing           R2L: Consolidating
                    Your Learning Skills      Your Learning Skills
                    Learning to study         Continuing education;
                    effectively; Descriptive  Writing a story; Research
                    writing & note taking;    through survey;
                    Research through          Understanding statistics;
                    interview; Understanding  Analysing a debate
                    & expressing points of
                    view; application of      R2L: Focus on the
All Students        number                    Workplace
                                              Reflecting on your
                                              exprience at work; Writing
                                              about an issue at work

                                              Intoro to Computers
                    Communication at Work     Core IT; Basic word-processing;
                    Written Communication     Extended word-processing
                    Presenting yourself
```

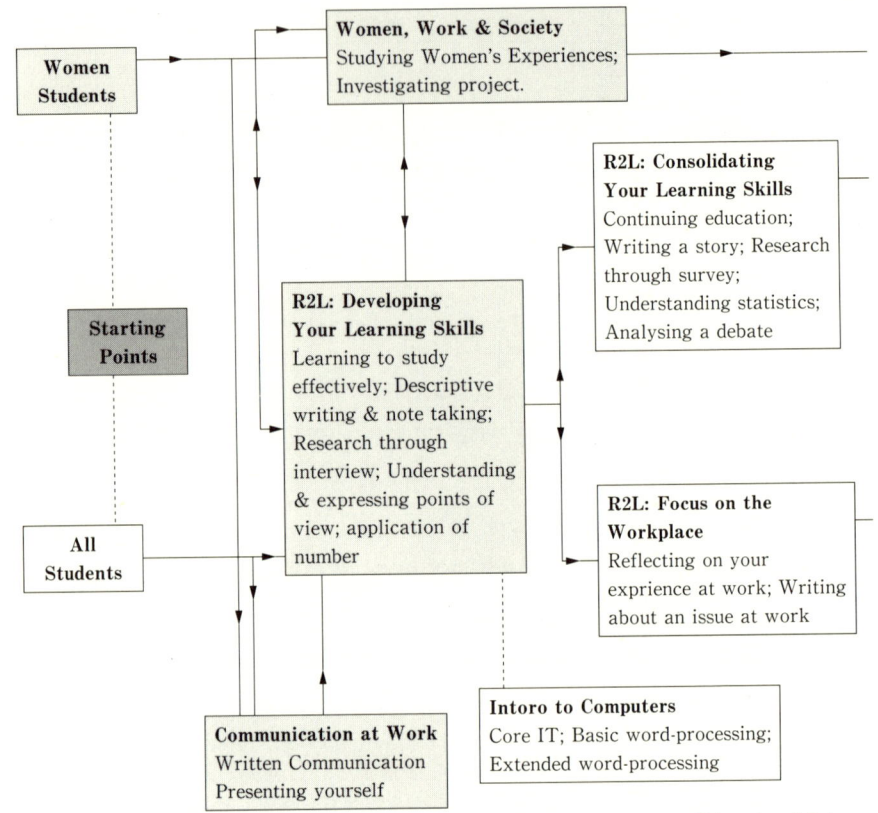

注：WEA＝Workers' Educational Association, VEAs＝Skills for Voluntary Education Advisers
出所：Course Guide UNISON: Learning at Work

格・職業資格のランクの対応関係は表5の通りである．

　R2Lの基本的な考え方としては，以下のように言うことができる．すなわちR2Lは，労働党政権が重視してきた職場に基礎を置いた生涯学習政策と発想を同じくし，その意味で近年のイギリス労働組合のパートナーシップ

コンピュータ関係の講座)．そのため，近年の各種の教育プログラムへの参加数は，年間5000人程度に達しているという（オープンカレッジの担当者の言による)．

プログラムのフローチャート

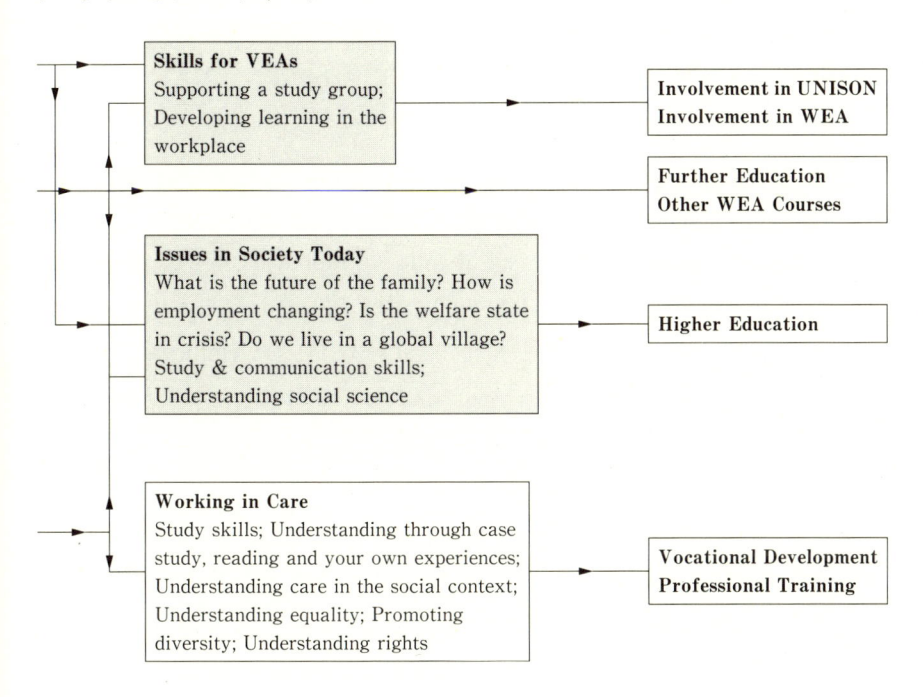

Skills for VEAs
Supporting a study group;
Developing learning in the workplace

→ Involvement in UNISON
Involvement in WEA

→ Further Education
Other WEA Courses

Issues in Society Today
What is the future of the family? How is employment changing? Is the welfare state in crisis? Do we live in a global village? Study & communication skills; Understanding social science

→ Higher Education

Working in Care
Study skills; Understanding through case study, reading and your own experiences; Understanding care in the social context; Understanding equality; Promoting diversity; Understanding rights

→ Vocational Development
Professional Training

路線を象徴するものである[52]. 実際, R2L をはじめとする職場での学習活動は, 一定のタイムオフが認められるなど, 使用者側との協力関係の下に行われている. ただし特に R2L は, NUPE 時代から行われてきたこともあり, 組合独自の理念を持っている. すなわちそれは, NVQ で認定されるような職場の職務内容に関連した実態として企業特殊性を帯びた技能の形成よりも,

---

52) R2L は, ブレア労働党政権成立前後の時期に, UNISON-employer partnership の一環として改めて打ち出されている.

読み書き・計算・ITなどの一般的な「ベーシック・スキル」の形成を重視するというものである[53]．それは，ベーシックスキルの獲得なしには，職務内容に即した技能形成も十分には行い得ないという考えからである．

　R2Lの具体的なカリキュラム内容としては，オープン・カレッジの入学案内冊子によると，①Learning Skills，②Writing，③Researching，④Application of number，⑤Understanding and expressing points of view，⑥Educational guidance，⑦Choice of follow-up module，⑧IT，が列挙されている．あるいは，別のパンフレットでは，R2Lにおけるカリキュラム上の5つのコアユニットとして，①Personal Development and Progression，②Descriptive Writing and Note-taking，③Research Through Interview，④Understanding and Expressing Points of View，⑤Using Number Skills in a Project，が挙げられている．

　このように，R2Lでは，実践的なカリキュラムの中で，一般的な学習スキル，読み書きスキル，数的スキル，調査・発表スキル，情報スキルなどのベーシックスキルの形成が目標とされていると言える．また，学習者の自信や内発的な動機付けを高めることや，その後のより専門的で多様な学習プログラム（その中にはGCSE，GCE Aレベル，NVQレベル2・3などの公的資格取得向けのプログラムも含まれる）につながるフォローアップにも注意が払われていると言える（図12参照）[54]．

---

53) そこには，「イギリス労働者階級の基礎学力水準は，過去の負の遺産もあって低い」という組合側の認識もあろう．なおこの点については，インタビューの現場で組合側から幾度となく強調されたことでもある．

54) UNISONのオープンカレッジでは，多様な内容の教育プログラムが用意されている．R2Lなどの入門的な内容のもの以外にも，会計・芸術・IT・行政管理・コミュニティケア・カウンセリング・社会福祉・建築・労使関係・外国語・法律・経営・マーケティング・人事管理・スポーツ科学等の多岐の分野にわたる．詳細については，オープンカレッジのコース案内（http://www.unison-opencollege.org/courses.shtml）を参照されたい．なお，これらのプログラムの中には，外部の教育機関との連携の下に行われているものも多い．

(2) その評価と含意

さて，こうした労働組合主導による主にノンエリート向けの職業教育については，ノンエリートの職業能力の形成やさらにその労働と生活の充実という観点からは，いかなる意味づけがなし得るのであろうか．それには，政府・経営側とのパートナーシップの強調であり，さらには経営側の HRM（人的資源管理）や政府の社会統合施策への協力という側面も確かにあろう．しかし「職業教育の主体としての組合」という考え方は，労働組合の伝統的役割にかなった考え方であり，現代の組合活動にも継承されるべき考え方であろう．また，R2L をはじめとする組合側の教育訓練プログラムは，パートナーシップや単なる組合員サービスのレベルだけにとどまらず，労働者の組合への組織化や組合員の団結強化にもつながる面も持っていると外部の研究者からも評価されている（Munro and Rainbird 2000a）．言い換えれば，UNISON の教育訓練活動は，いわゆるサービスモデル的なレベルにとどまらず，組織化モデルとしての面も有しているということである[55]．なぜなら，組合側の教育訓練プログラムを受講した層を組合の中心層に組み入れたり，組合への参加度を高めるという効果も期待できるからである．別稿（松尾 2003b）でも検討したが，UNISON の教育訓練プログラムは，単なる組合員サービスのみならず，労働者の組織化や連帯の強化，さらにそれらを通じての組合活動の活性化のための重要な手段でもあると言えよう[56]．

また，組合側のスタンスとして NVQ には批判的[57]でベーシックスキルを

---

[55] 労働組合の活動におけるサービスモデルと組織化モデル（organizing model）については，近年の労使関係論や労働社会学の中でも言及されることの多い概念である．この概念の整理については，松尾（2003b）も参照されたい．

[56] この点は，UNISON の教育訓練担当者や現場の講師も，聞き取りの席上で筆者に強調していたことであった．

[57] 組合側が NVQ には批判的でベーシックスキルを重視するということの根拠としては，そもそも一定のベーシックスキルなしには NVQ にも耐えられないという認識がある（このことは職場の組合役員からも聞かされた）．ほかにも，そもそも NVQ 制度自体が職業能力の認定権を組合側から政府・経営側に移すという本質的性格を持つものであることや，実態的にも NVQ における能力認定基準の

重視するということからも，UNISONの教育訓練プログラムは，政府・経営側の職業能力開発施策とは異なる次元のものを組合として構築しようとしているという評価もできよう．しかも言語・数理・情報などの一般的スキルを教授するだけではなく，前述のR2Lのカリキュラムからも読み取れるように，方法論的なスキルを重視したり，労働者の自信と向上心を高めたりするような配慮もなされていると言えよう．

しかし，UNISONの教育訓練プログラムについては，問題もないわけではない．すなわち，それはベーシックスキルや方法論を重視する上に自己啓発を促進するような内容を含んでいることから，労働者の意欲と態度を重視するという態度主義への傾斜の可能性もはらんでいると考えうるからである．また，対象層としては，UNISONの組織分野からも公共部門における医療・福祉関係の労働者が中心であり，サービス業の若年層への浸透が不足しているという問題もある．さらにR2Lなどの入門的なプログラム修了後にNVQ・GCSE・GCE Aレベル取得などに向かうルートが制度化されてしまうならば，組合の提供するプログラムは公教育や公的資格制度の下請け化してしまいかねない面がある．

本節をまとめれば，UNISONの教育訓練プログラムは，以上のような問題も考えられるとはいえ，ノンエリート教育の供給には多様な主体があたりうるということを示しているという意味で，日本に与える示唆は大きいといえよう．特に労働と生活領域との連携を視野に入れた場合，労働組合などの非政府組織によって職場・地域密着型で行われる職業教育の果たす役割は大きいと言えよう．またこれは，今後の産業構造・労働市場構造の中で増加するであろう医療福祉関係をはじめとしたサービス職向けの職業教育のあり方や，その中での労働組合の役割についても，示唆を与えるものであろう．

策定が経営主導で行われていること，さらにはNVQが「各企業への定着化を前提とした，いわば"社内研修"的な使われ方をされてきている」（大藪2001：21）ことなども，組合側のNVQへの批判的スタンスの背景にはあるだろう．

8. まとめ：内部労働市場型から生活連携型へ

　本章は，青山学院大学総合研究所における共同研究プロジェクトの報告という性格も有するため，論点・論旨の多少の散漫化は覚悟の上で，研究期間中調査を行った様々な事例について言及してきた．また，本プロジェクトの性格からも，やや大胆に問題提起的な提言も行ってきた．最後に本章の締めくくりとして，ここまでの議論を踏まえ結論をまとめるならば，次のようなことが言えるであろう．

　まず，第2節でも触れたようなマクロな社会経済状況も踏まえるならば，内部労働市場型の職業能力形成を乗り越える生活連携型の職業能力形成を構想するにあたっては，内部労働市場下の長期雇用システムの縮小・衰退という現状を踏まえ，人々の生活と労働に関しての現実の階層構造の認識が必要であるということである．すなわち，例えば内部労働市場を上方に超える専門職的エリート（シンボリック・アナリスト），内部労働市場長期雇用層，内部労働市場から下方へと排除された層など，現実の階層もしくは階級構造を踏まえた形で職業能力形成について考えることが必要であるということである．そのことが，現状に即した政策的処方箋を考えるためにも前提として必要であると思われる．

　その上で，職業能力形成を人々の労働に関してのセーフティネットにするだけでなく，各階層もしくは階級の人々の生活を守り豊かにしていくものとして位置づける必要がある．そのためには，職業能力の形成は，学校教育や社会生活との連携や相互作用を保持しながら，時にはその中に埋め込まれながら，行われていく必要がある．それは労働・生活・学習というトータルな局面において職業教育を通じた職業能力形成，人材形成を図るものとも言えよう．そのことが，職業能力と生活能力との調和がとれた人材形成につながり，それが各階層の人々の労働・生活両面にわたる自立を可能ならしめるだろう．本章で述べた職業能力と教養のバランスや，教育の3つの意義（レリバンス）の調

和とはそういうことである．

　これらを通じて，特定階層・階級の価値観のみが支配的となるような社会や，内部労働市場（あるいは縦割りに分断された何らかのタコツボ的社会）の中でヒエラルキーのより上位に向かうことのみが是とされるような社会ではなく，各階層・階級に属するすべての人々が，労働と生活の両面において，それぞれの誇りを持って生きられるような社会を形成していくことの可能性も展望できよう．そしてその先には，何らかの形の階層・階級間の利害調整社会を構想することができるかもしれない[58]．

　また，本章で言及した具体的な論点について総括するならば，職業教育を通じた「普通」の人々（第5節でも断ったが，あえてノンエリートと総称することを許されたい）の職業能力形成，人材形成は，それが社会において圧倒的多数を占めるがゆえにやはり最も重要な課題である．これについては，職業生活に直接に関係する職業的能力と，生活局面を豊かにするとともに労働・生活両局面における自らのあり方を批判的に捉え返すツールともなりうる教養，この両者のバランスの取れた形成と両者の相互作用が重要であるということであった．それがトータルな能力として，労働と生活における「ノンエリートの自立」を可能にする展望を切り開くであろう．

　もっとも，教養や文化（時にサブカルチャー）をノンエリートの人材形成と自立的世界の形成において重視するにしても，それがかえって私生活中心主義を通じての生活保守主義（すなわち，私生活の水準を保守するためにむしろ猛烈に働くようになるという形での私生活主義・マイホーム主義と企業忠誠主義との両立）という方向に彼らを向かわせないかという問題はあろう．非典型労働者など，企業社会のフルメンバーたることを許されず，企業社会への帰属意識の希薄な層にまでこの図式が当てはまるかどうかという疑問は

---

58) 現在，日本社会が将来的な発展の展望を失いつつあるようにみえることが，特に若年層の間で社会変革・改良・進歩思想への嫌悪感を増大させているという面もあると思われる．しかし，より良い生を送りたいという人間の本能ともいえる欲求を充足させるためには，われわれは，やはり社会における何らかの将来展望を切り開く努力を続けざるを得ない宿命を負っているといえよう．

ややあるにしてもである.

　こうした方向に陥らないためには，次のようなことが必要であろう．まず第1には，教養を通じて社会を批判的に捉え返し，社会に物申していくことの面白さを覚えることが必要になろう．それにより，身につけた教養は単なる私生活上の自己満足のツールではなく，社会に対して開かれたものになっていくだろうし，その教養が「心頭滅却すればフリーターもまた楽し」式の精神主義を通じた現状への諦観を作り出してしまうことも避けうるだろうからである．

　また第2には，地域や労働組合などにおける何らかの共同体主義の実践も必要である．これは，相互扶助を通じて，企業に従属することなく経済的に「第二標準」(佐藤・平塚編著2005) でも生きられる道筋をつけることにもつながるからである．またこれらの共同体は，職業教育の主体ともなりうる．そもそも，職業教育の実施主体は本来もっと多様であってよいはずである．イギリスのUNISONの例からも示唆されるように，特に労働組合は，その当初の機能から考えても，組織形態にかかわらず教育主体としての役割を積極的に担うべきである．

　一方，エリート予備軍への職業教育についても，現在の社会経済状況の下でのエリートの社会的影響力の強さゆえに重視されるべきである．ただしそれは，ノンエリートに対するものと同様に，「労働・生活・学習というトータルな局面において職業能力形成，人材形成を図る」という視点が重要である．仮にエリート教育の必要性を認めたとしても，それを学校教育のみに担わせることは学歴・学校歴の既得権化や学校現場の負担等の問題を生み出すと思われるからである（第6節でみたように，本研究のアンケート調査の結果からも，エリート教育への現場の支持は必ずしも高くないし，またその方法も未確立である）．むしろエリートは社会の中でもう少し時間をかけて選抜・育成されるべきであろう．エリートへの社会的制御という観点からもその方が望ましいであろう．その意味でも，学校教育におけるエリート予備軍への職業教育については，エリート意識の涵養教育やいわゆるノブレスオブ

リージュを観念的に強調するような態度主義的な教育ではなく，各分野における将来のエキスパートとしての職業観や職業倫理を具体的に教えるものである必要があろう．

最後に，教育や人材形成の問題を社会政策・社会政策論の中に取り入れていくことの重要性について強調しておきたい．世界的なスタンダードとはやや異なり労働分野中心に展開されてきた日本の社会政策や社会政策論も，実は学校教育と企業内人材形成教育との分業関係やその両者をつなぐパイプライン・システム等を相対化することなく，それらを不動の与件としてきた面がなかったとは言えない．しかし，本章で述べてきたように，それらが構造的に衰退してきた近年の状況下では，社会政策・社会政策論もそれが前提とする与件自体を問い直さざるを得なくなっている．特にその中で，様々なレベルでの教育を通じた人材形成は，労働と生活の両面における社会的セーフティネット構築やウェルフェア増大の一環として重要な意義を持つようになってきている．その意味でも，教育，特に職業教育を通じた人材形成の問題は，労働領域と生活領域とを結びつけるものとして，社会政策・社会政策論の中に正当に位置づけられていく必要があろうし，またそのことが社会政策・社会政策論自体の内容も豊かにしていくであろう．

参考文献

麻生誠・山内乾史編（2004）『21世紀のエリート像』学文社．
新しい生き方基準をつくる会（中西新太郎監修）（2005）『フツーを生きぬく進路術 17歳編』青木書店．
居神浩（2005）「高等教育の質の変容に関する研究－大学教育の職業的レリバンス問題－」『神戸国際大学経済文化研究所年報』第14号．
居神浩・三宅義和・遠藤竜馬・松本恵美・中山一郎・畑秀和（2005）『大卒フリーター問題を考える』ミネルヴァ書房．
太田清（2005）「フリーターの増加と労働所得格差の拡大」『内閣府経済社会研究所ディスカッションペーパーシリーズ』No.140．
大竹文雄（2005）『日本の不平等－格差社会の幻想と未来－』日本経済新聞社．
大藪毅（2001）「公的職業資格制度の社会的意義と限界－イギリスNVQからの教訓－」『Int'lecowk（国際経済労働研究）』第911号．

沖津（本田）由紀（1997）「工業高等専門学校における学業成績の類型と進路」『日本労働研究雑誌』No.444.
苅谷剛彦（1991）『学校・職業・選抜の社会学』東京大学出版会.
────（2001）『階層化日本と教育危機－不平等再生産から意欲格差社会へ－』有信堂.
韓民（1996）『現代日本の専門学校－高等職業教育の意義と課題－』玉川大学出版部.
木村保茂・永田萬享（2005）『転換期の人材育成システム』学文社.
熊沢誠（1981）『ノンエリートの自立－労働組合とはなにか－』有斐閣.
────（1993）『働き者たち泣き笑顔－現代日本の労働・教育・経済社会システム－』有斐閣.
────（1997）『能力主義と企業社会』岩波新書.
────（1998）「就職の現実－これからの職業教育論序説－」『岩波講座 現代の教育 第12巻 世界の教育改革』岩波書店.
────（2006）『若者が働くとき－「使い捨てられ」も「燃えつき」もせず－』ミネルヴァ書房.
玄田有史（2005）『働く過剰－大人のための若者読本－』NTT出版.
小池和男（1999）『仕事の経済学（第2版）』東洋経済新報社.
厚生労働省職業能力開発局監修（2002）『職業訓練における指導の理論と実際』職業訓練教材研究会.
小杉礼子編（2002）『自由の代償／フリーター－現代若者の就業意識と行動－』日本労働研究機構.
────（2003）『フリーターという生き方』勁草書房.
後藤道夫（2001）『収縮する日本型〈大衆社会〉－経済グローバリズムと国民の分裂－』旬報社.
斉藤武雄・田中喜美・依田有弘編著（2005）『工業高校の挑戦－高校教育再生への道－』学文社.
佐々木享編（1996）『日本の教育課題 第8巻 普通教育と職業教育』東京法令出版.
佐藤忠夫（2003）『ソンをしない専門学校選び』第三書館.
佐藤俊樹（2000）『不平等社会日本－さよなら総中流－』中公新書.
佐藤洋作・平塚眞樹編著（2005）『ニート・フリーターと学力』明石書店.
職業教育の活性化方策に関する調査研究会議（最終報告）（1995）『スペシャリストへの道』.
白川一郎（2005）『日本のニート・世界のフリーター－欧米の経験に学ぶ－』中公新書ラクレ.
竹内常一・高生研編（2001）『総合学習と学校づくり－普通教育の脱構築へ向けて－』青木書店.
────編（2002）『揺らぐ〈学校から仕事へ〉－労働市場の変容と10代－』青木書店.

竹内洋（1988）『選抜社会－試験・昇進をめぐる〈加熱〉と〈冷却〉－』メディアファクトリー．
―――（1995）『日本のメリトクラシー－構造と心性－』東京大学出版会．
―――（2003）『教養主義の没落－変わりゆくエリート学生文化－』中公新書．
筒井美紀（2005）「新卒労働供給の変貌と中小製造業における高卒技能工の配置と分業範囲」『日本労働社会学会年報』第15号．
中西新太郎（2004）『若者たちに何が起こっているのか』花伝社．
中村忠一（1999）『全国高校格付け2000年版』東洋経済新報社．
日経連（1995）『新時代の「日本的経営」』．
野村正實（2003）『日本の労働研究－その負の遺産－』ミネルヴァ書房．
橋本健二（2003）『階級・ジェンダー・再生産－現代資本主義社会の存続メカニズム－』東信堂．
樋口美雄・財務省財務総合政策研究所編著（2003）『日本の所得格差と社会階層』日本評論社．
久本憲夫（2004）「職業訓練政策の展開－養成訓練と技能検定の意味－」玉井金五・久本憲夫編著『高度成長のなかの社会政策－日本における労働家族システムの誕生－』ミネルヴァ書房．
本田由紀（2005）『若者と仕事－「学校経由の就職」を超えて－』東京大学出版会．
松尾孝一（2003a）「学歴達成における階層・地域間格差と入試類型－入試政策への含意－」『青山経済論集』第54巻第4号．
―――（2003b）「ブレア政権下のイギリスにおける労働組合の組織化戦略－公共部門を中心に－」『青山経済論集』第55巻第3号．
丸山俊（2004）『フリーター亡国論』ダイヤモンド社．
三浦展（2005）『下流社会－新たな階層集団の出現－』光文社新書．
三村隆男（2004）『キャリア教育入門－その理論と実践のために－』実業之日本社．
矢島正見・耳塚寛明編著（2001）『変わる若者と職業世界－トランジッションの社会学－』学文社．
柳田雅明（2004）『イギリスにおける「資格制度」の研究』多賀出版．
山田昌弘（2004）『希望格差社会』筑摩書房．
米川英樹（1998）「イギリスの入試制度改革とそのインパクト」『岩波講座 現代の教育 第12巻 世界の教育改革』岩波書店．
労働政策研究・研修機構（2005）『若者就業支援の現状と課題－イギリスにおける支援の展開と日本の若者の実態分析から－』労働政策研究・研修機構．
ロバート・B．ライシュ（中谷巌訳）（1991）『ザ・ワーク・オブ・ネーションズ－21世紀資本主義のイメージ－』ダイヤモンド社．
クリストファー・ラッシュ（森下伸也訳）（1997）『エリートの反逆－現代民主主義の病い－』新曜社．
Munro, A. and Rainbird, H. (2000a) "The New Unionism and the New Bargaining

Agenda: UNISON-Employer Partnership on Workplace Learning in Britain", *British Journal of Industrial Relations*, Vol. 38, No. 2.

―――― (2000b) "UNISON's approach to lifelong learning", in Terry, M. (ed.), *Redefining Public Sector Unionism: UNISON and the future of trade unions*, Routledge.

（付録）進学校アンケート質問票と単純集計表

2004年11月

青山学院大学総合研究所プロジェクト「変化する労働と生活の国際比較」分担プロジェクト「職業訓練教育の現状・課題・国際比較」

> **進学校における進路指導と職業キャリア意識形成に関するアンケート**

［調査目的］

　本アンケートは，卒業生の大部分が大学に進学するタイプの高校（いわゆる進学校）の進路指導の中で，大学入学以降の学習，さらには将来の職業的キャリアを意識した進路指導が，当面の進学指導との兼ね合いの中でどのように意識されているかを調べることを主たる目的とするものです．また，生徒側の進路意識・キャリア意識について調べることも目的としています．

　回答においては該当選択肢の番号を囲んでください．変化しているかどうかという問いに対しては，特に指定がない限り最近5年程度の期間でのおおよその傾向でお答え願います．

　なお，本アンケートを研究以外の目的に使用することはありません．本アンケートの結果は集計の上，統計的に処理いたします．アンケートの集計結果を公表する場合においても，個別の高校名を表示することはありません．なお，本アンケートは，近年の大学進学状況を基準に選んだ全国の約250高校にご協力をお願いしております．

　ご多忙のところ誠に恐縮ですが，本調査の趣旨をご理解いただき，アンケートにご協力いただきますようお願い申し上げます．アンケートは同封の返信用封筒で2005年1月31日（月）までに下記宛にご返送いただければ幸いです．

連絡先：青山学院大学経済学部助教授　松尾孝一
〒150-8366　東京都渋谷区渋谷4-4-25
　　　　　　青山学院大学8号館601号研究室
　　　　　　TEL：03-3409-8111（内線12601）
　　　　　　E-mail：matsuo@econ.aoyama.ac.jp

第4章　職業教育の現状・課題・国際比較　　　　　　　　　　247

　　　　　　　　※本アンケートに関するお問い合わせについては，
　　　　　　　　　なるべく電子メールでいただければ幸いです．

高校名（　　　　）高校所在県（　　　　）設置者別（公立・私立・国立大法人）
種別（共学校・男子校・女子校）記入者職名・氏名（　　　　　　　　　　）

I　貴校の生徒の進路状況について

問1　高卒後の就職率の変化について，最も該当するものに1つ○をつけてください．
　　　1. 上昇している　2. やや上昇している　3. ほぼ変わらない　4. やや低下している
　　　5. 低下している　6. もともと就職者がほとんどいない

問2　専修学校専門課程（いわゆる専門学校）への進学率の変化について，最も該当
　　するもの　に1つ○をつけてください．
　　　1. 上昇している　2. やや上昇している　3. ほぼ変わらない　4. やや低下している
　　　5. 低下している　6. もともと専門学校進学者がほとんどいない

問3　短期大学への進学率の変化について，最も該当するものに1つ○をつけてくだ
　　さい．
　　　1. 上昇している　2. やや上昇している　3. ほぼ変わらない　4. やや低下している
　　　5. 低下している　6. もともと短大進学者がほとんどいない

問4　大学への進学率（浪人も含む）の変化について，該当するものに1つ○をつけ
　　てください．
　　　1. 上昇している　2. やや上昇している　3. ほぼ変わらない　4. やや低下している
　　　5. 低下している

問5　いわゆる入試難関大学（旧帝大クラスの国立大，早慶，国公立大医学科など）
　　への進学率（浪人も含む）の変化について，該当するものに1つ○をつけてくださ
　　い．
　　　1. 上昇している　2. やや上昇している　3. ほぼ変わらない　4. やや低下している
　　　5. 低下している

問6　貴校の生徒の絶対的な学力水準は，10年ほど前の貴校生徒と比べてどのように
　　変わっていると感じますか？　該当するものに1つ○をつけてください．
　　　1. 上昇している　2. やや上昇している　3. ほぼ変わらない　4. やや低下している
　　　5. 低下している

問7　他校との比較における貴校の生徒の相対的な学力ランクは，10年ほど前と比べ
　　てどのように変わっていると感じますか？　該当するものに1つ○をつけてくださ
　　い．
　　　1. 上昇している　2. やや上昇している　3. ほぼ変わらない　4. やや低下している
　　　5. 低下している

問8　進学先大学の文理系統別のおおよその比率についてお書きください．

文系約（　　）割，理系約（　　）割，学際系その他約（　　）割

問9　進学先大学の文理系統別比率は変化していますか？　該当するものに1つ○をつけてください．

　　1.文系が増えた　2.文系がやや増えた　3.あまり変化していない　4.理系がやや増えた　5.理系が増えた

問10　地元圏（県内や近隣県）へ進学する卒業生の比率は変化していますか？　該当するものに1つ○をつけてください．

　　1.地元が増えた　2.地元がやや増えた　3.あまり変化していない　4.地元がやや減った　5.地元が減った

II　貴校の生徒の進路意識について

問11　貴校生徒が進学先を選択する際に見られる近年の傾向について，最も該当するものに1つ○をつけてください．

　　1.進学先の分野系統を重視する度合いが強まった．　2.分野系統よりも進学先の難易・社会的威信を重視する度合いが強まった．　3.以前とさほど傾向は変わらない．

問12　近年の貴校生徒の進学先選択と職業キャリアに関する意識関係について，最も該当するものに1つ○をつけてください．

　　1.将来の職業を意識して進学先を選択する度合いが強まった．　2.将来の職業はあまり意識せず，現在の知的・学問的興味を重視して選択する度合いが強まった．　3.将来の職業も現在の知的・学問的興味もさほど重視せず，進学先の難易や社会的威信を重視する度合いが強まった．　4.以前とさほど傾向は変わらない．　5.その他（　　　　　　　　　　　　）

問13　貴校の生徒の意識において，自分の知的・学問的関心よりも，進学先の入試難易度や社会的威信を優先させて進学先を選択しようとする志向は以前よりも強まっていると感じますか？　該当するものに1つ○をつけてください．

　　1.強まっている　2.やや強まっている　3.あまり変わらない　4.やや弱まっている　5.弱まっている

問14　貴校の生徒の間で，学歴・学校歴によって将来の地位やキャリアが決まるという意識は以前よりも強まっていると感じますか？　該当するものに1つ○をつけてください．

　　1.強まっている　2.やや強まっている　3.あまり変わらない　4.やや弱まっている　5.弱まっている

問15　貴校の生徒の学歴・学校歴獲得志向が依然根強いとすれば，それはいかなる要因によると考えますか（前問14で4.または5.と答えた方も含めてお尋ねします）？　該当するものに○をつけてください（複数回答可）．

　　1.学歴・学校歴のブランド的効用を重視する消費財的学歴観　2.将来の地位獲得

第4章　職業教育の現状・課題・国際比較

のための必要条件として，一定以上の学歴・学校歴が必要と考える投資財的学歴観　3. 生徒間の同調的志向　4. より威信の高い進学先を是とするような学校の雰囲気　5. 学問的関心の強さ　6. その他（　　　　　）

問16　貴校の生徒が自分の将来の職業キャリアについて意識する度合いは，以前よりも強まっていると感じますか？　該当するものに1つ○をつけてください．
　　1. 強まっている　2. やや強まっている　3. あまり変わらない　4. やや弱まっている　5. 弱まっている

問17　近年のいわゆる日本的雇用慣行の変化や若年者の就職難などの状況が，貴校の生徒の進学先選択に影響している雰囲気は感じ取れますか？　該当するものに1つ○をつけてください．
　　1. 感じ取れる　2. やや感じ取れる　3. あまり感じ取れない　4. 全く感じ取れない

問18　前問17で1. または2. と答えた方へ．それは進学行動にどのような形で反映されていると感じますか？　該当するものに○をつけてください（複数回答可）．
　　1. 将来の職業との結びつきが強いいわゆる実学系学部・学科への志望者が増えた．　2. 進学先のランクに関して高望みするようになった．　3. 浪人を嫌って安全策をとるものが増えた．　4. ほぼ同ランクの大学の中でも，より就職が良いとされる大学を選好する者が増えた．　5. ほぼ同ランクの大学の中でも，研究レベルが高いとされる大学を選好する者が増えた．　6. ほぼ同ランクの大学の中でも，資格試験に強い大学を選好する者が増えた．　7. 教育上面倒見が良いとされる大学への志望者が増えた．　8. その他（　　　　　）

問19　貴校の生徒自身の進学先選択に関して，問題があると感じる点はどのような点ですか？　該当するものに○をつけてください（複数回答可）．
　　1. 進学先大学の難易度や社会的威信に過度にこだわる．　2. 自分の興味を見極めていない．　3. 自分の将来的キャリアを意識していない．　4. 同級生への同調志向が強すぎる．　5. 親の意向への同調志向が強すぎる．　6. 進学先の世間的イメージなどの皮相な部分にこだわりすぎる．　7. 特定学部系統への志向が強すぎる．　8. 特定有名大学への志向が強すぎる．　9. 地元圏の大学への志向が強すぎる．　10. その他（　　　　　）

問20　貴校生徒の将来の志望職種について，多いと思われる順に（　）内に順位を付けてください．
　　民間企業社員（　）　公務員（　）　教育・研究職（　）　専門職（　）
　　自営業（　）　その他（　）

III　貴校における進学先の指導方針について

問21　貴校における大学受験先指導の基本方針について，最も該当するものに1つ○をつけてください．
　　1. 大学卒業後も見据えた将来の志望分野を優先的に考慮する．　2. 大学における

志望分野を優先的に考慮する．　3. 受験学力の範囲内でとりあえず進学先の難易・社会的威信を優先的に考慮する．　4. その他（　　　　　　）

問22　大学受験先指導の方針について．例えばある生徒にとって，ある大学のある学部・系統への合格がやや難しい場合，その生徒に対してはどのような受験先指導を行いますか？　最も該当するものに1つ○をつけてください．

1. 同一大学内のより難易度の低い学部・系統への志望変更を勧める．　2. 同一学部・系統内のより難易度の低い大学への志望変更を勧める．　3. 生徒の意向を尊重し，特に志望変更は勧めない．　4. その他（　　　　　　）

問23　前問22で1. と答えた方へ．そのような指導を行う理由はなぜですか？　最も該当するものに1つ○をつけてください．

1. より威信の高い大学の合格数を増やしたい．　2. 学部段階では専攻分野を過度に重視する必要はない．　3. 入学後や院進学時に進路転換が可能．　4. 大学では他学部の科目も履修できる．　5. 就職にあたっては大学名が重要．　6. その他（　　　　　　）

問24　進学先指導上重視する点について，該当するものに○をつけてください（複数回答可）．

1. 進学先の学問系統　2. 進学先の威信・難易度　3. 進学先の就職有利度　4. 進学先の学問的水準・実績　5. 進学先の所在地・立地　6. その他（　　　　　　）

問25　生徒への進学先指導の程度について，最も該当するものに1つ○をつけてください．

1. 特定の進学先を強く薦める　2. 特定の進学先をやや強く薦める　3. アドバイス程度には薦める　4. 特定の進学先を薦めることはあまりない　5. 全く指導しない

問26　前問25で4. または5. と答えた方へ．進学先の指導をあまり強く行わない理由は何ですか？　該当するものに○をつけてください（複数回答可）．

1. 進学先の選択については本人の自主性に任せるべきだから．　2. 生徒自身の判断能力が十分あるから．　3. 進路選択は学校より家庭の意向が優先されるべきだから．　4. 学校側の指導能力が十分ではないから．　5. 学校側が生徒の将来に責任を負い切れないから．　6. 学校外でも進学情報を十分入手できるから．　7. その他（　　　　　　）

問27　進路指導上特に留意している点について，該当するものに○をつけてください（複数回答可）．

1. 生徒の知的興味の尊重　2. 将来の希望職業　3. 志望専攻分野の将来性　4. 進学先の入試難易度や社会的威信　5. 合格可能性　6. 適切な情報の提供　7. その他（　　　　　　）

IV　貴校における職業キャリア意識形成教育について

問28　貴校においては，将来の職業キャリアへの動機付け教育について力を入れるべ

第4章　職業教育の現状・課題・国際比較

きだと考えますか？　該当するものに1つ○をつけてください．
1. 力を入れるべきである（理由：　　　　　　　　　　　　　　　）
2. さほど力を入れる必要はない（理由：　　　　　　　　　　　　）
3. どちらとも言えない（理由：　　　　　　　　　　　　　　　　）
4. わからない

問29　将来の職業キャリアへの動機付け教育を生徒に何らかの形で行っていますか？該当するものに1つ○をつけてください．
1. 熱心に行っている　2. ある程度行っている　3. あまり行っていない　4. 全く行っていない

問30　前問29で1. または2. と答えた方へ．具体的にはどのような動機付け教育を行っておられますか？　該当するものに○をつけてください（複数回答可）．
1. 社会の各分野で活躍中の自校卒業生による講演　2. 企業・官庁等の関係者による講演　3. 大学関係者の講演　4. 企業見学や社会見学の実施　5. 学問入門的なセミナーの実施　6. 個々の授業中に折に触れて話題にする　7. 職業関係の資料の配布　8. その他（　　　　　　　）

問31　貴校においては、将来の職業キャリアへの動機付け教育を重視するようになっていますか（以前との比較で）？　該当するものに1つ○をつけてください．
1. 以前に比べて重視している　2. 以前に比べてやや重視している　3. 以前と変わらない　4. 以前に比べてやや軽視している　5. 以前に比べて軽視している

問32　近年の産業構造変化や階層間格差の拡大傾向の中で，いわゆるエリート育成を目指した教育の必要性を指摘する声も強まっていますが，エリート育成を学校教育の中で行っていくという考え方に対してはどのような評価を持っていますか？　該当するものに1つ○をつけてください．
1. 学校教育の中での意識的なエリート育成教育は必要（理由：　　　　　　）
2. 学校教育の中での意識的なエリート育成教育は必要ない（理由：　　　　）
3. どちらとも言えない（理由：　　　　　　　　　　　　　　　　）
4. わからない

問33　前問32で1. を選択された方へ．貴校では，エリート育成を意図した教育を意識的に行っていますか？　該当するものに1つ○をつけてください．
1. 行っている（内容：　　　　　　　　　　　　　　　　　　　　）
2. 行っていないが，今後行おうと考えている（内容：　　　　　　　）
3. 行っていないし，今後も行う予定はない（理由：　　　　　　　　）

問34　一般論として，高校教育と大学以降の教育との役割分担はどうあるべきだとお考えですか？　該当するものに○をつけてください（複数回答可）．
1. 高校では大学卒業後のキャリアやライフコースにもつなげうる生涯的教養の涵養に努めるべき．　2. 高校では大学専門課程での学習にもつながる問題意識を養わせるべき．　3. 高校では大学教養課程教育への接続を考慮すべき．　4. 高校では高校課程の範囲内での高度な学習を目指すべき．5. その他（　　　　　　　）

問 35　普通科の進学校における高校教育の一義的な位置づけは以下のどのようなものであると考えますか？　該当するものに○をつけてください（複数回答可）．
　　1. 高校教育は基本的に後期中等教育としての集大成を目指すべき．　2. 高校教育は，大学受験準備教育として十分な水準を目指すべき．　3. 高校教育は大学における学習の準備過程と位置づけるべき．　4. 高校教育は生涯的教養の涵養の場であるべき．　5. 高校教育は将来的キャリア形成の第一歩であるべき．　6. その他
　　（　　　　　　　　）

問 36　普通科の進学校における教育が職業キャリア形成教育として貢献できる部分は，次のいずれであると考えますか？　該当するものに○をつけてください（複数回答可）．
　　1. 英数国理社を中心とした中等教育水準の一般的学力の完成　2. 将来の専門的スキル形成につながる基礎学力の形成　3. 自立した社会人となるに必要な社会観・倫理観等の一般的教養の形成　4. 対人スキルの形成　5. 知的・学問的関心の啓発　6. 将来の指導的人材としての矜持の形成　7. 業績主義的・競争主義的価値観の刷り込み
　　　8. その他（　　　　　　　　）

V　自由記述欄

問 37　最近の貴校の生徒の進路意識や進学行動に関して，特に印象やご意見があればお書きください．

問 38　高校教育と大学教育との連携について，高校の立場からのご意見やご要望があればご自由にお書きください．

問 39　最後に大学教育に対する要望等があればご自由にお書きいただければ幸いです．

　　　　　　　　　　　　質問は以上です．ご協力ありがとうございました．

第4章　職業教育の現状・課題・国際比較

2005年4月

「進学校における進路指導と職業キャリア意識形成に関するアンケート」集計結果

青山学院大学経済学部　松尾孝一

単純集計

回答校の属性（高校所在地区）

No.	カテゴリ	件数	(全体)%	(除不)%
1	北海道	8	6.8	6.8
2	東北	9	7.6	7.7
3	北関東3県	5	4.2	4.3
4	首都圏1都3県	32	27.1	27.4
5	甲信越静	4	3.4	3.4
6	北陸3県	4	3.4	3.4
7	東海3県	15	12.7	12.8
8	近畿2府4県	15	12.7	12.8
9	中国	5	4.2	4.3
10	四国	3	2.5	2.6
11	九州沖縄	17	14.4	14.5
	不明	1	0.8	
	サンプル数（%ベース）	118	100.0	117

回答校の属性（高校種別）

No.	カテゴリ	件数	(全体)%	(除不)%
1	公立	68	57.6	58.1
2	私立	43	36.4	36.8
3	国立	6	5.1	5.1
	不明	1	0.8	
	サンプル数（%ベース）	118	100.0	117

問1　高卒就職率の変化

No.	カテゴリ	件数	(全体)%	(除不)%
1	上昇している	0	0.0	0.0
2	やや上昇している	2	1.7	1.7
3	ほぼ変わらない	4	3.4	3.4

No.	カテゴリ	件数	(全体)%	(除不)%
4	やや低下している	2	1.7	1.7
5	低下している	0	0.0	0.0
6	もともと就職者がほとんどいない	110	93.2	93.2
	不明	0	0.0	
	サンプル数（％ベース）	118	100.0	118

問2　専門学校進学率の変化

No.	カテゴリ	件数	(全体)%	(除不)%
1	上昇している	0	0.0	0.0
2	やや上昇している	6	5.1	5.1
3	ほぼ変わらない	16	13.6	13.6
4	やや低下している	0	0.0	0.0
5	低下している	2	1.7	1.7
6	もともと専門学校進学者がほとんどいない	94	79.7	79.7
	不明	0	0.0	
	サンプル数（％ベース）	118	100.0	118

問3　短大進学率の変化

No.	カテゴリ	件数	(全体)%	(除不)%
1	上昇している	0	0.0	0.0
2	やや上昇している	1	0.8	0.8
3	ほぼ変わらない	3	2.5	2.5
4	やや低下している	7	5.9	5.9
5	低下している	8	6.8	6.8
6	もともと短大進学者がほとんどいない	98	83.9	83.9
	不明	0	0.0	
	サンプル数（％ベース）	118	100.0	118

問4　大学進学率の変化

No.	カテゴリ	件数	(全体)%	(除不)%
1	上昇している	2	1.7	1.7
2	やや上昇している	6	5.1	5.1
3	ほぼ変わらない	105	89.0	89.7
4	やや低下している	4	3.4	3.4

5	低下している	0	0.0	
	不明	1	0.8	
	サンプル数（％ベース）	118	100.0	117

問5　入試難関大学への進学率の変化

No.	カテゴリ	件数	(全体)%	(除不)%
1	上昇している	9	7.6	7.6
2	やや上昇している	25	21.2	21.2
3	ほぼ変わらない	69	58.5	58.5
4	やや低下している	14	11.9	11.9
5	低下している	1	0.8	0.8
	不明	0	0.0	
	サンプル数（％ベース）	118	100.0	118

問6　生徒の絶対的な学力水準の変化（10年ほど前の同校生徒との比較）

No.	カテゴリ	件数	(全体)%	(除不)%
1	上昇している	4	3.4	3.4
2	やや上昇している	11	9.3	9.3
3	ほぼ変わらない	23	19.5	19.5
4	やや低下している	60	50.8	50.8
5	低下している	20	16.9	16.9
	不明	0	0.0	
	サンプル数（％ベース）	118	100.0	118

問7　他校との比較における生徒の相対的な学力ランクの変化（10年ほど前との比較）

No.	カテゴリ	件数	(全体)%	(除不)%
1	上昇している	5	4.2	4.3
2	やや上昇している	25	21.2	21.6
3	ほぼ変わらない	60	50.8	51.7
4	やや低下している	22	18.6	19.0
5	低下している	4	3.4	3.4
	不明	2	1.7	
	サンプル数（％ベース）	118	100.0	116

問8　進学先大学における文理別のおおよその比率
文系比率

No.	カテゴリ	件数	(全体)%	(除不)%
1	2割台	4	3.4	3.4
2	3割台	17	14.4	14.4
3	4割台	56	47.5	47.5
4	5割台	30	25.4	25.4
5	6割台	10	8.5	8.5
6	7割台以上	1	0.8	0.8
	不明	0	0.0	
	サンプル数（％ベース）	118	100.0	118

理系比率

No.	カテゴリ	件数	(全体)%	(除不)%
1	3割台	8	6.8	6.8
2	4割台	24	20.3	20.3
3	5割台	42	35.6	35.6
4	6割台	36	30.5	30.5
5	7割台	7	5.9	5.9
6	8割台以上	1	0.8	0.8
	不明	0	0.0	
	サンプル数（％ベース）	118	100.0	118

問9　進学先大学の文理比率の変化

No.	カテゴリ	件数	(全体)%	(除不)%
1	文系が増えた	1	0.8	0.8
2	文系がやや増えた	14	11.9	11.9
3	あまり変化なし	74	62.7	62.7
4	理系がやや増えた	24	20.3	20.3
5	理系が増えた	5	4.2	4.2
	不明	0	0.0	
	サンプル数（％ベース）	118	100.0	118

第4章　職業教育の現状・課題・国際比較

問10　地元圏進学率の変化

No.	カテゴリ	件数	(全体)%	(除不)%
1	地元が増えた	3	2.5	2.5
2	地元がやや増えた	29	24.6	24.6
3	あまり変化していない	75	63.6	63.6
4	地元がやや減った	10	8.5	8.5
5	地元が減った	1	0.8	0.8
	不明	0	0.0	
	サンプル数（％ベース）	118	100.0	118

問11　進学先選択の際の傾向変化

No.	カテゴリ	件数	(全体)%	(除不)%
1	分野系統を重視する度合いが強まった	43	36.4	36.8
2	難易・威信を重視する度合いが強まった	12	10.2	10.3
3	さほど変化はない	62	52.5	53.0
	不明	1	0.8	
	サンプル数（％ベース）	118	100.0	117

問12　進学先選択と職業キャリアとの意識関係の傾向変化

No.	カテゴリ	件数	(全体)%	(除不)%
1	将来の職業重視	66	55.9	56.9
2	知的・学問的興味重視	4	3.4	3.4
3	難易・威信重視	3	2.5	2.6
4	以前とさほど変化なし	42	35.6	36.2
5	その他	1	0.8	0.9
	不明	2	1.7	
	サンプル数（％ベース）	118	100.0	116

問13　進学先選択において，知的興味より難易・社会的威信を優先させる傾向

No.	カテゴリ	件数	(全体)%	(除不)%
1	強まっている	1	0.8	0.8
2	やや強まっている	16	13.6	13.6
3	あまり変わらない	83	70.3	70.3

4	やや弱まっている	18	15.3	15.3
5	弱まっている	0	0.0	
	不明	0	0.0	
	サンプル数（％ベース）	118	100.0	118

問14　学歴・学校歴によって将来の地位やキャリアが決まるという意識

No.	カテゴリ	件数	（全体）％	（除不）％
1	強まっている	1	0.8	0.8
2	やや強まっている	9	7.6	7.6
3	あまり変わらない	89	75.4	75.4
4	やや弱まっている	18	15.3	15.3
5	弱まっている	1	0.8	0.8
	不明	0	0.0	
	サンプル数（％ベース）	118	100.0	118

問15　生徒の学歴・学校歴志向の要因

No.	カテゴリ	件数	（全体）％	（除不）％
1	学歴・学校歴のブランド的効用重視	29	24.6	26.9
2	将来の地位獲得のための必要条件	73	61.9	67.6
3	生徒間の同調的志向	21	17.8	19.4
4	威信の高い進学先を是とする学校の雰囲気	18	15.3	16.7
5	学問的関心の強さ	27	22.9	25.0
6	その他	1	0.8	0.9
	不明	10	8.5	
	サンプル数（％ベース）	118	100.0	108

問16　将来の職業キャリアについて意識する度合い

No.	カテゴリ	件数	（全体）％	（除不）％
1	強まっている	4	3.4	3.4
2	やや強まっている	60	50.8	51.3
3	あまり変わらない	52	44.1	44.4
4	やや弱まっている	1	0.8	0.9
5	弱まっている	0	0.0	0.0
	不明	1	0.8	

第4章 職業教育の現状・課題・国際比較　259

	サンプル数（％ベース）	118	100.0	117

問17　近年の社会状況の進学先選択への影響

No.	カテゴリ	件数	（全体）％	（除不）％
1	感じ取れる	6	5.1	5.1
2	やや感じ取れる	65	55.1	55.6
3	あまり感じ取れない	42	35.6	35.9
4	全く感じ取れない	4	3.4	3.4
	不明	1	0.8	
	サンプル数（％ベース）	118	100.0	117

問18　問17のような意識の進学行動への具体的な反映状況

No.	カテゴリ	件数	（全体）％	（除不）％
1	実学系学部・学科志望者の増加	60	84.5	84.5
2	進学先ランクの高望み	7	9.9	9.9
3	浪人を嫌って安全策をとる	9	12.7	12.7
4	同ランク内でも就職のよい大学を選好	20	28.2	28.2
5	同ランク内でも研究レベルの高い大学を選好	7	9.9	9.9
6	同ランク内でも資格試験に強い大学を選好	21	29.6	29.6
7	教育上面倒見がよい大学を志望	3	4.2	4.2
8	その他	0	0.0	0.0
	不明	0	0.0	
	サンプル数（％ベース）	71	100.0	71

問19　進学先選択行動における問題点

No.	カテゴリ	件数	（全体）％	（除不）％
1	進学先の難易や威信に過度にこだわる	28	23.7	25.2
2	自分の興味を見極めていない	48	40.7	43.2
3	自分の将来的キャリアを意識していない	19	16.1	17.1
4	同級生への同調的志向が強すぎる	10	8.5	9.0
5	親の意向への同調的志向が強すぎる	17	14.4	15.3
6	進学先の世間的イメージにこだわる	22	18.6	19.8
7	特定学部系統への志向が強すぎる	43	36.4	38.7
8	特定有名大学への志向が強すぎる	25	21.2	22.5

9	地元圏の大学への志向が強すぎる	16	13.6	14.4
10	その他	3	2.5	2.7
	不明	7	5.9	
	サンプル数（％ベース）	118	100.0	111

問20　志望職種の順位

1番目

No.	カテゴリ	件数	（全体）％	（除不）％
1	民間企業社員	42	35.6	37.5
2	公務員	6	5.1	5.4
3	教育・研究職	22	18.6	19.6
4	専門職	41	34.7	36.6
5	自営業	1	0.8	0.9
6	その他	0	0.0	0.0
	不明	6	5.1	
	サンプル数（％ベース）	118	100.0	112

2番目

No.	カテゴリ	件数	（全体）％	（除不）％
1	民間企業社員	16	13.6	14.7
2	公務員	28	23.7	25.7
3	教育・研究職	37	31.4	33.9
4	専門職	28	23.7	25.7
5	自営業	0	0.0	0.0
6	その他	0	0.0	0.0
	不明	9	7.6	
	サンプル数（％ベース）	118	100.0	109

3番目

No.	カテゴリ	件数	（全体）％	（除不）％
1	民間企業社員	24	20.3	22.6
2	公務員	33	28.0	31.1
3	教育・研究職	28	23.7	26.4
4	専門職	20	16.9	18.9

第4章 職業教育の現状・課題・国際比較

No.	カテゴリ	件数	(全体)%	(除不)%
5	自営業	1	0.8	0.9
6	その他	0	0.0	0.0
	不明	12	10.2	
	サンプル数（%ベース）	118	100.0	106

問21　大学受験先指導の基本方針

No.	カテゴリ	件数	(全体)%	(除不)%
1	大学卒業後の志望分野優先	78	66.1	67.8
2	大学の志望分野優先	28	23.7	24.3
3	進学先の難易・威信を優先	6	5.1	5.2
4	その他	3	2.5	2.6
	不明	3	2.5	
	サンプル数（%ベース）	118	100.0	115

問22　志望先変更の指導方針

No.	カテゴリ	件数	(全体)%	(除不)%
1	同大学内のより易しい学部系統	1	0.8	0.9
2	同学部系統内のより易しい大学	38	32.2	32.8
3	特に志望変更は勧めない	60	50.8	51.7
4	その他	17	14.4	14.7
	不明	2	1.7	
	サンプル数（%ベース）	118	100.0	116

問23　同一大学内のより易しい学部系統への志望変更を勧める理由

No.	カテゴリ	件数	(全体)%	(除不)%
1	より威信の高い大学への合格数を増やしたい	0	0.0	0.0
2	学部段階では専攻分野を過度に重視する必要はない	1	100.0	100.0
3	入学後・院進学時に進路転換可能	0	0.0	0.0
4	他学部の科目も履修できる	0	0.0	0.0
5	就職において大学名が重要	0	0.0	0.0
6	その他	0	0.0	0.0
	不明	0	0.0	
	サンプル数（%ベース）	1	100.0	1

問24　進学先指導上重視する点

No.	カテゴリ	件数	(全体)%	(除不)%
1	進学先の学問系統	93	78.8	79.5
2	進学先の威信・難易	42	35.6	35.9
3	進学先の就職有利度	27	22.9	23.1
4	進学先の学問的水準・実績	93	78.8	79.5
5	進学先の所在地・立地	15	12.7	12.8
6	その他	1	0.8	0.9
	不明	1	0.8	
	サンプル数（％ベース）	118	100.0	117

問25　進学先指導の程度

No.	カテゴリ	件数	(全体)%	(除不)%
1	特定の進学先を強く薦める	3	2.5	2.6
2	特定の進学先をやや強く薦める	23	19.5	19.8
3	アドバイス程度には薦める	58	49.2	50.0
4	特定の進学先を薦めることはあまりない	32	27.1	27.6
5	全く指導しない	0	0.0	0.0
	不明	2	1.7	
	サンプル数（％ベース）	118	100.0	116

問26　進学先の指導をあまり強く行わない理由

No.	カテゴリ	件数	(全体)%	(除不)%
1	本人の自主性に任せるべきだから	28	87.5	87.5
2	生徒の判断能力が十分ある	18	56.3	56.3
3	学校より家庭の意向が優先されるべきだから	6	18.8	18.8
4	学校側の指導能力不足	0	0.0	0.0
5	生徒の将来に責任を負いきれない	2	6.3	6.3
6	学校外でも情報を十分入手できる	0	0.0	0.0
7	その他	0	0.0	0.0
	不明	0	0.0	
	サンプル数（％ベース）	32	100.0	32

第4章 職業教育の現状・課題・国際比較

問27 進路指導上特に留意する点

No.	カテゴリ	件数	(全体)%	(除不)%
1	生徒の知的興味の尊重	105	89.0	89.7
2	将来の希望職業	73	61.9	62.4
3	志望分野の将来性	23	19.5	19.7
4	進学先の難易度・威信	35	29.7	29.9
5	合格可能性	64	54.2	54.7
6	適切な情報の提供	52	44.1	44.4
7	その他	0	0.0	
	不明	1	0.8	
	サンプル数（%ベース）	118	100.0	117

問28 貴校における職業キャリアへの動機付け教育について

No.	カテゴリ	件数	(全体)%	(除不)%
1	力を入れるべき	68	57.6	58.6
2	さほど力を入れる必要はない	17	14.4	14.7
3	どちらとも言えない	18	15.3	15.5
4	わからない	13	11.0	11.2
	不明	2	1.7	
	サンプル数（%ベース）	118	100.0	116

問29 職業キャリア動機付け教育の実施状況

No.	カテゴリ	件数	(全体)%	(除不)%
1	熱心に行っている	12	10.2	10.2
2	ある程度行っている	74	62.7	62.7
3	あまり行っていない	27	22.9	22.9
4	全く行っていない	5	4.2	4.2
	不明	0	0.0	
	サンプル数（%ベース）	118	100.0	118

問30 職業キャリア動機付け教育の内容

No.	カテゴリ	件数	(全体)%	(除不)%
1	自校卒業の社会人による講演	68	79.1	80.0

2	企業・官庁関係者による講演	19	22.1	22.4
3	大学関係者の講演	62	72.1	72.9
4	企業見学や社会見学の実施	21	24.4	24.7
5	学問入門的セミナーの実施	24	27.9	28.2
6	個々の授業中に話題にする	31	36.0	36.5
7	職業関係の資料の配付	24	27.9	28.2
8	その他	8	9.3	9.4
	不明	1	1.2	
	サンプル数（％ベース）	86	100.0	85

問31　キャリア動機付け教育の重視度合いの変化

No.	カテゴリ	件数	（全体）％	（除不）％
1	以前に比べ重視している	18	15.3	15.4
2	以前に比べやや重視している	52	44.1	44.4
3	以前と変わらない	47	39.8	40.2
4	以前に比べやや軽視している	0	0.0	0.0
5	以前に比べ軽視している	0	0.0	0.0
	不明	1	0.8	
	サンプル数（％ベース）	118	100.0	117

問32　学校教育の中でエリート教育を行うことへの評価

No.	カテゴリ	件数	（全体）％	（除不）％
1	エリート育成教育は必要	41	34.7	35.3
2	エリート育成教育は必要ない	31	26.3	26.7
3	どちらとも言えない	28	23.7	24.1
4	わからない	16	13.6	13.8
	不明	2	1.7	
	サンプル数（％ベース）	118	100.0	116

問33　具体的なエリート教育実施の有無

No.	カテゴリ	件数	（全体）％	（除不）％
1	行っている	24	58.5	60.0
2	今後行おうと考えている	9	22.0	22.5
3	今後も行う予定はない	7	17.1	17.5

第4章 職業教育の現状・課題・国際比較

	不明	1	2.4	
	サンプル数（％ベース）	41	100.0	40

問34 高校教育と大学以降の教育との分担関係

No.	カテゴリ	件数	（全体）％	（除不）％
1	高校は生涯的教養の涵養に務めるべき	47	39.8	40.5
2	高校は大学専門課程につながる問題意識を養わせるべき	61	51.7	52.6
3	高校は大学教養課程への接続を意識すべき	32	27.1	27.6
4	高校は高校課程の範囲内での高度な学習をすべき	45	38.1	38.8
5	その他	5	4.2	4.3
	不明	2	1.7	
	サンプル数（％ベース）	118	100.0	116

問35 普通科進学校における教育の一義的位置づけ

No.	カテゴリ	件数	（全体）％	（除不）％
1	後期中等教育としての集大成	41	34.7	35.3
2	大学受験準備教育としての十分な水準確保	50	42.4	43.1
3	大学での学習の準備過程	43	36.4	37.1
4	生涯的教養の涵養の場	57	48.3	49.1
5	将来的キャリア形成の第一歩	33	28.0	28.4
6	その他	2	1.7	1.7
	不明	2	1.7	
	サンプル数（％ベース）	118	100.0	116

問36 普通科進学校の教育が職業キャリア形成に寄与できる部分

No.	カテゴリ	件数	（全体）％	（除不）％
1	中東教育水準の一般的学力の完成	62	52.5	53.9
2	将来の専門的スキル形成につながる基礎学力の形成	74	62.7	64.3
3	社会人に必要な一般的教養の形成	78	66.1	67.8
4	対人スキルの形成	23	19.5	20.0
5	知的・学問的関心の啓発	81	68.6	70.4
6	将来の指導的人材としての矜持の形成	39	33.1	33.9
7	業績主義的・競争主義的価値観の刷り込み	1	0.8	0.9

8	その他	1	0.8	0.9
	不明	3	2.5	
	サンプル数（％ベース）	118	100.0	115

第5章
中国における出稼ぎ労働者の「労働世界」
「珠江デルタ」の日系・香港系企業の比較

加 藤 光 一

1. はじめに

　私の珠江デルタ＝華南地域[1]との本格的な出会いは，国際交流基金フェローシップとして中山大学嶺南学院（経済学部）に滞在した時から始まった（2000年8月～01年3月）．思いがけず，在広州日本領事館と広州日本人商工会とのつき合いがはじまり，華南に進出している日系企業の派遣社員・駐在員とのネットワークを形成することが可能となった．滞在して3カ月が過ぎた2000年11月，ようやく日常の生活に慣れ，「世界の工場」として注目されている華南，珠江デルタ地域に進出している日系企業がどのような状況であるか，を垣間見たいという気になり，毎週金曜日に広州市をはじめ中山市，珠海市，東莞市，深圳市の日系企業に足繁く訪問した．ただ，地図でみるよりも珠江デルタは広く，広州市に隣接している中山，珠海，東莞，深圳でも日本の県単位より広く，移動するには基本的に長距離バスを利用するしかなかった．そのため1日1社ぐらいしか訪問できない．それでも20社ほど訪問することができた．

　訪問した日系企業では中国・華南進出に関わる逸話や苦労話をよく聞かされた．その訪問過程でもっとも驚かされたことは，進出している日系企業の責任者が異口同音に「中国人は働かない」，「中国のローカルスタッフに騙されている」等の，中国人労働者を管理するのに如何に苦労しているか，を発

することであった．労務管理に呻吟する日系企業の姿は私に強烈な印象を与えた．

かくして，私は日系企業が「珠江デルタ」で，どのような労務管理を行っているかを本格的に調査することにした．何故ならば，かつて海外に進出した日系企業の日本的労務管理は一時ジャーナリズムや学会等を賑わしたが，バブル崩壊によりその「日本的労務管理」や「日本的経営」等は，反対に「失われた10年」の「停滞する日本」の原因の1つと認識され，また同時に海外に進出している企業，とりわけアジア諸国に進出している日系企業において日本的生産システムの「移転」がなかなか進まず，日本的労務管理が何故「アジア的定着」をしないのか，が問題視されていたからだ．

こうした議論は，いわゆる日本的多国籍企業である大企業には少なからず当てはまるが，いわば日本での生き残り競争のもと「命がけの飛躍」で進出せざるを得なかった日系中小企業にすべてが当てはまる訳ではない．また珠江デルタに進出している日系中小企業の場合，「珠江デルタ」地域それ自体が「ミニ世界市場」の様相を呈しており，進出してきている様々な外資間との競争，進出日系企業同士の競争，そして急速に力をつけてきているローカル企業（中国企業）との激しい競争に競り勝つ様々なコストダウンの最大の難点・アポリアは，いかに「労務管理」を徹底し価格競争，コストパフォーマンスに打ち勝つのかにある．

ところが，進出した日系中小企業の投資行動や華南地域の産業クラスター分析に関する研究は多数存在するが，労務管理が具体的にどのように行われているか，の研究は管見の限りでは極めて少ない．そこで，その実態がどのようなものであるかを虚心坦懐に検討することにした．「いかに中国人労働者を管理するのに苦労しているか」という日系中小企業の雇用する側の論理とは違う，その日系中小企業に雇用されている出稼ぎ労働者の意識とビヘィビアはどのようなものであるか，具体的には「珠江デルタ」で働く「出稼ぎ労働者」の「労働と生活」，「労働世界」が，どのようなものであるかを重視して検討することにした．

第5章　中国における出稼ぎ労働者の「労働世界」

かくして進出してきている日系中小企業の労務管理の「企業実態調査」と，その対極にある出稼ぎ労働者の「労働世界」がどのようなものであるか，を検討する「従業員アンケート調査」と「個別従業員聞き取り調査」を実施してきた．調査を開始したのが2000年秋，その後2001年から2005年夏まで毎年調査を続け，膨大なサンプル数のアンケート調査と労働者の個別の聞き取り調査を行ってきた．本稿では，ほぼ5年間にわたる調査結果をもとに「珠江デルタ」における日系企業の労務管理と出稼ぎ労働者の労働世界を報告しておきたい．但し，膨大なデータを提示するモノグラフ報告ではなく，リアリティを持たせるために労務管理に呻吟している日系企業の担当者（主に総経理）と労働者の「生の声」を可能な限りとりいれて提示する．なお，直接的な数字データは2003年夏調査結果を中心に検討している．

2．「珠江デルタ」の構造変動

「改革・開放」以後の中国経済発展は沿岸部から始まった．その中でも「珠江デルタ」は外資導入・外向型の典型として発展してきた．その「珠江デルタ」は中国経済発展のなかで，どのような位置づけにあり，その「発展モデル」はどのように変化し，奈辺に向かおうとしているか，を確認しておきたい．何故ならば，私たちが調査し始めた2000年段階から2005年現段階までが，最もドラスティックに変化し，同時にその変化は「珠江デルタ」に進出してきている日系中小企業の労務管理の様式にも作用し，労働者の「労働世界」も大きく変容しているからだ．

(1)　内発的発展・「珠江模式」論の系譜

新生「中国」の革命と改革は常に「農村」から始まった．1949年の中華人民共和国の成立も毛沢東の農村革命に端を発したし，「改革・開放」の端初も，人民公社から生産責任請負制（土地承包）への移行，それによる沿岸部都市近郊農村の「万元戸」の発生，同時に郷鎮企業の発展，そして郷鎮企

業から民営・私営企業の発生・移行と，この間の中国経済発展は常に「農村」を基盤にしている．この郷鎮企業から民営・私営企業への移行・発展過程は「中国的現代プロト工業化」といっても過言ではない．

1978年以降の「改革・開放」政策により，中国は経済成長を持続させている．その経済発展の模式を小城鎮研究から発展させ郷鎮企業に注目し検討したのが，費孝通（Fei Hsiao-Tung）の研究[2]である．地域の発展様式を地理的空間的特徴と歴史的特徴をもとに，①外向型，②内発型，③外向型＋内発型に類型化し，それに対応するものとして①蘇南模式，②温州模式，③珠江模式という模式を概念化した．それを鶴見和子等は精緻化し，「内発的発展」論を展開した[3]．私たちが対象としている「珠江デルタ」はまさにかかる「珠江模式」の地域である．

「珠江模式」の特徴は，第1に，この地域が香港・マカオの周辺部であり，海外輸出向けのための外資を導入していることだ．その外資導入は「三資企業」といわれる合弁（合資），合作，独資の三形態でおこなわれている．合弁は中国ローカル企業と外国資本が一緒に行う場合（資本金の比率は中国ローカル企業が若干多い），合作は，資本金比率の大小にかかわらず，リスク負担・利益の分配関係等が合作契約により柔軟に決められている．独資は外国資本100％である．第2に，「三来一補」である．すなわち「三来」とは，「来料」（原材料を海外から供給され加工する），「来件」（部品をもらって加工する），「来様」（サンプルを預かり受注生産すること）で，「一補」とは，委託加工を受け製品として返す補償貿易のことである．第3に，この「三来一補」で出発した郷鎮企業が中国民営・私営企業に転じ，「上昇転化」していることだ．すなわち，外資を導入し，その過程で自己資本を蓄積し，規模拡大し，自ら製品開発を行うことが内発性を高めているという．また海外まで販路を伸ばす，例えば深圳市の「康佳」（Konka），「華為」（Huawei），恵州市の「TCL」，順徳市の「科龍」（Kelong），「美的」（Meida），「格蘭仕」（Galanz），珠海市の「格力」（Gree）等のグローバル企業へ成長している企業も多くなっている．

このように鶴見和子が注目し，郷鎮企業との関係で整理した「珠江模式」の経済発展段階から，今や上述のグローバル企業に成長した「康佳」，「華為」，「TCL」，「科龍」，「美的」，「格蘭仕」，「格力」等の中国民営・私営企業と外資企業（とりわけ米国・日本・韓国・台湾・EU等）が入り乱れる「世界の工場」に位置づけられる段階に，どのように変容してきたかを必要な限りで概観しておかなければならない．

(2) 外向・外資導入型経済発展——来料加工・委託加工方式，転廠制度

周知のように「珠江デルタ」は香港，マカオに隣接していることから，1978年の改革・開放政策開始と同時に深圳市と珠海市に経済特別区がいち早く設置された．すなわち，外資導入を前提にした減免税等の優遇処置を講じる「経済特区」である[4]．

80年代前半に香港の雑貨・繊維関係がまず最初に進出し，80年代後半には香港の電子部品，家電関係と日系企業の繊維・雑貨関係が進出する．90年代になると日系の精密機械，家電，事務機器が進出し，同時期に台湾の大陸投資解禁により靴メーカーが最初に進出し，すぐパソコン，金属加工，プラスティック加工等が進出し，アメリカ系，韓国系企業等が次々に大挙して進出することになる．それに伴い，中国系ローカル企業として，郷鎮企業から出発した現地系家電企業（前述の「康佳」，「華為」，「TCL」，「科龍」，「美的」，「格蘭仕」，「格力」等）と地場部品産業も成長してきた．こうした過程で，いまや外資系企業を凌ぐ現地系家電メーカーや分厚い部品関連企業が成長し，世界有数の電子電器産業の集積地が成立している．また日本のビッグスリーであるホンダ，トヨタ，日産が進出し，アジアの「デトロイト」といわれる自動車産業も形成されつつある．電子電器産業のメッカからアジアの「デトロイト」としての自動車産業へ，従来の電子電器産業で形成された産業クラスターとは比較にならない裾野の広い産業が形成されつつある．

こうした「珠江デルタ」の中で，外資系企業が最初に進出してくるのは，前述したように香港系企業であった．周知のようにかつて「アジアの小四

龍」と言われたアジア NIES の一地域である香港の企業は，当時，いわゆる香港フラワーの造花，マッチ，クリスマス関連グッズ等の雑貨品，繊維（縫製関係），オモチャ，時計，ラジカセ関係の家電の人件費の高騰に呻吟しており，その解決策として深圳経済特区に進出し始める．それらは最初は完全なる委託生産が多かった．すなわち，部品調達・製品販売・資金管理は香港で行い，中国の深圳では現地の地方政府である鎮または村と一緒に工場（工廠）を作り，その工場に生産だけを委託する，いわゆる「委託加工方式」である．

この「委託加工方式」は極めて珍しい制度であり，中国でも珠江デルタ特有の「広東型委託加工」（または広東省流来料加工）と称されるものだ[5]．「三来一補」は広東では独自の来料加工が行われている．これは，外国企業（委託加工者）が中国企業，当初は主に郷鎮企業の登記を利用して実質的に広東で加工する形態であった．但し，多くの場合には鎮政府または村が独自につくっている経済発展公司（「股份合作公司」という名称に深圳市では2005年より変更する傾向にある）が郷鎮企業に代わり引き受けている．

この方法は，第1に「外国企業が郷鎮企業（○○鎮または村経済発展公司という場合が多い）と来料加工契約を結び，加工を委託する」．そして第2に，別途，「補充契約を結び工場（廠）の運営権を中国企業（経済発展公司）から外国企業に委譲する」．この結果，第3に「形式上は外国企業が中国企業に加工を委託していることになっているが，実際には廠を運営しているのは外国企業」である．また形式的な「工場長」「通関士」「その他の一定数の従業員」が村から派遣されることになる．具体的な人数や，実際に仕事をしてもらうかどうかはそれぞれの村の情況による．私の調査事例では，村から派遣された「工場長」は実際には形式的な役職で工場にも出勤していない場合が多い．あくまでも地元の村や税関対策の側面が強いという．この形態をとると外国企業は中国国内に会社を登記する必要がなく，極めて簡単に中国での生産が開始できる．

では，具体的に広東に進出している日系中小企業の事例で確認しておく

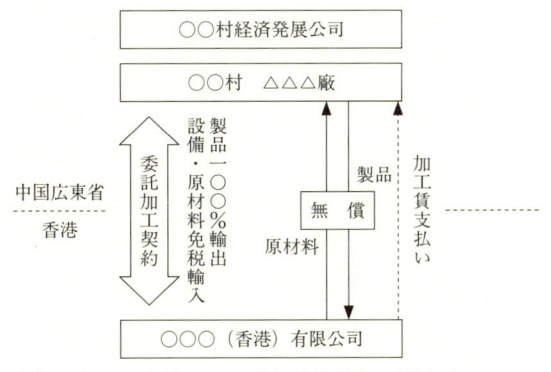

第5章　中国における出稼ぎ労働者の「労働世界」　　　273

```
                    ┌─────────────────────────┐
                    │   ○○村経済発展公司      │
                    └─────────────────────────┘
                    ┌─────────────────────────┐
                    │   ○○村　　△△△廠     │
                    └─────────────────────────┘
          ↑    製  設 製                加
          │    品  備 品          ↑    工
中国広東省 │委  一  ・ ・     ┌──┐│    賃
----------│託  ○  原 原 製品 │無 ││    支
香　　港  │加  ○  材 材 ←──│  │├──→ 払
          │工  ％  料 料     │償 ││    い
          │契  輸  免 輸 原材料│  │↓
          │約  出  税 入 ←──└──┘
          ↓        輸
                    入
                    ┌─────────────────────────┐
                    │   ○○○（香港）有限公司 │
                    └─────────────────────────┘
```

出典：ジェトロ香港センター編『中国華南・香港進出マニュアル』ジェトロ，2003年．

図1　委託加工システム

（図1参照）．まず第1に，日系中小企業は香港に香港法人を設立する．香港では資本金は1香港ドルでも設立することが可能でほとんどがいわゆるペーパーカンパニーである．かかる香港法人が，登記する住所は香港の会計事務所や旅行代理店等が提供して会社設立をしているのが多い．第2に，この日系企業の香港法人と広東省の深圳市，東莞市等の鎮政府や村のつくった郷鎮企業，具体的には「○○村経済発展公司」と加工委託（来料加工）契約を結ぶ．企業誘致を積極的に行っている村の場合には，村（村の法人格の「○○村経済発展公司」）があらかじめレンタル工場等を建設しており，そこに日系企業香港法人を経由して日本から中古機械等の設備を入れ操業する．それは基本的には無償であり，倒産した場合にはその生産設備は中国側に置いておくことになる．第3に，日系企業の香港法人は前述した来料加工契約に従い，実質的な自社工場（レンタル工場）として運営する．したがって委託と言っても日本側が生産管理，財務管理，労務管理（労働者の採用，解雇，賞罰等）を行う．第4に，自社工場としたレンタル工場は，「○○村経済発展公司」が用意した工場で，この工場の名称は中国での登記をしない工場ということから，香港法人の名前の後に「廠」をつけ，「△△△廠」ということになる．受け入れ側の鎮・村の事情によるが，その場合のレンタル料は例え

ば1カ月30香港ドル/m²である．第5に，香港法人は中国側の工場（廠）へ原材料等を保税で提供し，加工後に製品を原則引き取ることになる．この場合には，原材料と製品の明け渡しは無償で行われる．但し，原材料と製品との重量差，消耗の差により，厳しいチェックがあり，様々なトラブルを起こしている場合もある．第6に，基本的には原材料と製品の輸出入は無償であり代金決済は不要であるが，香港法人から中国側の工場（廠）に対しては毎月の加工賃が支払われる．例えば，「労働者1人あたり月に800元」という決め方をしており，雇用している労働者分を「〇〇村経済発展公司」の口座に支払い，経済発展公司は管理費として送金額の10～30%を引き落とす（両替経費として人民元と香港ドルの差額も含む）．差引額はまた中国側の工場に払い込まれ，形式的には村が雇用主であるが，実際の給与は工場から人民元で労働者に支払われる．但し，加工賃については，工場面積や加工数量により取り決める事例が多くなっている．

簡単に来料加工・委託加工方式を概観したが，その方式は鎮または村により様々な形態が存在しており，その契約内容も進出企業ごとにあると言っても過言ではない[6]．例えば，「加工賃」は労働者1人いくらというのが基本ではあるが，前述したように工場面積や加工数量により取り決める事例が多くなり，工場の貸借料，管理費，人件費，福利厚生費等も一括していくらというのも多い．また，経済発展公司に支払う加工賃の基礎となる労働者の人数を，例えば500人いるところを350人でカウントする外資導入のための優遇策を行う事例もあり，その形態は多種多様である．

こうした来料加工・委託加工方式により，進出した企業の1次加工，2次加工する関連企業が分厚く形成され，それぞれが相互に取引企業となっていった．しかし，この委託加工方式では，製品を一度香港に出し，再輸入しなければならないという煩雑さを伴う．90年代頃から製品が最終的に輸出されたことが確認可能なら，工場（廠）で「転廠」手続きをとり，香港に戻さず直接輸出しなくてもよいというのが「転廠」制度である（図2参照）．すなわち，「転廠」とは，工場（廠）を転ずることを意味しているが，保税で

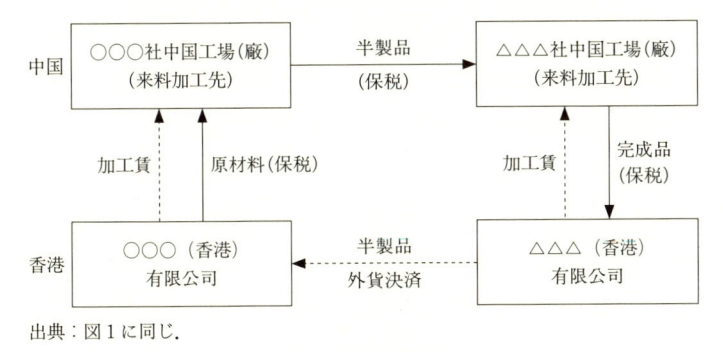

第5章　中国における出稼ぎ労働者の「労働世界」　　275

```
中国    ○○○社中国工場(廠)  ──半製品──→  △△△社中国工場(廠)
        (来料加工先)           (保税)        (来料加工先)
         ↑↑                                  ↑  ↓
       加工賃 原材料(保税)                  加工賃 完成品
                                                (保税)
香港    ○○○(香港)     ←──半製品──    △△△(香港)
        有限公司          外貨決済         有限公司
```

出典：図1に同じ．

図2　転廠制度

　輸入した原材料を加工した後，製品として直接輸出することなく，税関で一定の手続き（いわゆる税関が発行する「転廠」手帳に記入して）を済まして，他の工場（廠）へ転送して加工を継続することである．

　「珠江デルタ」は，この来料加工・委託加工制度と結びついた「転廠」制度によって成立している工場が多い．とりわけ外資系企業の7割がこのシステムを前提に成立している．

(3) 経済発展公司（股份合作公司）のシステムと「矛盾」

　「珠江デルタ」の経済発展が，外資導入の来料加工・委託加工制度を前提としていることの報告は多いが，その受け入れ側の鎮・村の「経済発展公司／股份合作公司」の分析はほとんどない．この「経済発展公司／股份合作公司」が来料加工・委託加工を受け入れる郷鎮企業一般と解釈されているが，そんなに単純なものではない．この「経済発展公司／股份合作公司」を正しく認識しておかなければ，「珠江デルタ」を理解したことにはならない．

　前述したようにアジアNIESの一地域として香港は70年代以降にめざましい経済発展を遂げるのであるが，とりわけ70年代後半以降は，香港フラワーの造花，マッチ，クリスマス関連グッズ等の雑貨品，繊維（縫製関係），オモチャ，時計，ラジカセ関係の家電等に代表される軽工業の加工型産業構成であった．しかし，それらの加工型産業の企業はその人件費の高騰に呻吟

していた．時同じくして，1978年の中国の経済改革，対外開放政策は，この「珠江デルタ」，広東省南部に香港企業の進出をもたらすことになる．もともと広東省南部の地域から香港への出奔・越境が1949年の中国解放後は常態化していたために，香港と広東省南部との地域的な繋がりは極めて密接である．深圳や東莞，広州等での調査をしていると，出奔・越境した農民は極めて多く，親戚等の人的ネットワークは改革・開放後の当初から存在していた．その人的ネットワークをもとに，香港企業が進出してきたらしい．一説によると，78年の改革・開放以前から，香港フラワーの造花等の業者が秘密裏に進出していたともいわれている．こうした経過から香港企業と広東南部，とりわけ深圳との関係が密接になる．

来料加工・委託加工制度と転廠制度はワンセットでいわゆる「広東型委託加工」であるが，外資を受け入れる鎮・村は「経済発展公司」（または「股份合作公司」）を設立している．このシステムを次に確認しておく．

改革・開放政策以前，単なる寒村でしかなかった深圳市等は，手探りの状態で香港企業等の委託加工の外資導入を考える．当初は，香港の工場がアパート方式であることを見習い，3～5階建てのレンタル工場をつくる．そこに入居させ賃貸料収入を得る．また委託加工は前述したように，相手側の郷鎮企業ないしは集体(村)企業＝「経済発展公司」がパートナーとならなければならない．しかし，実際の経営と労務管理は外資が行う．そこで，集体である村の村民委員会は，「委託加工契約書」の中に村民を外資企業に雇用してもらうことを付帯条件として入れる．そのことにより，集体である村の財政的収入と村民（農村戸籍）への雇用と労働収入を保証することになる．これは，農民であれば付与される生産責任請負制＝土地承包（農地請負経営権）を，村が回収（退包）して農地を工場に転用しており，その権利に対する代償（反対給付）としては当然のことである．

ここで確認しておかなければならないのは，あくまでも集体＝村，すなわち集団所有である集体経済，集団経済としての「収入と分配」が，具体的にどのように行われているかである．すなわち外資導入（委託加工方式）によ

る集体＝村自体の収入が確保され，集体が農村戸籍の村民に収入を保証するシステム（分配）が，具体的に「経済発展公司／股份合作公司」を中心に行われているということだ．

典型的で極めて有名な深圳市龍崗区吉布鎮南嶺村[7]を事例にみておく．改革・開放政策直前の1978年の南嶺村（4つの生産小隊＝村民小組）の集体経済の固定資産は，食糧生産のための農地とそれを生産する家畜ぐらいで，1人当たり年間純収入は87元でしかなかった．1980年当時，村の集体固定資産は約7,000元であった．その7,000元をもとに銀行から借入し，工場を1棟（700m²）建設する．そこに香港の華盛電子公司が来料加工の委託加工形態で進出してくる．当時，全村の村民＝農民（農村戸籍）は563名，農戸141戸で，村民の年間純収入は155元になった．その後，香港方式のレンタルアパート工場を建設し，83年には，全村総収入109.4万元，純収入67万元，村民の年間純収入1,147元になった．当時の中国における国家行政20級の県レベルの局長級の月給が80～100元で，年間賃金が1,200元弱であることを考えると驚異的な成長であり，高い分配システムである．その後，漸次増加し，村民の年間純収入は85年2,732元，88年4,000元となっていった．

1990年には，村両委（村共産党支部と村民委員会）は，「1990年末分配に関する規定（草案）」をつくり，分配制度のモデルを制定した．その基本は，南嶺村＝集体の仕事に村民が就くことを前提にしている．すなわち，村の関係機関等の村民委員会，集体＝村の経済発展公司および経済発展公司と委託契約をしている外資に派遣されている村民等である．その内訳は次のようになっている．①1級は村の幹部（但し6年以上の服務），②2級は村が配属する行政機関または外資に派遣する優秀な者（5年以上），③3級は村が配属する行政機関または外資に派遣する者（5年以内），④4級は村が配属する行政機関または外資に派遣する者，⑤5級は村の行政機関がもつ組織に勤務し4年連続して分配のある者または高校・大学を卒業して村に帰り村の行政機関がもつ組織に就職した者としている．また6級として，60歳以上で

労働能力のない者，高校・大学生は年間 2,600 元，中学生 2,000 元，小学生 1,500 元，就学前 5 歳 1,000 元，1～4 歳 800 元と詳細に規定している．

　1985 年から 92 年に深圳市党委員会及び深圳市政府の経済特区内の 68 カ所の村民委員会の村営企業（具体的には経済発展公司）は，すべて農村土地股份合作制企業となった．1994 年 4 月，深圳市人民大会常務委員会で「深圳経済特区股份合作公司条例」が発布され，農村土地股份合作公司の法律的地位，股份公司の組織，経営，管理，財務納入の規範が確立する．南嶺村は，1993 年には村固定資産総評価は 6.4 億元にも達しており，先の「深圳経済特区股份合作公司条例」による股份合作制実施の指示に従い，両委制定の「南嶺村股份合作公司章程規定」を制定し，1994 年から実施している．

　その「南嶺村股份合作公司章程規定」によると，村固定資産総価値を株化し，貨幣による株は入れないとあり，一般的な株式とは違う．簡単に言えば，農民の土地承包である農地を転用しアパート式工場を建設し，村固定資産を形成したので，「土地」（農民の土地承包）に対する権利としての実質的な株を創出したのである．また，株の 10% を基金株とし，30% を集体株（村民委員会の株），残りの 60% を分配株としている．

　①この分配株の配当金は村＝集体の労働に参加している村民（「股份合作公司章程」によると股民）と出生した児童，②基金株の配当は村＝集体関係の仕事をしている者で表彰されるような優秀な村民および村の各企業で仕事し科学技術に関わる勤労者，そして大学，高校，中学，小学校の学生と児童に分配される．60% の分配株は，配当の 15～20% は公共公益基金とし，残りは，村民 768 人に分配される．この村民は基本的にはすべて農民＝農村戸籍（農戸）である．

　農民に分配される株は労働株（南嶺村＝集体関係の仕事をすることを前提）と福祉株に分類される．労働株（労働股）は A 股，B 股，C 股の 3 種類があり，A 股，B 股，C 股もそれぞれ 1 等，2 等，3 等がある．この A 股は，10 年以上村の仕事あるいは幹部として仕事をした者としている．B 股は，6 年以上村の仕事をした者，C 股は，村の関係および外資への派遣の仕

事を2〜5年した者としている．福祉株（福祉股）は，50歳以上引退老人と大学生から乳児までの6等級に分けられている．

なお，罰則規定等に関しては煩雑であるので省略する．要するに農民に付与される土地承包を株化＝股份化し，それに対して農民が配当を受けているというシステム＝土地の株式化であるということだ．

2003年現在，全村が所有している現代的なアパート工場は57棟（1棟3〜5階建て）で，集体である村の固定資産は10億元を軽く超えており，村民に分配する配当は13,366,898元で，単純に村民（股民）778人で換算すると，村民1人当たりの股に対する分配額は1.7万元弱である．但し，あくまでも乳児や児童も入れた極めて単純なものであり，農家180戸で1戸当たりにすると7.4万元にもなる．

1958年から定着していた人民公社から生産責任請負制に移行し，人民公社解体の完了が宣言されたのは1985年6月であった．「人民公社」解体宣言は82年11月の全人代会議においてであるから，わずか3年たらずで人民公社は解体された．生産責任請負制＝土地承包により，中国の農村の「農地」所有権は集体に所属しているが，土地使用権（農地請負経営権）は基本的には農家，農民にある．人民公社の解体から生産責任請負制の採用，郷鎮企業の発展により農村は急速に豊かになり，1980年代は「万元戸」と呼ばれる富裕層が沿岸部や都市近郊で出現した．しかし，90年代以降，農業原材料価格の高騰，農産物買い上げ価格の低迷，郷鎮企業や食糧生産の伸び率の低下が進み，2000年には1億5千万人を超える農村の潜在的失業者を抱え「三農問題」＝農村・農民・農業問題は深刻化している．ここ数年，農村の幹部と基層の農民との矛盾は厳しく，社会衝突を起こし，上訪（陳情），集団上訪，飛び級上訪が大量に増加している．そのために農村地域では様々な抗議デモが起き，農村部幹部の腐敗等は深刻な社会問題となっている．その具体的な問題は，農民の土地使用権の農地転用に対する集体＝村や鎮の「補償」等に関する「土地問題」に関わる社会的衝突と矛盾である．

注目すべきは，「経済発展公司／股份合作公司」はこうした矛盾や社会問

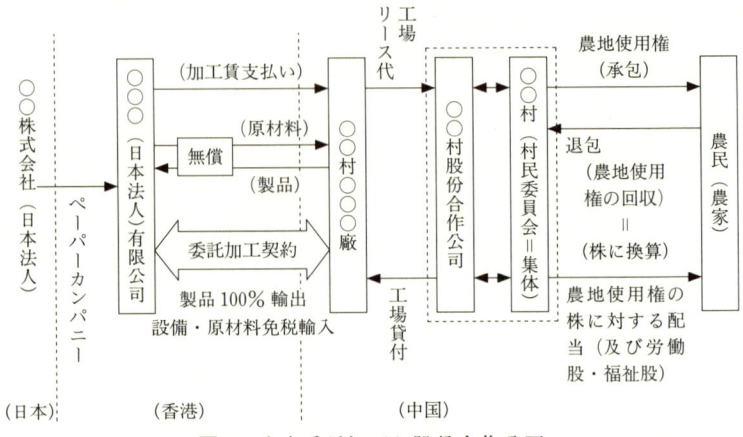

図3 広東委託加工と股份合作公司

題を「土地」の股份化＝株式化を行うことにより，形式的に回避していることだ．なお，図3は，先に見た広東委託加工と「経済発展公司／股份合作公司」との関係を概念化したものである．

深圳市の開発は比較的後発であるが，最近急速に外資が進出してきているある村の例をもう1つ提示しておこう．「○○村股份合作公司定款規定」から，その分配関係をみておく．外資にリースしている工場からのリース収入代を合作公司は一部を基金にいれ，残りを農民に分配している．農民は農地（株＝股份）を提供しているかわりに株の配当金をもらうことになっている．農民＝村民786人に分配される金額は1人当たり約47万元である．日本円にして約700万円の収入がある．もし一家に3人いれば，2100万円の土地承包の地代が入ることになる．但し，一般的な株（股份）に対する分配システムについてはあまり明らかになっていない．その種類は先発型の南嶺村のように，労働股と福祉股の2種類の古い集体経済の分配方式のものもあるが，最近では，土地＝土地承包そのものに対する土地株も多い．

こうした事例は，広東省の深圳市，東莞市等の村では数多くみられる．そのために，中国版ニートと言える「四無青年」（無学歴・無職・無気力・無理想）が生まれている．何しろ，かつて農民であったために「経済発展公

司／股份合作公司」を介して股份の配当金が分配されるのであるから，必然的に新土地承包「富裕層」とでも言える富裕層が生まれている．一方で，その村に来ている内陸部からの出稼ぎ労働者は1カ月700元（1万円強）しかもらえない．同じ農村戸籍でもこうした矛盾が生まれている．

3. 日系中小企業の労務管理の「動揺」と「変容」

　今となっては古典的な先駆的研究になっている，隅谷三喜男が1970年代初頭に提示したアジアの労働市場に関する概括的な問題提起は卓見[8]であり，今なお有効なものがある．隅谷の提起は，近代産業と伝統的農業，近代的産業と在来的産業の二重構造を前提した「二重経済論」視点からのものであった．そこで明らかにすべき課題としたものは，現代的な「珠江デルタ」にも共通する課題でもある．具体的には次の4点である．第1に出稼ぎ労働者の労働市場であり，その構造把握が重要である．第2にそこでの労働市場は一般には過剰労働であり，同時に人的資源が不足するという過剰の中の不足の構造である．そのために労働力の訓練・教育の質の問題が重要になる．第3に在来産業にみられる労使関係は，伝統的な家族共同体の解体が不十分なために，擬似的家族関係が全人的な支配と従属の関係として現れる場合がある．そのためいわば前近代的な労使関係と近代的な労使関係がどのように接合するのかが重要になる．第4に二重経済を構成する2つの部門が統合されない状況での工業化であり，一方で伝統的関係が崩壊し，他方で近代部門の混乱が生じ，失業と貧困等が深刻な労働問題を発生させる．それが社会的な衝突として出ていることをどのように把握するか，が重要である．以上を前提に以下のことを確認しておく．

　「珠江デルタ」は，第1に内陸部の農村からの出稼ぎ労働力によって成立している．そのためにその構造的把握が重要である．しかし「労働力の無制限的供給」であった出稼ぎ労働力に異変が現れている．とりわけ2004年以降はその傾向が強い．そこで，出稼ぎ労働力に依拠した企業はどのような企

業かもみておく必要がある（ここでは日系中小企業を中心に）．第2に隅谷が提起したのは過剰（一般労働者）と不足（管理者・技術者・熟練労働者）ということであったが，そのことを「珠江デルタ」に進出している日系中小企業はどのように対応しているかをみておく．第3に日系中小企業における労使関係，具体的な日本的労使関係，労務管理がどのようなものであり，どのように呻吟しているかをみておく．第4に出稼ぎ労働力が背負っているのは，自らの出身地である農村の失業・貧困等である．それが存在するために時として，日系中小企業の対応に対する不満として出て，ストライキ等の社会的衝突を生み出している．この出稼ぎ労働力がどのようなものかも確認しておく必要がある．

ここから，日系中小企業における日本的労務管理（この言説には日本的経営・生産システムも含まれていると筆者は認識）の「適用・定着」という一般的命題ではなく，呻吟している現実が浮かび上がる．

［補注］一般的（学術的）な「労務管理」に関する概念による検討を本稿では意図的に採用していない．何故ならば，「概念」をアプリオリに適用し分析する研究が多く，したがって「実態」から抽象し分析するのではなく，「概念」に合わせた「実態」の改変が多くみられるためである．一般的に労働現場でいわれている「言葉」「キーワード」をあえて利用することにより，実態にせまることにした．

(1) 「珠江デルタ」における日系中小企業

私たちが実施してきた日系中小企業調査（2003年8〜9月実施）の概要は章末に付表として提示しているので参考にしていただきたい．いわば象徴的な2つの事例を提示することにより，日系中小企業の動向を代表させることにする．「S電線製品廠」は，すでに日本には自らの会社は存在せず，いかに中国でローカル化するかに呻吟している事例である．「東莞C光学廠」は，他に海外進出している実績（韓国，台湾，マレーシア）を有しているにもかかわらず，この「珠江デルタ」を選択した企業である．

深圳「経済特区」外の宝安区観蘭鎮「S電線製品廠」

　かつて「深圳経済特区」内に存在した工場（1978年改革・開放政策以後の初期の進出），とりわけ労働集約的な業種は「経済特区」外に移転しつつある．特区内に残れるのはハイテク部門かいわゆる管理部門のみになりつつある．事例とする「S電線製品廠」（仮名）は，「経済特区」外の宝安区に委託加工（来料加工）で進出してきた企業だ．あくまでもこの宝安区観蘭鎮の会社は中国における「工場」＝廠でしかないことになっている．もちろん，香港に「S電線（香港）有限公司」というペーパーカンパニーは設立している．

　もともと長野県上諏訪町で，現在と同じ電線関係（ハーネス）の会社をやっていた．友人が深圳で工場を立ち上げており，「日本で仕事している限りでは，私のところの仕事はあまり回せない」と言われ，「一度，深圳を見てみたら」との誘いを受け1994年に来てみた．現在，工場の立地している観欄鎮地区は，当時は雨が降ればすぐ水が出るという状況で社会的インフラもままならないものであった．しかし，日本での受注量は減る一方で経営も苦しくなっていた．そこで，上諏訪町の工場は清算し，現在の董事長（会長）と総経理（社長）の2人のみで進出することになった．但し，同名の上諏訪町の会社は実在しているが資本関係もなく，連結決算の必要もない別組織の会社となっている．香港のペーパーカンパニーは，資本金120万香港ドルで設立した．現在，年商4000万香港ドル（日本円換算で6億4000万円）にもなっている．

　董事長は，「かつて，たかだか20人ぐらいの中小企業，町工場の人間が，為替レートと世界経済について毎日話すようになるとは考えもしなかった」としみじみと回想しながら日本にいたときの状況を話してくれた．ハーネスという特殊な業種であるにもかかわらず，委託加工のビジネスモデルをとることは，ちょっとした為替レートの変動と，この地域に進出してきている日系企業および外資企業，それに中国ローカル企業との競争が激しい業種であり，世界経済の動向は受注量にダイレクトに響くという．

また，この地域に進出して，「日本では鼻にもかけてもらえない」，まして「会うこともできなかった」日系大企業の現地法人社長とも友人になり，様々な日系大手企業から受注するまでになった，とも回顧する．何しろ，日本人ネットワーク，とりわけ週末と休日の「ゴルフ」は最大の営業の場だという．またそのネットワークが日系企業にとっての「珠江」ビジネスモデルの隠れた特徴の1つである．日本の「ものづくり」の現場，町工場では，資金繰りに毎日追われ，2週間から1カ月に1回は見直される元請けからのコストダウンの要請，それに受注量の単位も極めて小さいもの（極端な例としてはハーネス関係で10個というのもあった）をやらざるをえなかったという．その当時は「経営感覚」や「経営管理」「労務管理」などとは無縁で，ひたすら「どんな小さい仕事でもやっていた，ただその少ない受注量をこなすだけの毎日だった」と言う．今では，自動車関係のハーネスからパチンコ関係ハーネス，PC関係のUSB関係のハーネスまで製造している．またその技術と生産管理，コストも含めて一流の証しであることを証明するように，「トヨタ」からの受注もあるようになり，かつて上諏訪町で仕事をしていた時とは「天と地との差」だという．従業員も現在360名にもなっている．かつて20人そこそこの町工場の時とはかなりの違いである．また従業員が現在の水準ぐらいまで増えれば「労務管理」は経営にとっては死活問題となる．とりわけ，1個につき2〜3円の利益しか生まない「加工賃」での仕事であるために，従業員1人の賃金が月に10元値上がれば，それだけコストアップにつながるためだ．

　ここ「S電線製品廠」の委託加工は次のようなシステムになっている．地元の村の食料関係のA浪食総公司という小さな会社（かつての郷鎮企業で現在は村の集体企業）が開発した「工業区」のレンタルアパート工場に入居している．このA浪食総公司と「委託加工契約」を結び，委託加工賃を支払うという形態だ．但し，労働者の賃金は実質的にはこの「S電線製品廠」が支払っており，実際にA浪食総公司に支払っているのは，リースしている工場代の1m²あたり8元で1,500m²の月々の家賃のみである（2003年現

在). これが, 地元の村の工業区を開発した食品会社の基本的な収入だ. なお, 従業員は, ほとんどが内陸部の農村出身であるから, 彼女らに発行する「暫住戸籍」の費用は村が従業員から徴収している (1カ月1人20元). この点を考えると, 合弁して進出してもらうより, 本来住民人口 (村民) より圧倒的に多い出稼ぎ労働者の「暫住戸籍」の発行費が村の収入になるのであるから, 一石二鳥である.

ところで,「S電線製品廠」に対し筆者は, 董事長の人柄と彼らが日本に帰るつもりもなく, ローカル化すること, すなわち中国ローカル企業として生きてゆくつもりだという点にシンパシィを感じ, 毎年定点的調査をつづけている. その過程で驚いたことは, 2006年には工場を拡張し, 同じ「工業区」に別棟のレンタル工場をリースするまでに成長していることだ. 上述したように「トヨタ」(広州への進出が本格化) との取引が開始したことによる信用度が増したことにもよる. それだけではなく, むしろローカル化するという考えが, 必然的にローカルスタッフの登用を前提としているために, 中国人労働者との対立が少ない. それは中国人ローカルスタッフを「信頼」している側面が強いためである. 技術的にもそして生産管理コスト等を含めて「中国人では駄目」という先入観を崩した好事例である. やはり,「中国人との信頼関係」をどうつくるかが良好な「労務管理」を生む事例である.

東莞市長安鎮「東莞C光学廠」

東莞市長安鎮は日本でもよく紹介されておりつとに有名だ[9]. 長安鎮は珠江下流の河口の近くで深圳との境に位置し, 有名な日系企業が多数進出している. 同時に, この鎮は台湾企業, それも家電, OA機器, 音響, PC等に関連する業種が多いことでも有名だ.

「東莞C光学廠」は比較的遅く進出してきている. 香港のペーパーカンパニー「香港C光学有限公司」は2001年3月に設立し, 長安鎮の工場 (廠) は同年7月に設立している. もともと長野県諏訪市でレンズ研磨を中心に行っていたが, 現在ではメディカル関係に特化している. この会社の海外展開ははやく, 韓国・台湾に20数年前に進出し, マレーシアにはほぼ10年前に

進出している．中国への進出は2001年が初めてだ．進出に当たってはほぼ1年間ぐらい中国の各地（とりわけ，大連から上海周辺まで）をリサーチしてここ長安鎮に決めた．その理由は，部品調達のローカル化をほぼ100％するには長安鎮は好都合であった．必要とする部品が半径1時間の範囲で調達できるからだ．ここでもレンズ研磨も細々やっているが，主力製品は光学部品とプラスチックレンズだ．最近のカメラ付き携帯電話には，ほとんどこのプラスチックレンズが使われている．そのために，進出してまだ数年しかたっていないのに，初年度10億香港ドル，2年目110億香港ドルと，月に10億香港ドルのペースで売り上げを伸ばしている．従業員も2003年8月現在では1,600人であるが，年度末には2,500名にもなっている．

　何故この長安鎮に進出してきたかは，上述の理由と長安鎮烏沙李屋村の村長を従来から取引のあった台湾メーカーに紹介されたからであるという．工場を1ヵ月に1m²当たり11香港ドルで賃貸している．この村と「委託加工契約」を結び，村からは「工場長」と女性の「通関士」をそれぞれ1名ずつ派遣してもらっている．工場長は地元対策で1ヵ月2,000元（工場にはほとんど出てこない），通関士は2,800元で雇用している．ここでは，深圳市の場合とは違い，「委託加工契約」は村自体と行っているという．但し，村自体との契約では委託加工契約は成立しないので，実際には「長安鎮烏沙李屋村経済合作社」であろう．深圳の場合には，ほとんど村の別会社である「○○村経済発展公司」との契約だ．

　また現在1,600人の農村戸籍の労働者は，雇用保険等の諸経費を正式に履行すれば国に支払わなければならないが（もちろん労働者も負担），労働者自身が支払いたくないために，現場の労働者は，ほとんどローカルスタッフの幹部以外は在籍を登録していない．したがって実質的に雇用保険料等を支払っている従業員は管理部門と併せると100人程度の登録でしかない．これは村の指導である．何故ならば，出稼ぎ労働力である多くの労働者は，ほぼ3年もすれば，出身地の農村に帰っていく場合が多い．また同時に離職率が高いために，煩雑な手続きを労働者自身が嫌うし，村も「暫住戸籍」のため

に公的サービスをすることを面倒だと感じているためである．

ところで製品売り上げの70％が輸出で，残りの30％が転廠だ．台湾，韓国の同業メーカーの成長と中国ローカルメーカーの成長で，レンズ研磨・光学部品は日本の得意芸といえる状況ではなくなっており，また日本国内でのものは付加価値の高いメディカル部門のものしか採算は合わない状況だ．そうした状況からここに進出してきたのであるが，現地調達率95％によるコストダウンと，この成長ぶりは，本社の日本のトップもよく理解できていないようだ．日本と現地との温度差はかなりある．この「広東省ビジネスモデル・委託加工方式」と「世界の工場としての華南地域」としての認識が日本本社のトップに弱いと，現地の日本人「総経理」は述べている．

進出日系中小企業のビジネスモデル

「珠江デルタ」ビジネスモデルの特異性がほぼ理解できたであろう．これでは「ものづくり」日本が空洞化するのも理解できる．その現実を踏まえた，中国との共生のあり方をどのようにするのかが課題だ．日本で実施されている「規制緩和」は，実は中小企業からみれば大企業の経営体質のための構造改革だと，進出してきた責任者は言う．そして国内にある多くの中小企業は，「機会の平等」がなく，結局は「大企業」中心になってしまうとも言う．これでは大競争に競り勝つことは出来ない．もちろん，進出してきている中小企業にとっても元請けからの金科玉条の如くの「コストダウン・納入価格ダウン要請」の圧力からは抜け出すことは出来ない．しかし，日本でのような「閉塞感」はないと言う．

「世界の工場」として注目されている中国沿岸部の中でも，上海地域の長江下流地域と華南・珠江デルタ地域では基本的な性格が違う．ややデフォルメして言えば，前者は，中央政府の全面的梃子入れのもとに成立している「官の地域」，後者は，香港企業をはじめとする外資ベンチャーによって成立している「民の地域」だと言える．華南地域は，ベンチャーな行動様式をしめす香港企業が中心になり，その後，台湾企業，そして日本企業も中小企業を中心に数多く進出している．そこは，「世界の工場」として，PCおよび

その周辺機器，プリンター，コピー機等の世界最大の生産地である（但し，中国の中央政府の意向と政策的誘導から上海地域の長江下流地域にノート型パソコン関係が集中しつつある）．こうしたハイテク部門は自動車部門と同じように周辺部に分厚い部品供給サプライヤー（いわゆる下請け等）を多く抱えておかなければならない．何しろ，深圳・東莞等は半径1時間以内の距離でPC完成品が出来るくらい，外資およびローカル（中国）の部品サプライヤーが存在するのであるから，どのようなビジネスモデルであるかは推して知るべしであろう．

では日系企業のビジネスモデルとはどのようなものであるか，を進出してきている企業の間で，まことしやかに言われているのに「3年持ちこたえればどうにかなる」という言葉がある．その言葉の中には多くの意味が含意されている．

第1に，3年間利益が上がらなくても，持ちこたえられる資金が準備できているかどうかである．単に「賃金が安い」ということからむやみに進出してきても，実は賃金以外に多くのコストがかかる．よく言われていることに，契約する以前に言われた諸経費が実際に立ち上げる段階で精算してみると，その金額よりも2～3倍かかるということがある．これが現実だ．見積価格はあってもないのと同じで，様々な理由をつけて，少しずつ価格を高くしていくという．反対に，見積価格には法外価格が最初から設定されているので，それを1つずつ点検し交渉する能力があるかないかで差が生ずる．このように日本的商慣行では考えられないことが多い．その場合に重要なことは，現地採用の通訳を介せず，直接的に交渉が出来る中国語能力なり，バイタリティがあるかどうかであり，中国とりわけ華南地域の商慣行および文化的慣習を具体的にどのくらい理解しているかが重要になる．

第2に，中国のローカル企業が真似することの出来ない技術を進出企業が持っているのかどうか，がとりわけ近年もっとも重要になってきている．かつて完成品メーカーである大企業と一緒に進出してきた下請け・部品サプライヤーは，中国ローカル企業の製品では不良品が多く出るという事情と，メ

ーカーの要求する技術が中国ローカル企業に存在しなかったために，進出のメリットが存在した．しかし，ここ数年で中国ローカル企業の技術水準は加速度的に進歩し，日系のサプライヤーと同じ程度までになりつつある．またその供給価格も極めて安い．中国ローカル企業との競争に競り勝つ企業でないとすぐ淘汰される．何しろ，完成品メーカーの至上命令は，「コストダウン」である．それにどのくらい応えることが可能なのかが問われている．それにうち勝つためには，真似できない技術を持っているかどうかにかかっている．日本では，かつての「日本的下請構造」は完全になくなり，ライバル会社の製品でもOEMして出す状況にあり，「工場」は完全に，いわゆる「ファクトリー化」している．まして，中国に進出しているサプライヤーであればなおのことである．

　第3に，華南の「ビジネスサイクル」は極めて短期である．かつては進出してくれば収益はあがった．投資に対して3年間で回収出来れば，その後2年間は膨大な「収益」が出た．それ以後，膨大な「収益」（いわば特別利潤）は漸次，逓減する．かつては，ほぼ8年間が「ビジネスサイクル」であった．ところが中国ローカル企業の目覚ましい発展のもとでは，そのサイクルは極めて短くなった．最近では3年間の「ビジネスサイクル」といわれている．もちろん，PC関係であれば，技術進歩は目覚ましいものがあり，それすら怪しくなっている．こうした中で，成功している日系中小企業のビジネスモデルは，「珠江デルタ」地域のおかれている状況に対応しており，日本のそれとはかなりの違いを示している．

　日本では，元請け会社からのコストダウンに悲鳴を上げ，採算割れに呻吟し，受注量の大幅な減少（中国からの低価格品の輸入との対抗関係），資金繰りと中小企業への貸し渋り等が話題になっている．それに対して，「珠江デルタ」に進出し成功した，ある日系中小企業の場合，自ら日本の産業空洞化の原因の1つに「自分たちにも責任がある」ことを認識し，次のようなことを私に語ってくれた．「日本に帰るたびに暗くなる」「その点，また東莞に帰ってくるとホッとする」．このことを述べたのは1年目に10億香港ドル，

2年目に120億香港ドルを売り上げたプラスチックレンズ生産メーカーである前述の「東莞C光学廠」の総経理だ．カメラ付き携帯電話の需要で，飛躍的な生産をあげており，この分野であれば，まだ中国ローカル企業ではこの技術は今のところない．それに裏打ちされている発言だ．世界市場ではカメラ付き携帯電話は一般化しており，それもいつまでも続くわけではない．虎視眈々と中国ローカル企業はこの技術のキャッチアップに専念しており，ゴールなき新製品開発をしない限り，生き残りの道はない．したがって製品をめぐるビジネスサイクルは極めて短い．その意味では，華南・「珠江デルタ」それ自体が「グローバル競争」の最前線である．それでもここには「活気がある」と言う．やはり，「働くことが生活向上を日々感じる」世界，「労働が生きていること」を実感させる世界でなければならないという．日本の場合，それが欠如している．日本の産業空洞化による「働くことの意味」が根底からくつがえされる現状（＝労働者の権利の縮小状況）は雇用側から考えてもおかしい状況であると総経理はいう．

　また，日本では今まで相手にしてもらえなかった中小弱小サプライヤーでも，華南地域に来て，取引を拡大することが出来ているメーカーも多い．これは，「日系」ということで，進出している大企業は会ってくれる．そこから注文が増える場合がある．この点は，中国ローカル企業が力をつけてきたにもかかわらず，まだ彼らは完全な信用を得ていないことを示している（納期問題，決済問題等多くのことがある）．但し，仕事（注文）があれば，それに伴走するように技術もそして「コストダウン」という至上命令（グローバル化とはそのようなものだ）もついてくると言うのが前述の「S電線製品廠」の董事長の話だ．

　このように，華南・「珠江デルタ」のビジネスは，香港・台湾企業の柔軟性（別の言い方をすれば「いい加減さ」）に裏打ちされて発展してきた．それに日系企業も感化され対応してきた，というのが実情である．香港・台湾企業の行動様式，とりわけその柔軟性を取り入れ，かつ丁寧な仕事という日本企業の論理が接合した「ハイブリッド型ビジネスモデル」が，進出してき

て成功している日系中小企業に成立したのであろう．

　調査した事例の中でも2006年3月段階ですでに「珠江デルタ」から撤退している企業もある（2000年段階に実施した中山市の事例，但しここでは2003年段階の調査データしか利用していない）．何故撤退せざるを得なかったか，基本的には単なる「低賃金」労働力を求めて進出した企業である．もちろん当初の進出動機として各社に共通しているのは「低賃金」労働力を第1の理由としているが，それのみでは難しいことを物語っている．また，「低賃金」労働力という点でいえば，進出している日系中小企業の中には，最近大挙してベトナム進出を考える視察が頻繁に行われているのも事実である．

(2) 労務管理に呻吟する日系中小企業

　進出している日系中小企業を調査して，私たちが最初に戸惑うのは，「日本的経営」を如何に進出先に植え付けるかに苦労している姿だ．具体的には，グローバル化しているにもかかわらず，日系中小企業の多くは労務管理の側面でとりわけ呻吟している．調査した企業の多くの日本人スタッフが，異口同音に「中国人労働者（ワーカー）は管理が難しい」と言う．それは日本的経営に慣らされた日本人スタッフが，中国人の「労働観」なり「労働風土」を十分に認識していないからだ．そのために，多くの軋轢を生んでいるのも事実だ．また同時に，日系中小企業の多くが進出先の多くの国・地域，とりわけ東南アジア等で言われ続けた，「日本企業は現地に馴染まない」「ローカルスタッフの幹部登用が極めて少ない」ということが，ここ「珠江デルタ」でも言われている．

　こうした現実をもとに，労務管理に呻吟する日系中小企業の姿は，どのようなものであろうか．調査した過程で遭遇した「言葉」（日系企業の日本人スタッフが発した），すなわち日系企業に「共通コード」として存在する労務管理に関する「キーワード」は，「躾（しつけ）」・「賃金の差別化」の2つに代表される．その2つの「共通コード」＝「キーワード」をみておきたい．

まず，第1は「躾」である．この躾というキーワードの中には相反するふたつの概念が含まれている．「プロパーの陶冶された労働者」養成と「先験的差別」という意味合いである．前者の「プロパーの陶冶された労働者」養成とは，進出している日系企業が内陸部の農村出身の出稼ぎ労働力，とりわけ若い女性労働力の低賃金に依拠しているために，いわゆる「近代的な賃労働者」を如何に養成・育成するかが重要になる．いきおい，彼女らはまず次のことを入社して口うるさく言われ続け学ぶことになる．①「手を洗う」，②挨拶，③片づけ，④時間厳守である．内陸部農村から出てきた彼女らは，手を洗う習慣がない，挨拶する習慣がない，片づけるという習慣がない，時間を厳守する習慣がないと，日本人スタッフは言う．また，工場内の労働現場では必ず，5S（整理・整頓・清潔・清掃・修養〈躾〉）と「報連相」（報告・連絡・相談）が標語として大きく掲示されている．これは日本の労働現場とほぼ同じ状況だ．この徹底した「躾」が，結果的には，「珠江デルタ」の中国人労働者のキャリア・スキル形成に役立っている．

　日系企業を辞めて，例えば，他の台湾企業，香港企業，韓国企業，中国ローカル企業に転職すれば，「日系企業に勤めていた」というキャリアで賃金が高くなる．その意味からすれば，日系企業は，「珠江デルタ」の「プロパーの陶冶された労働者形成」のインキュベーター（孵卵器）的役割を果たしている．調査過程でもこうした話には事欠かない．例えば，ある日系企業に内陸部農村から出てきて初めて勤務し，ほぼ3カ月の試用期間が過ぎて転職した若い女性が，同業の台湾企業に就職すると突然「班長」なり「リーダー」になっていたりすることは日常茶飯事であるという．また日系企業以外の中国ローカル企業の調査をしていて驚いたことがある．昼休みになったので，工場内の動いていないラインを見せてもらった．すると社員食堂から「食事」を持ち出し，プレスの前で食事をしている労働者，歩きながら食事している労働者など日系企業ではお目にかからないような情景に遭遇した．日系企業の場合には，昼食のチャイムと共に班毎に整列して食堂に向かうというのはよく見かける光景だ．また，日系企業の工場内は，他の台湾，香港，

韓国，中国ローカル企業と比較するとはるかに整頓されている．日本の次に整理されているのが韓国系，台湾，香港，そして中国ローカルという順序である．これらの点からすれば，如何に「躾」というのが重要であるかが理解できる．

また，「躾」というキーワードに込められている「先験的差別」には，その裏にある中国人に対する日本人の先験的な「優越性」が基底として流れている．実は，この日本人の優越性が様々な問題を発生させている．日本人からすれば先験的な「優越性」，中国人からすれば「先験的差別」が，実は様々な労務管理上の諸問題を発生させている．中国人の行動原理や慣習に関する無理解が，「中国人は働かない」，「中国人はサボる」，「中国人はごまかす」等の言葉を生みだしている．毎日，①「手を洗う」②挨拶③片づけ④時間厳守を日本人スタッフは言い続け，「何故そのような基本的なことが出来ないのか」と日本との違いに「精神的に病む」場合もかなり多いという．しかし，「日本的労務管理」を移植する際に，日本の労働現場をそのまま投影しているために，中国的・中国人的な「労働観」「慣習」を認識した「独自の労務管理」のあり方が考えられていないところに問題[10]がある．それでは，日本的労務管理と中国的労働観を接合した「労務管理」は何かと問われれば，具体的に提示できる答えを私たちはいまだ見出しえていない．もっとも，実際の「珠江デルタ」の日系企業は，共通して中国人の「プライド」を尊重しなければ，すべてのことがうまく運ばないとの認識が広まっているが，そのプライドや「面子」をどのように重視するのかの具体的マニュアルはいまだ見出しえていないと言われている．

第2に，「賃金の差別化（差異化）」換言すれば「報酬インセンティブ」である．このことは第1の「躾」にも関係している．日本的経営，日本的労務管理では，賃金システムはいわば年功的賃金体系に類似した形態をとる．現在，日本も年功的賃金体系から成果主義賃金へと移行しつつあるが，それでも完全に年功制的側面が崩壊したわけではない．ところが，離職率の高い，ここ「珠江デルタ」に働きに来ている彼女らは「少しでも高い賃金」を得る

ことを最大の行動原理としている．そのために，後に明らかになる試用期間の3カ月未満でもいとも簡単にやめてしまう．何しろ，1カ月に10元でも高ければそちらに移るというのが，出稼ぎ労働者の一般的な行動原理である．また，新しく入社した企業で試用期間3カ月を経て本工となっても，以前の会社の経験が十分に賃金に反映されない場合にはすぐやめてしまう．彼女らは自らの労働力の対価に対する賃金を差別化する「報酬インセンティブ」システムの導入を希望している．しかし，日系企業は詳細な賃金体系を作りえていないのが現実だ．これでは離職率が高いのも仕方ない．但し，最低賃金を前提とした賃金システムは，平均するとほぼ1年以内で離職するために，2004年までは10年間ぐらい賃金を上げないですんでいる．企業によっては，この賃金が上がらないシステムが，コスト低減の要因になっており，離職率の高さが，経営的メリットの1つでもあるという認識をしている企業が多い．2004年以後は，労働力需給関係に異変が生じ，かつてのように工場の門前に「招工」という1枚の募集ビラを貼り出せば，募集人員の3～5倍がすぐ集まるという状況はなくなっている．着実に出稼ぎ労働市場に異変が起きている．本来的に残さなければならない労働力を十分に獲得しておくことすら出来ていない状況だけではなく，「珠江デルタ」は「低賃金」で労働条件も悪いというイメージが一般化してきたために，この離職率の高い「珠江デルタ」に相応する「報酬インセンティブ」を与えない限り，労働力を集めることも，まして労務管理がうまくいくとはいえない．

「二股膏薬」という言葉がある[11]．まさに「二枚舌」「両面派」という意味合いだ．実は，この「二股膏薬」的人間関係が，厳しい生存競争の中で生きている中国人にはどうしても必要であった．単位社会，文化大革命，天安門事件等の時代を経る中で，常に次善の策，その次の策等々と手を打つわけであるから，常に個人を中心に考える社会ができあがり，経済成長のために益々，拝金主義，個人主義になっている．その意味で言えば，組織や集団を大事にする日本的な発想とは違い，個人を中心に考える中国人の行動原理を理解せずして，労務管理がうまくいくはずがない．ここに労務管理に呻吟す

る日系企業の姿が存在する．

4. 出稼ぎ労働者の「労働世界」

深圳の市街地を一歩郊外に出ると，香港方式の4～5階建てのアパート工場群が出現してくる．これが改革・開放後に多くつくられたレンタル工場だ．工場の上の看板には，漢字だったり英文だったり企業名があるものもあれば，工場内に行けば各階ごとに別の企業が入っていたりと様々だ．この工場の隣には必ず従業員宿舎が建ち並び，窓には多くの洗濯物が干されているのですぐわかる．

(1) 出稼ぎ小姐（xiao jie）達の日常
深圳に出て来た小姐達

工場を訪問すると，一心不乱にラインで働く若い出稼ぎ小姐（出稼ぎ女性）に出会う．彼女らは平均年齢22～23歳で視力が3.0以上だというから大変な身体能力だ．日本の地方の工場では，老眼鏡をかけた中高年の女性がラインで働いているのに，ここでは若い女性がテキパキと自分の仕事をこなし，次の工程にアッセンブリー製品を回していく．この光景を見た日系企業の老板（社長）は「珠江デルタ」に進出したくなるという．しかし，進出してきてから，この身体能力の高い出稼ぎ小姐達とのつき合いに悩む．進出してきて，先述したように彼女らにまず教えることは，第1に「手を洗うこと」からだという．第2に「挨拶」だそうだ．第3に，時間を守らせることだという．老板に言わせると，毎日同じことを言い続けているという．一方，出稼ぎ小姐達にとって，日系企業の老板はどのように写っているのであろうか．「なんであんなにシツコク挨拶しろ，手を洗え，というのかわからない」「だって，一度言えばわかるだろうし，手は汚れていない」という．最初はこのように日本人老板の言うことがわからなかったという．しかし，日系企業を辞めて，台湾企業や香港企業に就職して初めて日系企業の「躾」が自分

の労働者としてのキャリア・スキルを上げていることに気がつくという．

こんな世界が，「珠江デルタ」に進出している日系中小企業での日常だ．ここが，世界の工場としての華南の周辺部分の出稼ぎ女性が働く労働現場だ．ここで作られたものが私たちの生活に必ずと言ってよいほど使われている．とりわけ家電，PC，デジカメ等には組み込まれている．

張敬華小姐の労働世界

張敬華小姐は四川省重慶市から200km離れた農村出身の20歳．故郷の農村には，48歳の父と42歳の母と17歳の弟がいる．弟が高級中学（高校）に行っているために，農村では比較的高い授業料を払う必要があり，父親は農繁期の一番忙しい時期に20日間帰ってくるだけで，重慶市内の建設ビルの飯場で働いている．故郷に残された母は，村民委員会から承包（個人請負）された少ない農地を守っている．張小姐は，弟の高級中学のために，中学校を卒業して家の農業を1年間手伝っていたが，同じ村の深圳に出稼ぎに行っている先輩を頼って働きに来た．何しろ，いち早く深圳に出稼ぎに来た先輩・友人は，毎月500元（日本円で1元＝15円）も家に送金して来ている．その金額は，一家の生計を支え，2年目には新築の家まで作れる状況になっていた．また，春節（旧正月）に一時帰郷してきた友人は，うっすらと化粧し，見違えるようになっていた．友人から得る未だ見ぬ香港のとなりの深圳は，張小姐にとってはまさに「深圳ドリーム」の場となっていた．そこで，彼女は，春節明けに，友人と一緒に深圳に出てきた．

まず，友人の勤める日系の会社に勤めることにした．工場では門前に「招工」という求人を常時行っており，すぐ簡単な筆記試験をうけ，その日系企業の生産ラインにつくことになる．工場は二交代制（早番午前8時〜午後5時，遅番午後8時〜午前5時）である．但し，すべての労働者が「加班」（残業）を2〜3時間おこなうのは普通である．この華南経済地域では残業がない会社は嫌がられる．何故ならば一元でも多く稼ぐために出稼ぎにきているのであるから当然である．彼女たちの勤務日数はほぼ28日から30日にもなり，休日出勤は普通である．残業を加えると1カ月600元から700元で，

そのうち，500元も実家に送金している．こうした女性労働者が一般だ．

彼女たちの宿舎は，1部屋6人から8人．日本的な畳に換算するとひとり1.5畳ぐらいが彼女たちに与えられている空間だ．屈託なくおしゃべりする彼女たちには低賃金・長時間労働はなんら苦痛ではないように見える．それよりも少しでも実家に送金できる金額を短期的に稼ぐかが最大の目的となっている．

生産ラインで一心不乱に組み立てに集中しているその労働現場は圧巻だ．何しろ，彼女たちに共通する視力が3.0ないしは4.0というのは一般的だ．細かいチップのミクロの世界にも，何の抵抗もなく集中して仕事している．

信州の上田から進出してきた日系企業は，1987年に深圳経済特区内に「合作」形態で工場を建てた．鄧小平の「南巡講話」が出る前に進出してきた．そのために試行錯誤の連続であったというが，低賃金は最大の魅力であった．この事例をもとに，深圳に出てくる出稼ぎ女性労働者の労働世界を一般化しておく．

賃金（低賃金）

賃金形態は日給制が一般だ．最近では深圳経済特区内では一定の労働者保護の行政が進み，日給・月給制も多くなっている．地域の最低賃金額を基準にそれに諸手当と残業の合計が1カ月の賃金となっている．その具体的な賃金構成は次のようなものだ．

最低賃金＋皆勤手当＋職能手当＋残業時間部分＝1カ月の賃金．

最低賃金（2003年現在）は経済特区内であれば高く1時間あたり3.56元，特区外では2.75元である．1カ月の標準賃金は特区内であれば595元，特区外であれば460元である．平均すれば特区内と外ではいくらかの賃金格差が生まれているが，残業等も入れた1カ月の賃金は1,000元前後と言ってもよい．広東省外から来た小姐達は，まず地域最賃で試用期間3カ月働き，その能力により諸手当が変動する仕組みになっている．報酬インセンティブは各企業の人事考課によるが極めて低い．ここ10年間は賃金がほとんど上昇しておらず，円高を考えると実質的には低下している側面もあるという．し

たがってスキルを要求する仕事は少なく，自動化して最新機械を導入するよりも，減価償却等を考えると，「乙女チック」＝オトメチックの方がコスト安だという．

勤務時間（長時間）

前述したように，彼女たちは法定労働時間である8時間の他に，毎日残業を行っている（17：00の法定の終業時間後に必ず3時間は行う）．その他に，休日出勤を行っていることを考えると，法定の月38時間の残業時間を優に超える．単純に計算しても平日に3時間として1日の労働時間は合計11時間．それに休日の11時間で，合計すれば残業時間の合計は29時間（休日の11時間プラス1日3時間の残業×6日＝18時間），法定の月の残業時間を1週間でほぼ76％も使うことになる．当然のことながら，法律違反と言うことになる．しかし，それはあくまでも市政府が提示している目安でしかなく，多くの工場は法律違反をしていることになり，また労働者もそれを要求しているという実態がある．

では具体的に従業員「アンケート調査」をもとに確認しておきたい．

(2) 従業員「アンケート調査」にみる「労働と生活」

「珠江デルタ」に関する研究報告は，「企業」，いわゆる「資本」の側から検討したものが圧倒的に多い．ところが，そこで働く労働者，すなわち「労働」の側から検討したものは極めて少ない[12]．先に例示的な事例として紹介したが，その中国人労働者の労働世界を垣間見るために，日系企業のアンケート調査を2003年8月に実施し，その後2005年8月に香港系を実施した．そのアンケート調査をもとに「珠江デルタ」における日系および香港系企業で働く「出稼ぎ労働者の意識とビヘイビア」をみておきたい．その場合，日系と香港系企業との違いが出ているのでその点も確認しておきたい．

日系企業のアンケート調査したサンプル数は，全部で4,757名（但し，正確な回答者は男子939名，女子3,786名），企業7社であった．1社あたりのサンプル数は約680名である．但し，各社ごとに回収できたサンプル数に

第5章　中国における出稼ぎ労働者の「労働世界」　　299

は多寡があり，サンプル数がもっとも多い企業が1,584名，少ない企業で342名である．アンケート回収した7社は深圳市と東莞市に進出している企業で，その業態は全部が電気・電子関係の部品サプライヤーとアッセンブリーメーカーである（付表1参照）．

　香港系企業のアンケート調査したサンプル数は，全部で370名（但し，回答者は男子120名，女子243名であり7名については項目回答が不完全），企業5社であった（但し，労働者アンケート回収が出来たのは4社である）．1社あたりのサンプル数は約93名である．但し，各社ごとに回収できたサンプル数でもっとも多い企業が175名，少ない企業で43名である．なお，この香港系については企業側の意向で抽出調査となっている．アンケート回収した4社は深圳市宝安区黄田村に進出している企業で，その業態は電気・電子関係の部品サプライヤーとアッセンブリーメーカーが3社で，1社が電子オモチャ関係の部品サプライヤーである（付表2参照）．

　アンケート調査の回収が可能な日系企業はほぼ悉皆調査であるが，香港系については抽出という限界はある．この種の研究報告では，私たちが実施した日系企業でも従業員の悉皆調査を前提にした大量のサンプル数を回収出来たものは管見の限りではない．

出稼ぎ労働者の出身地と学歴・戸籍（表1参照）

　かつて内陸部の出稼ぎ労働力が発展する沿岸部へ流出する様を表象して「盲流」と言われた．この「盲流」という表現は適切ではないということから，「民工潮」といわれるようになった．まさに出稼ぎ労働力のことだ．その「民工潮」が内陸部の農村から，沿岸部・「珠江デルタ」に中国の大河のように，上流の農村部から下流部の都市へと労働力の流れる様は，まさに「大河の流れ」である．

　表1は出身地・学歴・戸籍・農村戸籍者の農業経営等を見たものだ．この表からいくつかの特徴がみえてくる．第1に，圧倒的に女性労働力に依拠する労働集約型企業が多いことだ．同時に，日系企業の場合には男女あわせて平均年齢21.2歳，香港系では23.3歳と若い労働力に依拠しており，この若

表1　出身地

		サンプル数	平均年齢	出身地										その他	小学校
				華南3省			四川	湖南	江西	湖北	河南	陝西			
				広東	福建	広西									
日系	男	939	24.2	113 12.0	4 0.4	36 3.8	85 9.1	166 17.7	83 8.8	143 15.2	83 8.8	48 5.1	161 17.1	9 1.0
	女	3,786	20.5	255 6.7	20 0.5	328 8.7	296 7.8	776 5.8	218 5.8	524 13.8	563 14.9	333 8.8	427 11.3	29 0.8
	計	4,757	21.2	371 7.8	25 0.5	367 7.7	383 8.1	945 19.9	303 6.4	672 14.1	650 13.7	384 8.1	592 12.4	39 0.8
香港系	男	120	24.5	29 24.2	0 0.0	12 10.0	8 6.7	20 16.7	7 5.8	17 14.2	9 7.5	2 1.7	16 13.3	1 0.8
	女	243	22.0	56 23.0	1 0.4	57 23.5	20 8.2	33 13.6	18 7.4	21 8.6	15 6.2	6 2.5	16 6.6	6 2.5
	計	370	23.3	86 23.2	1 0.3	69 18.6	28 7.6	53 14.3	25 6.8	38 10.3	24 6.5	8 2.2	38 10.3	7 1.9

注：サンプル数の合計には不完全な回答も含んでいるために必ずしも一致しない．以下の表

い労働力が「珠江デルタ」の経済発展の原動力である．第2に，日系企業の場合には，出身地は華南三省以外の地域が多いことがわかる．その中でも湖南省19.9％・湖北省14.1％・河南省13.7％がとりわけ多い．これらの省は中国でも農業の占める割合が高いところだ．翻って香港系では広東省が23.2％，広西省18.6％が多く，華南のとりわけ広東語が比較的通じやすく，かつ人的ネットワークがある場合が多い．第3に，彼／彼女らの多く，とりわけ女性の場合，ほぼ6割が中学卒業の労働力だ．これについては日系と香港系の違いはない．第4に，農村戸籍が8割を占めている．第5に日系企業労働者で，農村戸籍の1戸あたり経営面積は5.7ムー（1ムー＝6.6a）で1戸あたりの家族員数5人であるから，1人あたり1ムー強ということになる（農地分配の承包は中国全体でも1人あたり1ムーというのが平均であるからその水準とほぼ一致）．

すなわち，「珠江デルタ」とりわけ深圳・東莞の多くの外資企業（日系企

と学歴・戸籍

(上段：実数，下段：構成比％)

最終学歴					戸籍		平均農業経営面積			平均家族員数	両親の主業		
中学校	高等中学	短大	大学	なし	都市戸籍	農村戸籍	水田(ムー)	畑(ムー)	合計(ムー)		農業専業	農業兼業	農業以外
130	352	285	141	8	315	615	3.4	3.3	6.6	4.9	368	165	76
13.8	37.5	30.4	15.0	0.9	33.5	65.5							
2,269	656	697	78	3	465	3,300	2.6	3.3	5.6	5.0	2,201	673	398
59.9	17.3	18.4	2.1	0.1	12.3	87.2							
2,417	1,013	986	219	11	781	3,948	2.7	3.3	5.7	5.0	2,585	848	480
50.8	21.3	20.7	4.6	0.2	16.4	83.0							
43	29	25	17	0	34	83	3.0	2.1	5.0	5.1	49	28	3
35.8	24.2	20.8	14.2	0.0	28.3	69.2							
153	49	27	3	1	33	207	2.8	2.3	4.7	5.4	150	47	11
63.0	20.2	11.1	1.2	0.4	13.6	85.2							
200	80	53	20	1	67	295	2.8	2.3	4.7	5.3	202	76	15
54.1	21.6	14.3	5.4	0.3	18.1	79.7							

2～5 も同じ．

業）は，膨大な，無尽蔵のごとく存在する内陸部の農村の若い出稼ぎ労働力を利用した労働集約的な，部品製造，加工型のアッセンブリー等の業態である．したがって，特別のスキルをもった労働力ではなく，視力がよくて根気強い農村出身者が歓迎される．調査した企業が立地している工場（廠）の鎮ないし村は，出稼ぎ労働者で溢れている．因みに，本来の村民人口は3,000人ぐらいであるにもかかわらず，出稼ぎ労働者が3万人というのは一般的だ．中国では「戸籍制度」が存在するので，農村出身の若い女性は農村戸籍であり，その出稼ぎ労働力が都市に働きに行くには，暫定的な都市戸籍が必要になる．暫定住民としての許可証を東莞市等の鎮や村で発行してもらい，そこに登録料を支払うという構造が出来ている．投資メリットの1つとして低賃金を求めて進出してきている外資企業は，若い女性とりわけ身体能力（視力）の高い労働力を必要とし，また極めて短期間に「圧縮型経済発展」を享受したい地方政府の鎮や村は，現行の戸籍制度を改訂運用して出稼ぎ労働力

表2 就職の理由・就職ルート

		サンプル数	前の就業先									就職の理由	
			所在		形態							給料が高いから	友人・知人がいたから
			広東省内	広東省外	国有企業	個人企業	郷鎮企業	農業	学生	失業者	その他		
日系	男	939	523 55.7	402 42.8	104 11.1	381 40.6	40 4.3	28 3.0	196 20.9	11 1.2	120 12.8	93 9.9	246 26.2
日系	女	3,786	1,729 45.7	1,988 52.5	244 6.4	1,248 33.0	104 2.7	131 3.5	1,486 39.2	90 2.4	414 10.9	305 8.1	1,408 37.2
日系	計	4,757	2,262 47.6	2,410 50.7	348 7.3	1,642 34.5	144 3.0	160 3.4	1,691 35.5	102 2.1	539 11.3	399 8.4	1,668 35.1
香港系	男	120	70 58.3	45 37.5	8 6.7	60 50.0	12 10.0	3 2.5	17 14.2	5 4.2	5 4.2	16 13.3	58 48.3
香港系	女	243	156 64.2	82 33.7	13 5.3	97 39.9	13 5.3	15 6.2	66 27.2	15 6.2	13 5.3	27 11.1	162 66.7
香港系	計	370	231 62.4	129 34.9	22 5.9	160 43.2	26 7.0	18 4.9	83 22.4	21 5.7	18 4.9	44 11.9	224 60.5

と投資企業からも収入を得ている．短期の働きで収入を得たい出稼ぎ労働者は戸籍制度を厳格に適用しない「珠江デルタ」地域に集中する．かくして「外資・鎮（または村）・出稼ぎ労働力の三者同盟」が成立することになる．

地縁・同郷ネットワーク（表2参照）

では，出稼ぎ労働力である彼女／彼達はどのような就職ルートをとっているのであろうか．その点を概略的に見たものが表2だ．

まず第1に，アンケート調査した日系企業に就職する以前の就職先（職場）はどこの地域か，を聞くと，広東省内が47.6％，広東省外が50.7％（合計して100％とならないのは回収したサンプル数にこの質問項目に答えなかった人がいるためである．以下の項目もこれに準拠している）となっている．この数字からすれば，農村地域からの出身ではない印象を受ける．しかし，のちに明らかになるが，離職率が高い中国・「珠江デルタ」では，すぐに会社を変わるのは一般的だ．また以前の就職先で多いのは，「学生」が

第5章　中国における出稼ぎ労働者の「労働世界」

(上段：実数，下段：構成比％)

	就職ルート			
その他	友人・知人の紹介	斡旋業者	会社の求人案内	その他
574	148	111	615	52
61.1	15.8	11.8	65.5	5.5
2,017	672	782	2,131	170
53.3	17.7	20.7	56.3	4.5
2,607	825	899	2,763	223
54.8	17.3	18.9	58.1	4.7
34	30	9	72	6
28.3	25.0	7.5	60.0	5.0
41	71	23	142	5
16.9	29.2	9.5	58.4	2.1
76	102	32	219	11
20.5	27.6	8.6	59.2	3.0

35.5％と最も多く，次が個人企業34.5％（個人経営ではなく私企業で外資も含む），国有企業7.3％，農業3.4％の順になっている．翻って香港系では若干の違いを示している．以前の就職先（職場）は広東省内が62.4％と高く，以前の就職先で多いのは個人企業で，「学生」というのは日系に比べて少ない．すなわち，日系の場合には新規学卒者が多いが，香港系は転職組がかなり多いことをしめす．第2に，就職の理由を聞くと，極めて興味深い回答をえることが出来た．注目すべきは，日系企業で「友人・知人がいたから」というのが35.1％と高いことだ．また，「その他」が54.8％と高いが，この中には様々な要因が含まれている．地縁・同郷ネットワークによる就職が多いという結果を，企業調査している過程でも聞き出したが，このことも「その他」の中に含まれている．香港系では「友人・知人がいたから」が60.5％と圧倒的に多い．第3に，では具体的な就職ルートの直接的な理由は何かというと，日系企業の場合には，「会社の求人案内」58.1％，「友人・知人の紹介」17.3％となっている．これはあくまでも，直接的な就職ルートを聞いたものであるから，「会社の求人案内」というのが多い．しかし地縁・同郷ネットワークで「珠江デルタ」に出てきて，友人の宿舎に一時身を寄せて求職活動をするというのが一般的であり，「会社の求人案内」と回答した中にも実は「友人・知人の紹介」に該当する部分も多分に含まれている可能性が高い．「会社の求人案内」の中には深圳・東莞の「人材市場」という準公的機関（日本の職安に該当）や会社の門前に貼り出される「聘工」「招工」による応募も含まれる．「友人・知人の紹介」17.3％は，地縁・同郷ネットワークによることを証明

表3 勤続月数と

		サンプル数	勤続月数							職種		
			~3	3~6	6~12	12~24	24~36	36~48	48~62	62~	生産職	事務職	管理職
日系	男	939	153 16.3	158 16.8	146 15.5	198 21.1	106 11.3	69 7.3	30 3.2	72 7.7	687 73.2	23 2.4	210 22.4
	女	3,786	1,021 27.0	624 16.5	736 19.4	772 20.4	256 6.8	137 3.6	88 2.3	97 2.6	3,337 88.1	53 1.4	346 9.1
	計	4,757	1,183 24.9	785 16.5	918 19.3	977 20.5	365 7.7	209 4.4	118 2.5	169 3.6	4,051 85.2	76 1.6	560 11.8
香港系	男	120	42 35.0	19 15.8	18 15.0	15 12.5	8 6.7	6 5.0	3 2.5	2 1.7	76 63.3	14 11.7	26 21.7
	女	243	82 33.7	46 18.9	28 11.5	47 19.3	20 8.2	4 1.6	7 2.9	1 0.4	197 81.1	17 7.0	22 9.1
	計	370	128 34.6	66 17.8	46 12.4	62 16.8	28 7.6	11 3.0	10 2.7	3 0.8	277 74.9	32 8.6	49 13.2

しているといえる．香港系と日系企業との違いはそれほどないが，「友人・知人がいたから」や「友人・知人の紹介」が極めて高く，圧倒的に人的ネットワークでの就職が多いことを示している．

高い離職率と低賃金（表3参照）

では，彼女／彼たちの勤続・雇用形態・賃金水準はどのようなものかを表3でみておきたい．

農村部から深圳市・東莞市に出てきた彼女たちは，まず，自分の同郷の知人や親戚を頼って就職活動をする．深圳駅や長距離バスターミナルに行けば，トランクをもち，いかにも今，農村から出てきた女性だと一目でわかる光景に出くわす．しかし，すでに一度は就職し，次の職場にかわる場合の彼女たちは，キャリートランクとバケツに生活雑貨を入れて移動する光景に変わる．この光景は，ターミナルとは違い，工場の立地する鎮や村でのものだ．実は，かなり短期間での転職が多い．そのことは表からも窺われる．勤続月数は日系企業の場合には男女合わせて，「3カ月未満」24.9％，「6~12カ月」19.3

雇用形態・賃金水準

(上段：実数，下段：構成比％)

雇用形態				給与形態							平均給与額	
常雇	臨時	パート	その他	月給	日給月給	週給	日給	時給	能力給・出来高制	その他	月(元)	年(元)
609	174	31	103	611	45	2	112	29	94	27	1,214	14,082
64.9	18.5	3.3	11.0	65.1	4.8	0.2	11.9	3.1	10.0	2.9		
2,665	767	102	198	2,043	181	1	611	292	480	81	660	7,371
70.4	20.3	2.7	5.2	54.0	4.8	0.0	16.1	7.7	12.7	2.1		
3,294	947	135	304	2,667	228	3	726	324	581	109	773	8,614
69.2	19.9	2.8	6.4	56.1	4.8	0.1	15.3	6.8	12.2	2.3		
87	7	13	6	91	4	0	7	6	6	1	943	11,324
72.5	5.8	10.8	5.0	75.8	3.3	0.0	5.8	5.0	5.0	0.8		
179	28	24	4	200	6	0	8	13	3	2	794	8,822
73.7	11.5	9.9	1.6	82.3	2.5	0.0	3.3	5.3	1.2	0.8		
270	35	39	10	295	11	0	16	19	9	3	839	9,616
73.0	9.5	10.5	2.7	79.7	3.0	0.0	4.3	5.1	2.4	0.8		

％，「12～24カ月」が20.5％となっている．平均すると，彼女たちは3年間ぐらい工場で働いたら，故郷の農村に帰るというのが一般的だ．これに対して香港系になると「3カ月未満」34.6％，「3～6カ月」17.8％，「6～12カ月」12.4％，「12～24カ月」が16.8％と，日系企業よりも短くその転職率は極めて高い．

　職種は圧倒的に「生産職」が多い．サンプルの性格からして，生産現場の労働者を前提にアンケートを回収しているという事情も反映して，加工型の労働集約的な工場が多く，間接部門の労働者が比較的少ないことにもよる．雇用形態をみると日系企業の場合は，「臨時」と答えたものが19.9％，「常雇」は69.2％となっている．香港系の場合には「常雇」73.0％，「臨時」9.5％となっている．通常，入社して3カ月が試用期間で，「臨時」扱いということも反映し日系の場合に若干「臨時」が多い．給与形態は，日系の場合，「月給」と答えたものが56.1％と高く，次は「日給」15.3％，「能力給・出来高制」の12.2％だ．あくまでも，彼女たちの答えであるから，こ

のような結果になるが，月に1回もらう給料を「月給」と観念しているようだ．実際に，企業調査をしてみると，たとえ事前に欠勤届を出していても，その部分は支払われず，実際には時給計算というのが実態のようだ．また給与額を聞くと平均すると月に773元で（1元15円），極めて低い賃金だ．もちろん，深圳と東莞では最低賃金額は法律で決まっているが，平均すると残業を1日2～3時間していると仮定する（但し，この2～3時間の残業は法定就業時間8時間にプラスした時間で，労働者は1日10～11時間労働と観念する場合が多い）と，現実の賃金水準は最低賃金を下回っているとも言える．なお，賃金の比較をすると日系よりも香港系が高くなっている．しかし，これは日系企業は2003年8月調査であるために，最低賃金がまだ低かった段階である．香港系の調査は最低賃金が大幅に改訂された2005年であるために高くなっている．したがって，日系と香港系では日系の方が実は1カ月に約100元は高いといわれている．

　このように高い離職率を前提にした低賃金であるから，必然的に地場賃金を低める結果にもなっている．何故ならば，離職すれば3カ月の試用期間の「臨時」から出発する．その場合の賃金は，最低賃金から出発する．特別にスキルを必要とする職種であれば別だが，基本は労働集約的な加工であり，特別のスキルを必要とする企業は少ない．高い離職率を前提に企業は経営するので，賃金は高く支払う必要がない．このことが，「珠江デルタ」の2004年まで，ここ10年間賃金が一定で，為替差益を考慮するとむしろ低くなっていることを証明している．すなわち「高離職率と低賃金」が相互規定関係にあるという構造がビルドインされていた．但し，2005年以後は事情が若干違うが，基本的な構造に変化はない．

　出稼ぎ型労働・出稼ぎ型賃金（表4参照）
　出稼ぎ型労働・出稼ぎ型賃金とは，農村の姉弟等が都市に出稼ぎに出て，そこで得た賃金の一部を家に送金し，その賃金が家の再生産を助け，結果的にはその賃金は「価値分割」となり，低くなるというコンセプトである．そのことを表4の送金と貯蓄から読みとることが出来る．

第5章　中国における出稼ぎ労働者の「労働世界」

表4　送金と貯蓄

		サンプル数	家への送金				貯金額（対給与）				
			なし	あり	平均額		なし	~10%	10~30%	30~50%	50%~
					月(元)	年(元)					
日系	男	939	485 51.7	445 47.4	550	5,842	377 40.1	95 10.1	169 18.0	148 15.8	121 12.9
	女	3,786	1,849 48.8	1,891 49.9	383	4,109	1,320 34.9	816 21.6	537 14.2	402 10.6	390 10.3
	計	4,757	2,345 49.3	2,354 49.5	416	4,420	2,306 48.5	476 10.0	709 14.9	556 11.7	513 10.8
香港系	男	120	49 40.8	62 51.7	600	5,929	37 30.8	14 11.7	24 20.0	18 15.0	14 11.7
	女	243	89 36.6	138 56.8	471	4,542	104 42.8	22 9.1	26 10.7	42 17.3	24 9.9
	計	370	141 38.1	202 54.6	504	4,916	143 38.6	37 10.0	52 14.1	60 16.2	38 10.3

　まず，日系企業の場合，家への送金「あり」は49.5％で，実に5割近くが送金している．かつて言われた，ほとんどの人が送金するというのは微妙に変化しているようである．ただ，注意しておきたいのは，この5割近くの数字をどのように認識するかである．私は，まだ「5割近くもの人が送金しているのか」と驚いている．何故ならば，前にみた表3のように1カ月773元の賃金での生活で，そのうち416元も送金すると言うことは，それは賃金の約半分以上も占めることになる．彼／彼女たちは，消費文化が氾濫している大都市で，1日10元強で生活するとなると，かなり禁欲的な生活をしていると言える．この「あり」と答えた人は，「月にどのくらい送金し，それは年にどのくらいか」という質問に対して，毎月送金している場合にのみ，「あり」という回答をした人達だけだ．彼／彼女たちのビヘイビアは，春節（旧正月）の故郷への里帰り時には，ほとんどが「家にお金を入れる」，それもかなりまとまった金額を入れるというのであるから，実質的にはほとんどが送金「あり」というのと同じだ．また，給与に対する貯金額の有無を聞く

と,「なし」が48.5%で,「あり」は51.5%である.また,その貯金「あり」のうち,給与に対して「10〜30%」も行っているものが14.9%,「30〜50%」11.7%,「50%以上」10.8%となっている.貯金はそのまま全部が自分のものとなると言うのではなく,この一部は2〜3年勤めてから帰郷する時に持ち帰り,女性の場合には帰郷して結婚するときの費用等に使っているようだ.翻って香港系の場合が,送金「あり」54.6%と高く,月平均賃金839元に対して504元も送金している.その比率は同じように高い.

このようにみてみると,「珠江デルタ」における出稼ぎ型労働・出稼ぎ型賃金の内実がどのようなものであるかは理解できる.

満足度と離職（表5参照）

内陸部の農村から出稼ぎに出てきた彼／彼女たちにとって,大都市「深圳・東莞」の労働現場＝工場は,「稼ぎ」の空間であるとともに都市文化の一端を享受する空間でもある.また,稼ぎの場である工場での仕事は,飛び抜けたスキルを要求する現場は極めて少ない.彼女たちに要求されているのは,「視力と根気」という2つの言葉に象徴される身体的能力の一端と農村出身者が生まれながらにして習得しているルーチンワーク化された作業に対する疲れを知らない持続性のみだ.当然のことながら,労働現場での仕事に対する満足度,それとそこでの人間関係,寄宿舎生活での快適度等がどのようなものかを垣間見たものが表5である.

勤めている会社での仕事に対する印象を聞いてみると,日系企業の場合,「他に良いところがあれば転職したい」40.1%,「満足」39.1%の順で,「すぐやめたい」2.2%,「やめたいがやめられない」4.6%,「その他」13.3%となっている.注目すべきは,「満足」が極めて多いことだ.私たちが労働現場を訪問し各工程＝労働過程を視察すると,まさにベルトコンベアの流れ作業に象徴されるようなテーラー型の労働現場にほかならない.一心不乱に労働する彼女らには感嘆の声をあげたくなる.オートマチックではなく「乙女チック」と言える様だ.それにもかかわらず,満足しているというのである.日本人スタッフは異口同音に「よく働く」と評価しているが,一方では「働

第5章　中国における出稼ぎ労働者の「労働世界」

表5　仕事に対する満足度

		サンプル数	会社での仕事に対する印象					会社が一番困っていること		
			満足	他に良いところがあれば転職したい	すぐやめたい	やめたいがやめられない	その他	人間関係	給与のこと	その他
日系	男	939	347 37.0	374 39.8	37 3.9	46 4.9	125 13.3	119 12.7	542 57.7	283 30.1
	女	3,786	1,501 39.6	1,522 40.2	65 1.7	173 4.6	504 13.3	421 11.1	2,148 56.7	1,204 31.8
	計	4,757	1,858 39.1	1,909 40.1	104 2.2	221 4.6	632 13.3	544 11.4	2,710 57.0	1,494 31.4
香港系	男	120	65 54.2	31 25.8	4 3.3	5 4.2	7 5.8	24 20.0	60 50.0	23 19.2
	女	243	123 50.6	66 27.2	9 3.7	13 5.3	24 9.9	24 9.9	60 24.7	23 9.5
	計	370	191 51.6	100 27.0	13 3.5	18 4.9	31 8.4	63 17.0	217 58.6	56 15.1

かない」等のために労務管理に呻吟している側面は先に見た．彼女たちの視力の良さという身体的能力と根気強さには驚くという．とはいっても，「他に良いところがあれば転職したい」と考えているのが多い．また他の「すぐやめたい」「やめたいがやめられない」をいれると，圧倒的多数の人が，転職を希望し実際に転職している．このことの意味は何か．この離職率の多さはラインに基本的に響く，という考えは表面をみた一面的な考え方だ．むしろ，この転職率の多さ＝定着率の低さが前述したように「低賃金維持システム」として作用していることを見逃してはならない．

翻って香港系の場合には，「満足」が51.6％と極めて高い．日系のそれと比較すると雲泥の差である．何故このような差が生まれるかは，日系企業の「労務管理」等に関する厳しさがこうした数字に現れているものと考えられる．

次に「会社で一番困っていることはなにか」という質問に対して，日系企

業の場合,「給与のこと」が一番多く 57.0％ だ.「人間関係」は 11.4％,「その他」は 31.4％ となっている.「給与のこと」が多いのは,先の離職率の高さにも示されるように,彼／彼女にとっては少しでも賃金が高ければ移りたいと考えているからだ.ちなみに,調査した日系企業以外の外資の給与水準は欧米企業の一部を除けば日系企業が一番高い.台湾企業は給与が「遅配・欠配」でかつ日系より低く,香港企業もほぼ同じであるという.また,日系以外の企業は,すぐ「レイオフ」するが,日系の場合にはそのようなことは極めて少ないという.それだけではない.例えば,ある日系の受注量が減少し,いくつかのラインを止め,雇用している出稼ぎ労働者を「レイオフ」しなければならない時は,日系企業ネットワークを利用して,その「レイオフ」部分の労働者を引き受けてもらう状況もあるという.それでも,「給与」にこだわっているのは,2～3 年で帰郷する彼女たちにとっては「1 元でも高い」会社に就職してお金を持ち帰ることが至上命令として存在するからだ.そうは言っても,「その地」の中身はここでは明らかになっていないが,「宿舎の快適度」「食事の善し悪し」等もこれに含まれている.最近の傾向としては,これら宿舎,食事の程度云々で定着度が高くなるし,職場選択の重要なメルクマールにもなっているからだ.また「人間関係」は実はネットワーク社会である中国では困ることの大きな要因だ.前述したように就職の経路として同郷・地縁ネットワークが存在するために,「ほんとうは辞めたくないが同郷のボスが辞めるので辞める」という例は極めて多い.日々,この人間関係で悩まされ,それはとりわけ寄宿舎生活において現れる.

　香港系企業の場合も「給与」のことで困っており,傾向は日系企業の場合と同じだ.

　このように仕事・職場での満足度は,中国人の,とりわけ出稼ぎ労働者の「労働観」にも関係していると言える.

　以上のようにアンケート調査をもとに出稼ぎ労働者の「労働世界」がどのようなものであるかを垣間見てきた.

第5章　中国における出稼ぎ労働者の「労働世界」　　　311

(3)　出稼ぎ労働者の「苦悩」と「自立」——労働力の陶冶

　一般的に労働者（労働主体）の「労働力の陶冶」は，使用者（資本）の要請から促される．同時に，労働者自身の自己実現への要求によるところも大きい．とりわけ，珠江デルタの出稼ぎ労働者は，彼女／彼が生まれ育った農村とは違い，工場の労働現場でそして生活の場である寄宿舎で，1個の「プロパーの労働者」として陶冶・養成され，また労働主体（労働者）の人格としての自己形成をより促進していくことになる．

　珠江デルタにおける出稼ぎ労働者の具体的な労働現場＝労働過程は，労働集約的な組み立てや電子・電気関係の部品の生産部門が多い．「最もよく透視のきく」労働者＝変革主体の形成[13]は，生産ライン部門の労働者ではなく，「品質管理部門」の労働者である．すなわち，「品質管理部門」の労働者が全労働過程を把握し，かつ製品の最終段階のチェックを行う．この「品質管理部門」の労働者は労働者としては労働力序列の最高位であり，かつ不良品の有無が会社の利潤線と会社の存立を左右する．また，生産ラインの班の労働者から，班長ないしはライン長までの職階の中で，「品質管理部門」に配置されるのはほぼ班長クラスの優秀な労働者である．彼女らは労働集約的組み立てや部品生産という極めて単純な工程＝労働過程であるが，その全労働過程を見透すことの出来る熟練労働者である．したがってこの品質管理部門の労働者が，珠江デルタにおける工場での引き抜き対象の労働者群である．同時に，この労働者が自己実現の諸能力を蓄積させ，さらは自己実現への欲求を不断に開発し（＝自己関係としての自己実現），生産システムと労働（者）を関係づけることにより労働能力と人間としての権利意識を自覚していく（他者関係としての自己実現）．こうした二重の自己実現過程が同時に労働力の陶冶過程でもある．

　では，彼女らとの個別面接調査と小集団による座談会調査での結果をもとに，いわゆる「労働力の陶冶」過程を具体的に確認しておこう．

出稼ぎ労働者からプロパーの労働者へ

　農村から出てきた段階では，生産ラインの仕事を覚えることで精一杯であ

るという．その過程で，「労働者」にとっての労働規律とは何かを修得する．試用期間の3カ月（第1の分岐点）が過ぎると，この段階で入社した同期の出稼ぎ労働者の3割から4割が退社し，会社を変わるのが珠江デルタの一般的な世界だ．こうした中で正社員として登用されその会社に残るのは「勤労意欲」によるとは限らない．この段階では，あくまでも同郷・地縁ネットワークによる「しがらみ」からである場合が多いという．

その過程を経て，プロパーの労働者としての自覚とともに，一方での実家への送金という出稼ぎ労働者の本性の中で「苦悩」する．すなわち，会社にとっての労働力の陶冶＝プロパーの労働者として自らの自己実現の諸能力を蓄積・顕在化させるが，労働集約的な労働現場が多いために，極めて単純作業であり仕事はルーチン化したものである．その単純長時間労働の中で，「職場小集団活動」でも一定の成果を上げていく．その頃に，実家への送金という出稼ぎ労働者の本性が「離職」を意識させ，「1元」でも高い別の会社への転職も考えさせるようになる．ここが第2の分岐点である（ほぼ1～2年間程の期間）．それが過ぎると，自らの諸能力が開花した証拠として昇進＝「品質管理」部門への配置となる．この段階になると「自己関係としての自己実現」のみではなく，「他者関係としての自己実現」，すなわち会社にとっては職制（1個の単純な労働者とは違う高い勤労意欲を備える）としての役割と共に，それとは違う自らの自己実現と共に「仲間または同僚，後輩」の自己実現のために会社への要求の窓口となる場合が多いという．「団体」形成の萌芽である．

労務管理のネットワークの職制ルートの尖兵としての役割を負わされ，雇用や給与，待遇改善等の不満を解消する緩衝的役割を分担させられる．しかし，それが解消されなければ，反対に，この「品質管理」部門の労働者が実質的なリーダーとなり，デモ・ストライキ・集団離職を決行することになる．以上は，彼女らの調査および日系企業の管理者からのヒヤリングによる．実際，2005年春に勃発した反日運動等が起きると，それに呼応するように日系企業のいくつかのところではデモ・ストライキ等が起きている．

それにもかかわらず，多くの珠江デルタ地域における進出日系中小企業では労働組合（＝工人会）すら存在しない．ただ危機感をいだいたある日系中小企業では工人会を会社が作らせ，会社と工人会が一緒になり労務管理を行っている事例に出会った．

寄宿舎

　長時間就業（多くの企業で残業＝加班を1日平均して2～3時間は一般的である）のために，彼女らの唯一の楽しみは終業後の寄宿舎生活である．しかし寄宿舎生活でも「厳しい規律」が存在し，この寄宿舎もプロパーの労働者としての陶冶・養成の「場」でもある．同時に，自己実現の唯一の場でもある．

　多いところでは1部屋に10～12人部屋（2段ベッド）であったりする．個人の占有可能面積はほぼ畳1畳のベッド1つの空間でしかない．しかし，ここ1～2年の変化であるが，いわば「タコ部屋」的状況では，出稼ぎ労働者も集めることが出来ない．そこでほぼ前述の10～12人部屋から6人部屋へと改善されつつある．また寄宿舎での最大の問題は，食事に関することだ．食事の良い企業は人を募集するのに苦労しないとも言われている．とりわけ，出身地が違う出稼ぎ労働者は，例えば四川省であれば極めて辛い料理を好むし，辛いものが苦手な地方の出身者であればそれに合わせた料理が必要となる．実は，表面上は出てこないが，この寄宿舎とそれに伴う食事問題は，日系企業の最大の悩みの1つでもある．要求改善の最も端緒として出てくるものがこの問題だ．この寄宿舎問題に関する改善要求は，日常茶飯事のことである．

　ところで彼女らにとって最大の問題は終業時間以後，寄宿舎でプロパーの労働者としての陶冶をいかにしているかである．もちろん，寄宿舎生活における規律等の学習も経るのであるが，それ以上に自己実現をどのようにしているかが問題になる．やはり，農村から出てきた初期の段階＝試用期間は，物珍しさに，都会の文化を享受することで精一杯である．ところが，それ以後は自分のスキル・キャリアアップのための学習をすることになる．とりわ

け，最近はコンピューターに関する自習は欠かせないという．なお，同時に，転職するための学習をよく行うのも「品質管理」部門の労働者だという．彼女らは，全労働過程を見透すことが可能なので，班長あるいはライン長が出稼ぎ労働者の最高の職階であることを認識しており，これ以上の職階が展望できないこともよく理解している．

こうしたことから会社への不満等も蓄積され，具体的な労働現場での反発というよりも，寄宿舎においてその不満等を醸成させ，組織化する事例が多いという．そのために，「品質管理」部門の労働者になれば，寄宿舎ではなく，工場の外に一定の住宅手当を支払い住まわせる場合もあるという．

出稼ぎ労働者からプロパーの労働者への陶冶は，とりわけ「品質管理」部門の労働者においては，「自己関係としての自己実現」とともに「他者関係としての自己実現」を統一した形で完成させる．

5. おわりに

中国における低賃金，とりわけ出稼ぎ賃金の低さは，実は私たち日本に大きな影響を与えている．「廉価」な中国産製品（但し，made by Japan）の輸入が増加し，国内の産業空洞化が日本の地域経済に与える影響が大きいという，一般的な解釈ではことがすまなくなっている．日本の雇用構造，そして賃金への影響が出てきている．

まず，第1に，景気回復と言われながらも，実質的な賃金は低下し，雇用の不安定化をもたらしている．企業としては中国で収益を上げるが，企業にとって最大のコストは日本における労働者の賃金部分である．中国に進出してきている日系中小企業の中には，中国での利益を日本で食いつぶしているという企業も多い．静かに進行しているのが，日本の労働者の賃金を中国水準にすこしずつ編成し直そうとする動きだ．例えば，今までは中国に赴任する場合には，どのような中小企業でも外地手当が付き，国内水準より高い賃金であった．ところが，最近の中国赴任の形態は，中国ローカルスタッフよ

り少し高いだけにする傾向が増えている．

　第2に，雇用形態も日本での採用ではなく，現地ローカル採用というのが増えている．このことは，国内における企業側の負担を減らすことが出来るからである．当然，失業保険も厚生年金も支払わなくてもよくなる．ところが，帰国して日本の会社に勤めようとすると，そのことがネックになり，帰国するにも出来ない「国際的な棄民」が生まれようとしている．

　第3に，国内で必要な労働力は，派遣労働者で対応する傾向が強く，これでは若い世代のニート問題は解決しない．実際にニートが自ら希望してニートになっているのは少ないように，雇用の側の事情で雇用と雇用形態が決定され，企業としては最大の収益をもたらしている．

　第4に，中国の工場の現場でも，日本的な派遣労働者を作ろうと考えている中小企業が存在する．もちろん，中国の「労働法」や労働制度では禁止しているが，「珠江デルタ」は，水面下で着々と外資企業，とりわけ日本，香港，台湾企業を中心に派遣労働者構想が進んでいる．中国の「労働法」体系との関係で，無理な場合，日本人の派遣労働者を選択肢に入れているようだ．

　ところで，中国における出稼ぎ労働者の権利は大きく保証される体制に変わりつつある．とりわけ，「珠江デルタ」では出稼ぎ労働者の権利は無権利状態に近かった．それはあくまでも，外資導入という至上命令からであった．しかし，2005年以降の労働力需給関係が変化し，出稼ぎ労働者の無制限的供給という現実は崩れつつある．外資企業間での労働者の奪い合いが一方で進んでいる．その対策として，低賃金のみを求めて進出してきた中小企業にとって，この間の賃金上昇がコストアップにつながり，また人民元の切り上げは，死活問題となっている．そうした中で，ベトナムという新天地を求める「渡り鳥」企業が生まれつつある．同時に，従来の来料加工という委託加工にとどまらないシステムが再構築されようとしている．すなわち，広州を中心に日系ビッグスリーであるトヨタ，ホンダ，日産が操業を開始し，この地域に自動車産業が形成されようとしているのである．それに組み込まれない企業は，新天地を求めるしかないのは時間の問題である．こうした事情を

踏まえて,「珠江デルタ」に進出してきた日系中小企業は奈辺へ向かおうとしているのか,選択の時になっている.

注

1) 珠江デルタ＝華南地域に関する研究は数多く存在するが,とりわけ日系企業との関係では,関満博『世界の工場／中国華南と日本企業』新評論,2002年と黒田篤郎『メイド・イン・チャイナ』東洋経済新報社,2001年が秀逸である.なお,本章は,屋上屋を架する可能性があるが,関や黒田の研究が進出企業全般のバランスよい分析であるのに対して,進出している日系中小企業の動向とそこで働く出稼ぎ労働者に焦点を絞ったモノグラフ的なものである.

2) 費孝通(Fei Hsiao-Tung)の小城鎮研究から発展し展開された『城郷協調発展研究』(学術指導：費孝通)江蘇人民出版社(中国語),1991年の他に,費孝通「内発的発展と外向型発展――回顧と展望」宇野重昭・鶴見和子編『内発的発展と外向型発展――現代中国における交錯』東京大学出版会,1994年をとりあえず参考にすれば足りる.

3) 鶴見和子『内発的発展論の展開』筑摩書房,1996年.

4) 但し,いわゆる「輸出加工区」とはちがうことは認識しておかなければならない.前掲の関満博を参考のこと.また詳細にはジェトロ香港センター編『中国華南・香港進出マニュアル』ジェトロ,2003年を参照のこと.なお,この特別地域,とりわけ深圳の事例で言えば,同じ深圳市内でも第二国境と呼ばれ,特区内へのヒト・モノの出入りは制限されている.我々でもパスポートを常時携帯し提示しなければならない.但し,最近(2005年以後は)ではほとんどフリーパス状態になっている.

5) 詳細には前掲のジェトロ香港センター編『中国華南・香港進出マニュアル』を参考にしてもらいたいが,このシステムは地方政府とりわけ鎮またはその下の村によって違いがあり,一律には言えない側面がある.

6) この詳細については前述の関満博『世界の工場／中国華南と日本企業』が詳しい.

7) 深圳市龍崗区吉布鎮は広東省の中でも最も著名な鎮である(『広東省統計年鑑』2005年版).その鎮の中で南嶺村はもっとも裕福な村として夙に有名である.深圳市龍崗区吉布鎮委・吉布鎮南嶺村党総支部編『胡錦涛総書記考察南嶺村』金陵本社出版公司(香港),2004年(中国語).『南嶺村誌』深圳市龍崗区吉布鎮南嶺村(但し,村民への配布のみ)2005年(中国語).具体的な事例は,筆者の聞き取り調査をもとに主要な論点のみを提示する.

8) 隅谷三喜男編『アジアの労働問題』東洋経済新報社,1971年.なおこのことに関するコメントは宮本謙介『アジア開発最前線の労働市場』北海道大学図書

刊行会，2002年を参照のこと．
9) たとえば，関満博，前掲書等を参考にしてもらいたい．
10) 板垣博編『日本的経営・生産システムと東アジア』ミネルヴァ書房，1997年で詳細な検討がされているが，私たちが考える日本的ものと進出先の国のものとを接合した「ハイブリッド」論は十分に明らかにはなっていない．むしろ，日本的なものの「適応」の有効性というのではなく，その非有効性の認識がより緊急の課題かもしれない．
11) 天児慧『中国とどう付き合うか』日本放送出版協会，2003年参照のこと．
12) 唯一，出稼ぎ労働者に関する直接的なアンケート調査をしたものとしては次のものがある．大島一二編著『中国進出日系企業の出稼ぎ労働者』芦書房，2001年．私たちも調査していて困ったことは労働者に関するアンケートはそのサンプル数を確保することが極めて困難なことである．また，宮本謙介，前掲書にも労働者アンケート調査が実施されている．但し，これらは抽出的な調査である．その点，私たちの調査は基本的には企業の全労働者（管理部門の労働者を除く）のアンケートである．この点が先行研究と私たちの調査との唯一違う点である．こうしたことを背景にしているために，我々の調査アンケートの設問項目は少ないという限界もある．
13) 山田盛太郎『日本資本主義分析』（岩波文庫版，1977年）で提示している労働者の陶冶は，「見透しのきく」労働者を各部門，とりわけ軍事機構＝鍵鑰産業で労働手段製造の工作機械の旋盤工を高く評価しているが，それにならうと，「珠江デルタ」の場合には「品質管理部門」の労働者が変革主体になる場合が多い．とりわけ，この間の会社との交渉・デモ等の担い手＝指導者は「品質管理部門」の労働者が担っている場合が多い．

付表1　日系企業調査一覧

	東莞C光学廠	S電線製品廠	S昌廠
①所在地	広東省東莞市長安鎮	広東省深圳市観欄鎮	広東省深圳市観欄鎮
②当工場の操業年次	2001年10月操業開始	1995年設立	1998年4月操業開始
③資本金 進出・投資形態 出資比率	委託生産 来料加工 「転廠制度」30% 1015万香港ドル（香港法人）	委託生産 来料加工 120万香港ドル 日本人5人ですべて出資	委託生産 来料加工
④主要製品 年間売上高	プラスチックレンズ・ガラスレンズ 光学組立ユニット プラスチック射出成形部品 110億円（日本円換算・香港と連結決算）	ハーネス加工，組立 4000万香港ドル	プラスチック加工 カメラ・携帯電話部品 1億2000万香港ドル
⑤生産方式	来料加工 アウトソーシング：レンズ70%プラスチック40％日系・台湾系・中国系から	来料加工 アウトソーシングは基本的にない	来料加工 アウトソーシング：型を含めて地元ローカル企業10社日系弱電メーカーへ製品供給
⑥当地への進出の理由	深圳・香港・広州に近く，1時間以内に材料が集まる．東莞の最大のメリットである無限の労働力，賃金が上がらない	材料加工で日本では先行きが感じられず，友人が深圳で工場を建てたのを契機として進出	香港に近く，テクノセンターの存在があった．顧客にも近い．
⑦採用方針 採用の多い地域	一般の労働者は学校を訪問して募集．学卒中心．両目裸眼で視力1.5以上．技術スタッフは専門的知識が必要．深圳・東莞の人材市場を利用する．日系メーカー経験者は採用しない．工場門前の「招工」の募集案内では採用しない． 湖南，河南，陝西，湖北，四川の各省	一般の労働者に関しては履歴書が書ける程度の学歴を求めている．中卒以上が前提． 間接部門の場合は，英語，日本語，広東語の語学力を考慮する． 新規学卒者は採用しない．同郷者を同じ職場に配置しない． 河北，河南，四川の各省	一般の労働者はテクノセンターにまかせている．（工場門前の「招工」の募集案内を提示する．）スタッフに関しては人材市場を利用する． 湖南，湖北，河北，四川，黒龍江の各省
⑧従業員数・男女比率 平均年齢	1,697名 男262名　女1,435名 男15.4%　女84.5% 19.2歳	349名 男19名　女330名 男5.4%　女94.6% 22.0歳	716名 男110名　女606名 男15.4%　女84.6% 21.3歳
⑨給与 初任給決定	1カ月の平均給与 595元	1カ月の平均給与 700元（残業代含む） 労働局と協議の上で460元からスタートしている．	1カ月の平均給与 700元前後 地域最低賃金＝420元
⑩労働条件	2交代制 8:00-20:00（残業3時間含む） 20:00-8:00（残業3時間含む）	2交代制 8:00-20:00（残業3時間含む） 20:00-8:00（残業3時間含む）	2交代制 8:00-20:00（残業3時間含む） 20:00-8:00（残業3時間含む）

第 5 章　中国における出稼ぎ労働者の「労働世界」　　　319

(2003 年 8～9 月調査)

深圳 K 金属成型有限公司	T 電器製品廠	N 電子有限公司	N 工機東莞工場
広東省深圳市福田区	広東省東莞市厚街鎮	広東省深圳市観欄鎮	広東省東莞市長安鎮
1987 年 11 月設立 1988 年 2 月操業開始	1994 年 7 月設立	1999 年 5 月操業開始	1995 年工場設立
合作　注文生産 電子（日本 90% 中国 10%） 金属加工（日本 66.6% 中国 33.3%）	委託生産 来料加工	委託生産 来料加工 最初から完全な OEM 生産	委託生産 来料加工
主に金属加工 電子部品は少ない	音響・OA 機器用ソレノイド	電源関係, AC アダプター, 携帯電話用充電器など	プラスチック成型ギア, プラスチックレンズ
1200 万 US ドル	2 億 6400 万香港ドル	委託加工（工賃のみ）	35 億円（日本円換算, 香港と連結決算）
アウトソーシング：地元ローカル企業 2 社 日系弱電メーカーへ製品供給	来料加工 アウトソーシング：プレスメーカー 3～4 社 ハーネスメーカー 2 社	来料加工 アウトソーシングはない. 日系弱電メーカーのグリーンパートナー	来料加工 アウトソーシング：あまりない
高速道路などのアクセスが非常によい. 労働力が豊富. 漢字文化圏である.	港に近い.	顧客がいる. 香港に近い立地の良さ. コストや税金に関しても有利である.	主要な顧客がこの地域に進出していた. インフラが整備されており, 労働力も豊富. 立地条件がよい.
一般の労働者は若い人中心. 採用はローカルスタッフが担当. 工場門前の「招工」の募集案内では採用しない. 採用時試験を行う. 同郷者は避ける. 管理部門では新規学卒は採用しない, 採用はすべて人材市場を利用する. 湖南, 湖北, 四川の各省	高卒以上. 健康であること. 学科・実技の試験あり. 親戚関係は採用しない. 工場門前の「招工」の募集案内を行う. 湖南, 湖北の各省	年齢制限あり（24 歳以下）. 健康であること. まじめに働くこと. 採用時に筆記・実技試験と面接を行う. 一般の労働者は人材市場を利用. 工場門前の「招工」の募集案内では採用しない. 技術関係は大学を訪問して面接する. 湖南, 江西の各省	視力が 3.0 から 4.0 であること. 一般の労働者は工場門前の「招工」の募集案内を行う. 技術者や事務スタッフの場合は人材市場, 広告を利用. 湖北, 湖南, 江西, 四川の各省
384 名 男 224 名　女 160 名 男 58.3%　女 41.6% 25.4 歳	535 名 男 49 名　女 486 名 男 9.2%　女 90.8% 21.1 歳	700 人 管理部門は 15% 技術部門は 5%	347 人 男 146 人　女 201 人 男 42.1%　女 57.9% 22.8 歳
1 カ月の平均給与 1,000 元前後 試用期間 1 カ月	1 カ月の平均給与 800 元 3 カ月間は最低賃金 300 元 + α = 500 元で試用	1 カ月の平均給与 700～800 香港ドル	1 カ月の平均給与 1,014 元 3 カ月間は最低賃金 450 元で試用
2 交代制 8:00-17:30（18:00 から残業） 20:00-5:00	7:50-17:00（残業 2 時間～4 時間）	2 交代制 8:00-17:10（残業 4 時間） 22:00-6:00	2 交代制 8:00-20:00（残業 2 時間含む） 20:00-6:00

付表2　香港系企業調査

	祥星プラスチック	達昇光電プラスチック廠
①所在地	広東省深圳市宝安区	広東省深圳市宝安区
②当工場の操業年次	1992年設立	2000年10月操業開始
③資本金 　進出・投資形態 　出資比率	委託生産 来料加工 「転廠制度」中国国内の日系企業に95％	委託生産 来料加工
④主要製品 　年間売上高	業務用コピー機・プリンタ用プラスチック部品	使い捨てカメラ デジタルカメラ MP3プレーヤー
⑤生産方式	来料加工	来料加工
⑥当地への進出の理由	法律が完全である． 交通に便利．	香港に至近． 宝安区は周囲に工場が多く，素材が発注しやすい．
⑦採用方針 　採用の多い地域	18歳・中卒以上 新規学卒75％ 一般の労働者は工場門前の「招工」の募集案内で．技術者は人材市場を利用する． 湖南，江西，広西の各省，東北部	18歳・中卒以上 一般の労働者は工場門前の「招工」の募集案内や人材会社から採用する．技術者は学校訪問を行う． 四川，河南，広東，湖南の各省
⑧従業員数・男女比率	800名	800名
⑨給与 　初任給決定	1カ月の平均給与 一般の労働者　700〜800元 管理スタッフ　1,000〜1,500元 580元＋残業代＋技術手当	1カ月の平均給与 一般の労働者　1,000元以上 管理スタッフ　3,000元以上 地域最低賃金　580元
⑩労働条件	2交代制 8:00-17:00 19:00-8:00	8:00-17:30

注：＊の「朗程実業有限公司」については労働者のアンケート調査は回収ができないという会社の意

第5章　中国における出稼ぎ労働者の「労働世界」　321

一覧（2005年8月調査）

聯輝プラスチック廠	朗盈プラスチック金属加工廠	朗程実業有限公司*
広東省深圳市宝安区	広東省深圳市宝安区	広東省深圳市宝安区
1994年設立	1997年工場設立	2001年設立
委託生産 来料加工	委託生産 来料加工	委託生産 来料加工
時計・計算機・ひげそりのプラスチック部品加工 1200万USドル	文具用プラスチック成型 電気部品用金属加工	プラスチック・ゲーム機
来料加工	来料加工	来料加工
インフラが整っている． 顧客が近くにいる．	労働者が多く，賃金が安い． 交通や輸送に便利．	環境・インフラがよい． 地元の協力が得られる．
18歳～30歳・中卒以上 一般の労働者は工場門前の「招工」の募集案内． 管理部門や技術は人材市場で採用する． 技術者は学校訪問を行う． 湖南，広東，四川，江西	作業の熟練度や健康で採用． 一般の労働者は工場門前の「招工」の募集案内． 管理部門や技術は人材市場・広告で募集・採用する． 湖南，湖北，四川，広西の各省	16歳～35歳・中卒以上 中途採用は60% 一般の労働者は工場門前の「招工」の募集案内． 管理部門や技術は人材市場・広告で募集・採用する． 広西，湖南の各省
1,400名	800名	700名
1カ月の平均給与 一般の労働者　1,000～1,200元 管理スタッフ　2,000元 地域最低賃金+学歴を加味して決定	1カ月の平均給与 一般の労働者　日給+手当 管理スタッフ　2,000元 試用は15日間 時給は最低3.33元	1カ月の平均給与 一般の労働者　1,100元 管理スタッフ　2,000～2,500元
2交代制 8:00-17:00 20:00-5:00 残業を含めて1日10時間	8:00-17:30（残業は18:30-20:30）	2交代制 8:00-17:00（残業は18:00-20:00） 21:00-7:30

向で行わなかった．

第6章
社会的排除とホームレス問題の研究動向
イギリスおよび日本

石 畑 良 太 郎

1. 課題の限定

　本稿の課題は極度に限定されている．それは，標題に示したように，第2次大戦以降の福祉国家体制に依存している現代のイギリスおよび日本におけるホームレス問題研究の動向の一端を展望的に紹介し，一定の整理を試みることである．

　イギリスにおけるホームレス問題は，社会政策学全般の視点に立って，ほぼ普遍的に研究が続行されてきた．それは，イギリス1国に限定されたものではなく，少なくとも欧米諸国におけるホームレス問題をも点検するという国際的な視野を持つものも含まれている．さらにまた，狭義の社会政策学の領域に限定せず，諸般の関連し隣接する学問分野からの視点も含むホームレス問題についての理論的・実証的研究が進行したように考えられる．

　日本における，イギリスのホームレス問題の研究は，ほぼ1990年代の後半以降，急速に進展をとげたように思われる．その時期以前は，主として住宅問題・住宅政策を中心に若干の成果が示されてきたが，精緻で包括的なホームレス問題の研究成果は90年代後半を境に陸続として公にされた．

　日本のホームレス問題の研究も，その成果が顕在化するのは1990年代の後半以降のように思われる．もちろんそれ以前から，日本の都市下層の貧困問題や住居問題等に関する研究の蓄積は多くみられるが，ホームレス問題と

いう形と内容を備えた研究成果の公刊は 90 年代後半以降に求められる．

　21 世紀に入ると，イギリスおよび日本を含むホームレス問題の研究は一層の深化・発展をみせたと考えられる．ホームレスの生成要因，諸都市における実態，健康問題，ホームレスネスの歴史，ホームレスに関する世界的展望と諸課題など 14 のカテゴリーより成る全 2 巻の『ホームレスネスに関する百科事典』(David Levinson ed., *Encyclopedia of Homelessness*, London, SAGE Publications) が刊行されたのは 2004 年のことであった．ホームレス問題研究の包括的成果の 1 つの結節点としての意義を評価し得るであろう．

　以下には，イギリスおよび日本のホームレス問題の研究動向の一端を，必ずしも学術論文的にではなく，研究成果の紹介という形で探索してみたい．

2. イギリスにおけるホームレス事情の概観

　イギリスにおけるホームレス事情について，『ビッグイシュー日本版』(2005.3.1/23 号, 16-17 ページ) は，リッチ・クックソン (Rich Cookson) の現状報告に基づいて，その概況を報じている．それによると，政府の推定では毎晩 500 名の若者が路上生活を送っている．そして，1 つ明らかなこととして，この数字が過去 10 年間で大きく減少したことを挙げている．

　クックソンも指摘しているように，イギリスでは路上で眠る人々を「rough sleeper（野宿者）」と呼び，ホームレス概念にはこの野宿者に加えて，一時的な住まいや住むのに適しない家屋等の居住者も含まれている．クックソンによると，イギリス全体で現在（2005 年）38 万人がホームレス状態にあるといわれている．

　クックソンの現状報告によると，1997 年以降，労働党政府のラフ・スリーパー・ユニット（Rough Sleeper Unit＝RSU）と呼ばれる都市部を主要対象とする野宿者への対応チームの活動により，現在では都市部の野宿者は大幅に減少した．しかし，クックソンは，いまだ大きな問題が 2 点残っていることを指摘している——①その支援が非常に難しい，慢性的な問題を有す

る長期野宿者の存在，②野宿生活者の再生産につながる簡易または住むのに適さない住居に居住する人々の継続的増加，がそれである（16-17ページ）．

こうしたクックソンの現状報告からも，イギリスにおけるホームレス対策の一定の成果と同時に，根本的な解消にはほど遠い野宿者の再生産を中心とするホームレス問題の深刻さをうかがい知ることができる．

Focus on Social Inequalities, 2004 edition, Office for National Statistics, London, 2004 によると，近年，ホームレスになる人々の人数は増加している．ODPM (Office of the Deputy Prime Minister) によると，イングランドで地方行政機関からの住宅扶助の適用を受け，ホームレスと認定されている世帯は，1997年／1998年の16万4620世帯から2002年／2003年には20万1550世帯に増加している．多くのホームレスたちは，生活のために友人や親戚の住居に移転するか，あるいはホステルやB&Bホテルのような一時的な住居に移り住む．しかし，その他の人々は，地方行政機関の援助に頼るか，あるいは少数の人々ではあるが路上のラフ・スリーパーになるのである．

「ラフ・スリーパー」については，上述のクックソンによる現状報告と同様に，この統計調査でも，ホームレス全体では少数者に位置付けられている．2003年6月時点の調査では，毎晩約500名の人々がイングランドの路上で眠っている．ラフ・スリーパーの正確な動態には把握困難な要素があるものの，ODPMの推計によっても，近年，ラフ・スリーパーの数は減少しつつあることを示唆している．このODPMの調査によって，多くのラフ・スリーパーの共有する特性も明らかになっている．ラフ・スリーパーの95%は白人であり，90%が男性，そして75%が25歳以上で占められている．25～33%のラフ・スリーパーは過去に地方行政機関によるケアを受けており，50%の人々は相当の期間，刑務所または少年院などで過ごしている．また，20～25%は，ある期間の軍隊生活を経験している．ラフ・スリーパーのおよそ30～50%はメンタルな疾患におかされており，これらの人々の大部分（88%）は，かれらがホームレスになる以前にメンタルな健康問題を抱えていたのである．路上にいるラフ・スリーパーたちは，疾病，早死の

高いリスクを背負い,また,とくに犯罪,ドラッグ,アルコール依存症等への誘因を保持している.ドラッグ問題はとくに若年のラフ・スリーパーの間に蔓延していることを,この統計調査では強調している (pp.61-62).

ODPM 調査を中心とするこの統計調査の概要からも,クックソンの現状報告と同様に,野宿者問題を中心とするイギリスのホームレス問題の深淵をかいまみることができる.

法定ホームレスの態様別・地域別・人種別・優先順位のカテゴリー別・最終定住住居の喪失理由別等の統計調査の結果については,たとえば,年次別の *Housing Statistics*, Office for National Statistics, London によってその多様性を確認することができる.

例示的に述べれば,2003-04 年の法定ホームレス世帯数は,イングランド全体で 13 万 7000 世帯,そのうちロンドンが 3 万 1530 世帯を占めている (2004 edition, p.123).また,地方行政機関により認定されたホームレス世帯の人種別の比率は,白人 73％,アフリカ人／カリブ人 10％,インド人／パキスタン人／バングラディシュ人 6％,その他の少数民族出身者 6％,出身人種不明 5％ となっている (p.125).

3. イギリスの「ホームレス問題」研究の動向

イギリスにおいては,社会政策学にかかわるさまざまな視点から,ホームレス問題への政府の対応に関する一定の肯定的見解と多様な批判的見解が示されてきている.1990 年代以降に公にされたものに限って,そのいくつかを整理し,紹介してみたい.

● N. バリィ(バッキンガム大学)は,ホームレスの増大は市場プロセスにおけるメカニズムによるよりも,邪な政治的行動の結果によることがはるかに大きいことを指摘し,福祉国家の政策・制度自体にホームレス増大の誘因があると論じている (Barry 1990).

● P. スピッカー（ダンディ大学）は，「ステイタス，信望，あるいは権威の喪失は，衣食住の欠落以上の重要性を持っている．……現代イギリスでは，人々は地方自治体により最悪の住居をあてがわれるよりは，むしろ，ホームレスになることを選択する」(p.15) とし，貧困を物質的なタームのみでみることはできないことを強調している (Spicker 1993).

● N. ヒル（ニューカッスル大学）は，1977年住宅（ホームレス）法のホームレス救済に際しての問題点を指摘している．本法は，住宅供与に関する優先グループの定義，援助とアドバイス供与の義務の範囲など論争点が多く，地方自治体による住宅供与が進展せず，家庭崩壊を伴うホームレスの増大や若年層を中心とする人々への社会保障給付の抑制などをもたらし，救済を拒否することの正当化策となった点などについて政策批判を行っている (Hill 1993).

● V. ジョージと S. ミラー（いずれもケント大学）らは，サッチャー政権の公共支出抑制の方法と技法について論じている．「1980年代を特徴づけるものは，ホームレスと住宅借金の急増であった．ホームレスに関する数値は，路上生活者や意に反して同居している者，そしてとりわけ1989年において12万4000人と推計される単身者ホームレスを除外しているという点で，全体として問題の深刻さを過小評価するものとなっている．」（邦訳：41ページ）．ジョージとミラーらは，1990年代においても，住宅政策は政治的・マクロ経済的理由から，非常に大きな緊張と重圧にさらされることを予測し，ホームレス問題の解消の困難なことを指摘している (George and Miller ed. 1994).

● A. アトキンソン（オックスフォード大学）は，イギリスの「家計支出調査」(Family Expenditure Surver=FES) はすぐれた内容をもっているものの，そのデータはロンドンの路上生活者や施設収容者を包摂していないことを指摘している．統計的情報の多くは一般的な世帯人口に関するものであり，諸施設の居住者はセーフティ・ネットの適用範囲外に置かれがちになり，行政上の福祉供給は一層困難になるとして，福祉国家の怠慢を警告している

(Atkinson 1995).

● P. オルコック（シェフィールド・ハラム大学）は，イギリスにおける社会政策としての住宅政策の位置づけのあいまいさが，ホームレスに対する適切な住居の供給を不可能にし，永住可能な住居取得の権利を減殺していったと主張している．オルコックによれば，イギリスの住宅政策の転変の激しさは一種の"policy football"の様相を呈しているとまで苦言を述べている（p. 36）(Alcock 1996).

● M. サリバン（ウエールズ大学）は，前項のオルコックと同様に，公営住宅と民間住宅のいずれに主眼を置くかということが変転する過程において，貧困者は「豊かな社会」の完全な犠牲者にならざるをえず，事実として，福祉国家は，ある種の人々がセーフティ・ネットから滑落して，ホームレスとホープレスになることを容認したと指弾している（Sullivan 1996）.

● B. バジルホール（ラフバラー大学）は，人種差別の視角から，エスニック・マイノリティは白人と比べてはるかにホームレスに転落しやすいことを指摘している．ロンドンでは，1992-93年において，エスニック・マイノリティ世帯はある地区の全世帯数の15％を占めるにすぎなかったにもかかわらず，その53％がホームレスとして記録されていたと述べ，さらに，失業と過密な居住状態が，アジア系の青年を，白人の青年に比べてはるかに高率のホームレスのリスクに直面させていると述べている（Bagilhole 1997）.

● M. ラバレット（リバプール大学）とA. プラット（セントラル・ランカッシア大学）らは，T. H. マーシャルの時代には予知することができなかった貧窮に関する新局面の到来を論じている．「伝統的な」貧窮グループにホームレス，エスニック・マイノリティなどが加わって，"exclusive society"を形成するに至り，ホームレスが高い比率で存在していることを指摘している（Lavallette and Pratt ed. 1997）.

● P. オルコック（シェフィールド・ハラム大学），A. エルスキン（スターリング大学），M. メイ（ロンドン・ギルドホール大学）らは，ホームレス問題に関して，①権利問題（社会的権利取得上の実質的な障害の存在），②若年ホー

ムレス問題（若年失業問題との関連における若年ホームレスの増大），③住居問題（立法上の範疇としての"homelessness"と実態との乖離など）の3点を指摘し，政府のホームレス政策を批判している（Alcock, Elskine and May ed. 1998）．

● P. ケネット，A. マーシュ（いずれもブリストル大学）らは，ホームレス問題の包括的な理解のためには，マクロとミクロ双方の社会的変化のギャップを橋渡しする理論的接近の必要性を強調する．そのポイントとして，①連合王国におけるホームレス問題への国際的視野からの接近の必要性，②失業や不安定就業など労働市場における経済的事象を超えての事態考察の必要性，③住宅市場と結びついた新しいリスクの存在を確認する必要性，の3点が挙げられている（Kennett and Marsh ed. 1999）．

● M. ドレイクフォード（ウエールズ大学）は，1997年5月の労働党政権の登場は，ホームレスの分野では，従来の政策からの訣別を告げるものであったと断じている．Rough Sleepers Initiative の活動は活発化し，rough sleeping の減少が優先課題となった．先行した政権による social privatisation と新政権の政策には明白な区分がみられる．1998年以降，若年ホームレス対策や住宅供給への地方自治体による支援体制の強化などが進展していることを明らかにしている（Drakeford 2000）．

● J. ルーバ，L. デービス（いずれも法廷弁護士）は，2002年7月以降，イングランドとウエールズに順次施行された2002年の Homelessness Act について解説している．同法によって，地方行政機関の役割が一層重視され，ホームレスへの保護の供与が拡大された（Luba and Davies 2002）．

● R. リュプトン（ロンドン大学）は，イギリスの最大の課題の1つである極貧層の状態と政府の対応等について論じている．ホームレスや精神障害者にとって，現行の住宅政策が実態と乖離している事情等が説明されている（Lupton 2003）．

● J. ロウス，S. タッカー，R. トムソン，R. フリン（いずれもオープン ユニバーシティ）らは，イギリス社会における若年層を中心にホームレス問題

や社会的排除について論述している．希望しても雇用を確保できず，あるいはキャリアの蓄積もままならず，家庭やケアの場所から離脱せざるをえないことにより，さまざまの態様のホームレスネスを体験する破目におちいる若年層が少なくないと指摘している．

1997年の総選挙の直後に「社会的排除ユニット」(Social Exclusion Unit = SEU) が設立され，いわゆる "joind up" プログラムが策定され，その後2年以内に次の5つの主要な報告書が公にされた．

① Trunancy and School Exclusion (SEU, 1998)
② Rough Sleeping (SEU, 1998)
③ Poor Neighbourhoods (SEU, 1998)
④ Teenage Pregnancy (SEU, 1999)
⑤ 16-18 Years olds not in Education, Employment or Training (NEET) (SEU, 1999)

これらのうち，Rough Sleeping に関する第2の報告書は，"youth" ホームレスネスに関する広範な問題についてのものであった．この報告書は，路上ホームレスのなかで18歳以下の者は比較的少数であるが，18〜27歳層になると全ホームレスの4分の1を占めることを明らかにした．

そもそもホームレスネスとは何か．rough sleeping はホームレスネスの最も極端な存在形態ではあるが，そのホームレス人口全体に占める比率は小さい．大多数のホームレスたちは，路上よりもB＆Bホテル，不法占拠物件，友人との同居，その他の仮住まいに存在している．ホームレスネスに関する厳密な定義を求めるのならば，当然ながらゆとりのある安全な住居の欠落についてのもろもろの要素を加えて考えなければならない．この考えに立つならば，友人や親戚との同居を余儀なくされている人々に加えて，貧困，安全性の欠如，過密住居を強いられている若年層をその定義に含むことになると述べている．

多くの若年ホームレスたちは，さまざまの "push factors" によって，その親元から離れざるをえなくなっている．暴力，肉体的・精神的虐待，追い

出し，家庭崩壊，さらには親とのいさかいなどがそれである．

　端的に述べれば，若年ホームレスネスになる主要因は，失業増大および低賃金と結び付く安価な住居の欠落に求められる．ホームレスネスは，かくて，家なし・職なし・職なし家なしという好ましからざるさまざまのサークルを生み出す．今日では，若年者にとっての住居に関するオプションは急激に限られたものになってきている．最近の20年間を通じて，地方公営住宅の新規着工数は急減している．政府は，ホームレスに対応する私的な賃貸住宅の拡充を推進しているが，こうした対応によっては若年層の住居の確保は多くの障害に直面せざるをえなくなっている．

　こうした状況下で，若年者向けに，あるホステル・システムが導入された．"foyer"ホステルというものである．これは，共通性を持った施工で安価な住居を提供し，若年者たちが雇用と訓練のスキームに対応できるようにしようとするものである．こうした臨時的な住居への批判は存在するが，こうした支援型のホステルは，より永続的な住居への有用な第1歩を提供するであろうと賛意が示されている（pp.91-116）(Roche, Tucker, Thomson and Flynn ed. 2004).

● G. ランドル（住宅問題コンサルタント）は，2002年のHomelessness Act 等に基づくホームレスへの対応について，「もしも，あなたがホームレスならば」という視点で現実的・具体的に行政的対応への接近の手引きを供与している (Randall 2005).

● M. バリイ（スターリング大学）らは，"underclass youth" とか "dangerous youth" というレッテルを貼られがちな若年層をめぐる諸問題を取り上げ，論点は若年層よりもむしろ成人の側にあることを指摘している．若年ホームレスに対する社会的包摂（social inclusion）の戦略の発展に関して，例えばYMCAの住居供与の行動などの支援住居の提供，雇用と職業訓練の戦略等を論述している (Barry ed. 2005).

● M. バーンズ（全国社会調査センター）は，1997年以降，新労働党政権の社会政策最前線に社会的排除の縮減がかかげられてきたことを前提に，社会

的排除という概念を経済的なヴァリューを超えた多様かつ広範な生活水準から検証すべきことを提唱し，イギリス国内のみならずEU諸国との比較研究を行っている．

　近来，貧困や困窮に関する論議における理論的・経験的な展開は，"social exclusion"というタームの導入によって高まりをみせてきた．「社会的排除ユニット」(SEU)のかかげた社会的排除の定義は，たしかに従来からの政治的な議論から際立ってシフトしたものではあったが，そこにはなお，社会的排除の動態的なプロセスについての言及が欠落していると批判している (Barnes 2005)．

● R. マクドナルド，J. マーシュ（いずれもテイズサイド大学）は，社会的に排除されがちで，ばらばらで，まとまりのない若年層の問題に取り組み，相応の分析を行っている．

　「社会的排除」とは何かを著者らは問いかけている．今日用いられている"social exclusion"のルーツは，1970年代および1980年代のフランスとEUにおける政治と政策に求められる．構造的な不平等や所得の貧困に関する伝統的なイギリス流の論議とは異なり，このアプローチの力点は社会的結合 (social cohesion) の在り方に置かれた．1980年代における全ヨーロッパ・レベルでの長期失業の増大は，"social exclusion"という概念と用語を，グローバリゼーションと経済的リストラに対する否定的な帰結へと導いていった．

　イギリスでは，過去10年間にわたって，"social exclusion"という用語は，政治家たちのみならず，政策策定者，学者，ジャーナリストの間でも日常的なものとなっていった．"social exclusion"を論ずる場合の第1のポイントはsocial exclusionはincome povertyよりも広義の概念であり，所得の不平等や失業などの単一的な事象を超えた複合的な側面を持つ現象として議論しなければならないということである．そしてまた，第2のポイントはsocial exclusionの最大の論点は，これらの複合的な現象の異なった側面を相互に関連するものとして認識しなければならないということである (pp.

12-15) (Mac-Donald and Marsh 2005).

● R. レビタス（ブリストル大学）は，social exclusion という新しい政治用語が，労働党政権が発足させた「社会的排除ユニット」（SEU）の活動を媒介としていかに機能しているかを問うている．social exclusion という考え方は，社会的結合，コミュニティ，利害関係，包摂（inclusion）にかかわる新しい政治用語の一端をなすものである．この書物は，social exclusion についての異なる意味づけの検討から始まっている．

social exclusion というタームは，固有の問題性を持っている．このタームは，社会において包摂されているマジョリティと排除されているマイノリティ間にみられる基本的に明確な区分を表している．social exclusion に関する3つの意味づけは以下のとおりである．①再分配論者の考え方：この考え方は，イギリスにおける枢要な社会政策のなかで展開され，その重要な関心は貧困に置かれた．②道徳上の問題としての underslass 擁護論者の考え方：この考え方は，排除されている者それ自身に対する道徳上・行動上の怠慢に重点を当てた．③社会的統合論者の考え方：この考え方の焦点は，失業や経済的不活動状態を克服するための支払い労働（paid work）への包摂に置かれた（pp.7-8）．

本書は，social exclusion が全人口のおよそ10%の人々に影響を及ぼしており，そのなかにホームレスネスや NEET と呼ばれる若者たちの問題が存在していることを指摘し，さらに，10% という数値は少数にみえるかもしれないが，非公式の貧困はこの数値の外側に膨大な層として存在することを看過すべきではないと強調している（Levitas 2005）．

● C. パンタジス，D. ゴードン，R.R. レビィタス（いずれもブリストル大学）らは，労働党政権が取り組んできた貧困と社会的排除への対応策が実効性を持つ政策であるためには，貧困と社会的排除の状況の正確な見取り図が求められるべきだとの視点から，「貧困と社会的排除に関する調査」（Poverty and Sociaol Exclusion〈PSE〉Survey）の精査を試みたものといえる．

著者たちは，この「貧困と社会的排除に関する調査」こそが，今日のイギ

リスにおける困窮の範囲と本質に関する唯一の包括的な情報源であると捉えている．1999年末の時点で，イギリスではおよそ1400万人・人口のおよそ25％が貧困に直面することになった．その誘因は，1980年代における税制・福祉制度の変化と相まった経済面でのリストラによって，不平等・貧困および社会的排除が急増し顕著になっていったことに求められる．そして，1990年代にも継続的に貧困は増大し，1999年時点では貧困生活世帯の割合は全世帯のおよそ4分の1に達した．こうした状況を示すPSE調査内容のほかに，イギリスではおよそ900万人が十分な住居を供与されていないことが挙げられる．

1999年の「貧困と社会的排除に関する調査」は4つの主要目的を持って行われたものである．①成人・児童，各種の異質な社会的グループ間の貧困の質量の調査・査定に関する長期にわたるこの国の伝統の再構築を探索すること……この「調査」は20世紀末におけるイギリス国民の物質的・社会的困窮および排除に関する比類ない詳細な中身を提供するものであること．②この「調査」が，貧困と社会的排除との関係が深く立ち入って検証される最初の機会となるように，社会的排除に関する現代的調査に向けて，伝統的な調査の手法の拡大を試みること……1980年代と1990年代を通じて，"social exclusion"という概念が，急速に社会政策と政治に関する議論の中心課題となっていったこと．③この「調査」が，クロスナショナルな貧困調査に貢献するものであること．④この「調査」が，貧困・社会的排除・犯罪その他の社会的害悪，失業および健康喪失のようなその他の社会的事象間の諸関係を理解できるよう試みること……諸関係を解明する機会を供与することによって，イギリスにおける社会的排除のインパクトを明確にすること（pp.1-9）．

「PSE調査」は，給与所得者の多くでさえも，かれらを貧困から引き上げるほどには高稼得でないことを明示している．人々を長時間労働に追いやることは，貧困と社会的排除にかかわる諸課題への回答になり得ないことは明らかであると本書は指摘する．

21世紀開幕の時点で，連合王国はヨーロッパにおける最も不平等な社会の1つであると本書では認識している．1979年以降，保守党政権と労働党政権によって継続された諸政策は，貧困者から富裕者への資源の再配分という結果をもたらし，所得・健康両面での不平等を増大させた．この貧困と社会的排除を縮減するためには，政府が富裕層への再配分に拮抗し，さらに最小限のこととして，1970年代半ばに存在した程度の所得・権利の不平等さにまで立ち戻らなければならない．このことによって，貧困と社会的排除は少なくとも半減するであろうと論じている（pp.467-468）(Pantazis, Gordon and Levitas ed. 2006)．

● B. ランド（マンチェスター・メトロポリタン大学）は，現代イギリスにおいて何が重要な住宅問題であるのかを多角的に分析する最新のテキストを公にした．そのなかには，ホームレスネス，軽費住宅需要，過密住居等が取り上げられている．

ホームレスネスに関する本書の1つの章の叙述は，今日のイギリスにおける「ホームレス問題」を簡潔かつ的確に収約している．①ホームレスネスの定義は多岐にわたっていること，②イングランドのホームレスネスは，rough sleeping と statutory という2つの範疇に分別されてきたこと，③1977年の Housing (Homeless Persons) Act が特定のホームレス援助を地方住宅当局に義務づけたこと，④ホームレスになるプロセスにはさまざまな要因がからみあっていること，⑤新労働党政権は，ホームレスネスの構造的誘因よりも個人的誘因を強調していること，⑥若干の特定の諸活動の成功にもかかわらず，過去30年間にわたってホームレスネスは増加してきたこと，がその収約として示される（p.113）．

1970年代以降のホームレス関連立法を一新したのは，1997年総選挙における労働党のマニフェストを具現化した2002年の Homelessness Act の制定であった．この法律によって，地方行政機関にホームレスネスに関する戦略を展開する義務が課され，「2年間」という臨時的な住居条項は廃止された．ホームレスネスの定義も，従来の立法が認めていたものよりもはるかに

広範な人々を含むものに変更されたのである（pp.123-124）.

ホームレスの人数に関しては，2004年のイングランドでは，sleeping rough は 508 人（ODPM 2005），法定の homelessness は 2004 年について 10 万 1020 世帯（ODPM 2005）となっている（p.129）.

新労働党政権の rough sleeping 減少戦略は，ホームレスたちを路上から引き離してなんらかのフォームの昼夜兼用のシェルターに収容することに重点が置かれた．2003 年には，しばしば rough sleeping に結び付く物乞いが前科の付く犯罪となり，Anti-Social Behaviour Action Plan (Home Office 2003) が 30 の地域において物乞いを減少させる目的で導入されたのである（p.132）（Lund 2006）.

イギリスの「ホームレス問題」に関する邦語・邦語訳文献は，近来きわめて数多く公にされ，有益で精細な情報源として教示を与えてくれる．本稿では，そのなかの幾つかを紹介するにとどめる．

●横山北斗（弘前大学）は，サッチャー政権期の住宅政策の有するマイナス面に関する叙述を行っている．深刻化したイギリスのホームレス問題について，1988 年のイギリス労働組合会議の大会において「『ホームレスかそれとほとんど同じ環境で暮らす人びとの数が増えてきており，原因は住宅市場の欠陥である』と断じて強い不満を表明している」（333 ページ）ことを紹介し，ホームレスなど住宅困窮者への対策で消極的な取り組みに終始したサッチャー政権の実態の一端を明らかにしている（横山 1998）.

●岩田正美（日本女子大学）は，わが国における最初の本格的な研究成果を 2000 年に刊行している．「現代における『ホームレス』や『アンダークラス』の『発見』は，『われわれ』の社会の内側のものとして，平明にされてきた近代の貧困概念の限界を示唆している」（31 ページ）．さらに，岩田は社会的排除（social exclusion）という用語に触れて，「たとえばイギリスではブレア政府の優先的政策としてこの社会的排除と戦うことが宣言され，

social exclusion unit という機関が設立されているが，この場合の社会的排除とは，失業，低所得，低技術，住宅の貧困，犯罪などと絡んだ危険な環境，不健康，家族の崩壊などの問題が複合的にあらわれた個人や地域への簡単なレッテル」と指摘し，「この言葉は『ホームレス』だけをあらわすわけではないが，とくに野宿者問題は，最優先の課題として取り上げられている」（25 ページ）と述べている．

現代の福祉国家の救貧政策の限界に関しても論及されていて，福祉国家の予防的諸制度の利用と効力の限界性を超えるものの1つとして「ホームレス問題」が存在していることを示している．そして，「『ホームレス』問題は，福祉国家がもともと内包していた，あるいはその拡大期に強められた不安定な要素の露呈であると見ることもできる．」（282-284 ページ）との見解を明示している（岩田 2000）．

●中山徹（大阪府立大学）は，イギリスにおけるホームレス問題と野宿者対策について論じている．1970 年代以降，社会問題として拡大してきたイギリスのホームレス問題について，その現状・ホームレス概念から説き起こし，最も深刻な形態としての野宿者問題を考察している．イングランドを中心に，野宿者の状況，社会保障給付，就労支援等についてさまざまの指摘を行っている．社会的排除ユニットによる野宿者研究や戦略等が述べられており，その一定の成果への評価とともにホームレス問題の全面的な解決には至っていない現況が明らかにされ，こうした状況を前提にイギリスでは「野宿者に対する施策成果をふまえて，児童法や住宅法改正（2002 年 7 月施行）など既存制度の改革と野宿対策を含むホームレスに対する新しい戦略（2002 年 3 月発表）を実施する段階にある」（148 ページ）と述べられている（社会政策学会編 2002）．

●中島明子（和洋女子大学）は，イギリスにおける住居管理の大きなテーマの1つとしてホームレスに関する住宅政策を取り上げて論じている．「住居管理」の内容と定義については，イギリスにおける housing management の特徴の1つとし，ソーシャルワークから出発し，都市の労働者階級，低所

得者階層の劣悪な供給状態の改善を目的としていたことを挙げている（8ページ）．

イギリス経済の衰退と並行するホームレス人口の増加に対応する1977年住居法は，優先順位別の地方自治体による住居支援の義務づけを開始した．内ロンドンのイズリントン区は，区の人口に占めるホームレスの人々の割合が，イングランドの自治体のなかで最も高い．ランベス区は，内ロンドンのなかで最も人口が多い区である．そうしたそれぞれの事情を持った地方自治体が，ホームレスの住居管理に対応した実態が叙述されている（158-167ページ）．

ホームレス問題も大きくかかわるイギリス住居管理の未来について，イギリス経済の再生との関係に立脚して，本書は次のように述べて，日本の課題との関連をも示唆している．「ホームレスや公営住宅団地の荒廃等は，住宅政策の後退だけの問題，あるいは住宅問題の解決によって解消されるものではなく，根本的には経済を健全に立ち直らせ，失業や移民，家族崩壊等の問題を解決していかなければならない．その時に住宅政策が日本において行われてきたように，経済活動の手段に成り下がるのか，あるいはより効果的な役割を果たせるのかが，大きな課題である」（373-374ページ）（中島 2003）．

●S.シンプソン（マンチェスター大学），D.ドーリング（ブリストル大学）編の原著（*Statistics in Society: The Arithmetic of Politics*, London, Arnord, 1999）の邦訳である本書では，社会統計が特有の経済目的や政治的意図のもとに発展してきたことを論究し，その一端として，R.ウィドゥフィールド（ブリストル大学）による「ホームレス状態にかんする政府統計の限界」を収録している．

ウィドゥフィールドの論点は，ホームレスの数は実態からますます乖離しているということに尽きる．「ホームレスである」とはどういうことか，どれだけの人々がホームレス問題であるのかを巡って30年以上にもわたる議論が続けられているイギリスでは，ホームレスという概念自体が役に立たないという議論もあることなどが紹介されている．「……ホームレス状態を定

義し数量化する過程は、アカデミックな活動であるどころか、きわめて政治的な過程であり、サポートするに値するのは誰かについての価値判断も反映しているし、ホームレス問題を扱うために利用できる資源の水準という次元での、より物的な考慮を反映している」(228ページ).「ホームレス状態にかんする公式の水準と非公式の水準の間には、非常に大きな食い違いがある」(237ページ). そして、非公式のホームレスの大きさの測定も困難な事情も勘案するならば、「……ホームレスであることを数量化しようとすることは、もともと非常に大きな問題のあることなのである．これらの問題は、政府の統計と同様に、非公式の統計も、今日のイギリスにおけるホームレスの大きさについて不適切な指標を提供しているにすぎない、ということを示している」(238ページ)(シンプソン、ドーリング編著・岩井、金子、近、杉森監訳 2003).

●小玉徹（大阪市立大学），岡本祥浩（中京大学），中山徹（大阪府立大学）らは、1999年以降、「ホームレス問題」に関するテーマを「社会的排除」(social exclusion) にまで拡大して研究を続け、「ホームレス問題は住宅問題としての側面だけでなく、多様な機会（仕事，教育など）への不十分なアクセスにも起因していることが明らかになった」(35ページ) という視点から、本書の章題順に記するならば、ホームレス生活者支援策の変遷、ホームレス生活者の現状とその支援制度、野宿者の現状と野宿者の支援策、社会への再参入のための「ナショナル・アクション・プラン」(NAP) について詳細な分析を行っている．NAPのフレームについて「『社会的排除の予防』『社会への再編入』『基本的権利の保障』」(114ページ) が挙げられており、ホームレス問題より大きな問題としての「社会的排除問題」への注目を促している（小玉、中村、都留、平川編著 2003).

●岡本祥浩（中京大学），中山徹（大阪府立大学），垣田裕介（大阪府立大学大学院生）らは、本書においては、前項で紹介したイギリスのホームレス問題とその支援施策等の概観に続いて、ホームレス支援施策の具体像を示している．本書の章題順に記するならば、ホームレス支援策の焦点（支援策におけ

る「多分野，多セクターの連携」，「ボランタリー組織」の重要性），地域におけるホームレス支援施策の実践（カーディフ市における相互連携的な施策の状況），ホームレス支援策における「ボランタリー組織」（ボランタリー組織の概観と実態）について解説し課題を提起している（3-4ページ）．

　ホームレス支援施策の課題として，①「中央と地方」，「中央集権と地方分権」という課題，②「一般策と焦点策」という課題，③政権政党にかかわる「政治との関係」という課題，④政府とボランタリー組織や慈善団体との関係という課題，が挙げられている（8-10ページ）（中村，中山，岡本，都留，平川編著 2004）．

● 堀田祐三子（神戸大学）は，本書の「まえがき」に記しているように，「イギリスの非営利組織の歴史的な展開過程をも含めてその全体像を把握し，その視角から住宅問題・住宅施策の新局面」を論述している．とくに，社会的排除と若年ホームレスの問題に関して，若年の自立支援プロジェクトであるフォイヤーへの取り組みについて論じている．このプロジェクトは，「若者に対する宿泊施設の提供と就業トレーニングなどの自立支援をひとつにしたプロジェクト」であり，「イギリスでは 1992 年に導入されて以降，各地で着実にその数を増やし……『自立』をテーマとして生活や教育，就職，住宅とあらゆる側面から包括的に若年ホームレスをサポートしている」（157 ページ）．フランスに起源を持つフォイヤーのイギリスにおける発展状況，フォイヤー・プロジェクトの内容，運営実態等が精緻に分析されている．そして，「フォイヤーは，シェルターとしての住宅を提供するだけではなく，若者が社会的な生活を自立して営めるように，技術的，経済的，そして精神的な支援を行っている」（186 ページ）と指摘している（堀田 2005）．

● 川上昌子（淑徳大学）らは，日本におけるホームレスの実態との比較研究という視点をも踏まえて，淑徳大学と交流関係にあるブリストル大学の便宜供与も得て，一般的な援助主義とは異なるイギリスのホームレス重点主義政策に関して考察している．1980 年代以降のホームレス施策の展開状況，野宿者と野宿者施策のポイント，イギリスのホームレス施策の検討等を行った

うえで，日本においてもイギリス流の特化した施策が必要かということを考えている．本書は，2002年制定・施行の「ホームレス自立支援特別措置法」という重点主義施策のもとに，川崎市の単独事業も成果を収め，少なくとも調査対象である川崎市においては，野宿者の自立志向の強さや市民の排除意識の収斂等によって特化した施策が成就しつつあることを示している（川上編著2005）．

4. 日本におけるホームレス事情の概観

日本におけるホームレス事情について，『ビッグイシュー日本版』（2005.3.1/23号，10-11ページ）は，ホームレスの就労支援を行っている山本憲一に取材して，その概観を報じている．それによると，公園や河川敷，路上などで生活するホームレスの人数は，現在，全国で約2万5000人に達し，東京や大阪という大都会のみならず47都道府県すべてに存在している．とりわけ大阪府への集中度は高く，2003年1月の政府調査によると，7757人のホームレスが算定されている．大阪府立大学の研究組織による聞き取り調査等からも明らかなように，バブル経済崩壊以降，ホームレスの多くは，建設関連の日雇い労働が減ったり，倒産・失業・疾病・高齢等で働けなくなったりしたことがきっかけで野宿生活を強いられていると述べられている．

社会福祉の動向編集委員会編『社会福祉の動向2006』中央法規，2006年刊によると，日本におけるホームレスの現状を同様に知ることができる．ホームレスの実態に関する全国調査結果（平成15年）によると，①ホームレスの人数は約2万5000人（大阪府7,757人，東京都6,361人）．すべての都道府県でホームレスを確認．ホームレスが確認された581市町村のうち，10人未満の市町村が7割弱．②ホームレスの生活実態は55.9歳で中高年層が大半．ここ1年間でホームレスとなった者が約3割．ホームレス化の理由は「仕事が減った」が35.6％，「倒産・失業」が32.9％．健康状態は身体不調を訴える者が約5割弱，うち7割弱が未治療．自立希望については働きたい

者が約5割，今のままでいいという者が1割強．行政への意見・要望は仕事関連が3割弱，住居関連が1割弱．③ホームレス対策の現状は，平成11 (1999) 年5月のホームレス問題連絡会議でまとめられた「ホームレス問題に対する当面の対応について」に基づいて施策が実施されている．その内容は，ホームレス以外も対象とした一般対策（雇用施策等），ホームレスに特化した対策（自立支援事業等），および法律制定を踏まえ実施した平成15 (2003) 年度新規事業（総合相談事業，ホームレス等試行雇用事業等）となっている (315 ページ)．

この資料には，上掲のほか，ホームレスの自立支援等に関する基本方針のポイント，ホームレスの自立の支援等に関する基本方針等が記されている (314-334 ページ)．

『社会保障の手引－施策の概要と基礎資料－(平成18年1月改訂)』中央法規，2006年刊によると，「セーフティネット支援対策等事業の実施について (平17.3.31　社援発第0331021号)」等を根拠とする日本のホームレス対策事業の概要を知ることができる．「道路，河川敷，都市公園等の公共施設において，野宿生活を送るホームレスに対し，ホームレスが置かれた様々の状況に応じて，それらの人が自らの意思により地域社会の中で自立した生活が送れるよう，各種事業によりその支援を行う」(318 ページ) ものとされ，事業の種類として，①ホームレス総合相談推進事業，②ホームレス自立支援事業，③ホームレス緊急一時宿泊事業，④ホームレス能力活用推進事業，⑤ホームレス衛生改善事業，⑥ホームレス保健サービス支援事業 (318-319 ページ) が挙げられている．

東京都のホームレスの状況については，高橋紘一・東京の福祉研究会編著『東京の福祉白書』萌文社，2004年刊により，2001年調査時点でのホームレスの人数，ホームレスの原因，生活実態，東京都の施策等を知ることができる (143-153 ページ)．

東京都の路上生活者（ホームレス）対策については，東京都福祉保健局編『社会福祉の手引2005』東京都生活文化局，2005年刊により，都と特別区と

共同しての取り組みのあらましを知ることができる．①自立支援センター（緊急一時保護センター，自立支援センター），②ホームレス地域生活移行支援事業（テント生活者への対応等）が示されている（208ページ）．

5. 日本の「ホームレス問題」研究の動向

　日本においては，高度経済成長期を経過して，いわゆるバブル経済崩壊以降の時期になるとホームレス問題が顕在化してきた．それにともなって，さまざまの視点からのホームレス問題への取り組みが行われ，都市下層全般との関連を持ちつつもホームレスの存在に特化して各種の見解が披露されるようになってきた．本稿では，1990年代以降に公にされたものに限って，それらの業績のいくつかを整理し，紹介してみたい．

●梅澤嘉一郎（東京障害者福祉会館）は，1995年時点で政府の対応がホームレスの存在すら一切明らかにしていない状況下で，ホームレスの現状と3大簡易宿泊所（山谷，あいりん，寿の3地域）を中心とする住宅政策の課題を検討した先駆的な研究書を公にしている．
　本書は，「ホームレス問題は歯車が一つ間違えば，身近におこりうること」であり，また「不況と高齢化でホームレスに転じていく状況は，他人事ではない」（はじめに）ことを訴えている．そして，本研究の到達点として，①新保守主義の潮流とホームレス，②国民共通課題としてのホームレス，③富の分配問題としてのホームレス，④国際通貨問題としてのホームレス，⑤3大寄せ場とホームレス，⑥経済変動とホームレス，⑦寄せ場ホームレスの解決課題，⑧簡易宿所，居室水準の実態と利益の集積，⑨共同住宅の民活化とホームレス，⑩適正家賃の理論化とホームレス法への展望について考察したことを記している（176-178ページ）（梅澤1995）．
●青木秀男（都市社会学研究所）は，1996年の第2回国連人間居住会議（HABITAT II）において，「豊かな産業『先進国』日本に出現する『ホーム

レス』問題が，……世界の前に暴かれた」（13ページ）ことを前提に，都市下層の存在様式を明らかにしていく．

1990年代以降，日本の都市に野宿者が可視的に現れたこと，20世紀末の日本で野宿者が大都市集中とともに地方都市にも拡散したこと，野宿者が野宿生活から脱出する2つの方策等を論じている．そして，「近年，野宿者が可視化し，野宿者問題が社会的に焦点化されていくにつれ，野宿者への差別や排斥，暴力の実態があきらかになりつつある」（194ページ）ことを警告している．

本書で述べられている「野宿者の概念」（98-111ページ）における「野宿」という生活過程と「労働」という労働過程の連結に関する注目すべき議論も教示に富んでいる（青木2000）．

●岩田正美（日本女子大学）は，「本書で私は『ホームレス』問題とは，決して個々の『ホームレス』の人々の問題ではなく，それらの『問題』をその内部から生み出し，そして『かれら』を『われわれ』から区別していかざるをえない現代社会それ自体の，また福祉国家そのものの仕組みを，書いたつもりである」（328ページ）と述べている．

「現代における『ホームレス』や『アンダークラス』の『発見』は，『われわれ』の社会の内側のものとして，平明にされてきた近代の貧困概念の限界を示唆している」（31ページ）と認識したうえで，ホームレスの諸状態，路上生活の諸問題，「ホームレス」と福祉国家などに論及し，「『ホームレス問題』の最も現実的な解決の方向は，『われわれの社会』の内部の現在の装置の斬新的な変更の検討・実践であるように思われる」（324ページ）と課題を提起している（岩田2000）．

●中根光敏，狩谷あゆみ（いずれも広島修道大学）は，それぞれに，バブル崩壊期以降の日本の野宿者（ホームレス）の排除の問題，その端的なケースとしての野宿者襲撃をめぐる問題を論じている．中根は，寄せ場研究をトレースして，野宿者問題とは何かを問うている．そして，政府の「ホームレス対策」や2001年時点では議論の途中であった「ホームレス自立支援立法」

等が特別な雇用対策を有しないゆえに「野宿からの脱出」は限定的であろうと推論している（22ページほか）．社会的に排除された「『もう一つの社会』の存在を示すことが，野宿者に対して『自立』や『保護』の名目でなされる実質的な隔離・収容・排除を社会的に明らかにする基点となる」（24ページ）と述べている．

狩谷は，「……野宿者襲撃は，野宿者の可視化に対して，さらに野宿者の存在を不可視化させようという社会的欲望が表面化している現象」（49ページ）として，その本質を捉えている（中根編著 2002）．

● 萩原重夫（社会基礎研究所）は，「社会的少数者」の権利保障に，憲法や法律などがどのようにかかわっているのかを検証する一環として，ホームレスと日本の「ホームレス自立支援法」を取り上げ，法理論的にみた場合のホームレスの「居住権」について考察している．本法はホームレス支援をうたいながら，「ホームレスを退去させる根拠となるかのように解釈できる」（100ページ）と指摘し，ホームレスへの生活保護法の差別的運用という現状の是正を促している（萩原 2002）．

● 藤田弘夫（慶應義塾大学）は，都市社会学の視点から，社会学研究の拡散状況の下で，社会学が「……環境，福祉，看護，外国人労働者，ボランティア，ホームレス，NPO・NGO，ガヴァナンス，シティズンシップ，公共性などの分野」（26ページ）を取り込んでいると述べている．都市問題から「社会福祉」や「都市計画」の側面を分離する考え方が求められることもあったが，「その都市社会学が日本で再び社会福祉を付け加えようとして……原点回帰しつつある」と説かれ，「近代は都市の時代であり，都市計画と貧困の問題は，都市社会学はおろか社会学，いや社会科学の原点である」（267ページ）と指摘している（藤田 2003）．

● 森田洋司（大阪市立大学）は，社会病理学の視点から，従来，逸脱というカテゴリーに区分してきた事象を相対化してみる必要を説いている．その一例としてホームレス（野宿生活者）が取り上げられる．

ホームレスは負の価値判断を伴いがちであり，逸脱した状態・異常な出来

事として認識されていくが,「社会病理学や逸脱研究の歴史を振り返れば,その営みは思い込みや価値判断に対する問い直しの歴史であり,自明性への疑義と問題提起の歴史として整理し直すこともできよう」(7ページ)と述べている.「現代社会における人びとは,自己と他者に対する新たな確実性を見出し,新たな共同性という関係を再構築していくことを余儀なくされている状況にある」(13ページ)という指摘はホームレス問題にもかかわるものとして受容される(高原・矢島・森田・井出編著2004).

●トム・ギル(明治学院大学)は,社会人類学の視点から,都市の産物としての不安定労働とホームレスについて論じている.1986年の山谷の大暴動以来,山谷の場所性は無化し,喪失していった.トム・ギルは,アメリカのスッキド・ロウ(skid row)と山谷の場所性の解体過程と比較し,「21世紀が始まった現在から見れば,同じパターンが違うクロノロジーで現れているだけに見える」(453ページ)とその相似性を指摘している.さらに,横浜のシェルターとニュー・ヘイブンのシェルターの比較考察が行われ,横浜のシェルター利用者の仕事につくことのむずかしさのなかで「借金」の呪縛が取り上げられる.「……圧倒的に多いのはやはり『サラ金』の借金である.ホームレス問題の様々な原因のうち,サラ金は一番過小評価されているのではないか.……サラ金は人をホームレスにさせるだけではなく,ホームレスネスから逃げることをほぼ不可能にする効果もある.……現在のサラ金は暗黒街の零細企業ばかりではなく,中には第一部上場の大会社もある.……サラ金への恐怖が仕事・生活保護という過程を両方阻み,残る道はホームレスだけとなる」(456-457ページ)と述べている.

日本では,ドヤ街を「潰す」のではなく「隔離」したがるし,これは社会問題集中論であることが示されている(464-465ページ).「日本には,主流社会から離れた地域が昔からあり,現代都市風景にもその『隔離意識』が多少反映されていると私は思う」(466ページ)と述べられているように,日本では「ホームレス問題」自体の囲い込みが行われていることが示唆される(関根編 2004).

第6章 社会的排除とホームレス問題の研究動向

●大須眞治(中央大学),川上昌子(淑徳大学),海老一郎(西成労働福祉センター),唐鎌直義(専修大学),波田野修一(『経済』編集部)らは,ホームレス問題からみた勤労者の労働と生活を論じ,落差というよりもむしろ連続的にホームレス化が進んでいること,ホームレスという形態で貧困が顕在化したことなどが指摘される(90-92ページ).政府のホームレス対策には公的就労対策という雇用の創出策が存在しないこと,雇用創出なしの生活保護という民生対策へのホームレス問題の矮小化の危惧があることなども示されている(97-98ページ).

失業者とホームレスの急増は雇用問題の深刻化と直結しており,就労対策の欠落したホームレス自立支援策のみでは,「野宿に逆戻り」(113ページ)の繰り返しに陥ることが強調されている(『経済』編集部2004).

●日本住宅会議は,1987年の国際居住年以来15年ぶりに「ホームレス」特集号として編まれた住宅白書を公にした.したがって,本書は,野宿の実態に関する報告や野宿のみならずホームレス状態を招くさまざまな実態に関しても詳細に論述している(1-3ページ).①ホームレスの実態については,各年次動向,地域特性など,②住宅喪失要因とホームレスとの相関関係については,経済的要因や家族構成・家族関係の崩壊など,③居住保障の課題については,政府や民間組織による居住支援,居住喪失の防止策などが論じられる.

住宅を失う要因の1つである経済的要因の中身として,雇用環境悪化,企業の住宅政策の後退,家賃滞納,住宅ローン破綻(112-126ページ)が挙げられている.なかでも,住宅ローン破綻については,「……広範な人びとにとって,雇用不安や賃金引き下げは生活設計を狂わせ,住宅ローンの返済負担を耐えがたいものにしている.急増する住宅ローン延滞はそれが露呈した姿である」(125ページ)と指摘している(日本住宅会議編2004).

●暉峻淑子(埼玉大学)は,「生活者は格差社会を望まない」という基本的理念に立って,「生活者とは人権をもつ者ですから,『犠牲や差別』とはなじまない本質をもっていると思います」(3ページ)と述べている.2004年の

内閣府の調査でも6割の人が，雇用・賃金・年金の不安定な状況を理由に生活不安を感じている現代の日本で，「3万人のホームレスや，5年つづけて3万人を超える自殺者がいるという事実は，すでに格差社会が定着した恐ろしい社会になったことを意味しているのでしょうか」（37ページ）と問いかけ，アメリカのホームレスにみられる世代間連鎖に触れて，「日本では，まだそこまではいっていないけれども，このまま格差社会がつづけば，そうなるかもしれません」（38ページ）と警告している（暉峻2005）．

●岩田正美（日本女子大学），西澤晃彦（東洋大学）らは，「貧困と社会的排除に関する認識を前提とし，現代日本における貧困と排除の現実」（9ページ）を，①貧困の多面的実証研究，②貧困や排除の形成・進行状況の研究，③貧困・社会的排除に対応する政策・制度研究という観点から明らかにしている．「ホームレス型」貧困への特殊対応（第1章），野宿者等への隠蔽のポリティクス（第2章），ホームレス状態の女性への福祉政策（第8章）等が精緻に検討されている．編者を代表して岩田は，日本における社会福祉や社会政策の研究状況に触れ，「……貧困者やその居住地区，ホームレス・外国人等が社会の周縁におかれているのと同様に，貧困や排除の研究それ自体も……周縁化されてきた」（313ページ）と述べ，「……貧困や社会的排除を直視しない態度こそが，『本書』で主張する『隠蔽』という様式での排除そのものなのである」（314ページ）と強調している．こうした主張を検証する各論的なものとして，貧困動態研究に基づく慢性貧困化の諸論点（第3章），高齢女性の住宅における貧困の深化（第4章），健康にかかわる貧困，定収入，失業等の相関（第5章）等の叙述がなされている（岩田・西澤編著2005）．

●川上昌子（淑徳大学）らは，①「ホームレスとして表われている貧困の社会的性格を1980年代以前からの経済の高度成長との関連において分析し高度成長の産物であることを示すこと」，②「『生きている人間』としてホームレス状況に押し込められている人々を受け止め，個々人の出来るだけありのままの姿を把え表すこと」（はじめに）の2つの視点に立って，主として自治体からの依頼による調査結果をもとに多面的かつ実証的に諸課題を論じて

第6章 社会的排除とホームレス問題の研究動向

いる.

　日雇労働者のホームレス化, ホームレス化と生活保護などの論稿を含む総論的な第Ⅰ部の考察を基盤として, 第Ⅱ部では, 川崎市, 大宮市のホームレスの実態が明らかにされている. 川崎市の野宿生活者の3類型とその比率, 大宮市のホームレスの昼間の生活特性などが具体的な数値を検証する手法で示される. 第Ⅲ部では, 主として「川崎市調査」に依拠して野宿生活者の就労状況, 野宿生活歴の事例等が述べられる. このように, 本書は, 日本のホームレス集積地域のホームレス問題を実態調査という方法で究明したものであり, 先行するいくつかのホームレス調査を補完する役割も担っている（川上編著 2005）.

●芝田英昭（立命館大学）は, ヨーロッパにおける「社会的排除」を論ずるとともに, 日本における社会的排除と貧困についても触れている. 筆者自身による「京都市のホームレス聞き取り調査」に基づいて, ①ホームレスの多くは「教育における排除」と「就労における排除」の連鎖的な体験者であること, ②ホームレスから社会統合への誘因の最たるものは「就職や職業訓練の提供」による機会の平等化であること（42-43 ページ）が示され, そのためにも「社会的排除」概念のさらなる調査研究の必要性（44 ページ）が強調されている（芝田 2005）.

●本田哲郎（カトリック司祭）は, 「釜ケ崎反失業連絡会」などの活動に取り組みながら, 野宿者問題にもかかわるようになった.「野宿をしいられている労働者の死亡者数は, だいたい毎年 800 人くらい〈大阪市だけで〉」（6 ページ）という状況下の今日,「万博, サミット, 国体が催され, 東アジア大会やワールドカップも開かれ, 世界バラ会議の開催を予定しているという『文化的』『国際的』な大都市大阪に,『人として』生きることをはばまれた仲間がいる」（232 ページ）ことを訴える.

　なかば公然と行われる路上生活者に対するいやがらせについては,「人が人としてあつかわれないまま放置されるとき, 踏みつけにされるその人の人権が傷つけられるだけでなく, 踏みつける側の人々の心を荒廃させます」

(235ページ)と説き,「リストラ,倒産,借金,家庭崩壊……野宿にいたる原因はさまざま」(236ページ)な野宿者に関して,「しいられた野宿を支援するのではなく,野宿をしいられている仲間の願いに連帯したい」(243ページ)と,身近なところでの「連帯」の重要性を語りかけている(本田2006).

●山北輝裕(関西学院大学大学院生)は,野宿者支援における重大な課題を論じている.山北は,「支援」という言葉は聞こえはいいが,その背後で当事者性が無視されると,支援者の一方的な「救済」のまなざしが,非対称的な関係を作るという(206ページ).山北は,「……野宿者を支援する団体の支援場面と,支援者と当事者の継続的なつきあいの過程で起こった出来事など」から,「『支援する側』/『される側』という一面的な関係性がいかにしてたちあらわれるのか」ということと,「この関係性にともなって発生する〈応答困難〉のなかで,どのような〈応答責任〉をとることが可能なのかを考えていきたい」(206ページ)としている.

支援者の満足感や自己満足,「仲間」とは誰なのだろうかという疑問,介入という行為・「支援者」という存在,支援者の〈応答困難〉をめぐるジレンマ等への吟味がなされ,筆者は,「野宿者の支援者とは,適切な条件が整っていない社会状況を背景に発生する〈応答困難〉のなかで,いかに振る舞うかを常に問われる存在である」(224ページ)と当面の総括を行っているように思われる(三浦編 2006).

6. 「ホームレス問題」研究動向の集約と所見

本稿では,前各項にわたって,「ホームレス問題」研究の動向のごく一端を展望してきた.多くの論者たちが,イギリスおよび日本のホームレス問題についてその研究成果を披露しており,その論点は多岐にわたっているが,あえて,きわめておおまかに「まとめ」を試みてみたい.

イギリスの「ホームレス問題」研究の動向を収約してみるならば,以下の

諸点が指摘できるように思われる．

①社会政策学を基軸として，関連する諸般の学問分野の研究手法をも導入して，ホームレス問題に関する多面的な分析・検討・整理がなされていること

②20世紀末から21世紀の開幕期以降においては，「ホームレス問題」を，より幅広いレンジで分析・検討・整理する概念として「社会的排除」（social exclusion）という指標がしばしば登用され，とくに1997年発足の労働党政権下における問題解決のための諸活動の中心課題の1つとなっていることが明らかであること

③「ホームレス問題」は，社会・経済・政治等の諸課題にかかわっており，住宅政策・住宅問題に限定されるものでないことは自明の理としながらも，それでもなお，「住居」の確保・保障に関する問題関心がきわめて旺盛で，そうした分析視角からの調査・研究が多くなされていること

次に，日本の「ホームレス問題」研究の動向を収約してみるならば，以下の諸点が指摘できるように思われる．

①ホームレス集積地域を中心とする「ホームレス問題」の相当に精密な調査活動とその成果に基づく分析・検討・整理が進展していること

②日本に関しても，とくにバブル経済崩壊後の時期について「社会的排除」概念への注目度が高まり，いわゆる格差社会の固定化等の主要な一要因としてのホームレス問題解明への取り組みに際して，この概念の吟味が顕著になっていること

③伝統的な社会政策・社会保障・社会福祉の研究の切り口を超えて，従来の法学，政治学等による分析視角に加わるものとして，都市社会学，社会病理学，社会人類学等の，いわば新しい基軸に則ったホームレス問題への接近がおこなわれていること

イギリスおよび日本の「ホームレス問題」研究の動向とその収約を踏まえて，とくに日本の問題に関して，些少の所見を記しておきたい．これらの所見は，とくに斬新なものではないし，従来の諸見解を揺るがすものではない

が，あらためて指摘する意義は相応に持っているものと考えている．

今日においては，「日本のホームレス問題」は，一般的な都市下層の生活・労働問題にとどまらず，「社会的排除」の端的な現象形態の重要な一環に位置づけられる．詳細で専門的な検討はいずれも先行する研究成果に委ねるとして，以下には考えられるいくつかの問題をみてみたい．

社会的排除を助長している要因は多いが，その1つとして現在の雇用情勢が挙げられる．とくに，若年者についての雇用情勢の厳しさについては若年者の労働力比率を概観した『労働経済白書』も，25～27歳層，30～34歳層では上昇傾向で推移しているものの，20～24歳層では低下傾向で推移していることを認めており，十分な雇用機会が与えられず，非労働力化している若者が増加していると指摘している．また，若年者の完全失業率については，1990年代半ばからは急速に高まりをみせ，15～19歳層では2002年には12.8％，20～24歳層では2003年に9.8％まで上昇し，その後，若干の改善はあるものの，依然として完全失業率は高水準にとどまり，若年層の雇用情勢は厳しい状況にある（厚生労働省編『平成17年版労働経済白書』）．そしてまた，若年者にとどまらず，最近の雇用失業情勢は，部分的に改善が進んでいるとはいえ，明確な地域差の存在や高齢者雇用対策問題など厳しい状況が存続していることを認識せざるをえない．

次に，賃金の動向を『労働経済白書』で概観する限りでも，現金給与総額はここ数年連続して減少している（前掲，『労働経済白書』）．賃金引き下げと低賃金層の構造的定着に関して，「組織労働者にベアを認めないばかりか，定昇廃止の攻勢がかけられ……同時に，非正規労働者において賃金の低い労働者が増大していることも重要な問題」であり，「今後，正社員の派遣労働者への代替が加速すると……派遣の賃金も引き下げられる恐れが大きい.」（小越洋之助2004，『経済』編集部編2004：12-13）との指摘を厳しく受け止めたい．能力主義・実績主義という市場原理主義的な名分のもとでの低賃金政策の継続が，異常な賃金格差の拡大を惹起している．

次に，低所得層を増大させている現状に直結する課題として生活保護の実

第6章 社会的排除とホームレス問題の研究動向　　353

施状況を確認しておきたい．『厚生労働白書』によると，最近の全体的な保護動向としては，1992 年度以降横ばいで推移していたが，1996 年度後半からは，とくに都市部中心に被保護総実人員，世帯数とも増加傾向で推移しており，2003 年度の被保護総実人員は 134 万 4327 人，被保護世帯数は 94 万 1270 世帯，保護率（人口千人比）は 10.5‰ となっている（厚生労働省編『平成 17 年版厚生労働白書』）．また，2004 年度の被保護総実員数は 142 万 3388 人，被保護世帯数は 99 万 8887 世帯（社会福祉の動向編集委員会編集『社会福祉の動向 2006』）に達し，2004 年 10 月には 100 万世帯を超えるに至った．「5 年以上受給している世帯が半数近く，10 年以上が 4 分の 1 を占める．受給期間の長期化と，失業などで新たに生活保護を受ける世帯の増加が同時に進んでいる．」（『朝日新聞』06.02.12）とも報じられている．本来，セーフティ・ネットの役割を担うべき生活保護が，「社会的排除」の実質的な固定化の役割を背負わされているともいえる現実が存在すると思われる．

　もう 1 つの指標として学用品や給食費などの就学援助を受ける児童・生徒数の増加が挙げられる．「就学援助受給者数は，2004 年度までの 4 年間に 4 割近くも増加し，全国で約 133 万 7000 人となり，受給率の全国平均は 12.8％ となっている．大阪府の 27.9％，東京都の 24.8％ などが高い受給率で，市区町村別では東京都足立区は 2004 年度には 42.5％ に達した．」（『朝日新聞』06.01.03，数値は朝日新聞社調査）と報じられている．最も基本的な社会生活における経済的な格差を如実に示す状況の展開と考えられる．

　さらにまた，生活苦と高利貸し（「サラ金」など）の問題も，ホームレスを「社会的排除」の固定的対象とする重大な要因であることは，たとえば，前述したトム・ギルの論稿からも明らかである．「ホームレス問題の様々な原因のうち，サラ金は一番過小評価されているのではないか．バブル崩壊で住宅ローンが払えなくなった人，ギャンブルで困った人などがサラ金に手を出し，いつの間にか借金の山を作って，荒っぽい取立てに脅かされ，結局家族と離れて夜逃げをするしかないと思い込んでしまう．それに，サラ金は人をホームレスにさせるだけではなく，ホームレスから逃げることをほぼ不可

能にする効果もある」(関根康正編2004：456) という指摘を重複をいとわず再掲しておきたい．この問題については，とりわけ，住宅ローン破綻という社会問題に注目したい．多重債務者の激増にからんで，「返済困難に陥っている多重債務者は少なく見積もっても150万人から200万人．そしてクレジット・サラ金業者の過酷な取り立てを逃れるため，家出や夜逃げをする多重債務者は年間数十万人にのぼるという」(日本住宅会議編2004：124) 現状は，日常生活を普通に過ごしている人々とホームレスとの差異を限りなく縮めていることの1つの証左である．

このほかにも，詳細にわたることはできないが，日本の社会政策は社会的排除に本格的に取り組む機能を減殺しており，福祉後退を強行する政権の思惑を反映して「社会的排除を放置している社会政策」に転化した状況がみられる．それどころか，前述したように，たとえば，特別な雇用対策を有しないゆえに，社会的に排除された「『もう一つの社会』の存在を示すことが，野宿者に対して『自立』や『保護』の名目でなされる実質的な隔離・収容・排除を社会的に明らかにする基点」(中村光敏編著2002：24) の役割を果たしているのである．EUにおいて，「社会的排除」を現代社会の広義の貧困概念とみなしていることを紹介する相澤與一 (2004：23)（高崎健康福祉大学）は，「社会的排除は，社会活動，社会参加の場からそれに要する資源を剥奪されているために排除されている概念と理解すれば，いわゆるsocial deprivatationを拡張したコンセプトと解することができる」とし，「むき出しの排除形態としての日本的『ホームレス』」について考察している．

また，岩田正美（日本女子大学）は，欧米の最近の貧困研究を前提として，社会的排除と貧困に関して，「……従来の貧困が資源（所得や消費）の過小を問題とするのに対して，社会的排除は社会関係からの排除を問題にする．……近年の研究では，低所得と社会的排除には密接な関係があることが示されている……．したがって貧困が固定化されていくプロセスは，同時に社会関係からの排除のプロセスでもあるという理解が進んでいる」(岩波2006：140) と考え，「資源の最小」と「社会関係からの排除」という二重の「固定

的貧困」への注目を喚起している．こうした状況への取り組みをおろそかにしているか，もしくは五里霧中であるのが日本の社会政策の体勢であり，そうであるからこそ，社会的排除を助長している諸要因のわずかな動きひとつで，「一般の人々」が「ホームレス」に転化する誘因は随所に存在する．まさに，「一般の人々」の労働と生活問題から遊離して「ホームレス問題」が存在するのではないことを指摘しておきたい．

　この項の最後に，1つの結収として再度記しておきたいのは，比較的早い時期（1995年）に，新保守主義の潮流を批判し，「ホームレス問題は歯車が一つ間違えば身近におこりうること」，「不況と高齢化でホームレスに転じていく状況は他人事ではない」こと（はしがき）を指摘し，「……資本主義社会での勝者と敗者，富と貧困は偶然や運による場合も多い．今日の勝利者も，不治の病にかからないという保障はない．今日の勝利者が明日はホームレス者になるということもありうるのである．」（梅澤1995：171）と断じた著述が存在したということである．この先見的な見通しは，今日においても的中していると考えざるをえない．

　本稿において「ホームレス問題」の研究動向を検討するに際して，研究成果との照合をも含意して，ホームレスの自立支援の現場の対応状況に関して，札幌，横浜，福岡の3市について聞き取りという形式で教えを乞うた．そのなかの福岡市の事例に限って，その一端を摘記しておきたい．福岡市には，2004年3月および2005年3月の2回赴き，福岡市保健福祉局の担当職員から説明を受け，多くの示唆に接することができた．

　周知のように，日本においてホームレス対策が一応本格的に展開するようになるのは，2002（平成14）年に制定・施行された「ホームレスの自立の支援等に関する特別措置法」以来のことである．本法に基づき，2003（平成15）年に厚生労働省により「ホームレスの自立支援等に関する基本方針」が策定され，各都道府県・市町村が「ホームレス自立支援実施計画」を作成してホームレス問題への対応を開始した．福岡市もこのような経緯のなかでホームレスに対する地方自治体としての行政的対応に取り組んでいる．

福岡市は人口約140万人で，生活保護状況は2004年度においては被保護総実人員約2万4500人，被保護世帯数約1万6600世帯となっている．〈2004年3月の聞き取り〉では，当方であらかじめ準備した質問項目に対して，福岡市の『ホームレス実態調査報告書』（福岡市保健福祉局総務部保護課）をまじえて，以下のような教示を得たので，そのごく一部分をメモしておきたい．

①福岡市における野宿生活者（ホームレス）の実態把握状況：都市公園，河川，道路，駅舎，その他の施設（公共施設，港湾関係等）に「定住型」と「移動型」の合計で607人を把握．性別では男性525人，女性30人，不明30人．

②福岡市における野宿生活者の特性（他地域との比較において）：今後の自立計画では「きちんと就職して働きたい」という自立希望者は28.4％にとどまり，全国平均の50％超や隣接している北九州市の70％台とは明らかに異なっている．このように自立希望者が少なく，実際に求職活動を行っている比率が低いのは，たとえば，市内にコンビニエンス・ストアなどが多いので，食品等の入手が比較的容易で生活を維持できるからであろうと担当部署では推測している．

③野宿生活者に至った理由：「倒産・失業・仕事の減少」が55.7％と圧倒的で，その他は「家庭内のいざこざ」，「飲酒・ギャンブル」等が挙げられる．

④生活保護法による保護の実施にかかわる「住所不定者の申請」への対応等：「利用したことがある」が23.9％，「利用したことがない」が76.1％．福岡市では，博多区役所の保護第3課で集中的に対応しており，重複を含めて年間約800件の相談・申請があると担当部署では話している．

⑤支援団体による野宿生活者支援活動の状況：「利用したことがある」が73.9％，「利用したことがない」が26.1％．福岡市としては，NPO支援団体とのかかわりを，今後一層ルール化していきたいと希望している．

現在は，NPO支援団体が野宿者の就労支援，住居の供給，夜間の見回り，衣類・毛布の供与等を行っている．

⑥福岡市における野宿生活者への行政的対応の課題：1. 民間支援団体との協働を目指し，て，2004年5月以降には新規の対応策を策定すること（この件は，すでに「福岡市ホームレス自立支援実施計画」の策定が行われ，この計画に基づいて行政的対応を実施している），2. 大規模な野宿者用の収容施設の建設も想定されるが，福岡市の財政的負担も考慮すれば，それだけでは自立支援の実効性が上るとは考えられないこと，3. 要援護者（高齢者，女性，障害者などいわゆる弱者），就労年齢層（およそ60歳くらいまでの者）の順で支援システムを作成していきたいこと，4. 社会参加拒否型のホームレスには個別的な対応も考慮中であること，5. 生活保護の被保護者についてホームレス偏重という対応は，市民の納得を得ることが必要なこともあり，なかなかそのようには取り運べないこと，6. 課題への対応にあたっては，野宿者を収容した後に問題に取り組むよりも，先行して問題自体に取り組むことが重要であること，など．

次に，〈2005年3月の聞き取り〉では，福岡市における「ホームレス自立支援実施計画」に基づく支援実施状況について，主として「就労支援」を中心に教えを乞うた．

支援実施状況の概要は，別添の「福岡市ホームレス自立支援フロー」のとおりである．聞き取り内容中の若干のポイントとコメントを以下に摘記しておきたい．

①就労による自立に向けた支援に関してNPOのフォローによる就労自立を目指しているが，その実態は完全な「就労自立」ではなく「半就労・半福祉」の域にとどまっている．したがって，別添のイメージ図の「結果」には多様な側面があることに注意すべきであろう．

②就業の機会の確保を目的とする事業主等に対する啓発活動を行うことが「自立支援実施計画」の眼目の1つとなっているが，福岡市では，現段

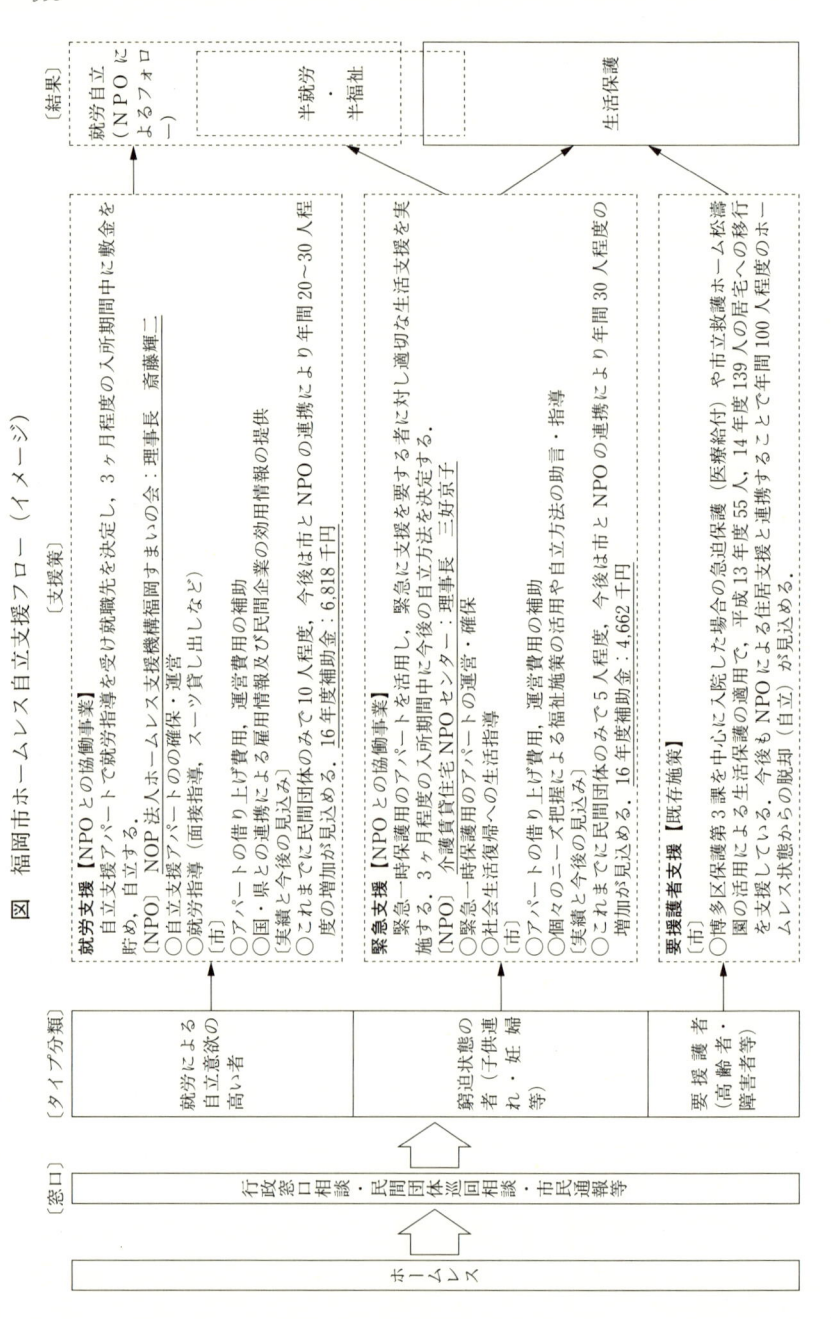

図　福岡市ホームレス自立支援フロー（イメージ）

[窓口]　[タイプ分類]　[支援策]　[結果]

ホームレス → 行政窓口相談・民間団体巡回相談・市民通報等

就労による自立意欲の高い者 → **就労支援【NPOとの協働事業】**
自立支援アパートで就労支援を受け就職先を決定し、3ヶ月程度の入所期間中に敷金を貯め、自立する。
（NPO）NOP法人ホームレス支援機構福岡すまいの会：理事長 斎藤輝一
○自立支援アパートの確保・運営（面接指導、スーツ貸し出しなど）
（市）
○アパートの借り上げ費用、運営費用の補助
○国・県との連携による雇用企業の効用情報の提供
（実績と今後の見込み）
○これまでに民間団体のみで10人程度、今後は市とNPOの連携により年間20～30人程度の増加が見込める。16年度補助金：6,818千円
→ 就労自立（NPOによるフォロー）

窮迫状態の者（子供連れ、妊婦等）→ **緊急支援【NPOとの協働事業】**
緊急一時保護用のアパートを活用し、緊急に支援を要する者に対し適切な生活支援を実施する。3ヶ月程度の入所期間中に今後の自立方法を決定する。
（NPO）介護賃貸住宅NPOセンター：理事長 三好京子
○緊急一時保護用のアパートの運営・確保
○社会生活復帰への生活指導
（市）
○アパートの借り上げ費用、運営費用の補助
○個々のニーズ把握による福祉施策の活用や自立方法の助言・指導
（実績と今後の見込み）
○これまでに民間団体による処理により年間5人程度、今後は市とNPOの連携により年間30人程度の増加が見込める。16年度補助金：4,662千円
→ 半就労半福祉

要援護者（高齢者・障害者等）→ **要援護者支援【既存施策】**
（市）
○博多区保護第3課を中心に入院した場合の急迫保護（医療給付）や市立救護ホーム松濤園の活用による生活保護の適用を行っている。平成13年度55人、14年度139人の居宅への移行を支援している。今後もNPOによる居住支援と連携することで年間100人程度のホームレス状態からの脱却（自立）が見込める。
→ 生活保護

階(2005年3月)ではまったく着手されていない.
③国や福岡県との連携も「自立支援実施計画」の眼目の1つとなっているが, 意見交換等にとどまり, 現段階(2005年3月)ではそれ以上のことは行われていない.
④NPO との協働による就労支援により, いわゆる「就労自立」を行っている対象人員数は現段階(2005年3月)においては19人にとどまる. 月額賃金は, 男性(最高21万円, 36歳, 調理師. 最低11万円, 60歳, 清掃), 女性(最高10万円, 50歳, 寮管理人. 最低8.5万円, コンビニ店員)とも相対的に低額であり, 生活保護費受給者に比べても「就労自立」の実態には問題がある.

以上の, 福岡市におけるホームレス自立支援実施状況についての聞き取りで得られたことは, 前段でも指摘したように, 地方行政機関の当事者能力の範囲内では実効性のある対応はきわめてむずかしいということであった. ホームレス立法を根拠に, 国が策定した「基本方針」に則って各自治体が「実施計画」を作成・実施するという筋道は, 一見したところ理路整然としているが, 実際には, 直近の県段階と市との連携も形骸化しがちな面を持っているなど, 部署担当者の努力や熱意とは裏腹に事態が展開していることを指摘せざるをえないのである.

参考文献

Alcock, Pete (1996) *Social Policy in Britain: Themes and Issues*, London, Macmillan Press.

Alcock, Pete, Angus Erskine and Margaret May ed. (1998) *The Student's Companion to Social Policy*, Oxford, Blackwell Publishers.

Atkinson, A.B. (1995) *Incomes and the Welfare State*, Cambridge, Cambridge University Press.

Bagilhole, Barbara (1997) *Equal Oppotunities and Social Policy: Issues of Gender, Race and Disability*, London, Longman.

Barnes, Matt (2005) *Social Exclusion in Great Britain-An Emprical Investigation and Comparison with the EU*, Aldershot, Hampshire, Ashgate Publishing.

Barry, Monica (2005) *Youth Policy and Social Inclusion-Critical debates with young*

people, Abington, Oxfordshire, Routledge.
Barry, Norman (1990) *Welfare*, Milton Keynes, Open University Press.
Drakford, Mark (2000) *Privatisation and Social Policy*, London, Longman.
George, Vic and Stewart Miller ed. (1994) *Social Policy towards 2000: Squaring the Welfare Cicle*, London, Routledge. (高島進監訳『福祉と財政－いかにしてイギリスは福祉需要に財政を調整してきたか?』都市文化社, 1997年)
Hill, Michael (1993) *Understanding Social Policy*, 4th edition, Oxford, Blackwell Publishers.
Kennett, Patricia and Alex Marsh ed. (1999) *Homelessness: Exploring the New Terrain*, Bristol, The Policy Press.
Lavalette, Michal and Alen Pratt ed. (1997) *Social Policy: A Conceptual and Theoretical Introduction*, London, SAGE Publications.
Levitas, Ruth (2005) *The Inclusive Society?-Social Exclusion and New Labour*, 2nd edition, Basingstoke, Hampshire, Palagrave Macmillan.
Luba QC, Jan and Liz Davies (2002) *The Homelessness Act 2002*, Bristol, Jordan Publishing.
Lund, Brian (2006) *Understanding Housing Policy*, Bristol, The Policy Press.
Lupton, Ruth (2003) *Poverty Street-The dynamics of neighboughood decline and renewal*, Bristol, The Policy Press.
MacDonald, Robert and Jane Marsh (2005) *Disconnected Youth?-Growing up in Britain's Poor Neighboughoods*, Basingstoke, Hampshire, Palgrave Macmillan.
Pantazis, Cristina, David Gordon and Ruth Levitas ed. (2006) *Poverty and social exclusionin Britain-The Millennium survey*, Bristol, The Policy Press.
Randall, Geoffrey (2005) *Housing right guide 2005-06*, London, Shelter.
Roche, Jeremy, Stanley Tucker, Rache Thomson and Ronny Flynn ed. (2003) *Youth in Society-cotemporary theory, policy and practice*, London, SAGA Publications.
Spicker, Paul (1993) *Poverty and Social Security: Concepts and Principles*, London, Routledge.
Sullivan, Michael (1996) *The Development of the British Welfare State*, London, Harvester Wheatsheaf.

相澤與一（2004）「むき出しの排除形態としての日本的『ホームレス』」,『高崎健康福祉大学総合福祉研究紀要：健康福祉研究』第1巻第1号, 3月.
青木秀男（2002）『現代日本の都市下層－寄せ場と野宿者と外国人労働者』明石書店.
岩田正美（2000）『ホームレス／現代社会／福祉国家－「生きていく場所」をめぐって』明石書店.
岩田正美・西澤晃彦編著（2005）『貧困と社会的排除－福祉社会を蝕むもの』（講座・福祉社会9）ミネルヴァ書房（岩田正美「貧困・社会的排除と福祉社会」, 同「政

第6章　社会的排除とホームレス問題の研究動向　　361

策と貧困－戦後日本における福祉カテゴリーとしての貧困とその意味－」，西澤晃彦「排除による貧困－東京の都市下層－」，濱本知寿香「収入からみた貧困の分布とダイナミックス－パネル調査にみる貧困変動－」，泉原美佐「住宅からみた高齢女性の貧困－『持ち家』中心の福祉社会と女性のハウジング・ヒストリー－」，早坂裕子「健康と貧困との相互関係－健康と社会・経済的な状況－」などを所収）．

岩田正美（2006）『思想』3月号，岩波書店．
梅澤嘉一郎（1995）『ホームレスの現状とその住宅政策の課題－三大簡易宿泊所密集地域を中心にして－』第一法規．
川上昌子編著（2005）『日本におけるホームレスの実態』学文社．
『経済』編集部編（2004）『仕事と生活が壊れていく＜－シンポジウム「日本の勤労者」』新日本出版社（大須眞治・川上昌子・海老一郎・唐鎌直義・羽田野修一「失業者，ホームレス，公的扶助」《第3回シンポジウム》を所収）．
小玉徹・中村健吾・都留民子・平川茂編著（2003）『欧米のホームレス問題・上－実態と政策』法律文化社（小玉徹・岡本祥浩・中山徹「第Ⅰ編　イギリス」を所収）．
芝田英昭（2005）『社会保障のダイナミックスと展望－ポスト市場主義国家の社会保障を問う』法律文化社．
社会政策学会編（2002）『グローバリゼーションと社会政策』（社会政策学会誌第8号）法律文化社（中山徹「イギリスにおけるホームレス問題と『野宿者』《Rough Sleepers》対策」を所収）．
関根康正編（2004）『〈都市的なるもの〉の現在－文化人類学的考察』東京大学出版会（トム・ギル「不安定労働とホームレス－都市の産物」を所収）．
高原正興・矢島正見・森田洋司・井出裕久編著（2004）『病める関係性－ミクロの病理－』（社会病理学講座3）学文社（森田洋司「病める関係性の時代」を所収）．
暉峻淑子（2005）『格差社会をこえて』（岩波ブックレット No.650）岩波書店．
D. ドーリング・S. シンプソン編著（2003）岩井浩・金子治平・近昭夫・杉森晃一監訳『現代イギリスの政治算術－統計は社会を変えるか』北海道大学図書刊行会（R. ウィドゥフィールド「ホームレス状態にかんする政府の統計の限界」を所収）．
中島明子（2003）『イギリスにおける住居管理－オクタヴィア・ヒルからサッチャーへ－』東信堂．
中根光敏編著（2002）『社会的排除のソシオロジ』（広島修道大学研究叢書第122号）広島修道大学総合研究所（中根光敏「社会問題の構成／排除－野宿者問題とは何か？－」，狩谷あゆみ「野宿者襲撃をめぐる問題構成」を所収）．
中村健吾・中山徹・岡本祥浩・都留民子・平川茂編著（2004）『欧米のホームレス問題・下－支援の実例』法律文化社（岡本祥浩・中山徹・垣田裕介「第Ⅰ編　イギリス」を所収）．
日本住宅会議編（2004）『ホームレスと住まいの権利：住宅白書2004-2005』ドメス出

版.
萩原重夫（2002）『法と少数者の権利』明石書店.
藤田弘夫（2003）『都市と文明の比較社会学－環境・リスク・公共性』東京大学出版
　　会.
堀田祐三子（2005）『イギリス住宅政策と非営利組織』日本経済評論社.
本田哲郎（2006）『釜ヶ崎と福音－神は貧しく小さくされた者と共に－』岩波書店.
三浦耕吉郎編（2006）『構造的差別のソシオグラフィ－社会を書く／差別を解く』世
　　界思想社（山北輝裕「支援者からの撤退か，それとも…－野宿者支援における
　　〈応答困難〉の現場から」を所収）.
横山北斗（1998）『福祉国家の住宅政策－イギリスの150年』ドメス出版.

あとがき

　わたくしたち（石畑良太郎，白井邦彦，松尾孝一，本間照光）が，共同研究を開始したのは，2003年4月のことであった．その後，日本における格差の拡大と固定化は急速に進行し，「格差社会」が広く社会問題化し，死語になったかにみえた「階級」「階層」も日常語として，復活することになった．
　共同研究は，「変化する労働と生活の国際比較――国際基準・生産システムと競争力・職業訓練教育・セーフティネット」であり，以下の研究分担を行った．「21世紀の国際基準（労働・社会保障）と先駆的助走」（本間），「日本企業の競争力強化と人材戦略」（白井），「職業訓練教育の現状・課題・国際比較」（松尾），「セーフティネットとホームレスの日英比較研究」（石畑）であり，途中から，北東アジアの経済を精力的に調査研究している加藤光一が「中国進出日系企業における中国人労働者の労働と生活」のテーマで加わった．
　共同研究に際して，わたくしたちがこだわったのは，(1)労働と生活をつないで考えること，(2)分担した研究課題の相互をつないでその中にそれぞれの研究を位置づけることにあった．制度としても政策としても相互の関連性が弱く，また，研究もそれぞれに分立していることが，経済不況による労働と生活の困難を増幅させ，経済競争力の回復さえも難しくしていると考えたからである．
　研究をはじめて，あらためて，手ごわい対象であることを思い知らされることになった．これまでに，労働と生活という研究の蓄積が少なく，おそらくは困難な対象であるからだろうということもわかってきたからである．
　本書は，今ここにある労働と生活問題の渦中で，わたくしたちなりにそれにこだわり格闘した結果である．共通のこだわりを持ち，労働と生活をつな

げようとしつつも，各自のスタンスにはそれぞれの特質があり違いがある．格闘すべき研究対象の難しさであり，研究者も自己の来歴を超えることが難しいということでもある．埋められていない部分に意味があるとすれば，今後，各方面からの研究が蓄積され，個人の限界を超えていく視野が複眼的に共有され，問題打開への力になっていくことを期待したい．

　本研究について，多くの方々のご協力をいただいた．藤田実，枝松正行，松丸和夫，加藤光一，唐鎌直義，畠中亨の各氏には，研究会で貴重なご報告と助言をいただいた．また，多くの企業と工場関係者，自治体，職業安定所，工業高校をはじめ高校関係者には，実地調査とヒアリングの機会を得た．さらに，イギリスでは公共部門の労働組合であるUNISONの労働者教育と職業訓練への実地の案内を受け，中国においては日系企業関係者および労働者へのヒアリングと座談会の労をとっていただいた．共同研究の総論に限っても，芳賀寛，西村憲次，西村央，浦岡紀子，藤村学の各氏からは貴重な教示をいただいた．各研究分担においては，多数の人びとのご協力をいただいたが，氏名を割愛することをお許しいただきたい．

　本書は，青山学院大学総合研究所・領域別研究部門社会科学研究部，研究プロジェクト「変化する労働と生活の国際比較——国際基準・生産システムと競争力・職業訓練教育・セーフティネット」(2003年4月～2005年3月)の研究成果である．共同研究と本書刊行を認めていただいた総合研究所と労をわずらわせた事務室に感謝したい．
　最後になるが，日本経済評論社社長・栗原哲也氏，編集者の清達二氏に厚くお礼を申し述べたい．遅れがちな原稿を辛抱強く待っていただき，構成上の重要なアドバイスをいただいた．

2006年8月15日

　　　　　　　　　　　　　　　　　著者を代表して　本　間　照　光

著者紹介 (執筆順)

本間照光（第1章・第2章）
青山学院大学経済学部教授（社会保障論・保険論）．1948年生まれ．小樽商科大学卒．
主著　『社会科学としての保険論』（共著）汐文社，1983年．『保険の社会学―医療・くらし・原発・戦争』勁草書房，1992年．『団体定期保険と企業社会』日本経済評論社，1997年

白井邦彦（第3章）
青山学院大学経済学部助教授（労働経済論・産業労働論）．1963年生まれ．中央大学大学院経済学研究科博士後期課程退学．
主著　「セル生産方式と人材活用」都留康編『生産システムの革新と進化』日本評論社，2001年．「今日における失業者の実態と『公共部門における直接的雇用創出策』の意義」日本労働社会学会編『新しい階級社会と労働者像』東信堂，2002年

松尾孝一（第4章）
青山学院大学経済学部助教授（社会政策論）．1966年生まれ．京都大学大学院経済学研究科博士後期課程修了．博士（経済学）．
主著　「90年代の新規大卒労働市場―大学ランク間格差と企業の採用行動」『大原社会問題研究所雑誌』No.482，1999年1月．「大企業組合の組織拡大戦略の分析と評価―電機連合と加盟単組の事例を中心に」鈴木玲・早川征一郎編著『労働組合の組織拡大戦略』御茶の水書房，2006年

加藤光一（第5章）
信州大学農学部教授（比較農業構造論・北東アジア経済論）．1953年生まれ．九州大学大学院農学研究科博士課程修得．農学博士．
主著　『アジア的低賃金の《基軸》と《周辺》』日本経済評論社，1991年．『韓国経済発展と小農の位相』日本経済評論社，1998年

石畑良太郎（第6章）
青山学院大学名誉教授（社会政策論・労働問題）．1932年生まれ．一橋大学大学院社会学研究科博士課程修了．
主著　『日本の福祉―福祉の多様化と介護保険制度』（共著）以文社，2001年．『新版　社会政策―構造改革の新展開とセーフティネット』（共編著）ミネルヴァ書房，2003年

階層化する労働と生活

2006年10月10日　第1刷発行

定価(本体4800円+税)

著者　本間照光
　　　白井邦彦
　　　松尾孝一
　　　加藤光一
　　　石畑良太郎

発行者　栗原哲也

発行所　株式会社 日本経済評論社
〒101-0051　東京都千代田区神田神保町3-2
電話 03-3230-1661　FAX 03-3265-2993
振替 00130-3-157198

装丁＊渡辺美知子　　　藤原印刷・美行製本

落丁本・乱丁本はお取替えいたします　Printed in Japan
Ⓒ T. Honma, K. Shirai, K. Matsuo,
K. Kato and R. Ishihata　2006
ISBN4-8188-1876-3

・本書の複製権・譲渡権・公衆送信権（送信可能化権を含む）は㈱日本経済評論社が保有します。
・JCLS〈㈱日本著作出版権管理システム委託出版物〉
本書の無断複写は著作権法上での例外を除き禁じられています。複写される場合は、そのつど事前に、㈱日本著作出版権管理システム（電話 03-3817-5670、FAX 03-3815-8199、e-mail: info@jcls.co.jp）の許諾を得てください。